Uwe Hartmann / Claus von Rosen (Hrsg.)
Jahrbuch Innere Führung 2018
Innere Führung zwischen Aufbruch, Abbau und Abschaffung:
Neues denken, Mitgestaltung fördern, Alternativen wagen

Jahrbuch
Innere Führung 2018

Innere Führung zwischen Aufbruch, Abbau und Abschaffung: Neues denken, Mitgestaltung fördern, Alternativen wagen

Uwe Hartmann / Claus von Rosen (Hrsg.)

2018

Carola Hartmann Miles-Verlag

CIP-Kurztitelaufnahme der Deutschen Nationalbibliothek

Uwe Hartmann, Claus von Rosen (Hrsg.): Jahrbuch Innere Führung 2018 – Innere Führung zwischen Aufbruch, Abbau und Abschaffung: Neues denken, Mitgestaltung fördern, Alternativen wagen

© Carola Hartmann Miles-Verlag,
George-Caylay-Str. 38, 14089 Berlin
email: miles-verlag@t-online.de
www.miles-verlag.jimdo.com

Bildrechte: Bundeswehr, Kommando Heer (Mario Bähr)

Herstellung: Books on Demand, Norderstedt

Alle Rechte, insbesondere das Recht der Vervielfältigung und Verbreitung sowie der Übersetzung, vorbehalten. Kein Teil des Werkes darf in irgendeiner Form (durch Fotokopie, Mikrofilm oder ein anderes Verfahren) ohne schriftliche Genehmigung des Verlages reproduziert oder unter Verwendung elektronischer Systeme gespeichert, verarbeitet, vervielfältigt oder verbreitet werden.

Printed in Germany

ISBN 978-3-945861-86-8

Inhalt

Vorwort: 10 Jahre Jahrbuch Innere Führung
Uwe Hartmann / Claus von Rosen   9

I Einleitung   21
Uwe Hartmann / Claus von Rosen

II Innere Führung heute

Klaus Beck / Rainer L. Glatz
Fragen des Verhältnisses von Gesellschaft und Bundeswehr   36

Marcel Bohnert / Lena Pütz
#Uniformgate: zu Bunt gehört auch grün – Die Bundeswehr auf neuen Wegen aus der gesellschaftlichen Isolation   41

Gerhard Kümmel
Die Bundeswehr im Film des wiedervereinigten Deutschland   58

Meike Wanner
Einstellungen der Angehörigen der Bundeswehr zur Inneren Führung – Empirische Befunde und deren Bedeutung für die Zukunft der Inneren Führung   79

Reinhold Janke
„Heroische Gemeinschaft" statt Integration?   94

Reinhold Robbe / Dierk Spreen
Integration der NVA als Erfolgsmodell?   115

Kai Uwe Bormann / Bernd Lawall
Projekt „Tradition und Identifikation im HEER". 130
Ein Arbeitsbericht.

III Neues denken, Mitgestaltung fördern, Alternativen wagen

Gustav Lünenborg
Neue Zeit, neue Begriffe? Kann „Bundeswehr in Staat und 144
Gesellschaft","Innere Führung" ersetzen?

Gerhard Brugmann
Die Innere Führung im Umbruch zur Militärethik 151

Peter Buchner
Irrtümer über Innere Führung. Ein Essay 156

Eberhard Birk
Plädoyer für die Transformation der Inneren Führung in eine 165
europäische Führungsphilosophie. Überlegungen zu Grenzen,
Perspektiven und Chancen

Rainer Prätorius
Militärsoziologie und demokratische Integration. 184
Morris Janowitz erneut lesen

IV Militärpolitik und Strategie

Martin Sebaldt
Militärpolitik im freien Fall: Warum die neue Konzeption der 200
Bundeswehr ein Armutszeugnis ist

Dirk Freudenberg
Strategie und Sicherheitspolitik – Ausgewählte Aspekte theoretischer Begriffe, Strategieentwickung und die Antizipation aktueller Risiken und Bedrohungen   218

Claus von Rosen
Strategie-Lernen – Aber wie?   231

Uwe Hartmann
Strategie und Denkfehler   257

V Zur Diskussion gestellt

Jochen Bohn
Uwe Hartmanns guter Soldat. Eine Kritik   270

Klaus Naumann
Der künftige Bundeswehrsoldat – „heimatlos" im „Schutzraum"?   292

VI Rezensionen

Wiener Strategiekonferenz 2017 (Claus von Rosen)   314
Tradition in der Bundeswehr (Dagmar Bussiek)   319

Autorenverzeichnis   323
Personenregister   325
Sachregister   327

Vorwort zur zehnten Ausgabe des Jahrbuchs Innere Führung

Uwe Hartmann / Claus von Rosen

Das Jahrbuch Innere Führung erschien erstmalig im Jahr 2009. Mit der Veröffentlichung des zehnten Jahrbuchs feiern wir also ein kleines Jubiläum. Als Herausgeber sind wir stolz darauf und sehr dankbar. Wir sind stolz, weil wir es über einen langen Zeitraum und in Eigenregie schafften, jedes Jahr Autoren zu gewinnen, die sich mit Themen der Inneren Führung auseinandersetzten. Und wir sind dankbar, dass die Jahrbücher zumindest eine gewisse Resonanz erzielten. Zahlreiche Rezensenten besprachen die Jahrbücher in unterschiedlichen Zeitschriften. Zu Dank verpflichtet sind wir vor allem Oberst a.D. Hubertus Greiner, der regelmäßig sehr ausführliche und sachkundige Würdigungen in der Zeitschrift „Der Panzerspähtrupp" veröffentlichte.

Besonders freuten wir uns, wenn Autoren der Jahrbücher Debatten anstoßen konnten. Vergegenwärtigen wir uns kurz, was in den letzten zehn Jahren im weiten Feld der Inneren Führung geschah: Die neue Vorschrift zur Inneren Führung erschien 2008. Zeitgleich kippte der Stabilisierungseinsatz in Afghanistan in einen Kampfeinsatz um, in dem deutsche Soldaten im Gefecht fielen. Zwei Themen prägten seitdem die Debatte über die Bundeswehr: die „Generation Einsatz" sowie die fehlende Anerkennung der Bundeswehrsoldaten für ihren gefährlichen Dienst. 2011 wurde die Wehrpflicht ausgesetzt. In deren Folge musste die Bundeswehr erneut reformiert werden. Mit der Annexion der Krim und dem Krieg in der Ostukraine steht seit 2014 die Landesverteidigung als Bündnisverteidigung ganz oben auf der Prioritätenliste der Bundeswehr. 2016 erschien ein neues Weißbuch, in dem Begriffe wie hybride Bedrohungen, Resilienz und Strategiefähigkeit Aufmerksamkeit erregten. Im Jahr darauf erschütterten Skandale die Bundeswehr; sie führten schließlich zur Neufassung des aus dem Jahr 1982 stammenden Traditionserlasses.

Diese Großereignisse der letzten zehn Jahre boten einen reichhaltigen Stoff für intensive Auseinandersetzungen mit Themenfeldern der Inneren Führung. Unseren Autoren ist es dabei gelungen, frühzeitig auf kritische Entwicklungen und erforderliche Anpassungen hinzuweisen. Nehmen wir als Beleg dafür das Traditionsverständnis der Bundeswehr. Bereits im ersten Jahrbuch Innere Führung, das den Untertitel „Die Rückkehr des Soldatischen" trägt, wiesen zwei

Autoren darauf hin, dass angesichts der veränderten Anforderungen an die Soldaten in den Einsatzgebieten Anpassungen im Traditionsverständnis der Bundeswehr notwendig seien. Der Historiker Klaus Naumann entdeckte einen „blinden Fleck" im Traditionsverständnis, da darin das Element der Gefahr, in dem der Soldat sich bewege, nicht abgebildet sei. Und der damalige Oberst im Generalstabsdienst, Hannes Wendroth, forderte unter dem Eindruck seines gerade beendeten Einsatzes in Afghanistan ganz grundsätzlich einen neuen Umgang mit Tradition in der Bundeswehr. Ein weiterer Beleg für das kritische Vorausdenken unserer Autoren ist der Beitrag des Soziologen Heiko Biehl im Jahrbuch Innere Führung 2012. Dieses Jahrbuch beschäftigte sich mit dem Soldatenberuf im Spagat zwischen gesellschaftlicher Integration und sui generis-Ansprüchen. Angesichts der beschlossenen Aussetzung der Wehrpflicht schlug Heiko Biehl neue Mechanismen vor, um deren bisherige integrative Wirkung zu kompensieren. Die Bundeswehr müsse mehr tun, so schlussfolgerte Heiko Biehl, wenn sie als Freiwilligenarmee genauso fest in die Gesellschaft eingebunden bleiben will wie sie es als Wehrpflichtarmee war.

Auch in den Bereichen von Kriegsbild und Strategie haben mehrere Autoren der Jahrbücher frühzeitig Impulse gesetzt, die für die künftige Entwicklung von Sicherheits- und Verteidigungspolitik sowie die Ausbildung von Führungskräften wichtig sind. Insbesondere Klaus Naumann und Claus von Rosen haben die politisch-ethische Dimension von Kriegsbild und Strategie herausgearbeitet und neben der Bildung in strategischem Denken die Etablierung strategiefreundlicher Institutionen gefordert. Dabei konnten sie nachweisen, dass die Innere Führung in ihrer ursprünglichen, vor allem von Wolf Graf von Baudissin ausgearbeiteten Konzeption viel für die dringend notwendigen Verbesserungen in den Bereichen der Strategiefähigkeit und Resilienz zu bieten hat. Und dass das Militär ein strategischer Akteur ist, dessen Führungspersonal sich trotz des Primats der Politik zu Wort melden müsse, wenn es um Klärungen, Erklärungen und Klarstellungen im sicherheitspolitischen Dialog geht.

Neben aktuell drängenden Problemen haben wir Dauerthemen wie beispielsweise das Leitbild des Staatsbürgers in Uniform, die Bildung der Soldaten der Bundeswehr oder die Weiterentwicklung der Inneren Führung aus verschiedenen Perspektiven beleuchtet. Peter Buchner ist es dabei gelungen, neue Denkansätze und praktische Vorschläge für die Politische Bildung in der Bundeswehr aufzuzeigen. Angelika Dörfler-Dierken und Dirck Ackermann legten die ethischen Grundlagen der Inneren Führung frei und machten sie für neue Herausforderungen fruchtbar. Hans-Joachim Reeb beleuchtete die Bedeutung der

Medien für die Bundeswehr und ihre Angehörigen. Intensiv beschäftigten sich Autoren wie Jochen Bohn, Uwe Hartmann und Claus von Rosen mit pädagogischen Fragen. Einigkeit bestand in der Notwendigkeit einer akademischen Ausbildung für das militärische Führungspersonal. Herausgestellt wurde die Bedeutung von Orientierungswissen für das Sich-Selbst-Führen in einem durch Ungewissheit und Unsicherheit gekennzeichneten Umfeld.

Neben dem frühzeitigen Hinweis auf Handlungsbedarf zeichnen sich die Autoren der Jahrbücher auch durch die kreative Kombination von Themen aus. Ein Beispiel dafür ist die Ethik, die aktuell ganz oben auf der Tagesordnung des ministeriellen Nachdenkens über die Weiterentwicklung der Inneren Führung steht. Ethische Fragestellungen finden sich in nahezu allen Jahrbüchern. Das Jahrbuch von 2013, das den Titel „Ethik als geistige Rüstung für Soldaten" trägt, widmete sich hauptsächlich diesem Thema. Neu und kreativ an den Beiträgen ist, dass deren Autoren ethische Fragestellungen gerade auch im Zusammenhang mit den Einsätzen der Bundeswehr diskutierten. Strategie, der Einsatz in Afghanistan, Rules of Engagement und das Überleben im Gefecht wurden genauso thematisiert wie ethische Verwundungen durch den Einsatz oder die ethische Bildung von Soldaten zur Vorbereitung auf den Einsatz. Und Reinhold Janke wagte sich an neue Themen wie beispielsweise „toxic leadership in der Bundeswehr" heran.

Kreativ sind auch die methodischen Vorgehensweisen unserer Autoren. Gerhard Kümmel beispielsweise analysierte die Zuschauerreaktionen auf einen Fernsehbericht über einen skandalträchtigen Vorfall in der Bundeswehr. Danach stellte er fest, dass auch in der Gesellschaft die Kritik an der Inneren Führung durchaus geteilt wird.

Zur Inneren Führung gehört die Beschäftigung mit sicherheitspolitischen Themen. Die „permanente Präsenz des Politischen" zeigt sich für den Soldaten nicht zuletzt in den sicherheitspolitischen Zielen seines Dienstes. So konnte Claus von Rosen in seinen Beiträgen die wichtigen Impulse der Inneren Führung vor allem für die Entwicklung eines angemessenen Konflikt- und Kriegsbildes sowie für die Ziele und Wege sicherheitspolitischen Handeln aufzeigen. Autoren wie Klaus Wittmann, Olaf Theiler und Gerlinde Groitl bearbeiteten ein Themenspektrum, das von der Begründung der Allgemeinen Wehrpflicht über die Strategische Vorausschau bis zur EU und dem künftigen Umgang mit Russland reicht. Schon im ersten Jahrbuch 2009 hatte Franz H. Borkenhagen eine sicherheits- und verteidigungspolitische Debatte gefordert.

Dass unsere Autoren sich an der sicherheitspolitischen Debatte beteiligen und diese voranbrigen wollen, zeigen vor allem die Jahrbücher der letzten Jahre. Im Jahrbuch 2016 setzten sich Wissenschaftler und Politiker intensiv mit dem wenige Monate zuvor veröffentlichten Weißbuch der Bundesregierung auseinander. Im Jahr darauf lieferte der Politikwissenschaftler Martin Sebaldt eine Bestandsaufnahme der Einsatzbereitschaft der Bundeswehr. In diesem Zusammenhang analysierte er auch das neue Weißbuch. Darin zeigten sich deutlich die Defizite in der Strategiefähigkeit Deutschlands. In diesem Jahrbuch liefert Martin Sebaldt eine kritische Analyse der gerade erst erschienenen Konzeption der Bundeswehr. Zudem haben wir mehrere Beiträge aufgenommen, die Vorschläge für die Verbesserung von Lehre und Lernen in der Strategie unterbreiten.

Intensiv mitverfolgt haben Herausgeber und Autoren die Debatte über das von den beiden Offizieren Marcel Bohnert und Lukas J. Reitstetter herausgegebene Buch „Armee im Aufbruch". Als eine der wenigen Publikationen von Soldaten der Bundeswehr erfuhr dieses Buch eine vergleichsweise hohe Aufmerksamkeit nicht nur in bundeswehrnahen Zeitschriften, sondern auch in überregionalen Tageszeitungen sowie in den sozialen Medien. Kritiker sahen darin ein Manifest der „Generation Einsatz", die den bewaffneten Kampf überhöhe und sich von der Gesellschaft lossagen wolle. Die Rekonstruktion der Debatte durch Marcel Bohnert trug zu ihrer Versachlichung bei. Manche an den Autoren des Sammelbandes geübte Kritik ist nicht nur Beleg für Empfindlichkeiten und Misstrauen bei Bürgern mit und ohne Uniform, sie ist auch ein deutlicher Hinweis darauf, dass das Verständnis der Inneren Führung selbst unter hochrangigen Führungskräften der Bundeswehr sehr unterschiedlich ist. Nicht wenige Einlassungen sind mit den tradierten Grundsätzen der Inneren Führung kaum vereinbar. Dazu gehört beispielsweise die Forderung eines Generals, dass sich junge, noch unerfahrene Soldaten nicht zur Inneren Führung äußern dürften.

Kontroverse Debatten wurden auch unter den Autoren der Jahrbücher geführt. Als Herausgeber legten wir darauf besonderen Wert. Denn in vielen Themenbereichen der Inneren Führung bewegen wir uns im Reich der Freiheit. Hier geht es um persönliche Überzeugungen und politische Einstellungen, in denen die Kategorien von richtig oder falsch nicht angebracht sind. Ein Beispiel dafür ist die Auseinandersetzung zwischen Angelika Dörfler-Dierken und Uwe Hartmann. Dessen Beitrag zur Erziehung zur Härte hatte Angelika Dörfler-Dierken zum Anlass genommen, eine kritische Replik zu schreiben. Auch in diesem Jahrbuch gibt es eine kontroverse Auseinandersetzung zwischen Jochen Bohn und Klaus Naumann über den Versuch von Uwe Hartmann, das Leitbild vom „Staatsbürger in Uniform" inhaltlich neu zu bestimmen. Als Herausgeber hätten wir uns durchaus mehr dieser Kontroversen gewünscht.

Die Innere Führung ist eine kritische Konzeption, die auf Defizite hinweist, um die Praxis zu verbessern. Daher ist es nicht verwunderlich, dass Autoren auch Kritik übten – an der Politik, an der politischen Leitung und militärischen Führung des BMVg, an der Gesellschaft oder auch an den Vorgesetzten in der Truppe. Im Mittelpunkt standen dabei oftmals offizielle Dokumente des Verteidigungsministeriums. So setzte sich Claus von Rosen kritisch mit der noch heute gültigen Vorschrift zur Inneren Führung aus dem Jahre 2008 auseinander. Klaus Naumann unterzog den Entwurf zu den Einsatzleitlinien einer kritischen Würdigung. Mehrere Bundestagsabgeordnete und Wissenschaftler kommentierten das neue Weißbuch der Bundesregierung zur Sicherheitspolitik und zur Zukunft der Bundeswehr aus dem Jahre 2016. Eine Fundamentalkritik an der Neuausrichtung der Bundeswehr unternahm der Politikwissenschaftler Martin Sebaldt. Autoren wie Kai-Uwe Hellmann oder Jochen Bohn zeigten in ihren Beiträgen auf, dass die politischen und gesellschaftlichen Rahmenbedingungen für den militärischen Dienst nicht immer in der gewünschten Weise gegeben sind. Unsere Autoren haben allerdings auch der Truppe, die oftmals über fehlende politische und gesellschaftliche Unterstützung klagt, einen Spiegel vorgehalten. So zeigte Heiko Biehl, dass die unter Soldaten weit verbreitete Wahrnehmung, die Gesellschaft sei nicht an ihnen interessiert und würde sich nicht für sie engagieren, empirisch nicht haltbar ist. Später konnte Angelika Dörfler-Dierken durch eine repräsentative Befragung nachweisen, dass die Soldaten der Bundeswehr selbst ihrer Führungsphilosophie wenig Interesse und Akzeptanz entgegenbringen.

Die Kritik der Autoren an Dokumenten, Führungspersönlichkeiten, gesellschaftlichen Gruppen oder der Truppe war jedoch überaus konstruktiv. Immer ging es ihnen darum, etwas zu verbessern. Mit dem Jahrbuch 2016, das den Titel „Innere Führung als kritische Instanz" trägt, wollten die Herausgeber diese wichtige Aufgabe der Inneren Führung unterstreichen und damit auch einen Gegenpol zur zunehmenden Konformität innerhalb der Bundeswehr setzen. Dabei zeigte sich, dass Kritik vor allem von Wissenschaftlern, die außerhalb der Bundeswehr arbeiten, sowie von jüngeren Soldaten geleistet wird.

Dass zum weiten Feld der Inneren Führung auch technologische Entwicklungen gehören, unterstreicht das Jahrbuch Innere Führung von 2014. Es trägt den Untertitel „Drohnen, Roboter und Cyborgs – Der Soldat im Angesicht neuer Militärtechnologien". Darin argumentieren die Autoren, dass technologische Innovationen weder saubere Kriege auf Knopfdruck noch klare militärische Siege und schon gar nicht das Erreichen der mit dem Einsatz von Gewalt verfolgten politischen Ziele gewährleisten könnten. Deutlich wurde darin auch die Gefahr, dass der Umgang mit moderner Waffentechnologie und das daraus entstehende „promethische Gefälle" (Kai-Uwe Hellmann) eine stärkere Besinnung auf Leitbild und Grundsätze der Inneren Führung erforderlich machen. Dass moderne Informationstechnologien Auswirkungen auf die Führungskultur in der Bundeswehr haben könnten, darauf hatten bereits Generalleutnant a.D. Ulrich Wolf im Jahrbuch 2010 und Dierk Spreen im Jahrbuch 2014 hingewiesen.

Die Jahrbücher Innere Führung sollen auch dazu dienen, das Gespräch zu intensivieren und Gesprächskreise auszuweiten. Dazu gehört aus unserer Sicht zunächst einmal das Gespräch unter den Soldaten. Die drei Herausgeber des ersten Jahrbuchs – Christian Walther, Claus von Rosen und Uwe Hartmann – repräsentieren drei Soldatengenerationen. Auch in den Jahrbüchern selbst sollten Autoren unterschiedlicher Alterskohorten sich äußern können. Das vor Ihnen liegende Jahrbuch 2018 ist dafür ein gutes Beispiel. Unter den Autoren befinden sich ehemalige Soldaten der ersten Stunden der Bundeswehr. Der Dialog über Generationen und Dienstgrade hinweg steht dafür, dass Innere Führung auf partnerschaftliche Verständigung statt auf Hierarchie und Herrschaftswissen setzt. Als Herausgeber müssen wir jedoch einräumen, dass wir es nicht schafften, eine größere Anzahl von jungen Menschen für die Mitarbeit an den Jahrbüchern zu gewinnen. Junge Autoren wie Marcel Bohnert, Daniel Drechsler, Christian Spitzer und Axel Weißhaupt stellen eine Minderheit in der Autorenschaft der Jahrbücher dar. Dafür gelang es uns, neben aktiven Offizieren auch Reserveoffiziere zu gewinnen. Darunter befinden sich die Obersten der Reserve Reiner Pommerin, Martin Sebaldt und Dirk Freudenberg.

Die Innere Führung ist auch eine praktische Konzeption. Sie ist Hilfestellung für den Soldaten für sein Handeln in Krieg, Krise und Frieden sowie für seine Interaktionen mit Politik und Gesellschaft. Unsere Autoren haben daher versucht, nicht nur Analysen, sondern auch praktisch verwertbare Hilfen zu liefern. Exemplarisch dafür stehen Autoren wie Nicole Schilling, die auf die Bedeutung von Ambugitätstoleranz hinwies, oder von Autoren wie Ntagahoraho Burihabwa und Said AlDailami, die wertvolle Hinweise für den Umgang mit Vielfalt gaben.

Im Vorwort zum ersten Jahrbuch Innere Führung im Jahre 2009 nahmen wir unsere Absicht auf, nicht nur Soldaten der Bundeswehr, sondern auch Bürger „ohne Uniform" als Autoren zu gewinnen. Die vom Bundesministerium der Verteidigung zwischen 1957 und 1961 herausgegebene sechsbändige Reihe „Schicksalsfragen der Gegenwart" diente uns als Vorbild. Wir wollten also ein Forum schaffen für den Dialog zwischen Soldaten und Bürgern sowie Bundeswehr und Wissenschaft. Dies ist uns zumindest in Ansätzen gelungen. Mit Klaus Beck gehört ein Gewerkschafter zu den Autoren in mehreren Jahrbüchern. Hervorheben möchten wir auch unsere Auseinandersetzung mit dem neuen Weißbuch. Im Jahrbuch 2016 setzten sich gleich mehrere Autoren aus Politik und Wissenschaft mit diesem Dokument kritisch auseinander.

Dem Ziel der Ausweitung unseres Gesprächskreises dient auch unser Versuch, internationale Autoren für die Mitarbeit an den Jahrbüchern zu gewinnen. Vor allem die US-amerikanischen Historiker Donald Abenheim und Carolyn Halladay zeigten dabei, dass die Innere Führung auch dazu beitragen könnte, Probleme der US-amerikanischen Streitkräfte zu lösen. Ganz nebenbei belegt ihre Mitarbeit, dass die Innere Führung auch Anhänger jenseits des Atlantiks hat.

Stolz sind wir auch auf die Titel, die wir für die Jahrbücher gefunden haben. Sie fassen das Kernthema des jeweiligen Jahrbuches plakativ zusammen. Titel wie „Die Rückkehr des Soldatischen" (2009), „Die Grenzen des Militärischen" (2010) oder „Innere Führung als kritische Theorie" (2016) sollten ein wenig provozieren und Interesse wecken.

An dieser Stelle möchten wir allen Autoren für ihr Engagement danken. Sie bilden einen informellen *think tank*, der in der Lage ist, auch in kürzester Zeit intellektuelle Beiträge zu Themen aus dem weiten Feld der Inneren Führung zu leisten. Der Sammelband „Tradition in der Bundeswehr. Zum Erbe des deutschen Soldaten und zur Umsetzung des neuen Traditionserlasses" (Berlin 2018) ist dafür ein gutes Beispiel. Er erschien bereits drei Monate nach Veröffentlichung des neuen Traditionserlasses. Wir hoffen sehr, dass wir auch weiterhin auf die Mitarbeit unserer Autoren zählen können.

Neben dem Stolz auf das Erreichte gibt es bei den Herausgebern allerdings auch eine gehörige Portion Ernüchterung. Enttäuschend ist vor allem die geringe Resonanz bei der primären Zielgruppe: den Angehörigen der Bundeswehr, insbesondere den militärischen Führungskräften. Als Herausgeber hätten wir uns gewünscht, dass diese in irgendeiner Form auf die Jahrbücher reagieren – sei es durch kritische Kommentare, Einladungen von Autoren zu Veranstaltungen im Rahmen der Weiterbildung oder Buchvorstellungen. Sieht man von dem ersten Jahrbuch Innere Führung ab, das vom damaligen Wehrbeauftragten des Deutschen Bundestages, Reinhold Robbe, an der Führungsakademie der Bundeswehr in Hamburg ausführlich vorgestellt wurde, so sind den Herausgebern keine weiteren Aktivitäten bekannt. Auch die Verkaufszahlen nahmen von Jahr zu Jahr ab. Sie waren von Anfang an so gering, dass, wenn ökonomische Gründe ausschlaggebend wären, das Jahrbuch frühzeitig hätte eingestellt werden müssen. Irgendwie geht es wohl am Bedarf des primären Adressatenkreises vorbei. Die Herausgeber fragen sich daher selbstkritisch, was sie ändern müssen, um die Attraktivität und Akzeptanz des Jahrbuchs Innere Führung zu verbessern.

Gleichzeitig wirft dieses „Kundenverhalten" ein Licht auf die Bundeswehr und ihren inneren Zustand. Dass die Innere Führung gerade unter den jungen Soldaten kaum bekannt ist und nur geringe Akzeptanz findet, wurde in den Jahrbüchern mehrfach diskutiert. Der Wehrbeauftragte des Deutschen Bundestages, Hans-Peter Bartels, wies in seinen beiden letzten Jahresberichten darauf hin, dass sich die schlechte Materiallage nicht nur auf die Motivation der Soldaten negativ auswirke, sondern auch auf die Führungskultur in der Bundeswehr insgesamt. Dass aufgrund der gesetzlichen Arbeitszeitverordnung mittlerweile auch die Dienstzeit ein knappes Gut ist, könnte sich allerdings auch positiv auswirken: Eigentlich hätten die Soldaten wieder mehr Zeit für ihre Bildung. Denn eins ist für die Herausgeber offensichtlich: Bildung ist Voraussetzung für Kenntnis und Akzeptanz der Inneren Führung. Ohne Bildung bleibt der Soldat im weiten Feld der Inneren Führung blind und orientierungslos. Dass daraus eine unreflektierte Ablehnung dieser umgreifenden Führungsphilosophie resultiert, erscheint geradezu folgerichtig.

Sinnbildlich für die innere Lage der Bundeswehr ist der Umstand, dass, wenn Offiziere sich überhaupt zu den Jahrbüchern äußern, diese meinen, deren Beiträge seien zu intellektuell. Als Herausgeber achten wir darauf, dass die Texte lesbar sind. Sie sollen jedoch keine bloßen Meinungen wiedergeben, sondern auf wissenschaftlichen Erkenntnissen beruhende Argumentationen liefern. Gibt es in der Bundeswehr trotz des hohen formalen Bildungsniveaus in allen Laufbahnen nicht genügend geistig interessierte Offiziere, Unteroffiziere und Mannschaften? Sind wir trotz des Bestehens der Universitäten der Bundeswehr wieder dort, wo Helmut Schmidt vor rund 50 Jahren seine Bildungsreform in Angriff nahm – dass nämlich sichergestellt sein müsse, dass der Offizier mit dem Lehrer sprechen könne? Gibt es in der Bundeswehr wieder den Trend zum Anti-Intellektualismus? Wird dieser bewusst gefördert, um beispielsweise die Dimension des Kampfes stärker in den Vordergrund des soldatischen Selbstverständnisses zu rücken? In den US-amerikanischen Streitkräften passt zwischen Kampf und Bildung kein Blatt Papier. Während deren Generale ihre Offiziere sogar im Auslandseinsatz auffordern, Bücher zu lesen, machen sich deutsche Generale über ein derartiges Ansinnen bisweilen mehr lustig als dass sie es ernst nähmen.

Diese unzureichende Lesekultur in der Bundeswehr hat durchaus Auswirkungen. Unser Autor Gustav Lünenborg, ein Vertreter der ersten Soldatengeneration der Bundeswehr und bis vor wenigen Jahren noch engagierter Verfechter der Grundsätze der Inneren Führung, resignierte nach Diskussionen mit Angehörigen der Generation Einsatz. Wenn die Soldaten sich nicht mit der Inneren Führung beschäftigen und Texte darüber lesen wollen, dann sollte man diesen Begriff doch besser aufgeben und ihn durch „Bundeswehr in Staat und Gesellschaft" ersetzen.

Damit sind wir bei der Frage nach den Vorbildern – auch im Bereich der Bildung selbst. Wenn hohe Offiziere der Bundeswehr nicht über Bücher sprechen und Bildung nicht vorleben und wenn auch das Bildungssystem der Bundeswehr es nicht schafft, Kenntnisse über die Innere Führung, ihre Grundsätze und ihre Themen breit zu streuen, dann müssen Aus-, Fort und Weiterbildung genauso wie die Führungskultur selbst grundsätzlich in Frage gestellt werden. Bereits im ersten Jahrbuch Innere Führung mit dem Titel „Die Rückkehr des Soldatischen" (2009) forderte der damalige Brigadegeneral Karl H. Schreiner (übrigens der einzige aktive General, der jemals einen Beitrag für die Jahrbücher Innere Führung lieferte) eine Bildungsreform der Bundeswehr. Ganz bewusst haben wir Rodins Denker und Clausewitz' Porträt auf den Titelseiten der Jahrbücher 2013 und 2015 abgebildet. Sie tragen die Untertitel „Wissenschaften und ihre Relevanz für die Bundeswehr als Armee im Einsatz" (2013) und „Neue Denkwege angesichts der Gleichzeitigkeit unterschiedlicher Krisen, Kriege und Konflikte (2015). Im neuen Weißbuch 2016 ist von Bildung allerdings nicht viel zu lesen. Stattdessen dominiert eine an modernen Managementtheorien orientierte Sprache. Auch die Arbeit in den Stäben sowie der Truppe scheint stark von Bürokratie und Prozessen dominiert zu sein. Und der neue Traditionserlass stellt die historische Bildung so sehr in den Vordergrund, dass man den Eindruck gewinnen könnte, es ginge nur noch um historische und nicht mehr um Bildung allgemein.

Vielleicht hilft ein Blick auf die 80er Jahre des letzten Jahrhunderts, um zu erkennen, was der Inneren Führung heute fehlt. Damals gab es eine intensive Diskussion über die Innere Führung, auch mit sehr kritischen Kommentaren. Die Innere Führung war also niemals unumstritten. Sie war jedoch ein Thema, über das Soldaten engagiert diskutierten – öffentlich, in der Offizier- und Unteroffizierweiterbildung sowie im Kameradenkreise, gerade auch in den Kasinos. Vielleicht haben die Gegner der Inneren Führung aus der Vergangenheit gelernt. Angriffe der sogenannten Traditionalisten auf die Innere Führung führten damals zu heftigen Gegenreaktionen, nicht zuletzt aus Politik und Öffentlichkeit. Um die Innere Führung abzuschaffen, ist es wahrscheinlich erfolgversprechender, sie überhaupt nicht mehr zu thematisieren. Dann verkümmert sie unbemerkt, weil es kaum mehr Bürger mit und ohne Uniform gibt, die sich für ihren Fortbestand und ihre Weiterentwicklung einsetzen.

Jüngere Soldatengenerationen mit Einsatzerfahrung in Afghanistan kritisieren die Innere Führung vor allem deshalb, weil sie so wenig für das Gefecht zu bieten habe. Dies mag auf die Innere Führung, wie sie heute in der Truppe verstanden und praktiziert wird, durchaus zutreffen. Kenner der Inneren Führung und ihrer Entstehung in der Nachkriegszeit haben jedoch ein ganz anderes Bild von ihr und ihrer Einsatz- bzw. Kriegsnähe. Vielleicht sollten sich ihre Kritiker intensiver mit den ursprünglichen Dokumenten zur Inneren Führung beschäftigen und mal das ein oder andere Jahrbuch oder die von ehemaligen Kommandeuren des Zentrums Innere Führung herausgegebenen Sammelbände lesen.[1] Denn darin befinden sich nicht nur Analysen und konkrete Hilfestellungen für Soldaten im Einsatz, sondern auch Einsatzberichte. So schildert der damalige Hauptfeldwebel Stefan Schultze folgende Lage: „In einer Gefechtspause nach intensiven Kämpfen, in deren Verlauf wir dem Feind empfindliche Verluste zugefügt hatten, wurde durch die mit uns gemeinsam operierende afghanische Polizei (ANP) und dem Feind ein zeitlich begrenzter Waffenstillstand ausgehandelt. Dem Feind wurde Zeit gegeben, seine Toten und Verwundeten vom Gefechtsfeld zu bergen. Ich erinnere mich an die Empörung bei meinen Soldaten und auch zunächst bei mir. Unverständnis war die erste Reaktion. Nach einer kurzen Zeit der Besinnung wich dieses Unverständnis jedoch dem Gefühl der Menschlichkeit. Ich sprach mit meinen Gruppenfüh-

---

[1] Hans-Christian Beck, Christian Singer (Hrsg.), Entscheiden – Führen – Verantworten. Soldatsein im 21. Jahrhundert, Berlin 2011; Alois Bach, Walter Sauer (Hrsg.), Schützen – Retten – Kämpfen. Dienen für Deutschland, Berlin 2016.

rern, diese mit ihren Soldaten. Am Kopfnicken der Soldaten erkannte ich deren Verständnis. Doch die Toleranz meiner Soldaten und mir wurde an diesem Tag noch einmal auf die Probe gestellt. Ein Fahrzeug der feindlichen Kräfte passierte unsere eigenen Reihen. Es fuhr mitten durch unsere Stellungen. Das Fahrzeug war beladen mit schwer verwundeten Feindkräften. Sie mussten uns passieren, denn wir hatten den einzigen Weg Richtung KUNDUZ und somit den einzigen Weg Richtung ärztlicher Versorgung für den Feind unter Kontrolle. Misstrauisch, aber verständnisvoll ließen wir das Fahrzeug, nachdem es kontrolliert war, durch. Niemand zeigte Häme oder machte sich über den Feind lustig, gleichwohl wir alle in dem Moment uns ihm überlegen fühlen. Achtung vor menschlichem Leben ließ uns Mensch bleiben."[2] Zeigt sich in dieser Beschreibung einer Gefechtssituation nicht deutlich, wie sich das Leitbild der Inneren Führung, „freier Mensch, guter Staatsbürger und vollwertiger Soldat zugleich" zu sein, auf das Handeln im Gefecht auswirkt? Sind derartige Berichte nicht hilfreich? Nicht zuletzt für das Überleben des Soldaten im und auch nach dem Krieg bzw. Einsatz?

Die Herausgeber der Jahrbücher hoffen, dass die Innere Führung wieder zum Gesprächsstoff unter den Soldaten wird und von dort aus auch das Gespräch mit Politik und Gesellschaft gesucht wird. Dazu muss die Innere Führung zeigen, dass sie – wie die Demokratie in unserem Land – die beste Form der Organisation soldatischen Zusammenlebens, der zivil-militärischen Beziehungen sowie der Vorbereitung auf die Einsätze und deren Durchführung ist. Für dieses Ziel werden wir uns weiterhin einsetzen.

Die Innere Führung gehört zur Tradition der Bundeswehr. Sie ist ein Beispiel für das Im-Gespräch-Bleiben von Politik, Gesellschaft und Militär sowie der Soldatengenerationen untereinander. Es ist sinnstiftend, sich in diesem Zusammenhang auch derer zu erinnern, die engagierte Beiträge für die Innere Führung geleistet haben. Dazu gehört der Mitherausgeber der ersten Jahrbücher Innere Führung, der Theologieprofessor Christian Walther. Er sah durchaus die Gefahr, dass die Innere Führung zu stark auf die Förderung einer zivilen Mentalität bei den Soldaten abzielt, was zu inneren Konflikten im Einsatz führen könne. Er sah jedoch auch ihre Stärken und lieferte wichtige Impulse, um den strategischen Kern der Inneren Führung herauszuarbeiten: Diesen verortete er im Freiheitsbegriff. Wichtig ist auch sein Hinweis, dass die Zivilge-

---

[2] Stefan Schultze, Führen unter Feuer. In: Hans-Christian Beck, Christian Singer (Hrsg.), Entscheiden – Führen - Verantworten. Soldatsein im 21. Jahrhundert, Berlin 2011, S. 228-229.

sellschaft auf dem Schutzversprechen des Staates und damit auf dem Dienst des Soldaten beruhe. Er schlug vor, stärker auf den Begriff der Bürgergesellschaft zurückzugreifen. Herausstellen möchten wir auch den Psychologieprofessor Dietrich Ungerer. Er forschte über den Umgang mit Stress und Gefahr in Sicherheitsberufen wie der Feuerwehr und der Polizei und engagierte sich sodann mit großem persönlichem Einsatz für die Truppe. Früh wies er auf überlebenswichtige Folgerungen für die militärische Ausbildung hin. Beide Professoren sind besondere Beispiele für das Engagement von Bürgern für die Angehörigen der Bundeswehr. Und auch dafür, dass die Innere Führung eine belastbare Brücke zwischen Soldaten und Bürgern ist.

In den Jahrbüchern finden sich keine Definitionen von Innerer Führung. Versuche würden wahrscheinlich das weite Feld der Inneren Führung unnötig eingrenzen. Sehr wohl haben die Herausgeber am Ende ihrer Einleitungen deutlich herausgearbeitet, welche Aufgaben die Innere Führung hat: klare Maximen und Grenzen vorgeben, wenn es um die Werte unserer freiheitlichen demokratischen Verfassung geht; Mitdenken und Eigeninitiative anregen; Orientierung geben durch Vorbilder und praktische Beispiele; Brücken bauen zu allen Akteuren in Politik und Gesellschaft; Vertrauen schaffen durch enge Zusammenarbeit trotz unterschiedlicher Meinungen, Herkünfte und Nationalitäten. Im Mittelpunkt stehen dabei immer der Mensch und seine „geistige Rüstung" für sein Handeln in einem nicht einfachen Umfeld.

Uwe Hartmann / Claus von Rosen
Einleitung

2018 war für die Innere Führung kein ganz so schlechtes Jahr. Nach den öffentlich gewordenen Vorfällen in der Bundeswehr im Jahr zuvor, die auch der Inneren Führung angelastet wurden, konnte sie nunmehr einige Erfolge vorweisen. Dazu gehörte der neue Traditionserlass, der am 28. März 2018 von der Bundesministerin der Verteidigung unterschrieben wurde. Dieser Erlass wurde in einer relativ kurzen Zeit des ministeriellen Nachdenkens über Tradition und Traditionspflege erarbeitet und stieß im Deutschen Bundestag sowie in der interessierten Öffentlichkeit auf breite Akzeptanz. Seitdem arbeiten die Organisationsbereiche der Bundeswehr an dessen Umsetzung. Das ebenfalls 2017 initiierte Vorhaben „Innere Führung heute" läuft, auch wenn es bisher weithin unbemerkt geblieben ist und konkrete Ergebnisse noch nicht veröffentlicht wurden.

Die vom Bundesminsterium der Verteidigung durchgeführten Workshops zur Tradition in der Bundeswehr regten zahlreiche Autoren an, Artikel und Kommentare zu veröffentlichen. Nur wenige Monate nach Veröffentlichung des Traditionserlasses erschien der Sammelband „Tradition in der Bundeswehr", in dem zahlreiche Autoren sich nicht nur mit einer kritischen Würdigung dieses Dokuments beschäftigten, sondern auch hilfreiche praktische Impulse für dessen Umsetzung lieferten.[1] Daneben publizierten auch Angehörige der Bundeswehr Bücher zu Themen der Inneren Führung. Stellvertretend seien hier die Bücher „Vitales Innere Führung!" sowie „Der gute Soldat" genannt.[2]

Den wichtigsten Beitrag zur Steigerung von Kenntnis und Akzeptanz der Inneren Führung in Politik, Gesellschaft und Bundeswehr leistete der Wehrbeauftragte des Deutschen Bundestages mit seinem Ende Februar veröffentlichen Jahresbericht 2017.[3] Manche werden darin vor allem eine kritische Bestandaufnahme der personellen und materiellen Lage der Bundeswehr lesen. Neben

---

[1] Donald Abenheim, Uwe Hartmann (Hrsg.), Tradition in der Bundeswehr. Zum Erbe des deutschen Soldaten und zur Umsetzung des neuen Traditionserlasses, Berlin 2018.
[2] Christian Bauer, Marcel Bohnert, Jan Pahl, Vitalis Innere Führung! Zum Status Quo der Führungskultur in den deutschen Streitkräften, Berlin 2018; Uwe Hartmann, Der gute Soldat. Politische Kultur und soldatisches Selbstverständnis heute, Berlin 2018.
[3] Deutscher Bundestag (19. Wahlpriode), Unterrichtung durch den Wehrbeauftragten, Jahresbericht 2017 (59. Bericht), Drucksache 19/700 vom 20.2.2018.

seiner Mahnung, es gäbe von allem zu wenig, dürfte auch sein Hinweis auf die fehlende Dringlichkeit bei der Abstellung materieller und personeller Defizite hohe Aufmerksamkeit gefunden haben. Vielleicht ist angesichts der enormen Dichte an Berichten über die unzureichende Einsatzbereitschaft der Streitkräfte untergegangen, dass der Wehrbeauftragte in seinem Jahresbericht wie in seinem gesamten Wirken vor allem eine Lanze für die Innere Führung bricht. Denn seine Argumentation läuft darauf hinaus, dass die aus der Mangelwirtschaft der letzten Jahre überbordende Bürokratie die Führungskultur in der Bundeswehr, insbesondere das Führen mit Auftrag, zerstöre. Wer weiß, wie wertvoll diese über fast 200 Jahre gewachsene spezifische deutsche Führungskultur ist, ahnt, dass die materielle Ausstattung im Vergleich zu dem Verlust dieses Führungsprinzips das kleinere Problem ist.

Man könnte also aus der positiven Entwicklung des Jahres 2018 schlussfolgern, dass es mit der Inneren Führung wieder bergauf ginge. Die Herausgeber wollen allerdings kein geschöntes Bild über die Realität der Inneren Führung zeichnen. Kenntnis und Akzeptanz sind eher gering, Vorbehalte dagegen weit verbreitet und groß. Es liegt im Trend, Innere Führung schlecht zu reden. Vor diesem Hintergrund haben wir uns die Aufgabe gestellt, neu zu denken, Alternativen aufzuzeigen und an einer verbesserten Führungskultur in der Bundeswehr mitzuarbeiten. Wo dieser Weg hinführt, ist keineswegs gewiss. Neben einem Aufbruch könnte es auch zu weiterem Abbau, ja sogar zur Abschaffung der Inneren Führung kommen. Denn die Innere Führung basiert auf Voraussetzungen, die sie selbst nicht schaffen kann. Sie benötigt die Unterstützung durch Politik, Gesellschaft und auch durch die Angehörigen der Bundeswehr selbst, vor allem durch das militärische Führungspersonal. Und in all diesen Bereichen gibt es Ambivalenzen, Zögern und Zaudern, aber auch viel Ignoranz.

Die Herausgeber selbst verstehen sich als Förderer der Inneren Führung. Gleichwohl suchen sie den Dialog mit ihren Kritikern. Denn eine Innere Führung, die nicht mehr die Akzeptanz findet, bliebe genau so hohl wie es manche militärische Strukturen in den deutschen Streitkräften wohl geworden sind.

Die Autoren dieses Jahrbuchs nehmen in ihren Beiträgen engagiert Stellung zu der Frage, wie es mit der Inneren Führung weitergehen soll bzw. was an ihre Stelle treten sollte. Dabei geht es ihnen um grundsätzliche Entscheidungen über die Zukunft der Inneren Führung und deren Begriffe und Organisation, aber auch um konkrete Vorschläge, wie Selbstverständnis und Führungskultur der Bundeswehr weiterentwickelt werden sollten. Die zentrale Frage, welche

Rolle die Staatsbürgerlichkeit darin künftig spielt, steht im Mittelpunkt der in diesem Jahrbuch aufgenommenen Kontroverse. Sie fordert jeden Einzelnen zur Stellungnahme heraus.

Im Kapitel „Innere Führung heute" setzen sich die Autoren des diesjährigen Jahrbuchs mit der derzeitigen Lage der Inneren Führung auseinander. Am Anfang steht ein Beitrag, der allein schon aufgrund seiner Autoren Aufmerksamkeit erregen sollte. Mit *Klaus Beck* und *Rainer L. Glatz* schreiben ein Gewerkschafter und ein General gemeinsam über „Fragen des Verhältnisses von Gesellschaft und Bundeswehr". Und deren Thesen lassen nichts an Klarheit zu wünschen übrig: Sie hinterfragen sowohl aktuelle Umfragen zum Thema als auch dessen Darstellung im Weißbuch der Bundesregierung zur Sicherheitspolitik und zur Zukunft der Bundeswehr aus dem Jahre 2016. In ihre tiefergehende Analyse greifen sie auf Erkenntnisse über die Wirkung der Weltkriegserlebnisse auf heutige Generationen zurück. Sie fordern daher Untersuchungen über die langfristigen Folgen der Auslandseinsätze der Bundeswehr auf die Gesellschaft. Nicht nur die Angehörigen der Bundeswehr, auch die Gesellschaft selbst sei in der Pflicht, über die durch Aussetzung der Wehrpflicht und Professionalisierung der Streitkräfte resultierenden Folgen nachzudenken, die Weiterentwicklung der Bundeswehr kritisch zu begleiten, zur Intensivierung der Debatte über die Bundeswehr beizutragen und dabei auch eigene Defizite aufzuklären. Dieser engagierte Beitrag endet mit praktischen Vorschlägen. Sie reichen von neuen Forschungsfragen über Workshops und einer besseren Vorbereitung von Soldaten für deren Beteiligung an Debatten bis hin zur Einrichtung von „Kontaktstellen" für die Kommunikation mit dem örtlichen gesellschaftlichen Umfeld. Angesichts der stärkeren Integration der europäischen Sicherheits- und Verteidigungspolitik komme es darauf an, für diese Fragen auch transnationale Foren einzurichten.

Auch unseren Autoren *Marcel Bohnert* und *Lena Pütz* geht es in ihrem Beitrag „#Uniformgate: zu Bunt gehört auch grün – Die Bundeswehr auf neuen Wegen aus der gesellschaftlichen Isolation" um das Verhältnis der Gesellschaft zu ihren Streitkräften. In den 60er Jahren des letzten Jahrhunderts überraschte der militärpolitische Redakteur der Süddeutschen Zeitung mit der Überschrift: „Jetzt fühlen sie sich wieder geliebt". Gemeint war die Gefühlslage der Soldaten, die plötzlich im Ansehen in einem Berufe-Ranking bei den Bundesbürgern erheblich gestiegen waren. Dahinter verbarg sich damals immer noch das Thema der Ehrenrettung des Soldaten aus Sicht der Kriegsgeneration. Marcel Bohnert und Lena Pütz greifen nun das damalige Thema unter einem aktuellen und damit ganz anderen Aspekt auf: Das militärskeptische und distanzierte Verhältnis „der Deutschen" heute gegenüber ihren Streitkräften, das in Spannung steht zur verordneten Integration der Bundeswehr in die Gesellschaft. Die Autoren machen dies am Beispiel eines „Eklat" auf der re:publica-Veranstaltung in Berlin im Mai 2018 deutlich. In den Medien wurde darüber berichtet, und die Autoren haben dieses Echo in ihrem Beitrag detailreich nachgezeichnet. Es ging darum, dass Bundeswehrangehörige in Uniform keinen Zutritt zu der Netzkonferenz erhielten und auch vor deren Türen nicht geduldet waren. Die Autoren stellen „das völlig verzerrte Bild des deutschen Militärs" bei den Veranstaltern der Konferenz fest, deren „ablehnende Grundhaltung" und „Abneigung gegenüber einer der ‚friedfertigsten Parlamentsarmeen der Welt'".

Der Unterschied zwischen den beiden Daten Ende der 1960er und Ende der 2010er Jahre macht deutlich, dass die Sichtweisen über die Integration von Bundeswehr und Gesellschaft sich deutlich verschoben haben. 1960 ging es um die Normalisierung des Verhältnisses zwischen Militär, Staat und Gesellschaft nach einer Zeit der totalen Militarisierung; 2018 geht es eher um die gesellschaftlichen und individuellen Ansprüche an den sozialen Staat. Beide „Konfliktfelder" brauchen offene Diskussionen und Diskurse „auf Augenhöhe", um Lösungen entwickeln zu können; ertrotzen kann man sie nicht. Kritisch über den eigenen Standort nachzudenken und die Fähigkeit zur Integration zu verbessern, das könne ein neues Bildungsfeld sein – für die Gesellschaft genauso wie für die Bundeswehr.

Welche Bilder über die Bundeswehr vermitteln deutsche Kino- und Fernsehfilme der letzten drei Dekaden? Dieser Frage geht *Gerhard Kümmel* in seinem Beitrag „Die Bundeswehr im Film des wiedervereinigten Deutschlands" nach. Der Leser wird sich gerne an viele Filme erinnern, wenn er Gerhard Kümmels Darstellung der jeweiligen Handlungsstränge und Botschaften liest. In den Mittelpunkt seiner Analyse stellt er die unterschiedlichen Soldatenbilder, die in den Filmen dargestellt werden. Er identifiziert acht unterschiedliche Typen, die das Spannungsfeld von gut und böse, lustig und ernst, normal und anders oder mitmachen, abhauen und verheizt werden thematisieren. Die vier Typen des funktionierenden, des moralischen, des verletzten sowie des lustigen/karikierten Soldaten bildeten dabei zentrale Narrative. Die Anzahl der Filme sowie deren Zuschauerquoten deuten, so Gerhard Kümmel, darauf hin, dass die Gesellschaft durchaus Interesse an der Bundeswehr und ihren Soldaten habe. Gerade auch an den Extremsituationen, in denen sie sich im Auslandseinsatz befinden. Gleichzeitig, was kaum überraschend sei, nutzt auch die Bundeswehr ihre Unterstützung von Filmen dazu, Einfluss zu nehmen.

Meike Wanner wertet in ihrem Beitrag „Einstellungen der Angehörigen der Bundeswehr zur Inneren Führung – Empirische Befunde und deren Bedeutung für die Zukunft der Inneren Führung" eine Studie aus dem Jahre 2013 aus, die bereits in den letzten Jahrbüchern vorgestellt wurde. Unsere Autorin stellt ihre Analyse allerdings unter eine neue, so bisher noch nicht behandelte Fragestellung. Ihr geht es vor allem um die Bedeutung der Inneren Führung für die Persönlichkeitsentwicklung von Soldaten. Sie stellt damit den Kern der ursprünglichen Inneren Führung in den Mittelpunkt: Innere Führung als Erziehung und das heißt vor allem als Selbsterziehung des Soldaten. Hierbei diagnostiziert sie nicht nur Defizite, sondern gibt auch klare Hinweise darauf, was geändert werden müsste, damit die Innere Führung künftig mehr Akzeptanz findet und eine größere erzieherische Wirkung erzielt. Zu den Ursachen der Defizite gehöre zunächst einmal die sehr geringe Kenntnis der Inneren Führung bei den jüngeren Soldaten. Aber auch ihr Image spiele eine Rolle. Viele Soldaten meinten, dass die Innere Führung von Kameraden negativer eingeschätzt würde als man selbst es täte. Es ist also schick, die Innere Führung zu kritisieren oder nicht ernst zu nehmen. Zudem beurteilten jüngere Soldaten der Laufbahnen der Mannschaften die Innere Führung als gar nicht relevant für sie. Sie sei doch vor allem eine Vorschrift für die Menschenführung und damit für die Vorgesetzten. Deren Bedeutung für die Persönlichkeitsentwicklung von Soldaten unabhängig von ihren Dienstgraden wird also gar nicht gesehen. Was kann man dagegen tun? Hier gibt Meike Wanner mehrere Vorschläge, die sie ebenfalls mit empirischen Daten untermauern kann. Insgesamt bestünde ein Vermittlungs-, Relevanz- und Imageproblem. Daher fordert sie mehr zielgruppenspezifische Informationsangebote. Hinweise auf die hohe Verantwortung, die Soldaten trügen, als auch auf die positive Wirkung auf deren Resilienz könnte diese motivieren, sich aktiv mit der Inneren Führung auseinander zu setzen. Hilfreich seien auch klare und verständliche Handlungsmaximen, wie sie der Wehrbeauftragte des Deutschen Bundestages in seinem letzten Jahresbericht formulierte: „Nichts Unrechtes mitmachen, sondern widersprechen und sich widersetzen!" Wichtig ist auch ihr Hinweis, dass allein das Lesen der Vorschrift schon dazu beitrüge, die Einstellungen zur Inneren Führung zu verbessern.

Reinhold Janke liefert in seinem Beitrag „'Heroische Gemeinschaft' statt Integration?" unverzichtbares Orientierungswissen über den Begriff des Helden. Seit der Antike definiere und legitimiere sich der Held über seine Vortrefflichkeit und Leistungsbereitschaft. Heldentum sei daher auch kein Massenphänomen, sondern etwas Singuläres und Elitäres. Dabei wären Heldentaten nicht auf das Militärische beschränkt, und auch der Tod des Helden wäre nicht notwendigerweise gefordert. Die in modernen Gesellschaften verbreitete Ablehnung des Heroischen beruhe nicht zuletzt auf Minderwertigkeitskomplexen und eigener Feigheit. Wer anderen die Heldenrolle zuweist, entlaste und distanziere sich von der eigenen möglichen Erwartungshaltung und Verantwortung.

Innerhalb der Bundeswehr sieht Reinhold Janke durchaus Tendenzen zur Entstehung eines Heldenkultes. Dieser bilde das ideologische Fundament einer 'heroischen Gemeinschaft', die sich von der Inneren Führung und ihrem Gebot der Einbindung des Soldaten in Staat und Gesellschaft loslöst. Bisher seien es jedoch nur einzelne Gruppierungen, die sich nach einer neuen geistigen Heimat sehnen. Insgesamt sei die Bundeswehr mehr durch Diversität und Wandel als durch Homogenität und Konventionen gekennzeichnet. Jedoch komme es künftig verstärkt darauf an, dem Soldaten eine materielle, soziale, ideelle, rechtliche und ethische Grundlage für sein Selbstverständnis als Soldat in und für die Demokratie zu bieten.

Die 'heroische Gemeinschaft' als geistige Heimat des Soldaten steht auch im Mittelpunkt der in diesem Jahrbuch aufgenommenen Kontroverse zwischen Jochen Bohn und Klaus Naumann.

Der Beitrag von *Reinhold Robbe* und *Dierk Spreen* fragt danach, inwieweit die „Integration der NVA" in die Bundeswehr als ein „Erfolgsmodell" zu bewerten ist." Es geht hier folglich eher indirekt um die Integration der Bundeswehr in die Gesellschaft, insofern das Gelingen oder Nichtgelingen dieses Prozesses natürlich auch Rückwirkungen auf das Verhältnis zwischen Bundeswehr und Gesellschaft haben musste. „Die NVA" wurde nicht in die Bundeswehr integriert, wie die Autoren materialreich und detailgenau deutlich machen – obwohl die NVA-Führung umfangreiche interne Reformen vornahm, um die Voraussetzungen für eine Kontingent-Übernahme einer zweiten Armee in der erweiterten Bundesrepublik zu schaffen. Es gab vielmehr mehrere Übernahmewellen für das Personal per Zeitverträge. Diese wurden begleitet von Auswahl- und Beurteilungsverfahren sowie der Auflösung von Standorten und Materialabgaben, bevor es schließlich zur „Armee der Einheit" kam. Dieses „Narrativ" betont die gemeinsame Verantwortung aller Bundeswehrangehörigen für die militärische Vereinigung, so die Autoren. Trotz dieser „Bestnote" für die individuelle Integration stellen die Autoren kritische Fragen: Ob nicht mehr NVA-

Soldaten hätten übernommen werden können, was mit den vielen Nicht-Übernommenen geschehen ist und wie deren Versorgung durch die gesetzliche Rentenversicherung anders hätte geregelt werden können.

Die Autoren verweisen allerdings noch auf ein zweites integrationspolitisches Narrativ: Die sehr positive Bedeutung der Inneren Führung für die Integration ehemaliger Soldaten der NVA. Das Leitbild vom Staatsbürger in Uniform stellte „nachgerade das Gegenteil dessen dar, was sie kannten." Dass aber dieser Staatsbürger in Uniform nicht eine bloße Variation des sozialistischen Soldatenbildes darstellte, dem nur die Bindung an die Menschenrechte und das Grundgesetz gefehlt habe, macht die Notwendigkeit dieser Form der individuellen „Integration" aus.

Kai Uwe Bormann und *Bernd Lawall* beschreiben in ihrem Beitrag „Projekt ‚Tradition und Identifikation im HEER'" ein schönes Beispiel für die mustergültige Umsetzung des Beteiligungsgebots der Inneren Führung. Durch umfassende Einbindung seiner Soldatinnen und Soldaten ging es dem Inspekteur des Heeres darum, deren tatsächlichen Bedarf an Tradition und Traditionspflege zu ermitteln und die Diskussion darüber auf Dauer zu stellen. Auf diese Weise sollten nicht nur die bisweilen abgehobenen öffentlichen Debatten mit soldatischen Vorstellungen versöhnt, sondern auch die Kohäsion im Heer gestärkt und die Identifikation der Angehörigen des Heeres vertieft werden. Die ersten Ergebnisse dieses gemeinsamen Denkprozesses, in dem auch Vertreter von Politik und Wissenschaft eingebunden sind, unterstreichen, so die beiden Autoren, dass Tradition für die Truppe eine „Herzensangelegenheit" ist. Die Soldatinnen und Soldaten des Heeres möchten über die bisherigen drei Traditionslinien hinausgehen und vor allem die eigenen Leistungen aus der Geschichte der Bundeswehr in den Vordergrund rücken. Deutlich weisen sie auch auf den Bedarf an politischer, historischer und ethischer Bildung hin. Aus Sicht der Herausgeber ist dieser Beitrag ein ermutigender Bericht über die Praxis der Inneren Führung und ein guter Übergang zum nächsten Kapitel, in dem es um Neues denken, Mitgestaltung fördern und Alternativen wagen geht.

Gustav Lünenborg, Soldat der Bundeswehr der ersten Stunde, setzt sich in seinem Beitrag kritisch mit dem Begriff der Inneren Führung auseinander. In seinem engagierten und mit spitzer Feder verfassten Beitrag „Neue Zeit, neue Begriffe?" fordert er, diesen Begriff durch „Bundeswehr in Staat und Gesellschaft" zu ersetzen. Seine Argumente dafür lauten: Es fehle dem Begriff eine klare und verständliche Definition. Soldaten haderten mit ihren vielfältigen Interpretationen; jeder verstünde sie anders. Ihre richtigen Inhalte und Grundsätze hätten sich in der Praxis des militärischen Dienstes schon längst durchgesetzt, seien allerdings durch „Einsatzferne" charakterisiert und daher ergänzungsbedürftig. Fehlende Einsatzbereitschaft der Bundeswehr für die Landesverteidigung, Gleichgültigkeit der Gesellschaft gegenüber den Soldaten sowie Unverständnis bei verantwortlichen Politikern für die Besonderheiten des Soldatenberufs nagten an der Akzeptanz der Inneren Führung, die für all diese Defizite verantwortlich gemacht werde. Insgesamt sei der Begriff Innere Führung genauso wie das Leitbild vom Staatsbürger in Uniform „irreparabel verschlissen". Es komme darauf an, sie mit klaren und einfachen Begriffen zu ersetzen, die die bereits existierende Normalität widerspiegelten und weiter beförderten. Zur Normalität gehörten auch die Zusammenlegung von Truppenführung und Innerer Führung an der Führungsakademie der Bundeswehr sowie ein größeres Selbstbewusstsein der Soldaten in der Weiterentwicklung ihrer Führungskultur. „Wir sind die Armee", so lautet sein Appell für eine offensive Erneuerung der Bundeswehr von innen.

Unser Autor *Gerhard Brugmann* ist wie Gustav Lünenborg 1956 in die Bundeswehr eingetreten. In seinem Beitrag „Die Innere Führung im Umbruch zur Militärethik" stellt er zunächst sein Verständnis der Inneren Führung dar. Sie sei ein Konzept, mit dem gleichgewichtig vier Dinge erreicht werden sollten: eine zeitgemäße Menschenführung; ferner die Motivation möglichst aller Bürger zur Verteidigung; weiterhin die Einhegung der bewaffneten Macht in die Demokratie; und viertens die Sicherung der demokratischen Rechte der Soldaten. Gerhard Brugmann kommt zu dem Ergebnis, dass diese vier Ziele erreicht worden seien. Damit habe das Projekt Innere Führung seinen Auftrag erfüllt. Des Begriffs der Inneren Führung bedürfe es nicht mehr, zumal er nicht zeitgemäß und insbesondere dem militärischen Nachwuchs nicht vermittelbar sei. Ihre Grundsätze und Errungenschaften blieben allerdings weiterhin gültig. Abschließend schlägt unser Autor vor, sich der übergeordneten Militärethik zuzuwenden, die überall verstanden würde. Zu diesem Zweck sollte an der Führungsakademie der Bundeswehr ein Lehrstuhl eingerichtet werden.

Peter Buchner beschäftigt sich in seinem Beitrag „Irrtümer über Innere Führung" mit Missverständnissen über die Führungsphilosophie der Bundeswehr. Das weit verbreitete Narrativ, wonach Innere Führung eine dynamische Konzeption sei, bei der es vor allem um gute Menschenführung ginge und die den Angehörigen der Bundeswehr als Kompass dienen könnte, stellt er in Frage. Sie sei nicht dynamisch, sondern aufgrund ihrer Bindung an konstante Werte des Grundgesetzes statisch. Die Bundeswehrzeitschrift Y nannte in ihrem Spezial

„Wer wir sind" kürzlich sieben Grundwerte. Im Kern ginge es Innerer Führung um die gesellschaftliche Integration und Bürgerlichkeit des Militärs. Für ihre Orientierung gebende Funktion eigne sich besser das Bild des Leuchtturms als das eines Kompasses. Wie zuvor schon bei Gustav Lünenborg und Gerhard Brugmann, so stellt auch Peter Buchner das Verständnisproblem der Inneren Führung über das Vermittlungsproblem. Er fordert, dieses Problem nicht nur durch Aufklärung von Irrtümern und vor allem durch Einsicht in die politischen Prozesse, die zu Entscheidungen über die Zukunft der Bundeswehr und ihre Einsätze führen, zu lösen. Der Königsweg wäre eine aktive und attraktive Politische Bildung, die Ethik und Historie mit einschließt und auf einer handlungsorientierten und diskursbasierten Methodik beruht.

Eberhard Birk denkt Innere Führung weiter und breiter. In seinem „Plädoyer für die Transformation der Inneren Führung in eine europäische Führungsphilosophie. Überlegungen zu Grenzen, Perspektiven und Chancen" stellt er zunächst die Entstehung und Entwicklung der Inneren Führung dar. Europa spielte dabei eine gewichtige Rolle. Ihre Ursprünge seien, so der Autor, „geradezu ur-europäisch". Für die heutige Europäisierung der Inneren Führung greift Eberhard Birk auf eine Initiative von Hans-Gert Pöttering zurück, die dieser 2009 als damaliger Präsident des Europäischen Parlaments unter dem Titel „Synchronized Armed Forces Europe" (SAFE) startete und die heute angesichts vertiefter europäischer Verteidigungskooperation (PESCO) erneute Relevanz bekommt. Für Eberhard Birk kommt es besonders darauf an, die historischen Wurzeln einer gemeinsamen europäischen Führungskultur herauszuarbeiten und zu einem neuen Narrativ zu bündeln. Das Menschenbild und die Werte spielten dabei eine zentrale Rolle. Abschließend unterbreitet er konkrete Vorschläge, wie eine europäische Innere Führung vorangebracht werden könnte: durch Intensivierung und Institutionalisierung der historisch-politischen Bildung, durch Annäherung der nationalen Führungsphilosophien, durch Harmonisierung der Offizier- und Unteroffizierausbildung mit Hilfe eines gemeinsamen Lehrbuchs für europäische Militärgeschichte, durch Herausgabe einer Europäischen Militärischen Zeitschrift und Bildung militärischer Gesellschaften, die der Verbreitung eines European Spirit verpflichtet sind. Der Weg führt also primär über Bildung, was Eberhard Birk mit einem Zitat aus dem ersten Traditionserlass der Bundeswehr von 1965 unterstreicht: „Geistige Bildung gehört zum besten Erbe europäischen Soldatentums. Sie befreit den Soldaten zu geistiger und politischer Mündigkeit und befähigt ihn, der vielschichtigen Wirklichkeit gerecht zu werden, in der er handeln muss. Ohne Bildung bleibt Tüchtigkeit blind."

Rainer Prätorius führt uns in das Werk des bekannten US-amerikanischen Militärsoziologen Morris Janowitz ein. In seinem Beitrag "Militärsoziologie und demokratische Integration. Morris Janowitz erneut lesen" beschreibt er diesen als einen „besorgten Demokraten". Janowitz fragte nicht nur danach, was eine Gesellschaft zusammenhält, welche Rolle das Militär dabei spielt und wie sich deren Verhältnis zueinander im Laufe der Jahrzehnte wandelt, sondern initiierte auch pragmatische Projekte für die bessere Integration des Militärs. Eine wesentliche Ursache für signifikante Veränderungen im Verhältnis von Politik, Gesellschaft und Militär sah Janowitz in der Umwandlung der US-amerikanischen Streitkräfte in eine Freiwilligenarmee (1973). Seitdem verliefe der soziale Wandel in Gesellschaft und Militär weitgehend getrennt voneinander. Eine Ausnahme sei die Übernahme des ökonomischen Denkens aus Politik und Wirtschaft in die Streitkräfte. Danach wurde der Soldat zunehmend als „ökonomischer Nutzenmehrer" gesehen. Das Leitbild des politisch mitdenkenden Bürgersoldaten, der seinen Dienst als Teil seiner politischen Verantwortung versteht, trat in den Hintergrund. Im Bürgersoldaten sieht Janowitz weiterhin das gültige Ideal – auch wenn es aus der Zeit des US-amerikanischen Unabhängigkeitskrieges stamme. Er fordert daher politische Bildung (*civic education*) sowie Teilhabe und praktisches Erleben. Durch aktives Handeln entstehe ein demokratischer Patriotismus – gerade auch bei den Bürgern mit Uniform.

Viele von Janowitz' Kerngedanken erinnern an Prinzipien der Inneren Führung, wie sie im engen Austausch zwischen Politik, Wissenschaft und Militär in der Gründungs- und Aufbauphase der Bundeswehr erarbeitet wurden. Rainer Prätorius beschreibt sie daher als „befremdlich vertraut". Befremdlich deshalb, weil Deutschland nach dem Zweiten Weltkrieg die Bürgerrolle primär an Rechten (und nicht an Pflichten) ausrichtete und sich von militärischen Traditionen weithin distanzierte. Das erneute Lesen von Janowitz' soziologischem Werk könne, so Rainer Prätorius, uns heute dennoch helfen, alte Fehler zu vermeiden. Seine Diagnose lautet: Im Deutschland der letzten 20 Jahre gab es ebenfalls den „… Siegeszug eines ökonomischen (besser: betriebswirtschaftlichen) Denkansatzes in der Politik, der auch den Verteidigungsbereich nicht verschonte." Er sieht die Gefahr, dass Rekrutierung und Menschenführung in der Bundeswehr vor allem nach betriebswirtschaftlichen Überlegungen gestaltet würden. Das reiche Erbe der staatsbürgerlichen Verpflichtungen verlöre dagegen an Bedeutung. Die Integration von staatsbürgerlichen Pflichten und aktiver demokratischer Beteiligung war schon immer *der* Kerngedanke der Inneren Führung. Die in diesem Jahrbuch aufgenommene Diskussion über die Staatsbürgerlichkeit ziwschen Jochen Bohn und Klaus Naumann zeigt, dass dieser Kerngedanke nicht unumstritten ist. Auch Rainer Prätoirus weist unter Bezugnahme auf Morris Janowitz darauf hin, dass das Ideal des Bürgersoldaten nur funktioniere, wenn staatsbürgerliche Pflichten auch in anderen staatlichen und gesellschaftlichen Institutionen verankert seien. Deren integrative Wirkung müsse „Gegenstand politischer Gestaltungsverantwortung" sein.

Kapitel 4 des Jahrbuchs 2018 beschäftigt sich mit Militärpolitik und Strategie. Wir Herausgeber glauben, dass die Innere Führung Einiges für das Erarbeiten militärpolitischer und strategischer Konzepte zu bieten hat.

Wie der Titel seines Beitrags „Militärpolitik im freien Fall: Warum die neue Konzeption der Bundeswehr ein Armutszeugnis ist" bereits kundtut, bewertet *Martin Sebaldt* das neueste öffentliche Planungsdokument der Bundeswehr als nicht akzeptabel. Statt die schwammigen Aussagen des Weißbuches der Bundesregierung zur Sicherheitspolitik und zur Zukunft der Bundeswehr von 2016 zu konkretisieren und präzisieren, sei die Konzeption der Bundeswehr (KdB) durch ärgerliche Allgemeinplätze und Pauschalität, durch Unklarheiten und Widersprüche sowie durch einen „Managerjargon" gekennzeichnet. Statt konkrete Maßnahmen aufzuzeigen, bliebe das Dokument bei allgemeinen Postulaten und Grundsätzen. Martin Sebaldts Hoffnung, dass die KdB mehr Substanzielles als das letzte Weißbuch bieten würde, blieb also unerfüllt. Ohne ersichtlichen Mehrwert gegenüber dem Weißbuch nähre dies vielmehr den Verdacht, dass Entscheidungen in den Bereich der geheimgehaltenen Dokumente verlagert und so der öffentlichen Kritik entzogen würden. Überzeugung der Öffentlichkeit ginge jedenfalls anders. Insgesamt sei die KdB kein hilfreicher Beitrag zu einer Strategie, die Ziele mit Mitteln und Wegen ausbalanciert. Antworten auf das Wie der Umsetzung der im Weißbuch definierten Ziele seien darin kaum zu finden. Selbst für die Erarbeitung zukunftsfähiger Doktrinen als dem zentralen Erfordernis militärischer Strategie sei die KdB nicht geeignet. Weißbuch und KdB blieben also viele Antworten schuldig und belegten einmal mehr die unzureichende Strategiefähigkeit Deutschlands.

Dirk Freudenberg leistet Grundlagenarbeit in seinem Beitrag „Strategie und Sicherheitspolitik – Ausgewählte Aspekte theoretischer Begriffe, Strategieentwickung und die Antizipation aktueller Risiken und Bedrohungen". Er liefert Definition, Entwicklung und Kontext von Strategie, bevor er sich mit der aktuellen sicherheitspolitischen Lage beschäftigt und daraus Schlussfolgerungen für die Strategiebildung heute zieht. Dabei betont er die Bedeutung von Zufall und Komplexität mit der daraus erwachsenen Spannung zwischen Ungewissheit auf der einen und wünschenswerter Antizipation auf der anderen Seite. Aufgrund deren Unauflösbarkeit erfordern Strategien permanente Anpassungen an volatile sicherheitspolitische Lagen. Für die Politik komme es heute darauf an, der Bevölkerung Grenzen und Aufgaben von Strategie zu vermitteln und die Fähigkeit zum strategischen Denken zu befördern.

Zum wiederholten Mal greift *Claus von Rosen* in den Jahrbüchern für Innere Führung ein Thema aus dem Bereich Strategie auf. Das mag für manchen Leser erstaunlich, möglicherweise sogar fremd sein. Der gedankliche Hintergrund dafür ist das Verständnis, dass Innere und Äußere Führung (z.B. Strategie und Taktik) komplementär zusammengehören. Landläufig gilt ausgemacht, dass Strategie letztendlich nicht lernbar und zu wichtigen Teilen angeboren sei. In seinem Beitrag über *„Strategie Lernen – aber wie?"* entwickelt Claus von Rosen anhand pädagogischer Kriterien für Ausbildung und Bildung, den sogenannten Lernzielkategorien, einen curricularen Zusammenhang zum Verstehen und Organisieren von Ausbildung und Bildung zum Strategie-Denken. Er wertet dazu u.a. die neuen Wiener Strategie-Konferenzen aus. Dabei fallen besonders die Ausführungen zu Lernzielen, Lerninhalten und Lernmethoden ins Gewicht, bei denen sich das Lernen von Strategie-Denken in seinen hohen Ansprüchen aus dem quartären Bildungsbereich deutlich von sonstigem schulischen Lernen unterscheidet: Strategie-Lernen ist nicht Lehrer-zentriert, sondern auf Selbstreflexion angewiesen. Und die Aufgaben des Lehrers bestehen dabei in der didaktischen Bereitstellung von Lernmöglichkeiten. Diese Art zu „lehren" war bereits Grundbestandteil der pädagogischen Überlegungen im Handbuch Innere Führung von 1957. Wenn sie nun auch in die Arbeit am German Institute for Defence and Strategic Studies (GIDS), dem neuen Think Tank an der Führungsakademie der Bundeswehr in Hamburg, Aufnahme fänden, wäre das ein weiterer Meilenstein der Integration von Innerer und Äußerer Führung.

Uwe Hartmann geht in seinem Beitrag „Strategie und Denkfehler" der Frage nach, welche Rolle Erkenntnismethoden, kognitive Fehler sowie Glück und Zufall in der Erarbeitung, Umsetzung und Evaluierung von Strategien spielen. Technologische Machbarkeitsträume und die Dominanz betriebswirtschaftlicher Managementtheorien hätten den Blick dafür verstellt, deren Rolle angemessen zu würdigen. Anhand von Beispielen zeigt auf, inwieweit strategisches Handeln für bestimmte Denkfehler anfällig ist. Auch Uwe Hartmann beschließt seinen Beitrag mit pädagogischen Folgerungen. Diejenigen, die an strategischen Entscheidungsprozessen beteiligt sind und/oder Entscheidungsträger beratend zur Seite stehen, sollten die Grenzen menschlicher Erkenntnis kennen, sich und andere vor Denkfehlern schützen und die ihrem Gegenstand angemessenen Denkmethoden anwenden.

Im letzten Kapitel „Zur Diskussion gestellt" stehen sich zwei Autoren gegenüber, die sich in ihrem Nachdenken über die Zukunft der Inneren Führung fundamental unterscheiden. Gemeinsamer Bezugspunkt der beiden Beiträge von *Jochen Bohn* und *Klaus Naumann* ist das im Frühjahr 2018 erschienene Buch „Der gute Soldat. Politische Kultur und soldatisches Selbstverständnis heute" von Uwe Hartmann.

Die Artikel von Jochen Bohn und Klaus Naumann scheinen auf den ersten Blick Rezensionen zu Uwe Hartmanns Buch über den „guten Soldaten" zu sein. Bei genauerem Lesen der beiden Titel und Untertitel *Kritik* und *Antikritik* wird jedoch deutlich, dass es sich um ein diskursives geistiges Ringen handelt, um eine tiefgreifende Debatte über das Verständnis vom Zusammenklang von Gesellschaft, Staat und Streitkräften in Deutschland. Sie wird nicht erste heute, sondern seit Beginn des 20. Jahrhunderts auf hohem intellektuellem Niveau geführt. Sie brach auf mit den Erfahrungen der Frontsoldatengeneration des ersten Weltkrieges; sie wurde nach dem zweiten Weltkrieg, mit der Wendung von Staat und Gesellschaft zur freiheitlich-demokratischen Grundordnung, zum Anstoß, den künftigen deutschen Soldaten als Staatsbürger in Uniform zu verstehen; und nun, seit den letzten 25 Jahren, drängt sie sich unter den Aspekten Einsatz und Krieg mit neuer Schärfe vor. Das wird z.B. an der Debatte um den neuen Traditionserlass von 2018 deutlich.

Jochen Bohn bemängelt in seiner Kritik zu Recht, dass diese Diskussion weitgehend den Militärhistorikern überlassen wurde. Rückgriffe in die Vergangenheit gehören zwar zum Thema, können allerdings nicht den Schwerpunkt der Auseinandersetzung um die Werte und Normen der Inneren Führung und ihres Leitbildes sein. Dieser liegt bei den heute geltenden Werten und Normen der freiheitlich-demokratischen Grundordnung, den Bezügen auf die gegenüber 1950 deutlich veränderten politischen Rationalitäten sowie die Zwecke und Aufgaben der Bundeswehr im Jetzt und in der Zukunft. Bohn macht seine wesentliche Kritik an der Exegese der von Hartmann eingeführten Geistesgrößen Platon, Machiavelli, Cicero und Luther fest und beruft sich dabei besonders auf Max Weber mit seiner protestantischen Ethik und dem „guten", sprich: verantwortlichen oder besser wohl verantwortungsbewussten Politiker, aus dem sich das Verständnis vom „politischen Soldaten" ableiten lasse. Für das heutige Nachdenken über eine normative Nachjustierung der Inneren Führung wären auch andere Gedankenansätze zu betrachten, welche die Diskussionen über den Staatsbürger in Uniform seit Anfang der 50er Jahre bis heute bewegen. Bohns eigener Ansatz, den er in vielen Schriften bereits vertreten hat, kommt dabei in seiner Kritik zwischen den Zeilen zur Sprache: Der „politische Soldat" und der „vorläufig heimatlose Soldat". Mit diesen beiden Bildern zieht Bohn eigentümlich radikale Konsequenzen aus einer Fundamentalkritik des bürgerlichen Systems und dessen Funktionalitäten, wie er sie in der dekonstruktivistischen und poststrukturalistischen politischen Philosophie insbesondere bei Jacques Derrida und Giorgio Agamben vorfindet. Dass seine Befragung des „Staatsbürgers in Uniform" an dieses Denken anschließt, bleibt in seiner Kritik an Uwe Hartmanns „gutem Soldaten" eher im Hintergrund.

In seiner Antikritik öffnet Klaus Naumann den Blick dafür, dass sich (möglicherweise unerwünschte) Analogien herstellen lassen zwischen Bohns Kritik und einem neuen konservativen, gar rechten Denken. Es ist verdienstvoll und anregend zugleich, dass Naumann das Schrifttum einiger Größen der „neuen" Rechten zu der Frage nach dem Bild vom Soldaten heute ausbreitet, z.B. Kurt Hesse, den Tat-Kreis, über Reinhard Höhn oder Hermann Foertsch bis zu Werner Picht. Vor diesem Hintergrund diskutiert er Bohns umfangreiches intellektuelles Schrifttum anhand einschlägiger Topoi wie *„Politik unter Systemzwang"*, der *„einfunktionalisierte Staatsbürger"* und der *„politische Soldat"* sowie *„Natürliche Vernunft und Common Sense"*. Damit wirft Naumann mit breitem Scheinwerfer Licht auf das intellektuelle und politische Wirken besonders zu Zeiten des Aufbaus der Bundesrepublik und speziell der Bundeswehr, aber auch bis in unsere Tage. Die damaligen begrifflichen Zuweisungen der Standpunkte um die Innere Führung als Reformer und Traditionalisten mögen das ausgedrückt haben. Der Hintergrund wird indessen nun erst richtig deutlich, wenn Naumann die Ansätze von Hartmann und Bohn als „zwei Typen der Kritik" einander gegenüberstellt: Hartmann gehe es darum, das Bild vom guten Soldaten, das über den handwerklich meisterlich ausgebildeten, seine Waffen perfekt beherrschenden Kämpfer hinausgeht, in zeitgemäßer Gestalt praktisch-politisch und immanent auf den Weg zu bringen. Dabei nutze er die Handlungsspielräume und Gestaltungschancen, um es mit guten und plausiblen Gründen zukünftig anders und womöglich besser zu machen. Bohn dagegen gehe es mit seiner „Fundamentalkritik" darum aufzuzeigen, dass die aus seiner Sicht normative Kraft der von Hartmann ins Feld geführten Leitbegriffe, Konzepte und Institutionen (wie repräsentative Demokratie, Primat der Politik oder das Leitbild des Staatsbürgers in Uniform) und deren Geltungsansprüche aufgebraucht seien. Eine Konkretisierung eines der beiden Ansätze könnte erhebliche Bedeutung für das künftige Leitbild des Soldaten der Bundeswehr haben: Während Hartmanns immanente Kritik auf Öffnung, Diskurs und Beteiligung ziele, votiere Bohns Fundamentalkritik für Abschließung und Rückzug. Das damit verbundene Bild von Bohns Soldaten sei eindeutig: Der Soldat im „Schutzraum" müsse sich, so folgert Naumann aus Bohns Ausführungen, aus der „staatsbürgerlichen Umklammerung" lösen und andererseits als „politischer Soldat" zugleich Politiker sein. Schlagwortartig fasst Naumann diese vorgeblich nur als Skizze vorgebrachten Vorstellungen vom „kommenden Soldaten" zusammen: „Offiziersschulen sowie Forschungs- und Bildungseinrichtungen der Bundeswehr, die in ihrer Ausrichtung wesentlich der staatsbürgerlichen Idee geschuldet sind", würden aufgelöst; das Militär erhielte eine eigene Militärgerichtsbarkeit; die militärische Führerbildung beschränkte sich künftig auf „Militärhochschulen". Alle diese Maßnahmen („so oder ähnlich" …) dienen dem Ziel, im spärlich möblierten „Schutzraum" der „Auflösung der staatsbürgerlichen Erfahrungswelt" zuzuarbeiten, damit – so darf man unterstellen – der Soldat dereinst zu sich selber kommt. Damit ist eine Kehrtwendung für das Militär gemeint hin zum „Staat im Staate".

Naumann räumt diesem Denkansatz keine Chance der Verwirklichung ein. Der Gesamtansatz sei „kurios" und: „Wie auch immer, der Weg in den Schutzraum führt in eine Sackgasse." Bezogen auf subtilere „Fingerübungen" im politischen Feld im Hier und Heute wäre Achtsamkeit dennoch angesagt. Dann können Naumanns Ausführungen ein Meilenstein für die weitere Diskussion um die Fortentwicklung sowie den Erhalt der Inneren Führung und den „Guten Soldaten" sein.

Die Herausgeber des Jahrbuchs Innere Führung 2018 hoffen, erneut einen Beitrag für das bessere Verständnis der Inneren Führung geleistet und gleichzeitig einige neue Wege für ihre Weiterentwicklung aufgezeigt zu haben.

Monterey/Hamburg, im Dezember 2018

Fragen des Verhältnisses von Gesellschaft und Bundeswehr

Klaus Beck / Rainer L. Glatz

0. Nicht aktuelle Umfragewerte allein bestimmen das Verhältnis von Bundeswehr und Gesellschaft

Die Wahrnehmung des Verhältnisses der Gesellschaft zur Bundeswehr und umgekehrt wird bestimmt durch aktuelle Umfragewerte (so auch Weißbuch 2016: 111) . Diese beschreibt aber lediglich die aktuelle Wahrnehmung – ohne tiefergehende Analysen und Beachtung von langfristig wirksamen Teilöffentlichkeiten. Die Resonanz von Aktivitäten gegen die Kooperationsabkommen einiger Kultusministerien zum Einsatz der Jugendoffiziere oder die skeptische bis ablehnende Haltung gegenüber Auslandseinsätzen, insbesondere derjenigen, die den Einsatz militärischer Gewalt bis hin zum Kampfeinsatz beinhalten, aber auch die sich an Skandalen festmachende öffentliche Debatte sollten Anlass für ein tieferes Nachdenken und Analysieren sein.

1. Gesellschaftliche Entwicklungen sollten der Bezugpunkt sein

Aus der Sicht des Beobachters von außen ist zu fragen, welche Veränderungen in der Gesellschaft vollziehen sich im Verhältnis zur Bundeswehr nach der Aussetzung der Wehrpflicht, die einer faktischen Abschaffung derselben nahekommt, und der Neuausrichtung auf eine Einsatzarmee sowie welche langfristigen Wirkungen haben nach wie vor transgenerationelle Kriegstraumatisierungen und ihre Folgen in unserer Gesellschaft.

Die Grundthesen dabei: Die faktische Abschaffung der Wehrpflicht hat eine wichtige Klammer zwischen der demokratischen Gesellschaft und einer demokratisch verfassten Bundeswehr, die dem Leitbild des Staatsbürgers in Uniform verpflichtet ist, verändert. Die Wehrpflicht hat bisher erheblich zur Integration der Bundeswehr in die Gesellschaft beigetragen und war eine wichtige Klammer zwischen Bundeswehr und Gesellschaft.

Mit derer faktischer Abschaffung entstehen neue Herausforderungen für das Verhältnis von Bundeswehr und Gesellschaft.

Die Integration der Bundeswehr einschließlich des gesellschaftlichen Wissens und der gesellschaftlichen Erfahrung mit dieser Institution droht abzunehmen – dieses macht unter anderem ein Blick auf die Zahlen der Abgänge aus der Bundeswehr sehr deutlich. Auch wenn es nach wie vor ein hohes gesellschaftliches Engagement von Bundeswehrangehörigen gibt. Damit ist zweifelhaft, ob damit der im Weißbuch 2016 beschriebene Zustand tatsächlich längerfristig stabil bleibt.

Noch gravierender scheinen die gesellschaftlichen Folgen langfristiger Traumatisierung durch den 2. Weltkrieg einzuschätzen zu sein. Die Wirkung der familiär übertragenen Verhaltens- und Einstellungsmuster ist wesentlich langfristiger als bisher wahrgenommen – die Untersuchungen über die „ Kriegsenkel" beginnen erst; diese trifft die Jahrgänge ab 1970 oder die Kriegskinder und ihre Familien, d.h. die Jahrgänge ab 1950 – sie bestimmen nach wie vor die gesellschaftliche Realität. (Sabine Bode 2011; Brunner 2014; Wolf 2017)

Über die gesellschaftlichen Auswirkungen der momentanen Auslandseinsätze – allein bis Ende 2016 waren mehr als 380.000 Soldatinnen und Soldaten im Einsatz – liegen bisher nur Untersuchungen über akute (Einsatz-)Erkrankungen vor. Solche zu langfristigen Auswirkungen auf und in die Gesellschaft fehlen bisher gänzlich.

2. Der gesellschaftliche Kompromiss verblasst

Die „Zivilität" von Streitkräften - wie sie sich in dem Konzept des Staatsbürgers in Uniform ausdrückt - ist keine Selbstverständlichkeit, sondern das Ergebnis historischer Auseinandersetzungen und Erfahrungen mit dem Phänomen militärischer Gewalt besonders in Deutschland. Nach den schrecklichen Katastrophen zweier Weltkriege, die von Deutschland ausgingen, war es eine historische Leistung, die Einbindung der Streitkräfte in die Demokratie auch mit Hilfe des Konzepts der Inneren Führung zu gewährleisten. Aber: Wie auch in anderen gesellschaftlichen Bereichen scheinen auch hier die Kompromisse der Nachkriegsgesellschaft aufgekündigt zu werden.

Der Grundgedanke der zeitweisen Beteiligung der Bürger an den Streitkräften (u. a. durch Wehrpflichtige und Reservisten) sowie der Gewährleistung der staatsbürgerlichen Rechte für die Soldatinnen und Soldaten auch als einer Demokratisierungsstrategie bei der Frage von Krieg und Frieden wird teilweise als weniger bedeutend angesehen. Letztlich tritt damit eine gravierende Veränderung im Verhältnis der Bürgerinnen und Bürger zur Bundeswehr ein – die Frage des Einsatzes der Bundeswehr scheint nicht mehr die gesamte Gesellschaft zu betreffen, sondern sie wird auf dafür speziell ausgebildetes und professionalisiertes militärisches und politisches Personal (Eliten) delegiert.

Die Betroffenheit aller Bürgerinnen und Bürger wird damit nicht mehr ausreichend erreicht – vielmehr wird die Bundeswehr zunehmend als „Dienstleister" gesehen.

3. Das Konzept der Inneren Führung in diesem neuen Verhältnis der Gesellschaft zur Bundeswehr

Das Konzept der Inneren Führung ist in seiner strikten Verpflichtung auf die Grundwerte unserer Verfassung (an denen sich auch das Prinzip von Befehl und Gehorsam, auch bezüglich der Grenzen des Gehorsams, die im Soldatengesetz aufgezeigt werden, messen lassen muss) ein erfolgreicher Versuch, die Grundwerte der Verfassung *über* rein militärisches Denken zu stellen. Darin unterscheidet sich die bisherige historisch in Deutschland entstandene Form der Parlamentsarmee deutlich von anderen Armeetraditionen (z. B. Großbritannien, Frankreich) oder den amerikanischen Streitkräften.

Es besteht eine latente Gefahr, dass sich in professionalisierten Armeen eine andere innere Ordnung herausbildet, die sich eher vornehmlich an der Profession orientiert und nicht unbedingt immer mit den demokratischen Grundwerten in Einklang zu bringen scheint. Es muss deshalb auch darum gehen, wichtige Elemente der Inneren Führung unter diesen neuen Bedingungen zu sichern und auf die neuen Bedingungen umzubauen. Dieses ist nicht nur Aufgabe der Bundeswehr, sondern der gesamten Gesellschaft – dazu sind konkrete Schritte zur Stärkung der Inneren Führung sowie der gesellschaftlichen Debatte darüber zu entwickeln.

Dazu gehören: Die Innere Führung mit dem Konzept des „Staatsbürgers in Uniform" ebenso wie die freie gewerkschaftliche und politische Betätigung, das Priorat der Politik ebenso wie die Institution eines Wehrbeauftragten. Damit wird dieses auch weiterhin ein entscheidender Pfeiler der Integration in eine demokratische Gesellschaft sein.

4. Notwendig: Neubestimmung des Verhältnisses der Gesellschaft zur Bundeswehr

Auch umgekehrt gilt: Die Gesellschaft und die wichtigen gesellschaftlichen Gruppen müssen ihr Verhältnis zu einer professionalisierten Armee neu bestimmen. Wenn das Konzept des Staatsbürgers in Uniform auch künftig funktionieren soll, dann macht es keinen Sinn, jetzt von gesellschaftlicher Seite aus alle Beziehungen zur Bundeswehr zu kappen. Im Gegenteil: Gerade wegen der Herausforderungen und eventuellen Risiken einer Veränderung innerhalb der Bundeswehr durch Professionalisierung müsste eine demokratischen Gesellschaft ein hohes Interesse an einem durchaus kritischen Verhältnis zur Bundeswehr haben und auch immer wieder genauer hinsehen, ob die Grundrechte der Soldatinnen und Soldaten gewahrt sind, ob es Mängel in der politischen und gesellschaftlichen Bildung gibt und ob die demokratische Ausrichtung und Verankerung stimmt.

5. Breite politische Debatte über Aufgaben der Bundeswehr notwendig

Gerade das neue Weißbuch 2016 sowie die neuen Leitlinien der Bundesregierung „Krisen verhindern, Konflikte bewältigen, Frieden fördern" (2017) sollten Anlass und Gelegenheit für eine breitere politische Debatte über die Aufgaben der Bundeswehr unter veränderten sicherheitspolitischen Bedingungen sein. Dazu allerdings sollte diese Debatte über die Bundeswehr selbst, aber auch über die politischen Parteien und die gesellschaftlichen Organisationen in die Gesellschaft hinein erfolgen – diese kann und sollte von allen Seiten auch durchaus (selbst-)kritisch erfolgen.

Insofern sollte die Bundeswehr zum Beispiel „Tage der Bundeswehr" oder andere Anlässe stärker für den sicherheitspolitischen Dialog nutzten als vornehmlich für die Eigenwerbung.

6. Konkrete Arbeitsvorschläge

Die sozialwissenschaftliche Forschung – auch die bundeswehreigene – sollte stärker für eine tiefere Analyse des in Deutschland nach wie vor schwierigen Verhältnisses von Bundeswehr und Gesellschaft genutzt werden.

Es sollten Workshops – gerade auch mit bundeswehrkritischen Gruppen in der Gesellschaft – stattfinden. Zu prüfen wäre, ob unter anderem der Beirat für Fragen der Inneren Führung dazu eine Plattform anbieten könnte.

Es sollten geeignete neue und offene Formate für den Dialog zwischen Bundeswehr und der demokratischen Gesellschaft entwickelt werden. Auch die Befähigung zu einem solchen Dialog sollte eine Aufgabe der politischen Bildung in der Bundeswehr sein.

Zu prüfen wäre, ob – neben den diesbezüglich ständigen Aufgaben der Landeskommandos sowie der Standortältesten – in jedem Standort eine „Kontaktstelle" für die Beziehung zu dem jeweiligen gesellschaftlichen Umfeld eingerichtet werden kann – wobei dieses ein hohes Maß an Kontinuität voraussetzt – ohne die Gesamtverantwortung für diesen Prozess zu vernachlässigen.

Darüber hinaus ist es aus Sicht der Autoren vor dem Hintergrund einer angestrebten stärkeren Integration der europäischen Sicherheits- und Verteidigungspolitik und aufgrund der unterschiedlichen Beziehungen zwischen den jeweiligen Gesellschaften und ihrem Militär im europäischen Kontext zu prüfen, ob es dazu einen transnationalen Arbeits- und Diskussionszusammenhang in entsprechenden Foren geben kann.

Literatur

Bundesministerium der Verteidigung, Weissbuch zur Sicherheitspolitik und zur Zukunft der Bundeswehr, Berlin 2016.

Bode, Sabine, Nachkriegskinder – die 1950er Jahrgänge und ihre Soldatenväter, Stuttgart 2011.

Brunner, Jose, Die Politik des Traumas – Gewalterfahrung und psychisches Leid in den USA in Deutschland und im Israel / Palästina-Konflikt, Berlin 2014.

Wolf, Michael, Krieg, Trauma, Politik, Gewalt und Generation: Die unbewusste Dynamik, Frankfurt 2017.

#Uniformgate: Zu bunt gehört auch grün – Die Bundeswehr auf neuen Wegen aus der gesellschaftlichen Isolation.

Marcel Bohnert / Lena Pütz

> *„Wir sehen es nicht ein, dass die Bundeswehr das Recht in Anspruch nimmt, auf einer privaten Veranstaltung in Uniformen werben zu dürfen. Wir leben ja nicht in einem Bananenstaat, sondern in Deutschland."* [1]
>
> Markus Beckedahl, Mitbegründer der Netzkonferenz »re:publica«

Einleitung

Seit Jahren beklagen sich deutsche Soldatinnen und Soldaten über die mangelnde gesellschaftliche Wertschätzung ihres Berufes. Thomas de Maizière hatte als Verteidigungsminister 2013 sogar von einer »Gier nach Anerkennung« gesprochen und davon, dass Bundeswehrangehörige »geradezu süchtig« nach Wertschätzung seien[2]. Die militärsoziologische Umfrageforschung hält ebenfalls seit Jahren gegen das Grundgefühl vieler Soldatinnen und Soldaten und liefert regelmäßig Zahlen, die eine gute Integration der Bundeswehr belegen sollen: Die Wissenschaftler sehen bei der Frage nach der Verankerung der Streitkräfte in die deutsche Gesellschaft in der Regel keine größeren Heraus-

---

[1] Vgl. Allroggen, Antje (2018): Bundeswehr und Republica. „Kein Rekrutierungsstand für ihre Cyberarmee". Markus Beckedahl im Gespräch mit Antje Allroggen. Deutschlandfunk, 3. Mai 2018.

[2] Vgl. Lohse, Eckart & Wehner, Markus (2013): „Giert nicht nach Anerkennung!" Thomas de Maizière über das Ansehen der Truppe, Liebe in der Ehe und Langeweile im Job. Frankfurter Allgemeine Sonntagszeitung, 24. Februar 2013, S. 3; dass deutsche Soldatinnen und Soldaten ein überdurchschnittlich hohes Bestreben nach Anerkennung haben, konnte empirisch nicht nachgewiesen werden (Vgl. Bollmann, Axel (2016): Wir. Dienen. Deutschland. – Was Soldaten antreibt, in: M. Bohnert & B. Schreiber (Hrsg.): Die unsichtbaren Veteranen. Kriegsheimkehrer in der deutschen Gesellschaft. Miles: Berlin, S. 173ff.).

forderungen.³ Dabei lässt sich den Deutschen ganz grundlegend ein militärskeptisches und distanziertes Verhältnis zu ihren Streitkräften bescheinigen.⁴
Neben unabhängigen Untersuchungsbefunden und Analysen gibt es auch eine hohe Anzahl an Erlebnisberichten und Aktionen gegen die Bundeswehr, die den amtlichen militärsoziologischen Studien entgegengehalten werden können.⁵ In diesem Beitrag wird die Frage der gesellschaftlichen Integration des Militärs im Lichte einer Marketing-Aktion der Bundeswehr im Mai 2018 betrachtet. Die Veranstalter der »re:publica«-Konferenz wollten keine uniformierten Soldatinnen und Soldaten auf ihrem Gelände sehen, da sich ihrer Ansicht nach viele Gäste dadurch gestört fühlen würden und man kein Forum für eine Rekrutierungsaktion bieten wollte.⁶ Aus der Bundeswehr heraus sollte darüber mit einer ungewöhnlichen PR-Maßnahme eine gesellschaftliche Diskussion initiiert werden.

---

³ Vgl. Biehl, Heiko (2016): Bundeswehr im Urteil der Bürger – Das Integrationsgebot der Inneren Führung auf dem Prüfstand, in: A. Bach & W. Sauer (Hrsg.): Schützen, Kämpfen, Retten – Dienen für Deutschland. Miles: Berlin, S. 237ff.; Biehl, Heiko (2009): Das Ansehen des Soldatenberufs. Vertrauen in die Berufsgruppe der Militärs. IF – Zeitschrift für Innere Führung, 3-4, S. 52ff.; Bauer, Christian (2018): Akzeptanz oder Ablehnung? Zum Meinungsbild der christlichen Kirchen zur Sicherheitspolitik und Bundeswehr, in: C. Bauer, M. Bohnert & J. Pahl: Vitalis Innere Führung! Zum Status Quo der Führungskultur in den deutschen Streitkräften. Miles: Berlin, S. 52ff.
⁴ Vgl. u.a. Bohnert, Marcel (2017): Innere Führung auf dem Prüfstand. Lehren aus dem Afghanistan-Einsatz der Bundeswehr. DeutscherVeteranenVerlag: Berlin, S. 90ff.; Pointer, Nico (2018): Offensiv für mehr Ansehen. Nordwestdeutsche Zeitung, 30. Juli 2018; Kroll, Elaina Sophie & Bohnert, Marcel (2019): Zur Wertschätzung von Soldaten im postheroischen Deutschland. Unveröffentlichtes Manuskript. DeutscherVeteranenVerlag: Berlin.
⁵ Ende Februar 2018 konnten die Teilnehmer einer Ausbildungs- und Studienmesse dank einiger Aktivisten z.B. vor einem Informations-Truck der Bundeswehr in einem Sarg Probeliegen. Erinnert sei weiterhin an die Verleihung des »Aachener Friedenspreises« an deutsche Schulen, die den Ausschluss von Jugendoffizieren und Wehrdienstberatern aus ihren Einrichtungen beschlossen hatten, die emotionale Debatte um die »Zivilklausel« an wissenschaftlichen Einrichtungen, die öffentlichen Verlautbarungen an den gewerkschaftlich organisierten Antikriegstagen, Aktionen wie »Feste feiern, wenn sie fallen« und »GelöbNIX« oder die Aussetzung einer Kopfprämie auf den für das Kunduz-Bombardement verantwortlichen Kommandeur am Rande der Verhandlungen über die Schadensersatzklagen von Hinterbliebenen.
⁶ Vgl. Schade, Marvin (2018a): „Schlecht inszenierte Guerilla-Aktion" – re:publica-Macher sauer über Bundeswehr-PR-Mobil am Konferenz-Eingang. Meedia.de, 2. Mai 2018; Schade, Marvin (2018b): „Teile des Teams kurz vor dem Zusammenbruch": re:publica-Macher zur Debatte ums Bundeswehr-Hausverbot. Meedia.de, 8. Mai 2018.

#Uniformgate: 2. Mai 2018, Gleisdreieck, Kreuzberg, Berlin

> *„Wir akzeptieren keine Uniformen, weil es viele Besucherinnen und Besucher gibt, die sich dabei unwohl fühlen."*[7]
> Markus Beckedahl, Mitbegründer der Netzkonferenz »re:publica«

Da staunten Markus Beckedahl und Johnny Haeusler, die Veranstalter der bedeutendsten europäischen Digitalkonferenz re:publica, nicht schlecht: Als sie am Eröffnungstag gegen 10:30 Uhr die Hallen der »Station Berlin« verließen, sahen sie einige Meter vom Eingang entfernt einen Coollite-Truck[8] mit der Aufschrift »Zu bunt gehört auch grün.«, vor dem vier Bundeswehroffiziere Postkarten verteilten und mit Besuchern der Konferenz diskutierten. Sie wollten damit ein Zeichen gegen die Ausladung von Uniformierten setzen, die die Veranstalter einige Monate zuvor gegenüber dem Militär kommuniziert hatten.

Anders als viele andere Gäste der Konferenz zeigten sich die Organisatoren allerdings auch vor Ort kaum gesprächsbereit. In ersten Stellungnahmen bezeichneten sie die Aktion als „in keiner Weise in unserem Interesse", „niveaulos" und distanzierten sich „ausdrücklich von der Marketing-Aktion der Bundeswehr". Zudem beschwerten sie sich darüber, dass das Erscheinen der Soldatinnen und Soldaten nicht „im Vorfeld mit den Organisatoren abgesprochen oder angekündigt" gewesen sei.[9] Den Ausschluss der Bundeswehr begründeten sie unter anderem damit, dass die re:publica für eine „lebenswerte digitale Gesellschaft und nicht für eine Militarisierung des Internets"[10] stehe und unifor-

---

[7] Vgl. Breckner, Moritz (2018): Einheitsbrei bei der Republica? Nur ein Familientreffen Gleichgesinnter. pro, 4. Mai 2018, zitiert nach Meedia.de
[8] Bei einem Coollite-Truck handelt es sich um eine Art »mobile Plakatwand« (Vgl. jkali (2018): Teilnahme an re:publica verweigert – Bundeswehr protestiert. Berliner Morgenpost, 4. Mai 2018.).
[9] Schillat, Florian & Thissen, Swen (2018): Bundeswehr lehnt sich gegen re:publica auf: Guerilla-Aktion bei Netzkonferenz. Stern.de, 2. Mai 2018; Schade, Marvin (2018): „Schlecht inszenierte Guerilla-Aktion" – re:publica-Macher sauer über Bundeswehr-PR-Mobil am Konferenz-Eingang. Meedia.de, 2. Mai 2018; Eine solche Absprache im Vorfeld hätte, nebenbei bemerkt, wahrscheinlich auch kaum jemand vermutet.
[10] Ohne Autor (2018): Keine „Militarisierung" des Netzes. taz, 3. Mai 2018; Schwarz, Christian (2018): Republica und Bundeswehr zoffen sich. Nordwestdeutsche Zeitung, 4. Mai 2018.

mierte Soldaten die „Atmosphäre auf dieser Konferenz"[11] stören würden. In der Folge gab es aufgeheizte Diskussionen um das Für und Wider der Ausladung sowie der Marketing-Aktion der Bundeswehr.

Hintergrund

> *„Dabei kann man der Bundeswehr nicht gerade Kontaktscheue unterstellen. Sie geht zunehmend offensiv mit der Ablehnung um, die ihr entgegen schlägt."*[12]

Die seit 2007 jährlich veranstaltete re:publica ist nach eigenen Angaben die größte Netzkonferenz Europas und gilt als „digitale[s] Klassentreffen"[13] der Branche. Sie hatte sich 2018 das Motto »Power of People« gegeben und für sich selbst das Ziel proklamiert, gesellschaftliche Filterblasen platzen lassen zu wollen. Auf 27.000 Quadratmetern präsentierten sich zahlreiche Unternehmen. Stiftungen und Verbände und über 1.000 Fachleute berichteten über Fortschritte, Chancen und Gefahren der digitalen Welt.[14] Zu den Sponsoren der Konferenz, die wie einige der Speaker mitunter umfangreiche finanzielle Zahlungen an die re:publica leisteten, gehörten unter anderem die Europäische Union, drei Bundesministerien, drei Bundesländer sowie zahlreiche öffentliche Medien.[15]

Auch die Bundeswehr wollte mit einem Messestand auf der Netzkonferenz vertreten sein. Im Jahre 2017 wurde das Vorhaben von den Organisatoren mit der Begründung abgelehnt, dass die Anmeldefrist bereits abgelaufen sei. Daraufhin erfolgte die Anmeldung zur Konferenz 2018 mit ausreichendem Vor-

---

[11] Lübberding, Frank (2018): Heuchelei und „Angriffskrieg". Frankfurter Allgemeine Zeitung, 4. Mai 2018.
[12] Pointer, Nico (2018): Offensiv für mehr Ansehen. Nordwestdeutsche Zeitung. 30. Juli 2018.
[13] Krempl, Stefan (2018): re:publica 2018. Kein Platz für „vergiftende Ideologien", Bundeswehr bleibt draußen. heise.de, 4. Mai 2018.
[14] Vgl. Schwarz, Christian (2018): Republica und Bundeswehr zoffen sich. Nordwestdeutsche Zeitung, 4. Mai 2018.
[15] Vgl. Lübberding, Frank (2018): Heuchelei und „Angriffskrieg". Frankfurter Allgemeine Zeitung, 4. Mai 2018.

lauf. Die Zulassung wurde dann mit dem Hinweis darauf, dass Uniformen auf der Messe nicht erwünscht seien, verweigert.[16]

Daraufhin fuhren Soldaten zur Eröffnung der Messe, um mit Besucherinnen und Besuchern über ihren Ausschluss ins Gespräch zu kommen. Auf dazu verteilten Postkarten stand der Slogan »Wir kämpfen auch dafür, dass die re:publica gegen uns sein kann«. Die Rückseite enthielt die erklärende Formulierung: »Der re:publica ist Uniform zu unbequem. Die Konferenz steht für Offenheit und Toleranz. Trotzdem schließt sie Soldatinnen und Soldaten der Bundeswehr aus. Sollte sie das? Diskutiert mit uns«.[17] Ziel war es, einen Diskurs zu initiieren und zum Nachdenken über die Rolle der Bundeswehr in der Gesellschaft anzuregen.[18]

In ihrem Eingangsstatement auf der re:publica stellten die Veranstalter zunächst klar, dass sie „vergiftenden Ideologien [keine] Bühne bieten" wollten und dass die rote Linie da verlaufe, wo „Menschenrechte in Frage gestellt oder historische Fakten umgedeutet"[19] werden würden. In späteren Verlautbarungen distanzierten sie sich immerhin von dem vielfach entstandenen Eindruck, die Bundeswehr mit diesen Aussagen gemeint zu haben.[20] Der zusätzliche Hinweis, dass die re:publica mit dem Uniformverbot schlicht ihr Hausrecht durchgesetzt habe und damit „juristisch auf der sicheren Seite"[21] stehen würde, ist zweifelsfrei richtig. Das tat allerdings auch die Bundeswehr, als sie vor den Toren der Konferenz mit Passanten und Gästen diskutierte.

---

[16] Vgl. Schillat, Florian & Thissen, Swen (2018): Bundeswehr lehnt sich gegen re:publica auf: Guerilla-Aktion bei Netzkonferenz. Stern.de, 2. Mai 2018; Deutscher BundeswehrVerband (2018): „Zu bunt gehört auch Grün": Guerilla-Aktion der Bundeswehr. dbwv.de, 2. Mai 2018; Schulze, Tobias (2018): Bundeswehr-Shitstorm gegen Re:Publica. Sie würde es wieder tun. taz, 18. Juni 2018.

[17] Vgl. Schiffer, Christian (2018): Blasen, Populismus und Ärger mit der Bundeswehr. BR, 3. Mai 2018.

[18] Fsc (2018): Bundeswehr-Soldaten sollen Republica-Besucher belästigt haben. derStandard.de, 8. Mai 2018; Bohnert, Marcel (2018): Zwischen Bewährung und Versagen. Innere Führung heute, in: C. Bauer, M. Bohnert & J. Pahl: Vitalis Innere Führung! Zum Status Quo der Führungskultur in den deutschen Streitkräften. Miles: Berlin, S. 116ff.

[19] Krempl, Stefan (2018): re:publica 2018: Keine Bühne für „vergiftende Ideologien", Bundeswehr bleibt draußen, heise.de, 2. Mai 2018.

[20] Vgl. Gebhard, Andreas, Haeusler, Johnny, Beckedahl, Markus & Haeusler, Tanja (2018): Die Bundeswehr bei der rp18 – eine Chronologie. Und ein paar Fragen. 18.re-publica.com, 8. Mai 2018.

[21] Vgl. Lutz, Anne (2018): Einheitsbrei bei der Republica? Empört euch nicht! pro, 4. Mai 2018.

Die Veranstalter wiesen im Lichte der Marketing-Aktion zudem darauf hin, dass Soldatinnen und Soldaten in zivil an der Veranstaltung hätten teilnehmen können.[22] Bundeswehrseitig hatte man sich allerdings entschieden, die Uniform als Teil der beruflichen Identität nicht zu verbergen.[23] Das hätte auf der re:publica mit ihren knapp 9.000 Teilnehmern sicher auch keine Begeisterungsstürme hervorgerufen – gab es doch im Laufe der Debatte schon absurde Gerüchte über angeblich »verdeckt operierende« Angehörige des Militärs mit Mitteln der »psychologischen Kriegsführung«.[24]

Statements wie „Teile unseres Teams stehen [...] kurz vor dem Zusammenbruch"[25] oder dass eine solche Aktion veranstalterseitig höchstens von „einem repressiven Regime erwartet"[26] worden wäre zeigen die überzogenen, teils hysterischen Reaktionen der Organisatoren und sind nicht nur Ausdruck großer sicherheitspolitischer Unwissenheit, sondern vor allem einer tiefgehenden Abneigung gegenüber den Streitkräften. Über die Aufgaben- und Tätigkeitsfelder deutscher Soldatinnen und Soldaten bestanden – wie in großen Teilen der deutschen Öffentlichkeit – diffuse Vorstellungen. Diese sind mitunter Folge des viel zu seltenen direkten Austausches mit Soldatinnen und Soldaten.

---

[22] Schade, Marvin (2018): „Schlecht inszenierte Guerilla-Aktion" – re:publica-Macher sauer über Bundeswehr-PR-Mobil am Konferenz-Eingang. Meedia.de, 2. Mai 2018.
[23] Vgl. Schiffer, Christian (2018): Blasen, Populismus und Ärger mit der Bundeswehr. BR, 3. Mai 2018; jkali (2018): Teilnahme an re:publica verweigert – Bundeswehr protestiert. Berliner Morgenpost, 4. Mai 2018.
[24] Vgl. u.a. Schaefer, Anke (2018): Guerilla-Aktion der Bundeswehr löst eine Debatte aus. Deutschlandfunk Kultur, 11. Mai 2018; Bahners, Patrick (2018): Der Bürger in Uniform als moralisches Ideal. Frankfurter Allgemeine Zeitung, 9. Mai 2018; Schöbel, Sebastian (2018): Bundeswehr legt sich mit re:publica an. Im Bällebad der Eitelkeiten. rbb24. 4. Mai 2018.
[25] Schade, Marvin (2018): „Teile des Teams kurz vor Zusammenbruch": re:publica-Macher zur Debatte ums Bundeswehr-Hausverbot. Meedia.de, 8. Mai 2018.
[26] Schöbel, Sebastian (2018): Bundeswehr legt sich mit re:publica an. Im Bällebad der Eitelkeiten. rbb24. 4. Mai 2018.

Mediale Diskussionen

„Habt keine Angst, auch mit der Bundeswehr zu reden!"[27]

Jan Böhmermann, TV-Satiriker

Schlagzeilen wie „Parlamentsarmee im Guerilla-Krieg"[28], „Wenn die Staatsmacht David spielt"[29], „Pubertärer Protest"[30] oder „Im Bällebad der Eitelkeiten"[31] zeigen, wie kontrovers und mit welcher Emotionalität die mediale Debatte innerhalb kürzester Zeit geführt wurde. Die Rede war unter anderem von einer »Belästigung der Besucher«[32], „Einschüchterungen durch die Bundeswehr im Inland", „staatlichen Repressionen gegen unliebsame politische Meinungen" sowie „Falschinformationen, Propaganda und Unterstellungen".[33]

Bento, das junge Format von Spiegel Online, bezeichnete die Aktion als „merkwürdige[n] PR-Auftritt"[34]. Die Nordwestdeutsche Zeitung diagnostizierte eine „ungewöhnliche Gemengelage" und stellte eine den Kern der Inneren

---

[27] Schöbel, Sebastian (2018): Bundeswehr legt sich mit re:publica an. Im Bällebad der Eitelkeiten. rbb24. 4. Mai 2018; Die re:publica-Veranstalter fühlten sich von Jan Böhmermanns Kommentar zum Ausschluss der Bundeswehr allerdings nicht angesprochen: „Ich glaube nicht, dass das an uns gerichtet war." (Schaefer, Anke (2018): Guerilla-Aktion der Bundeswehr löst eine Debatte aus. Deutschlandfunk Kultur, 11. Mai 2018).

[28] Lücking, Daniel (2018): Parlamentsarmee im Guerilla-Krieg. derFreitag, 3. Mai 2018.

[29] Wiegold, Thomas (2018): re:publica & Bundeswehr – Wenn die Staatsmacht David spielt. augengeradeaus.de, 4. Mai 2018.

[30] Stoltenow, Sascha (2018): Pubertärer Protest – die re:publica will nicht mit der Bundeswehr spielen. Bendler-Blog.de, 2. Mai 2018.

[31] Schöbel, Sebastian (2018): Bundeswehr legt sich mit re:publica an. Im Bällebad der Eitelkeiten. rbb24. 4. Mai 2018.

[32] Vgl. Fsc (2018): Bundeswehr-Soldaten sollen Republica-Besucher belästigt haben. derStandard.de, 8. Mai 2018; König, Volker (2018): Bund schießt gegen bunt. heise.de, 14. Mai 2018; Der Vorwurf der Belästigung lässt sich vermutlich entkräften, wenn das vor der re:publica anwesende Drehteam unter Regie von Prof. John Amoateng Kantara seine Aufnahmen der Bundeswehr-Marketing-Aktion freigibt. Sie belegen, dass es zwar kontroverse Diskussionen gab, sich diese nach hiesiger Einschätzung allerdings in keiner Weise als aggressiv, aufdringlich oder provokativ werten lassen werden.

[33] Schulze, Tobias (2018): Bundeswehr-Shitstorm gegen Re:publica. Sie würde es wieder tun. taz, 18. Juni 2018.

[34] Vgl. Zoronjić, Selma (2018): Die Bundeswehr macht Werbung auf der Gamescom und wird heftig kritisiert. Bento, 23. August 2018.

Führung betreffende Frage: „Die Bundeswehr als ausgegrenzter Outlaw, wo sie doch eigentlich in der Mitte der Gesellschaft stehen sollte?"[35]

Meedia.de, die von Beginn an über die Aktion berichteten, erkannten ebenfalls einen „mehr als ungewöhnliche[n] Aufmarsch"[36] und auch für den Deutschen BundeswehrVerband war sie „für Bundeswehr-Verhältnisse eher außergewöhnlich."[37] Die Frankfurter Allgemeine Zeitung bezeichnete den durch die Verweigerungshaltung der re:publica-Macher ausgelösten „Unfrieden" als „zivilgesellschaftliche[n] Ernstfall"[38], mit dem sich die Bundeswehr zu arrangieren hätte.

Es war das links orientierte Medium derFreitag, das einen Beitrag mit »Parlamentsarmee im Guerillakrieg« titelte, wobei die durch die Bundeswehr genutzte Bezeichnung der Aktion als »Guerilla-Marketing« in einen militärtaktischen und damit sinnverändernden Kontext gestellt wurde.[39] Auch der Autor Friedemann Karig forderte im Deutschlandfunk, dass man sich die Bezeichnung »Guerilla-Aktion« doch auf der Zunge zergehen lassen solle.[40] Der Begriff, der im Marketing-Bereich eine eigene Bedeutung hat, wurde hier wissentlich umgedeutet, sicher auch mit dem Effekt, dass die Debatte noch weiter angeheizt wurde.

Eine ganze Reihe von Politikern, zu denen unter anderem der Parlamentarische Staatssekretär im Bundesministerium der Verteidigung, Peter Tauber, oder die verteidigungspolitische Sprecherin der FDP, Marie-Agnes Strack-Zimmermann, gehörten, kritisierten das Verhalten der Veranstalter gegenüber der Bundeswehr.[41] Andere Politiker, wie der Bundestagsabgeordnete Tobias Lindner, stellten Berichtsbitten an den Verteidigungsausschuss des Deutschen

---

[35] Pointer, Nico (2018): Offensiv für mehr Ansehen. Nordwestdeutsche Zeitung, 30. Juli 2018.
[36] Schade, Marvin (2018): „Teile des Teams kurz vor dem Zusammenbruch": re:publica-Macher zur Debatte ums Bundeswehr-Hausverbot. Meedia.de, 8. Mai 2018.
[37] Deutscher BundeswehrVerband (2018): „Zu bunt gehört auch Grün": Guerilla-Aktion der Bundeswehr. dbwv.de, 2. Mai 2018.
[38] Bahners, Patrick (2018): Der Bürger in Uniform als moralisches Ideal. Frankfurter Allgemeine Zeitung, 9. Mai 2018.
[39] Vgl. Lücking, Daniel (2018): Parlamentsarmee im Guerilla-Krieg. derFreitag, 3. Mai 2018.
[40] Vgl. Schaefer, Anke (2018): Guerilla-Aktion der Bundeswehr löst eine Debatte aus. Deutschlandfunk Kultur, 3. Mai 2018.
[41] Vgl. jkali (2018): Teilnahme an der re:publica verweigert – Bundeswehr protestiert. 4. Mai 2018; Gebhard, Andreas, Haeusler, Johnny, Beckedahl, Markus & Haeusler, Tanja (2018): Die Bundeswehr bei der rp18 – eine Chronologie. Und ein paar Fragen. 18.re-publica.com, 8. Mai 2018.

Bundestages[42] oder, wie die Fraktion Die Linke, Kleine Anfragen an den Deutschen Bundestag.[43] Diese Art der parlamentarischen Kontrolle ist wichtig und notwendig, auch wenn einige der Fragen und Formulierungen eine grundlegend militärskeptische Sicht erahnen ließen.

Zwei einschlägige sicherheitspolitische Blogger, Thomas Wiegold (augengeradeaus.de) und Sascha Stoltenow (bendler-blog.de), schalteten sich ebenfalls lautstark und äußerst kritisch in die Diskussion ein. Der Vorwurf eines kalkulierten »Shitstorms« durch die Bundeswehr wurde von beiden mit der Absehbarkeit der teils heftigen Reaktionen in der Online-Community begründet.[44] Dass Thomas Wiegold dann die Kommentarfunktion seines Blogeintrages schließen musste, weil die seinem Beitrag folgenden Debatten „ziemlich emotional und nicht immer sachlich"[45] verlaufen waren, hatte er allerdings offensichtlich selbst nicht prognostizieren können.

Auch an anderer Stelle wurde der Vorwurf erhoben, die Bundeswehr habe für sich durch „Tonalität und Elemente der Desinformation" sowie „Fehlinformationen offizieller Stellen" eine „Trollarmee an Unterstützern" rekrutiert und damit den Shitstorm angezettelt.[46] In der Tat gab es während der Debatte ein massives Downrating der Facebook-Seite der re:publica. Über 1.000 User bewerteten den Internetauftritt innerhalb kürzester Zeit mit nur einem von fünf möglichen Sternen.[47] Daraufhin wurden über 100 Nutzerkonten bei Facebook gesperrt und eine entsprechende Gegenbewegung von Befürwortern des Ausschlusses eingeleitet. Ende August 2018 lag die durchschnittliche Bewertung

---

[42] Vgl. u.a. Verteidigungsausschuss (2018): Ausschussdrucksache 19(12)147. 19/663, 5420-29. Deutscher Bundestag, 12.06.2018.
[43] Vgl. u.a. Wagenknecht, Sahra, Bartsch, Dietmar und Fraktion (2018): Kleine Anfrage. Auftritt der Bundeswehr bei der re:publica 2018. Deutscher Bundestag. 19. Wahlperiode. Drucksache 19/2363, 23. Mai 2018.
[44] Vgl. Wiegold, Thomas (2018): re:publica und Bundeswehr – Wenn die Staatsmacht David spielt. Augengeradeaus.de, 4. Mai 2018; Stoltenow, Sascha (2018): Über Kommunikation. Bendler-Blog.de, 3. Mai 2018; W&V Redaktion (2018): Eklat auf der Re Publica: Die Bundeswehr ist zufrieden. Wuv.de, 8. Mai 2018.
[45] Wiegold, Thomas (2018): Bundeswehr & re:publica – eine Materialsammlung. Augengeradeaus.de, 8. Mai 2018.
[46] Schulze, Tobias (2018): Bundeswehr-Shitstorm gegen Re:publica. Sie würde es wieder tun. taz, 18. Juni 2018.
[47] Vgl. u.a. t3n Digital Pioneers (2018): Die Republica öffnet ihre Tore – nur nicht für die Bundeswehr. T3n.de, 4. Mai 2018; Schulze, Tobias (2018): Bundeswehr-Shitstorm gegen Re:publica. Sie würde es wieder tun. taz, 18. Juni 2018.

des Facebook-Auftritts der Netzkonferenz noch immer bei nur 2,8 (bei 1.848 Votings), wobei die Bewertungen fast ausschließlich an den beiden äußeren Enden der Skala (1 Stern/5 Sterne) und kaum im Mittelfeld (2, 3 oder 4 Sterne) abgegeben wurden.

Insgesamt waren die Diskussionen überaus kontrovers und das mediale Echo inhaltlich breit gefächert. Das Verhalten der re:publica-Veranstalter erschien dabei in zweierlei Hinsicht scheinheilig: Zum einen ließen sie sich von der Bundesregierung üppig sponsern, die sich, gemeinsam mit dem Bundestag, auch für unsere Parlamentsarmee verantwortlich zeichnet. Soldatinnen und Soldaten empfinden sie offensichtlich dennoch als Gegner.[48] Zum anderen ist die re:publica nach weitverbreiteter Meinung eine „dezidiert pazifistische Konferenz"[49], die für ein „links-grünes, netzaffines und tendenziell pazifistisches Milieu"[50] steht. Deshalb kann auch der proklamierte Anspruch, Filterblasen platzen lassen zu wollen, wohl kaum ernst gemeint sein. Statt echte Debattenvielfalt zu ermöglichen, verbleibt die selbsternannte Avantgarde des Internets in ihrer eigenen Echokammer und feiert ein „Familientreffen Gleichgesinnter"[51].

Dass Besucher verstört werden würden, wenn „Soldaten in Springerstiefel vor dem Eingang protestieren"[52] oder Uniformen bei Gästen Retraumatisierungen hervorrufen könnten, wirkt als Argument ohnehin vorgeschoben: Es steht die Frage im Raum, welche Menschen denn damit gemeint sein sollen. Und selbst wenn es sie wirklich gäbe: Ob diese allein durch den Anblick von Uniformen – also weder von Waffen noch von Kampfausrüstung oder Gefechtsfahrzeugen – retraumatisiert werden könnten oder sich „ängstigen"[53] würden, ist zumindest fraglich.[54]

---

[48] Vgl. Lübberding, Frank (2018): Heuchelei und „Angriffskrieg". Frankfurter Allgemeine Zeitung, 4. Mai 2018.
[49] Schaefer, Anke (2018): Guerilla-Aktion der Bundeswehr löst eine Debatte aus. Deutschlandfunk Kultur, 11. Mai 2018.
[50] Lutz, Anne (2018): Einheitsbrei bei der Republica? Empört euch nicht! pro, 4. Mai 2018.
[51] Breckner, Moritz (2018): Einheitsbrei bei der Republica? Nur ein Familientreffen Gleichgesinnter. pro, 4. Mai 2018,
[52] Lutz, Anne (2018): Einheitsbrei bei der Republica? Empört euch nicht! pro, 4. Mai 2018.
[53] Stoltenow, Sascha (2018): Vier Fragen, die Du (sic!) dir stellen solltest, wenn Du (sic!) unbedingt in Uniform auf die re:publica gehen willst. Bendler-Blog.de, 2. Mai 2018.
[54] Vgl. u.a. Lücking, Daniel (2018): Clash of Bubbles: Fronten, Trauma, Eskalation. derFreitag, 11. Mai 2018; Schade, Marvin (2018): „Teile des Teams kurz vor dem Zusammenbruch": re:publica-Macher zur Debatte ums Bundeswehr-Hausverbot". Meedia.de, 8. Mai 2018.

Davon abgesehen zeugt dieses Denken von einer großen Ignoranz und einem völlig verzerrten Bild des deutschen Militärs: Nicht nur, dass Soldatinnen und Soldaten im Auftrag des Parlaments weltweit für Stabilität in Krisenregionen sorgen und den Schutz der Zivilbevölkerung garantieren. Sie haben beispielsweise auch im Rahmen der Seenotrettung tausende Bootsflüchtlinge vor dem sicheren Tod im Mittelmeer bewahrt und wertvolle Unterstützung während der Ebola-Krise in Westafrika geleistet. Im Rahmen von Peacekeeping-Missionen der Vereinten Nationen überwachen sie als unbewaffnete Militärbeobachter unter anderem im Sudan oder in der Westsahara Waffenstillstandsabkommen und Friedensvereinbarungen. Selbst in Kampfeinsätzen, wie zuletzt während der ISAF[55]-Mission in Afghanistan, hat der Schutz der Bevölkerung oberste Priorität genossen.[56] Der oftmals vorherrschende Eindruck von Bundeswehrangehörigen als „zwangrekrutierende Todesschwadron[en] einer brutalen Junta"[57] oder schießwütige Fanatiker und willkürlich agierende Menschenschinder hat mit der Realität nichts gemein.

Traumatisierte Menschen auf der re:publica wären der Bundeswehr also eher zu Dank verpflichtet, als sich vor ihnen fürchten zu müssen und sie auszuschließen. Wenn es den Veranstaltern ernst mit ihrem Aufruf zum Dialog gewesen wäre, dann hätten sie sich auch für einen Stand der Bundeswehr aussprechen und vernünftige Argumente für eine kritische Diskussion liefern können. Aber damit war es ihnen vermutlich nie ernst. Der Eindruck ist eher das Gegenteil: Um es in den Worten des kampferfahrenen Einsatzveteranen und Bestsellerautoren Johannes Clair auszudrücken: „Aber für die, die draußen für alle anderen die Drecksarbeit erledigen, war diese Veranstaltung offenbar zu fein."[58]

---

[55] ISAF: International Security Assistance Force, Bezeichnung der Internationalen Schutztruppe in Afghanistan zwischen 2001 und 2014.
[56] Vgl. Bohnert, Marcel (2017): Innere Führung auf dem Prüfstand. Lehren aus dem Afghanistan-Einsatz der Bundeswehr. DeutscherVeteranenVerlag: Berlin, S. 69ff.
[57] Schöbel, Sebastian (2018): Bundeswehr legt sich mit re:publica an. Im Bällebad der Eitelkeiten. rbb24. 4. Mai 2018.
[58] Clair, Johannes (2018): Auch wir sind das Volk. Hannoversche Allgemeine Zeitung, 4. Mai 2018.

Diskussion vor der re:publica: Nachdem Friedensaktivisten begonnen hatten, den Truck der Bundeswehr mit Friedenstauben-Aufklebern zu bekleben, entwickelte sich eine hitzige Debatte.

Abseits etwaiger juristischer Fragestellungen hätten veranstalterseitig andere Reaktionen in der selbstauferlegten Krisenkommunikation sicher zu einer für alle Beteiligten förderlichen Debatte beitragen können. Die Hochstilisierung vier postkartenverteilender Soldaten vor den Eingängen der Konferenz zu einer Krise geschah ohne erkennbare Notwendigkeit. Anstatt den „lässigen Stunt der Truppe"[59] als das hinzunehmen, was er war, lieferten die Organisatoren vor

---

[59] Poschardt, Ulf (2018): Gelenkte Buntheit. Die Welt, 4. Mai 2018; Die BILD bezeichnete die Bundeswehr auf ihrer Titelseite als »Gewinner« und beschrieb die Aktion am 3. Mai 2018 mit folgenden Worten: „Die Berliner Internetmesse »re:publica« will tolerant und weltoffen sein, verbot aber der Bundeswehr einen Stand auf der aktuellen Messe. Doch gewitzt wie ein Internet-Start-up positionierten sich die Soldaten einfach vor die Messe, sorgten dort für viel Auf-

allem Einblicke in ihre Abneigung gegenüber einer der „friedfertigsten Parlamentsarmeen der Welt"[60]. Man zeigte sich empört und erschrocken, und zwar „nicht nur als Veranstalter, sondern auch und besonders als Bürgerinnen und Bürger dieses Landes"[61].

Diese und ähnliche Äußerungen sowie die Rettung der re:publica-Vertreter in Debatten um Gesetzestexte und die „verfassungs- und staatsrechtliche Dimension der ganzen Aktion"[62] zeugen von einer tief ausgeprägten intellektuellen Überheblichkeit gegenüber dem Militär und verhöhnen die Leistungen von Soldatinnen und Soldaten. Mit Statements wie dem, dass man gerne mit „den politisch Verantwortlichen, [aber] keinen Befehlsempfängern"[63] rede, haben sie letztlich knapp 180.000 Staatsbürgern in Uniform die Mündigkeit abgesprochen. Mit Kommentaren wie „Are you fucking kidding me?"[64], „Was ist hier eigentlich los?"[65], „Ernsthaft?"[66] oder „WTF?"[67] wollte sich die irritierte „Digitalbourgeousie"[68] vermutlich gegen ihr allmählich vergreisendes Image[69] stellen.

Das soll kein Plädoyer für einen Hurra-Patriotismus oder gar ein wie auch immer geartetes »Kritikverbot« gegenüber dem Militär sein. Aber die Bundeswehr

---

merksamkeit und stellten so die re:publica-Macher bloß. BILD meint: Gelungene Guerilla-Aktion!".

[60] Poschardt, Ulf (2018): Gelenkte Buntheit. Die Welt, 4. Mai 2018.

[61] Fsc (2018): Bundeswehr-Soldaten sollen Republica-Besucher belästigt haben. derStandard, 9. Mai 2018; s.a. Schade, Marvin (2018): Republica-Macher sind sauer über Bundeswehr-PR. Handelsblatt, 4. Mai 2018.

[62] Schade, Marvin (2018): „Teile des Teams kurz vor dem Zusammenbruch": re:publica-Macher zur Debatte ums Bundeswehr-Hausverbot. Meedia.de, 8. Mai 2018; s.a. Tagesspiegel (2018): Bundeswehr auf der Re:Publica? Jetzt protestiert Markus Beckedahl. Tagesspiegel, 8. Mai 2018; König, Volker (2018): Bund schießt gegen bunt. heise.de, 14. Mai 2018.

[63] Schöbel, Sebastian (2018): Bundeswehr legt sich mit re:publica an. Im Bällebad der Eitelkeiten. rbb24. 4. Mai 2018.

[64] Stoltenow, Sascha (2018): Über Anerkennung. Bendler-Blog.de, 6. Mai 2018.

[65] Gebhard, Andreas, Haeusler, Johnny, Beckedahl, Markus & Haeusler, Tanja (2018): Die Bundeswehr bei der rp18 – eine Chronologie. Und ein paar Fragen. 18.re-publica.com, 8. Mai 2018.

[66] Wiegold, Thomas (2018): re:publica & Bundeswehr – Wenn die Staatsmacht David spielt. 4. Mai 2018.

[67] Gebhard, Andreas, Haeusler, Johnny, Beckedahl, Markus & Haeusler, Tanja (2018): Die Bundeswehr bei der rp18 – eine Chronologie. Und ein paar Fragen. 18.re-publica.com, 8. Mai 2018.

[68] Tagesspiegel (2018): Bundeswehr auf der Re:Publica? Jetzt protestiert Markus Beckedahl. Tagesspiegel, 8. Mai 2015.

[69] Vgl. Poschardt, Ulf (2018): Gelenkte Buntheit. Die Welt, 4. Mai 2018.

wird „trotz" des nicht zur Debatte stehenden Primats der Politik wohl einen sachlichen und fairen Umgang auf Augenhöhe erwarten dürfen. Dass es vor der re:publica „statt Debatte […] Streit"[70] gab und polarisiert wurde, anstatt „im Diskurs aufeinander zuzugehen"[71], ist sicher nicht ausschließlich, aber zu einem ganz wesentlichen Teil der ablehnenden Grundhaltung der Veranstalter geschuldet.

Rückschlüsse auf das Verhältnis von Bundeswehr und Gesellschaft

> *„Wir können nicht auf der einen Seite vom Bürger in Uniform reden, aber auf der anderen Seite diese Bürger nicht zu einer Veranstaltung zulassen. Da sage ich – nein, das passt uns nicht!"*[72]
>
> Annegret Kramp-Karrenbauer, CDU Generalsekretärin

Die friedensgewohnte deutsche Gesellschaft verdrängt unkomfortable Kriegsthemen gerne aus dem öffentlichen Raum und empfindet weder die Bundeswehreinsätze noch deren Folgen als kollektives Schicksal. Das gemeinsame Bedrohungsgefühl während des Kalten Krieges ist im Lichte kaum spürbarer Auslandsmissionen einer allgemeinen Indifferenz gewichen. Politik und Bürger verbleiben zu großen Teilen in der moralischen Komfortzone und verweigern sich konsequent einer sachlichen Auseinandersetzung über die deutschen Streitkräfte. „Wir leben in einer zutiefst pazifistischen Gesellschaft mit einer Grundskepsis gegenüber allem Militärischen"[73] hatte Thomas de Maizière 2013 als Bundesminister der Verteidigung gesagt, um die Ursache für das distanzierte Verhältnis der Bevölkerung zur Bundeswehr zu beschreiben. Der vormalige

---

[70] Schöbel, Sebastian (2018): Bundeswehr legt sich mit re:publica an. Im Bällebad der Eitelkeiten. rbb24. 4. Mai 2018.
[71] Lücking, Daniel (2018): Clash of Bubbles. Fronten, Trauma, Eskalation. derFreitag, 11. Mai 2018.
[72] Vgl. Bahners, Patrick (2018): Der Bürger in Uniform als moralisches Ideal. Frankfurter Allgemeine Zeitung, 9. Mai 2018.
[73] Lohse, Eckart & Wehner, Markus (2013): „Giert nicht nach Anerkennung!" Thomas de Maizière über das Ansehen der Truppe, Liebe in der Ehe und Langeweile im Job. Frankfurter Allgemeine Sonntagszeitung, 24. Februar 2013, S. 3.

Bundespräsident Horst Köhler prägte in diesem Zusammenhang bereits 2005 den Begriff »freundliches Desinteresse«.

Eine militärskeptische Haltung der deutschen Bevölkerung mag historisch nachvollziehbar sein, sie droht jedoch zu einer tiefen Entfremdung beizutragen, wenn die Bundeswehr gemäß politischer Vorgaben weltweit an militärischen Einsätzen teilnimmt. Und das tut sie inzwischen seit über 25 Jahren.[74] Als Parlamentsarmee wird die Bundeswehr durch vom Volke gewählte Repräsentanten legitimiert und in Auslandseinsätze entsandt. Dennoch sind Soldatinnen und Soldaten oft selbst diejenigen, die sich in der Gesellschaft für ihren Auftrag erklären müssen. Dabei ist es vor allem die Aufgabe der Regierung, ihnen aktiv zu mehr Geltung zu verhelfen. Sie haben einen Anspruch darauf, dass die politische Führung der Bevölkerung vermittelt, unter welchen Rahmenbedingungen, mit welchem Ziel und in welcher Intensität Einsätze der Bundeswehr erfolgen.

Nicht nur, dass das Finden einer soldatischen Identität in unserer postheroischen und durch plurale Lebensformen gekennzeichneten Gesellschaft ohnehin schwierig erscheint. Aus der von Bevölkerung und Politik gezeigten Skepsis erwachsen weitere Zweifel am eigenen Selbstverständnis. Durch hochintensive Auslandseinsätze werden zudem Erfahrungsräume geschaffen, die durch ausbleibende zivilgesellschaftliche und politische Anerkennung sowie mangelnde Würdigung von Mut und Tapferkeit in der Heimat tendenziell ein Sonderbewusstsein erzeugen, aus dem heraus auch eine willentliche Abgrenzung zu dieser droht. Der Militärhistoriker Klaus Naumann analysierte, dass „Kontakte und der lebendige Austausch" zwischen Bundeswehr und Gesellschaft spärli-

---

[74] Anfang November 1991 betraten deutsche Vorauskommandos im Rahmen der Operation UNAMIC (United Nations Advance Mission in Cambodia) erstmals kambodschanischen Boden, um die Teilnahme der Bundeswehr an einer Mission der Vereinten Nationen vorzubereiten. Ab 1992 nahmen rund 150 Sanitätssoldatinnen und -soldaten an der internationalen Mission UNTAC (United Nations Transitional Authority in Cambodia) teil und stellten damit das erste deutsche Truppenkontingent signifikanter Größe in einem Auslandseinsatz. Als erster Kampfeinsatz der Bundeswehr gilt die Bombardierung serbischer Stellungen unter Mitwirkung von Tornados der deutschen Luftwaffe 1999 im Rahmen der NATO-geführten Operation »Allied Force« im damaligen Jugoslawien. Der darauffolgende Einsatz der KFOR (Kosovo Forces) dauert bis heute an und stellt damit die bisher längste Beteiligung von Bundeswehrsoldatinnen und -soldaten an einer Auslandsmission dar.

cher werden und warnt vor „Erfahrungsverlust, Distanz, Entfremdung"[75]. Viele Reaktionen auf die Marketing-Aktion vor der re:publica stehen stellvertretend für das beschädigte Band zwischen Bundeswehr und Gesellschaft. Von einem »normalen« Verhältnis sind sie jedenfalls weit entfernt.

Die Innere Führung liefert auf dieses unharmonische Verhältnis derzeit keine glaubwürdige und schlüssige Antwort. Sie selbst moderiert die gesellschaftliche Verankerung der Bundeswehr zwar möglicherweise positiv; dem hehren Anspruch einer Armee in der Mitte der Gesellschaft lässt sich angesichts von umfangreichen Standortschließungen, einer massiven Verkleinerung der Streitkräfte seit Anfang der 1990er Jahre, der Aussetzung der Allgemeinen Wehrpflicht und teils intensiven Auslandseinsätzen ohne größere Anteilnahme der Bevölkerung generell jedoch nur schwer gerecht werden.

Dass die neuen Alternativen zur Außendarstellung der Streitkräfte angesichts verbreiteter gesellschaftlicher und politischer Grundhaltungen nach wie vor ein hohes Maß an Courage und Diskussionsbereitschaft fordern, hat die re:publica 2018 gezeigt. Die Veranstalter der Netzkonferenz schließen aus, dass die Bundeswehr im Jahr 2019 eine Standzusage erhalten wird.[76] Es gibt hierzulande sicher einen nicht unbeträchtlichen Teil von Stimmen, die das befürworten und darauf zählen, dass sich die Bundeswehr wegen der „wütende[n] Reaktionen"[77] in Zukunft „solche Mätzchen sparen"[78] wird. Gerade deshalb ist weiterhin auf den Mut von politischen und militärischen Entscheidungsträgern zu hoffen. Um den Integrationsaspekt der Inneren Führung wieder mit Leben zu füllen, ist ein aktiveres Zugehen auf die Gesellschaft unumgänglich.[79]

---

[75] Pointer, Nico (2018): Offensiv für mehr Ansehen. Nordwestdeutsche Zeitung, 30. Juli 2018; s.a. Bohnert, Marcel (2017): Innere Führung auf dem Prüfstand. Lehren aus dem Afghanistan-Einsatz der Bundeswehr. DeutscherVeteranenVerlag: Berlin, S. 90ff.
[76] Vgl. Schulze, Tobias (2018): Bundeswehr-Shitstorm gegen Re:publica. taz, 18. Juni 2018.
[77] Vgl. Au, Caspar von (2018): Bundeswehr provoziert mit verharmlosenden Werbeplakaten. Süddeutsche Zeitung, 23. August 2018.
[78] Kaul Martin (2018): Zocken, auch fürs Vaterland. taz, 21. August 2018.
[79] Vgl. Pütz, Lena & Bohnert, Marcel (2019): Die Positionierung einer Employer Brand am Beispiel der Bundeswehr. Unveröffentlichtes Manuskript. DeutscherVeteranenVerlag: Berlin; Wirsching, Patrick & Bohnert, Marcel (2019): Die Rolle des KSK beim Employer Branding der Bundeswehr. Unveröffentlichtes Manuskript. DeutscherVeteranenVerlag: Berlin.

Fazit

„Wir haben hier schon genug grün!"[80]
Johnny Haeusler, Mitbegründer der Netzkonferenz »re:publica«

An der Guerilla-Marketing-Aktion und die sich daran anschließenden Debatte zeigt sich vor allem eines: Die Bundeswehr ist nur unzureichend in die deutsche Gesellschaft integriert. Im Gegenteil, die Spaltung sitzt schon recht tief: Ihr wird mit Skepsis, Unbehagen und einer Menge Vorurteile begegnet. Daran ändern auch die Studienergebnisse der Ressortforschung nichts, die durch derartige Ereignisse immer wieder kritisch hinterfragt werden müssen. Der hohe Integrationsanspruch der Inneren Führung und das Leitbild des Staatsbürgers in Uniform können der heutigen gesellschaftlichen Realität in Deutschland kaum noch gerecht werden. Daraus kann man nun – verkürzt dargestellt – vor allem zwei Folgerungen ableiten: Die erste Möglichkeit beinhaltet das Eingeständnis, dass die Führungsphilosophie der Bundeswehr nicht mehr mit der Wirklichkeit zusammenpasst und grundlegend erneuert oder abgeschafft werden muss. Der andere Weg führt in eine intensive Debatte zwischen Bundeswehr und Gesellschaft. Nur durch einen umfangreichen Austausch auf Augenhöhe können die Bande wieder gefestigt werden. Bei der Entscheidung für das zweite Vorgehen dürfte das nicht die letzte aufsehenerregende Aktion gewesen sein, die Bevölkerung und Bundeswehr endlich in einen breiten Diskurs und zu einer angemessenen Austarierung ihres Verhältnisses zwingt.

---

[80] Vgl. Krempl, Stefan (2018): re:publica 2018. Keine Bühne für „vergiftende Ideologien", Bundeswehr bleibt draußen. heise.de, 2. Mai 2018.

Die Bundeswehr im Film des wiedervereinigten Deutschland
Gerhard Kümmel[1]

Einleitung

Dem Titelsong der Pippi-Langstrumpf-Reihe zufolge macht sich Astrid Lindgrens kluge, starke und tapfere Heldin Pippi die Welt so, wie sie ihr gefällt. Dies verweist auf eine sehr wichtige Quelle unserer Wahrnehmung und unserer Interpretation der Welt nämlich unser eigenes Erleben (vgl. auch Reichertz 2009: 17). Dies ist indes nicht die einzige Quelle. Eine weitere Quelle bilden in unserer modernen Gesellschaft die Medien (vgl. Luhmann 1996: 9), mit denen wir einen erheblichen Teil unserer Zeit verbringen. Schon zu Beginn der Dekade beschäftigten sich die Deutschen durchschnittlich etwa zehn Stunden täglich mit den verschiedenen Medien um sie herum, Tendenz steigend (Klenk 2010: 85). Wir lassen uns von ihnen unterhalten, und wir entspannen, indem wir Medien nutzen. Zudem werden wir von ihnen über Politik, Gesellschaft, Wirtschaft, Ökologie, Kultur, Technik etc. informiert. Sie stärken dadurch unsere Urteils- und Kritikfähigkeit. Sie können auch Themen anstoßen und eine gesellschaftliche und politische Diskussion über diese in Gang setzen (Agenda-Setting-Funktion). Schließlich erziehen, sozialisieren sie uns, indem sie uns gesellschaftliche Werte vermitteln und Verhaltens-, Handlungs- und Rollenmuster anbieten, an denen wir uns orientieren können (vgl. Burkart 2003).

Angesichts dieser vielfältigen Funktionen der Medien ist es nicht verwunderlich, dass ganz unterschiedliche Akteure die Medien im Sinne einer strategischen Kommunikation (Paul 2011) zu beeinflussen versuchen. Allerdings können die Medien dem ein erhebliches Maß an Souveränität und Widerständigkeit entgegensetzen. Darüber hinaus hilft ihnen bei der Aufrechterhaltung der systemischen Grenzen auch, dass sich die Adressaten, Konsumenten und Rezipienten der Medien in dem medialen Kommunikationsprozess in höchstem Maße selektiv, reflexiv, interpretativ, produktiv und kreativ verhalten können. Die konkrete Art und Weise der Aneignung der Medieninhalte durch das Publikum ist somit nur schwierig, wenn überhaupt steuerbar. (Vgl. etwa Fiske 1991; Geimer 2010; Winter 2010; Jäckel 2011)

---

[1] Der vorliegende Beitrag greift Analysen aus Kümmel (i.E.) auf und entwickelt sie weiter.

Dennoch ist auch die Bundeswehr um ein gutes Bild von sich selbst und von ihren Aufgaben in den Medien bemüht und möchte sich in den Medien positiv und vorteilhaft dargestellt sehen. Dabei spielt auch der Aspekt der Nachwuchsgewinnung eine erhebliche Rolle. Die Bundeswehr wird in dieser Hinsicht schon sehr früh selbst aktiv. Sie produziert Werbefilme wie im Jahr 1956 Kurt Nehers *Die ersten Schritte*, stellt eine Vielzahl von Werbemitteln her und betreibt eine gezielte Presse-, Informations- und Öffentlichkeitsarbeit, die sich nicht nur nach außen, sondern wie bei den Zeitschriften der Truppeninformation und militärischen Fachzeitschriften auch nach innen richtet. (Vgl. hierzu Brandt/Friedeburg 1966; Damm 2002; Protte 2003; Virchow 2007; Loch 2008; Schulze von Glaßer 2010a)

Medienpolitische Aktivitäten sind in der jüngeren Vergangenheit sogar noch wichtiger geworden. So hat die „institutionelle Präsenz" (Burk 2001) der Streitkräfte im gesellschaftlichen Leben seit dem Ende des Ost-West-Konflikts und der damit verbundenen Reduzierung ihres Umfangs auch in Form von Standortschließungen erheblich abgenommen. Der direkte Kontakt zwischen Bevölkerung und Streitkräften wird weniger. So spielt der Bevölkerungsumfrage des Zentrums der Bundeswehr für Militärgeschichte und Sozialwissenschaften (ZMSBw) aus dem Jahr 2013 zufolge das persönliche Erleben der Bundeswehr in der eigenen Lebenswelt für die Wahrnehmung der Bundeswehr eine zusehends geringere Rolle. Demgegenüber gewinnt die indirekte Rezeption der Bundeswehr durch Medien wie Fernsehen, Zeitung, Zeitschriften, Radio und Internet an Bedeutung (Bulmahn/Wanner 2013). Gleichzeitig sind die Legitimationsanforderungen an die Bundeswehr durch den Übergang zu einer ‚Einsatzarmee' beträchtlich gestiegen (Kümmel 2003; 2007; 2013).

In den vergangenen Jahren hat die Bundeswehr deshalb ihre medienpolitischen Aktivitäten intensiviert. Sie ist bei den Social Media aktiv geworden und unterhält Accounts auf *Facebook* und *Instagram*. Darüber hinaus betreibt sie auf *YouTube* einen eigenen Kanal und stellt dort Informationsfilme und Dokumentationen über das Leben als Soldat ein, die insbesondere dem Zweck der Nachwuchswerbung dienen. Diesbezüglich kann die Bundeswehr durchaus einige Erfolge vorweisen wie die beiden *YouTube*-Serien *Die Rekruten* (2016) und *Mali* (2017) zeigen. Erstere begleitete zwölf Rekruten auf ihrem Weg in der Bundeswehr, die zweite Soldatinnen und Soldaten der Bundeswehr während eines Auslandseinsatzes.

Das Verteidigungsministerium und die Bundeswehr unterstützen überdies die Produktion von journalistischen Darstellungen, Dokumentationen, Dokumentarfilmen und auch fiktionalen Darstellungen und Unterhaltungsfilmen über die deutschen Streitkräfte, wenn auch nicht in dem Umfang wie dies die US-Streitkräfte tun (vgl. Elter 2005; Bürger 2006). So erhielten in den Jahren 2005 bis 2010 54 Produktionen mit dokumentarischem Charakter und zehn Produktionen mit fiktivem Inhalt eine derartige Unterstützung. Ein Produktion wie die Mini-Serie *Streitkräfte im Einsatz – Sonja wird eingezogen* (2006), in der die RTL-Moderatorin Sonja Zietlow eine Crash-Kurs-Grundausbildung in den Teilstreitkräften der Bundeswehr durchläuft, wäre ohne diese Unterstützung nicht möglich gewesen. In der Serie *Die Rettungsflieger* (1997-2007) wiederum war die Bundeswehr über insgesamt elf Staffeln und 108 Folgen hinweg sogar als Koproduzentin tätig (vgl. Bundesregierung 2009; Schulze von Glaßer 2010b).

Unser Interesse richtet sich an dieser Stelle indes auf die popkulturelle Medienform des Kino- und Fernsehfilms, die als Plattform der Reflexion über gesellschaftlich relevante Themen zu verstehen ist (Hepp 2010: 9). Dabei ist es insbesondere das Fernsehen, das als „zentrale[s] Medium der gesellschaftlichen Selbstverständigung" und als „kulturelles Forum' [zu verstehen ist, das (...)] wie kaum ein anderes Massenmedium zum Ort der gesellschaftlichen Symbolproduktion geworden" ist (Bleicher/Hickethier 2007: 271). So werden im Folgenden Kino- und Fernsehfilme im Sinne einer soziologischen Filmanalyse (vgl. etwa Mai/Winter 2006; Schroer 2008; Heinze/Moebius/Reicher 2012; Peltzer/Keppler 2015) inhaltsanalytisch betrachtet, die einen militärischen Bezug haben und die seit dem Ende des Ost-West-Konflikts in Deutschland produziert worden sind. Als Grundlage für die Identifikation der relevanten Filme diente eine Zusammenstellung von Filmen mit Bundeswehrbezügen auf *Wikipedia* (2016).[2] Die Darstellung erfolgt anhand der auf der Basis der Inhaltsanalyse identifizierten unterschiedlichen Gruppen von Filmen, wobei die Zuordnung zu einer Gruppe durch die verschiedenen *Typen von Soldaten* bestimmt wurde, die in den Filmen thematisiert werden. Die Abfolge ihrer Darstellung ist chronologisch bestimmt, d.h. die verschiedenen Sets von Filmen und die unterschiedlichen Soldatentypen werden in der Reihenfolge ihres Auftretens präsentiert.

---

[2] Weitere Angaben zu den Filmen finden sich über die jeweilige Suchfunktion online unter Internet Movie Database, filmdienst.de und Wikipedia.

Die Filme

1. Der Böse

Mit dem Psychodrama *Die Friedensmission – 10 Stunden Angst* (Pro Sieben, 1997) wendet sich erstmals ein Fernsehfilm den neuen Aufgaben der Bundeswehr nach dem Ende des Ost-West-Konflikts zu. Im Mittelpunkt steht der Stabsunteroffizier Matthis, dessen Einheit im Rahmen von SFOR auf dem Gebiet des früheren Jugoslawiens stationiert ist und dort den Frieden sichern soll. Dort tötet er bei einer Routinekontrolle aus Versehen einen Kameraden und die Mutter eines kleinen Jungen. Dieser ist Zeuge des Geschehens und flieht. Matthis setzt nun alles daran, den Jungen zu finden und den Zeugen zu beseitigen. Hierfür entfernt er sich sogar unerlaubt von der Truppe. Seine Vorgesetzten und der Militärpfarrer vermuten einen Amokläufer in ihm und fahnden intensiv nach ihm. Am Ende erweist sich Matthis als unschuldig, der wahre Täter ist ein anderer. *Die Friedensmission* benutzt den Auslandseinsatz als Hintergrund für ein Verbrechen, das von einem Soldaten begangen wird. Der Film behandelt somit den *Typus des bösen Soldaten*. In diese Kategorie fallen Filme, die ein verbrecherisches, kriminelles, völkerrechtswidriges, menschenrechtsverletzendes, illegales und/oder moralisch verwerfliches Handeln durch Soldaten behandeln.

Der gleichen Kategorie kann auch der Fernsehfilm *Fette Hunde* (WDR, 2012) in der ARD-Krimi-Reihe *Tatort* zugerechnet werden. Auch hier bildet der Auslandseinsatz die Folie für ein Verbrechen. In dem 55. Fall des Kölner Ermittler-Duos Max Ballauf und Freddy Schenk werden die Rückkehr einer Gruppe Bundeswehrsoldaten aus Afghanistan und der Transport von Drogen aus dem Land miteinander verwoben. Zusätzliche Sprengkraft erhält der Film durch den Umstand, dass zu den Soldaten auch Sebastian Brandt, der Ehemann von Ballaufs und Schenks früherer Kollegin Lissy, gehört. Die beiden Geschwister Amina und Milad Rahimi transportieren das Rauschgift in Kondomen, die sie verschluckt haben. Das Schicksal meint es jedoch nicht gut mit den beiden Drogenkurieren, denn eines der Kondome in Milads Bauch platzt. Die beiden erreichen zwar noch den Übergabeort in Köln, doch muss Amina dort mit ansehen, wie Milad erschossen und ihm der Bauch aufgeschnitten wird, um an die Drogen zu gelangen. Sie kann entkommen, schwebt aber als Zeugin des Verbrechens nun selbst in Lebensgefahr. Bald kommen Ballauf und Schenk auf ihre Spur und vermuten den oder die Drahtzieher des Drogenschmuggels unter den zurückgekehrten Bundeswehrsoldaten. Sie befragen die Soldaten der Gruppe und eben auch Sebastian Brandt, zumal Milad seine Nummer kurz vor seinem Tod gewählt hat. Dabei erweist sich, dass Brandt wie auch seine Kameraden Thomas Klages und Matthias Jahn Amina und Milad kennen. Amina wiederum gelingt es, Kontakt zu Brandt aufzunehmen, mit dem sie offensichtlich eine Affäre hatte. Drahtzieher des Drogenschmuggels ist allerdings Jahn, der Brandt und Amina schließlich zu dem Übergabeort bestellt. Dort will er Brandt dazu zwingen, ihm Amina und mit ihr die Drogen auszuhändigen. Sein Druckmittel ist Constantin, Brandts Sohn, den Jahn entführt hat. Bei dem Aufeinandertreffen offenbart er sich als Milads Mörder, kann aber natürlich gerade noch rechtzeitig von Ballauf und Schenk unschädlich gemacht werden.

2. Der Funktionierende

Die Filme, die dem *Typus des funktionierenden Soldaten* zugerechnet werden, zeichnen den Soldaten als funktionierendes, weitgehend unpolitisches militärisch-professionelles Rädchen im Uhrwerk des Militärs. So erscheint im Jahr 1999 der Actionfilm *Die Todesfahrt der MS SeaStar* von Mark von Seydlitz. Held des Films ist der Kampfschwimmer Sven Tauchert, der Vater der kleinen Laura ist, seinen Familienpflichten aber einsatzbedingt zu wenig nachkommt. Als seine Frau Anna an einem Artikel über den Luxusliners *MS SeaStar* arbeitet, übernimmt er es, Laura währenddessen an Bord des Kreuzfahrtschiffes zu betreuen und zu versorgen. Doch als Terroristen das Schiff kapern, ist die professionelle Expertise des Kampfschwimmers gefragt, der sich dieser Herausforderung mit großem Erfolg stellen wird.

Im gleichen Jahr produziert Hans Horn seinen Actionthriller *Der Bunker – eine todsichere Falle*, dessen Plot recht ähnlich ist. Hintergrund ist hier die Schließung des NATO-Bunkers *Thorwald* und die Vernichtung der beiden letzten sich dort noch befindenden Atomsprengköpfe. Dazu empfangen die verantwortlichen deutschen und amerikanischen Soldaten eine Delegation russischer Soldaten, die sich allerdings als Terroristen entpuppen und den Bunker in ihre Gewalt bringen. Nun ist an dem früheren Elitesoldaten der Bundeswehr Nick Krämer, diese Gefahr abzuwenden, und auch er besteht diese Bewährungsprobe mit großer militärischer Professionalität.

Das dokumentarisch angelegte Fernsehdrama *Die Nacht der großen Flut* (2005) von Raymond Ley hingegen handelt von einem Inlandseinsatz der Bundeswehr und berichtet anhand der beiden Familien Brandt und Langer von den Geschehnissen in der Nacht vom 16./17. Februar 1962, als Hamburg Opfer einer gewaltigen Sturmflut wird. Der Leiter des Krisenstabes, Innensenator Helmut Schmidt (SPD), versucht, der Situation Herr zu werden, und fordert schließlich ohne verfassungsrechtliche Grundlage die Unterstützung der Bundeswehr wie auch der NATO-Partner an. In dem Film wird die Bundeswehr somit in der Rolle des kompetenten Katastrophenschützers dargestellt.

Til Schweigers *Schutzengel* (2012) ist wiederum erneut der Kategorie des Actionthrillers zuzurechnen. Die Ausreißerin Nina hat den Mord an ihrem Freund durch den Waffenhändler Thomas Backer beobachtet und wird deswegen bis zum Prozess gegen selbigen in das Zeugenschutzprogramm aufgenommen. Allerdings wird ihr Unterschlupf verraten, so dass man versucht, sie zu töten. Zwei der ihr zugeteilten Personenschützer, Leo und Helena, kommen dabei ums Leben. Nina hingegen kann mit der Hilfe von Max, dem ihr noch verbliebenen dritten Personenschützer, fliehen. Dieser war in seinem früheren Leben Angehöriger der Eliteeinheit der Bundeswehr, dem Kommando Spezialkräfte (KSK). Die beiden Flüchtigen können sich nicht an die Polizei wenden; zu groß wäre das Risiko eines neuerlichen Verrats. Deswegen suchen sie Unterschlupf bei Rudi, einem Freund und Kamerad von Max, der in Afghanistan in einer Sprengfalle beide Beine verloren hat. Ninas Verfolger finden sie aber auch dort, und es kommt zu einem Schusswechsel, bei dem Rudi getötet wird. Max kann die Angreifer ausschalten und findet schließlich mit Nina zu der Staatsanwältin Sara Müller, die früher mit Max liiert war. Als die drei von Rudi Abschied nehmen wollen, kommt es zum Showdown mit Ninas Verfolgern. Sara flüchtet mit Nina, und Max bekämpft mit beeindruckender militärischer Expertise und Professionalität die zahlreichen Angreifer. Kurz darauf kommt der Waffenhändler bei der Explosion einer Autobombe ums Leben. Am Ende erweist sich der Staatsanwalt als Verräter. Max ruft ihn an und droht, ihn auffliegen zu lassen, so dass Max, Sara und Nina am Ende des Films als glückliche Quasi-Familie an der Pier in ihrer neuen Heimat Brighton zu sehen sind.

Raymond Leys Doku-Drama *Eine mörderische Entscheidung* (2013) über den Luftangriff bei Kunduz in der Nacht zum 4. September 2009 zählt ebenfalls zu diesem Filmtypus. Hauptfigur ist hier Oberst Georg Klein, der Kommandant des deutschen Provincial Reconstruction Teams (PRT) im afghanischen Kunduz zu dieser Zeit. Der Film versucht, das damalige Geschehen minutiös zu rekonstruieren und den Entscheidungsfindungsprozess bei Oberst Klein nachzuzeichnen. Dabei werden einige fiktive Elemente hinzugefügt, wie etwa die Figur des BND-Mitarbeiters Henry Diepholz und die Anspielung auf ein

Komplott der afghanischen Verbündeten. Der Film schildert die angespannte Situation in Kunduz und Umgebung aufgrund von verstärkten Aktivitäten der Taliban und vermehrten Anschlägen auf die deutschen Soldaten. Als zwei Tanklastzüge mit 58.000 Liter Benzin im Fluss Kunduz stecken bleiben und sich 50 bis 70 Aufständische dort einfinden, vermutet man, dass die Taliban mit ihnen das deutsche Lager angreifen wollen. Die zur Unterstützung angeforderten Piloten der beiden amerikanischen Kampfflugzeuge schlagen zwar vor, lediglich im Tiefflug über die Tanklastzüge hinwegzufliegen und abzuwarten, ob sich die dort versammelten Menschen dadurch vertreiben lassen, doch Oberst Klein ordnet die Bombardierung an. Über 100 Tote, zumeist Zivilisten, darunter auch Kinder, sind die Folge.

3. Der Deserteur

Im Jahr 2002 lässt sich in den Filmen der *Typus des desertierten Soldaten* identifizieren. Ulrich Köhlers Spielfilm *Bungalow* schildert die Desertion als individuelle Befreiung und als Coming-of-Age des Rekruten Paul. Während eines Manövers im Sommer absentiert sich Paul von der Truppe und sucht in dem Bungalow seiner in den Urlaub verreisten Eltern Unterschlupf. Doch dann erscheinen Pauls älterer Bruder Max und seine Freundin Lene plötzlich im Bungalow. Max versucht, Paul zur Rückkehr zu bewegen, während Lene Sympathien für die Position des widerständigen Paul entwickelt. Schließlich entwickelt sich zwischen den Brüdern ein Widerstreit um Lene.

4. Der Verführte/Verheizte

Der von Thomas Bohn für den SWR und Arte produzierte Fernsehfilm *Das Kommando* aus dem Jahr 2004 bildet einen weiteren Typus des Soldaten ab. Bei dem Film handelt es sich um ein Familiendrama um den Brigadegeneral Heinz Büchner, der einen Eliteverband befehligt, dem auch sein ehrgeiziger Sohn Christopher als Oberleutnant angehört. Seine Ex-Frau Ellen wiederum ist für *Ärzte ohne Grenzen* tätig. Büchner erhält einen Geheimauftrag und schickt Christopher und weitere Soldaten auf eine klandestine und höchst gefährliche Mission in den Kaukasus, wo Terroristen vermeintlich einen Anschlag mit einer schmutzigen Bombe auf das Hauptquartier der amerikanischen Streitkräfte in Heidelberg planen. Zunehmend entpuppt sich der Einsatz jedoch als illegale Amtshilfe für die US-Streitkräfte und als dubioses Exekutionskommando, was die Familie Büchner einer sehr harten Belastungsprobe aussetzt. Gegenstand des Films ist somit die Verführung, die Täuschung und/oder das ‚Verheizen' von Soldaten durch ihre militärische oder politische Führung. Er zeichnet folglich den *Typus des verführten/verheizten Soldaten.*

5. Der Lustige/Karikierte

Granz Henmann erzählt in seinem Film *Kein Bund fürs Leben* aus dem Jahr 2007, wie sich Basti Lämmle vor dem Wehrdienst drücken möchte, dabei aber scheitert und deswegen nachträglich verweigern will. Auch dies gelingt nicht, und Basti wird mit seinen Kameraden schließlich in einen prestigeträchtigen Wettkampf gegen US-Soldaten geschickt. Wider Erwarten gewinnt er mit seinen Kameraden diesen Wettkampf. Der Film schildert das Soldatenleben als Humoreske und zeichnet somit den Typus des *lustigen und karikierten Soldaten.*

Hierzu zählt auch Oliver Schmitz' erfolgreicher Fernsehfilm *Allein unter Töchtern* aus dem gleichen Jahr. In diesem muss sich Oberst Harald Westphal nach dem Unfalltod seiner Ex-Frau um seine drei Töchter kümmern, was für den früheren Vollblut-Soldaten sehr problematisch ist, da er nach der Scheidung von der Mutter den Kontakt zu seinen Kindern abgebrochen hat. Diese Komödie um den Soldat-wird-Familienvater war so erfolgreich, dass weitere vier Sequels produziert wurden (*Allein unter Schülern*, 2009; *Allein unter Müttern*, 2010; *Allein unter Nachbarn*, 2012, und *Allein unter Ärzten*, 2014).

Im Jahr 2008 erscheint Mike Eschmanns *Morgen, ihr Luschen!*, eine Actionkomödie, in der die Bühnenfigur des ‚Ausbilders Schmidt' für den Film im Sinne einer Militärpersiflage und Militärgroteske adaptiert wird. Der ARD-Fernsehfilm *Neue Vahr Süd* (2010) von Hermine Huntgeburth wiederum basiert auf dem gleichnamigen Roman von Sven Regener über den jungen, eher links-alternativen Frank Lehmann, der 1980 zum Wehrdienst einberufen wird. Er stellt einen Antrag auf Kriegsdienstverweigerung, der aber abschlägig beschieden wird. Aus diesem Grund plant er nun, das Gelöbnis zu verweigern, muss sich aber noch eine ganze Weile durch den Dienstbetrieb durchmogeln und wird erst nach Vortäuschung eines Suizidversuchs vorzeitig entlassen. Der die Bundeswehr und ihren Dienstbetrieb karikierende Film wurde von der Kritik hoch gelobt, erhielt 2011 den Grimme Preis für die Regie sowie den Bayerischen Filmpreis in den Kategorien Regie und Bester Hauptdarsteller und wurde beim Deutschen Comedy-Preis 2011 als Beste TV-Komödie ausgezeichnet.

6. Der Moralist

Der zweite Soldatentyp, der sich in den Filmen des Jahres 2007 herausarbeiten lässt, ist der *Typus des moralischen Soldaten:* Beschreiben die filmischen Produktionen ein explizit moralisches, ethisch-sittliches Verhalten von Soldaten, werden sie dieser Kategorie zugeordnet. Rudolf Schweiger beschreibt in *Mörderischer Frieden* (2007), wie Tom und Charly, zwei Gefreite der Bundeswehr, im Jahre 1999 im Rahmen der KFOR im zwischen Albanern und Serben immer noch strittigen und deshalb unruhigen Kosovo ihren Dienst verrichten. Dort sollen sie dabei helfen, die serbische Bevölkerung in eine Art Schutzzone umzusiedeln und ein Waffenlager militanter albanischer Gruppen ausfindig machen. Als auf die junge Serbin Mirjana ein Attentatsversuch unternommen wird, können sie ihr das Leben retten. Anschließend verliebt sich Charly in Mirjana. Es droht in der Folge eine Eskalation der Situation zwischen Serben und Albanern, und Tom und Charly geraten zwischen die Fronten. So erweist sich der Attentäter als 12-jähriger albanischer Junge, der seine ganze Familie im Krieg verloren hat, und sich dafür an Mirjanas Familie rächen möchte, weil deren Vater als Arzt an Kriegsverbrechen gegen die albanischen Bevölkerungsgruppen beteiligt war. Erst nach einigem der Bürokratie geschuldeten Zögern greift die Bundeswehr ein und bringt die Lage wieder unter Kontrolle.

In dem Fernsehfilm *Auslandseinsatz* (ARD, 2012) wiederum geht es um die jungen Bundeswehrsoldaten Daniel Gerber, Ronnie Klein und Emal Demir, die ihren ISAF-Einsatz in Afghanistan vornehmlich als humanitäre Hilfeleistung verstehen, dabei indes in den Sog der prekären Beziehungen zwischen der afghanischen Zivilbevölkerung, den Taliban und den amerikanischen Streitkräften geraten. Bei dem Bau einer Schule auch für afghanische Mädchen müssen sie tatenlos mitansehen, wie die Taliban der jungen Tara zwei Finger abtrennen, weil ihre Fingernägel lackiert waren. Die militärischen Einsatzregeln verbieten ihnen eine Intervention. Kurz darauf erleben sie, wie ein junges Mädchen in dem Kugelhagel der Taliban getötet wird, der eigentlich ihnen gilt, und wie Yasin, der Sohn des Dorfältesten, zu Tode kommt, als er direkt auf das Versteck einer US-Spezialeinheit zuläuft und dieses dadurch zu enttarnen droht. Die drei Soldaten diskutieren mit der Ärztin Sarah Schulz und der Lehrerin Anna Wöhler, ob und gegebenenfalls welche Handlungsmöglichkeiten sie haben. Als Anna, Tara und Emal von den Taliban entführt werden, müssen sich Daniel und Ronnie entscheiden, ob sie dem Nichteinmischungsgebot ihrer Einsatzregeln Folge leisten oder ob sie einen Rettungsversuch unternehmen sollen. Nach einem heftigen Disput zwischen den beiden entscheidet sich

Ronnie zum Eingreifen, und Daniel folgt ihm schließlich, wenn auch zögerlich. Sie können das Versteck der Entführten ausfindig machen und erleben, wie Anna und dann auch Emal erschossen werden, während sie selbst mit Tara flüchten können. Daniel übernimmt schließlich die Verantwortung für die Missachtung der Einsatzregeln und wird deswegen aus der Bundeswehr entlassen. Sein Vorgesetzter, Hauptmann Glowalla, bekundet ihm allerdings privatim seinen Respekt für sein Handeln, ebenso wie viele seiner Kameraden.

Feo Aladag hingegen erzählt in *Zwischen Welten* aus dem Jahr 2014 von Jesper, der als Hauptmann der Bundeswehr mit seiner Einheit in Afghanistan den Auftrag hat, ein kleines Dorf im Nirgendwo vor den Taliban zu schützen. Dabei freundet er sich mit dem jungen Afghanen Tarik an, der als Übersetzer für die Bundeswehr tätig ist. Diese Freundschaft zwingt ihn immer wieder zu einer Entscheidung zwischen Befehl und Gewissen, denn Tarik, der ja für die ‚Besatzer' arbeitet, lebt nicht ungefährlich, und auch seine Schwester Nala wird bedroht. Als Nala während einer Autofahrt angegriffen und lebensgefährlich verletzt wird, versucht Jesper, seine Vorgesetzten dazu zu bewegen, Nala in dem Bundeswehrlazarett behandeln zu lassen. Diese Erlaubnis erhält er jedoch nicht. Daraufhin setzt er sich über diesen Befehl hinweg und bringt Nala zu den deutschen Ärzten, die ihr das Leben retten können. Gleichzeitig gerät jedoch Jespers Stellvertreter in einen Hinterhalt der Taliban und wird dabei getötet. Daraufhin wird Jesper aus dem Militärdienst entlassen. Tarik wiederum wird in der Schlussszene aus einem vorbeifahrenden Auto heraus erschossen.

7. Der Verletzte

Brigitte Berteles Fernsehfilm *Nacht vor Augen* aus dem Jahr 2008 beschäftigt sich mit der Traumatisierung eines Bundeswehrsoldaten infolge seines Einsatzes in Afghanistan und gehört damit zu den Filmen, die an Körper, Geist und Seele verletzte Soldaten mit der Kamera beobachten und folglich den *Typus des verletzten Soldaten* behandeln. David Kleinschmidt ist nach seinem Auslandseinsatz ein anderer Mensch. Er ist verschlossen, mürrisch, aggressiv, nässt ein. Offiziell hat er in Afghanistan einen Attentäter erschossen und dafür eine Auszeichnung erhalten. Er selbst weiß jedoch, dass er in Wahrheit einen kleinen afghanischen Jungen praktisch grundlos erschossen hat, was ihn bis in seine Träume hinein verfolgt. Er trägt Bilder mit sich, die Tote, Verwundete und Verstümmelte zeigen und bei seinen Mitmenschen große Verstörung hervorrufen. Kleinschmidt schottet sich daraufhin zusehends von seiner Umwelt ab und lehnt den Besuch des Rückkehrerseminars der Bundeswehr ebenso ab wie den Gang zu einem Psychologen. Er verbringt aber viel Zeit mit seinem achtjährigen Halbbruder Benny, der sich Mobbingattacken ausgesetzt sieht. Deswegen unterrichtet ihn Kleinschmidt im Nahkampf, was aber dazu führt, dass sich Benny zusehends aggressiv und gewalttätig verhält. Gerade noch rechtzeitig wird sich Kleinschmidt der möglichen Folgen für Benny bewusst und gesteht sich seine seelischen Verletzungen ein, so dass er sich am Ende doch psychotherapeutisch behandeln lässt.

Die Traumatisierung von Bundeswehrsoldaten im Auslandseinsatz wird auch in einer Folge der ARD-Krimi-Serie *Polizeiruf 110* behandelt. In Stephan Wagners *Klick gemacht!* aus dem Jahr 2009 wird Oberleutnant Rolf Darkow entführt. Der Entführer macht ihn für den Tod von drei deutschen Soldaten in der Nähe von Kunduz verantwortlich, die auf einer von Darkow als sicher empfohlenen Route in einen Hinterhalt der Taliban gerieten, und platziert ihn im Wald auf einer Mine mit Entlastungszünder. Mit einer Kamera überträgt er dies an die Polizei. Friedl Papen und Ulrike Steiger werden mit diesem Fall betraut und diskutieren dabei ausführlich den Einsatz der Bundeswehr in Afghanistan. Bei ihren Ermittlungen stoßen sie auf ehemalige Bundeswehrsoldaten, die traumatisiert nach Deutschland zurückgekehrt sind. Peter Jünnemann sitzt im Rollstuhl, kann sein Zittern nicht verbergen, trinkt zu viel Alkohol und bringt sich am Ende um. Tom Brauer wiederum hat seinen Kameraden Robert Wegener auf dessen eigenen Wunsch hin erschossen, nachdem er bei einem Angriff der Taliban lebensgefährlich verletzt worden war, und muss seine Schuldgefühle nun mit Medikamenten betäuben. Am Ende erweist sich Robert Wegeners Vater Helmut als der Entführer.

Der Spielfilm *Willkommen zuhause* (SWR, 2009) dreht sich um Ben Winter, der in Afghanistan mit seinem Kameraden und besten Freund Torben Kesselbach in einen Hinterhalt geraten war. Während er selbst zufällig überlebt, kommt Kesselbach dabei ums Leben. Winter wird vorzeitig nach Hause repatriiert. Er isoliert sich, verprügelt grundlos einen Freund und entwickelt immer größere Verhaltensauffälligkeiten. Eine Untersuchung und Behandlung seiner offensichtlichen Posttraumatischen Belastungsstörung (PTBS) lehnt er lange Zeit ab, stimmt ihr aber schließlich doch zu. Die Behandlung verläuft erfolgreich. Am Ende des Films kann Ben über die Geschehnisse reden und sieht mit seiner Freundin hoffnungsvoll der Geburt des gemeinsamen Kindes entgegen.

In der Folge *Heimatfront* (Jochen Alexander Freydank, 2011) des Saarländischen Rundfunks in der ARD-Krimi-Reihe *Tatort* untersuchen Franz Kappl und Stefan Deininger den Mord an der jungen Künstlerin Viktoria Schneider. Im Zuge ihrer Ermittlungen stoßen sie auf die Psychologin Dr. Vera Bergmann, für die die Künstlerin Schreibarbeiten übernommen hat, und finden heraus, dass Viktoria Schneider Videoaufnahmen von Therapiesitzungen der Psychologin mit vier schwer traumatisierten Afghanistan-Veteranen für ihr Anti-Kriegs-Projekt nutzen wollte. Die vier betroffenen Fallschirmjäger Philipp Weitershagen, Ingo Böcking, Lars Leroux und Hendrik Milbrandt stehen kurz vor ihrem Abschied aus der Bundeswehr und haben ganz offensichtlich erhebliche Schwierigkeiten beim Übergang in das zivile Leben. Beim Versuch, Böcking zu vernehmen, entzieht sich dieser gemeinsam mit Weitershagen der Befragung. Von Leroux, der im Einsatz ein Bein verloren hat, erfahren Kappl und Deininger von einem Versteck, in dem sich die beiden aufhalten könnten. Dort stellen sie Böcking, der schließlich gesteht, die Künstlerin aus enttäuschter Liebe heraus getötet zu haben. Als Weitershagen versucht, Böcking die Flucht zu ermöglichen, und deswegen die beiden Ermittler mit der Waffe bedroht, unternimmt Böcking große Anstrengungen, um Weitershagen zum Aufgeben zu bewegen. Dennoch versucht dieser, Kappl zu töten. Ein Scharfschütze des Spezialeinsatzkommandos der Polizei kann dies verhindern und trifft Weitershagen dabei tödlich. Böcking wird verhaftet.

8. Der ‚Andere'

Die (vorläufig?) letzte zu identifizierende Kategorie von Filmen behandelt den *Typus des ‚anderen' Soldaten*, d.h. diese Filme präsentieren eher untypische Soldatenfiguren. So wird in Peter Keglevics Fernsehfilm *Kongo* aus dem Jahr 2010 der vermeintliche Selbstmord des Unteroffiziers Renz im Auslandseinsatz im Kongo nicht von einer traditionellen Soldatenfigur des männlichen Soldaten, sondern von Nicole Ziegler untersucht. Sie ist als Soldatin im Range eines Oberleutnants bei den Feldjägern der Bundeswehr tätig und soll den Fall möglichst rasch und ohne intensivere Ermittlungen beenden. Sie stößt jedoch auf Ungereimtheiten, die Zweifel an der offiziellen Version des Selbstmordes aufkommen lassen. Hauptman Kosak, der Kompaniechef des Kontingents, unterstützt sie bei ihren Recherchen. Sie stoßen auf dem Handy des Toten auf ein Video, das zeigt, wie ein kongolesisches Kind von einem deutschen Soldaten erschossen wird. Der Schluss liegt nun nahe, dass dieser Soldat entweder allein oder mit weiteren Beteiligten auch Renz erschossen hat, um den Zeugen zu beseitigen. Kosak kann zwar im weiteren Verlauf die beteiligten Soldaten identifizieren, doch wird Ziegler plötzlich von ihrem Auftrag entbunden. Daraufhin ermittelt sie auf eigene Faust und mit großer militärischer Expertise weiter und macht schließlich Patrice ausfindig, dessen Aussage die Lösung des Falles verspricht. Das Kind wird jedoch vor seiner Aussage ermordet, und der Fall verläuft im kongolesischen Sand. Am Ende wird der Todesfall als ein Suizid aufgrund von Depressionen des Betroffenen zu den Akten genommen.[3]

In der von Christoph Stark verantworteten Folge *Zapfenstreich* (2010) in der ARD-Krimi-Serie *Polizeiruf 110* sind die ‚anderen' Soldaten erneut Soldatinnen, die nicht dem klassischen männlich geprägten Soldatenbild entsprechen. Eine schwangere Bundeswehrsoldatin, die gerade einen Lehrgang zur Vorbereitung auf einen Auslandseinsatz absolvierte, wurde ermordet. Bei ihren Ermittlungen trifft Ulrike Steiger auf Kompaniefeldwebel Melzer, dem Frauen in seiner Bundeswehr ganz offensichtlich ein Dorn im Auge sind. Doch nicht er ist der Täter, sondern Steiger findet die Mörderin der jungen Soldatin schließlich unter ihren drei Kameradinnen.

In der 36. Folge der ZDF-Krimi-Serie *Bella Block* lässt Andreas Senn im Jahr 2015 unter dem Titel *Die schönste Nacht des Lebens* Kommissarin a.D. Bella Block auf Bitten des Staatsanwaltes hin als Privatermittlerin tätig werden. Sie soll den Tod des Offizieranwärters Fritz Mühlstadt aufklären, den die Marine als Unfall infolge übermäßigen Alkoholkonsums deklariert. Allerdings deuten die gerichtsmedizinischen Befunde recht schnell auf ein Gewaltverbrechen hin. Bella Block kann schließlich fünf weitere Marinesoldaten identifizieren, die in der Todesnacht gemeinsam mit Mühlstadt gefeiert haben. Bei den Befragungen stellt sich heraus, dass Mühlstadt homosexuell war. Es entsteht zwar zunächst der Verdacht, dass Mühlstadt von ihnen vergewaltigt und getötet wurde, doch kann am Ende der ebenfalls homosexuelle Erste Offizier Thorsten Schmalbrink als Täter entlarvt werden. Er hatte eine kurze Liaison mit Mühlstadt und wollte mit dem Mord verhindern, dass Mühlstadt die eigene Homosexualität und die seiner Partner öffentlich macht.

Resümee

Die im Vorangegangenen behandelten Fernseh- und Kinofilme finden ein Publikum. *Heimatfront* beispielsweise wird von mehr als 8,5 Millionen Zuschau-

---

[3] Weil es in diesem Film um einen Mord an einem Soldaten durch Soldaten geht, hätte *Kongo* auch dem *Typus des bösen Soldaten* zugeordnet werden können. Das Besondere an diesem Film ist jedoch nicht dieser Aspekt, sondern die Weiblichkeit der ermittelnden Soldatin.

ern gesehen und erreicht damit einen Marktanteil von über 22 Prozent. *Fette Hunde* spricht ein Publikum von über 8 Millionen Menschen an und generiert einen Marktanteil von über 24 Prozent. *Auslandseinsatz* schauen sich über 3,5 Millionen Zuschauer an, was einem Marktanteil von fast 12 Prozent entspricht. *Schutzengel* lockt in den ersten sechs Monaten nach seiner Uraufführung über 710.000 Kinobesucher an und erreicht damit Rang 7 der erfolgreichsten Kinofilme des Jahres 2012. Zahlen wie diesen lässt sich entnehmen, dass sich die bundesdeutsche Gesellschaft durchaus für die Bundeswehr und für das, was in ihnen, um sie herum und durch sie passiert, interessiert. Ihre Bereitschaft, sich mit dem Militär und mit seinen Einsätzen in rekreativer oder in reflexiver Weise auseinanderzusetzen, ist durchaus vorhanden.

Die filmischen Produktionen wirken dabei als aktive Elemente in der sozialen Konstruktion der Realität und gestalten diese mit (vgl. auch Paul 2003: 3; umfassend Berger/Luckmann 2003). Sie verarbeiten gesellschaftliche Wirklichkeiten und liefern eine Selbstbeschreibung gesellschaftlicher Realität, in der sich, häufig in der gleichen Produktion, militär-unkritische mit militär-kritischen Elementen verbinden. Sie machen uns, der Gesellschaft, Deutungsangebote und bieten uns Interpretationen an, die wir als „produktive Zuschauer" (Winter 2010) annehmen, ablehnen oder auch modifizieren können.

Aus diesem Grund unterstützt auch die Bundeswehr bzw. das Bundesministerium der Verteidigung in einem gewissen Rahmen die Realisierung dieser Filmproduktionen, selbst wenn diese auch Militär-Kritik äußern. So konnte beispielsweise ein Film wie *Mörderischer Frieden* nur mit erheblicher Unterstützung in Form von militärfachlicher Beratung und Drehgenehmigungen produziert werden. In *Schutzengel* flossen sogar öffentliche Mittel in Millionenhöhe. Schweigers Film wurde zuerst am 24. Juni 2012 gezeigt, als er die deutschen Soldaten in Afghanistan besuchte. In diesem Kontext kommentierte der damalige Verteidigungsminister Thomas de Maizière die Frage nach der Filmförderung für diesen Film mit den Worten: „Es ist ja gerade umgekehrt: Nicht wir werben für Herrn Schweiger. Sondern Herr Schweiger macht Werbung für die Bundeswehr!" (Zit. nach Schulze von Glaßer 2012*)*. Deutlich zurückhaltender agierten Verteidigungsministerium und Bundeswehr hingegen in der Frage der Unterstützung für *Heimatfront* und, vor allem, für *Eine mörderische Entscheidung*. Für den Film über Oberst Klein wurden sowohl die Interviewanfragen des Produktionsteams wie auch die Anträge auf Einsichtnahme in Bundeswehreigene Filmdokumente abgelehnt (Lenze 2013: 19). Dies kann vor dem Hintergrund des nach dem Luftangriff eingesetzten Untersuchungsausschusses, der auch zu personellen Konsequenzen geführt hat,[4] zwar kaum überraschen, zeigt aber gleichzeitig, dass die Bundeswehr und das Bundesministerium der Verteidigung durchaus steuernd und in strategischer Absicht auf die Filmproduktionen Einfluss zu nehmen versuchen. Aus diesem Grund vermuten Kritiker hinter solch selektiver Filmförderung die Absicht einer Militarisierung der deutschen Gesellschaft (Schulze von Glaßer 2010b: 6-9) und sprechen etwa von einer „Remilitarisierung, nur jetzt auf Samtpfoten" (Bleicher/Hickethier, 2007: 290). Allerdings verfügt das Bundesministerium der Verteidigung gleichzeitig nicht über die Mittel, die Produktion militär-kritischer Filme zu unterbinden.

So zeichnen die hier behandelten Kino- und Fernsehfilme ein durchaus differenziertes und pluralisiertes Bild des Militärs und des Militärischen (vgl. auch Hickethier 2001: 771). Die Inhaltsanalyse der seit dem Ende des Ost-West-Konflikts produzierten deutschen Kino- und Fernsehfilme mit militärischen Bezügen konnte diese Produktionen nicht weniger als acht verschiedenen thematischen Kategorien bzw. Soldatentypen zuordnen. Sie zeichnen den bösen Soldaten, der sich verwerflicher, krimineller und/oder menschenrechtsverletzender Taten schuldig macht. Sie präsentieren uns den eher unpolitischen militärisch-professionell agierenden funktionierenden Soldaten. Sie blicken auf den desertierten Soldaten, der sich in einem souveränen Akt der Befreiung entscheidet, Fahnenflucht zu begehen. Sie bringen uns den von seiner militärischen und/oder politischen Führung verführten, getäuschten und/oder verheizten Soldaten nahe. Sie zeigen im unterhaltenden oder im satirischen Sinne den lustigen bzw. karikierten Soldaten. Sie schildern den moralisch richtig handelnden Soldaten, der hierfür auch das Risiko der Befehlsverweigerung eingeht. Sie bringen uns den nach einem Einsatz oder Krieg an Körper und/oder Seele verletzten Soldaten und dessen schwierigen Weg zurück ins Leben nahe. Und sie beschreiben schließlich den ‚anderen', den weiblichen und den homosexuellen Soldaten, der die hergebrachte Geschlechterordnung der Streitkräfte erschüttert und verändert.

Aufschlussreich ist die Chronologie der verschiedenen Soldatentypen. Sie beginnt in den 1990er Jahren mit einem Film, in dem der *Typus des bösen Soldaten*

---

[4] Franz-Josef Jung, der Verteidigungsminister zur Zeit der Bombardierung der Tanklastzüge, trat Ende November 2009 von seinem erst kurz zuvor angetretenen neuen Amt als Bundesarbeitsminister zurück. Im Bundesverteidigungsministerium mussten Staatssekretär Peter Wichert und Generalinspekteur Wolfgang Schneiderhan ihren Hut nehmen. Klein selbst hingegen wurde – nach entlastenden disziplinaren und juristischen Ermittlungen in erster Instanz – am 27. März 2013 zum Brigadegeneral befördert.

aufgegriffen wird und in dem das Militärische lediglich den Hintergrund für ein Verbrechen bildet. Die Dekade endet mit dem *Typus des unpolitischen, funktionierenden Soldaten*. Entsprechend wurde für diese Dekade festgehalten, dass die „Gesellschaft (…) auch in ihren kritischen Lagern mit der Bundeswehr weitgehend ihren Frieden gemacht" hat (Bleicher/Hickethier 2007: 289). In der Folge gewinnt in den Medienproduktionen jedoch ein militärkritisches Element an Bedeutung. Zu Beginn der 2000er Jahre erfolgt dies mit dem *Typus des desertierten Soldaten* in *Bungalow* noch eher unterschwellig, dann jedoch ganz deutlich mit dem *Typus des verführten/verheizten Soldaten* in *Das Kommando*. Der nachfolgende *Typus des lustigen/karikierten Soldaten* wiederum weist in beide Richtungen. Er trägt in sich ein unkritisches, lediglich unterhaltendes Moment wie in *Kein Bund fürs Leben* und *Allein unter Töchtern*, gleichzeitig aber auch in seiner satirischen Variante wie in *Guten Morgen, ihr Luschen!* und *Neue Vahr Süd* eine Kritik am Militärischen. Die Filme, die den *Typus des moralischen Soldaten* abbilden, verdeutlichen wiederum die Dilemmata, in die Soldaten während ihres Einsatzes im Ausland geraten können und in denen sie sich oftmals zwischen ihrem Gewissen und der Befolgung von Befehlen entscheiden müssen. Dies geschieht etwa in *Mörderischer Frieden*, der von der Kritik indes als ein „Eingreifmärchen, wie es sich die PR-Abteilung der Bundeswehr nicht schöner hätte ausdenken können," interpretiert wird (Buß 2007). Gleichzeitig werfen sie aber auch gerade vor dem Hintergrund und der Diskussion über den Einsatz der Bundeswehr in Afghanistan die Frage nach dem Sinn dieser Missionen auf wie etwa in *Auslandseinsatz* und, stärker noch, in *Zwischen Welten* und fragen danach, „[w]as (…) wir hier eigentlich" tun (Käppler 2012). In Filmen, die wie *Nacht vor Augen*, *Klick gemacht!*, *Willkommen zuhause* und *Heimatfront* den *Typus des verletzten Soldaten* zum Sujet haben, werden damit durchaus korrelierend die Extremsituationen veranschaulicht, in die Soldaten im Auslandseinsatz geraten können, und die daraus resultierenden psychischen Belastungen beschrieben, die bisweilen noch lange nachwirken können. Auch in ihnen schwingt die Frage nach der Legitimation für die Entsendung von Soldaten in Auslandseinsätze mit. Der zuletzt in den Filmproduktionen identifizierte *Typus des ‚anderen' Soldaten* schließlich thematisiert und reflektiert in Bezug auf Geschlecht und sexuelle Orientierung einen Prozess der Angleichung der Streitkräfte an gesellschaftliche Veränderungen im normativen Bereich. Qualitativ wie quantitativ treten jedoch vier Kategorien besonders hervor. So bilden der funktionierende Soldat, der moralische Soldat, der verletzte Soldat und der lustige/karikierte Soldat die zentralen Narrative der Filmproduktionen seit dem Ende des Ost-West-Konflikts. Damit scheinen sich Kritik und Affirmation des Militärs in etwa die Waage zu halten. Es ist somit an dem Publikum ...

Literatur

Berger, Peter L./Luckmann, Thomas (2003): Die gesellschaftliche Konstruktion der Wirklichkeit. Eine Theorie der Wissenssoziologie. Neunzehnte Auflage. Frankfurt am Main: Fischer.

Bleicher, Joan K./Hickethier, Knut (2007): Der Blick des Fernsehens auf die Bundeswehr. In: Nägler, Frank (Hg.): Die Bundeswehr 1955-2005. Rückblenden – Einsichten – Perspektiven. München: R. Oldenbourg Verlag, S. 269-290.

Brandt, Gerhard/Friedeburg, Ludwig von (1966): Aufgaben der Militärpublizistik in der modernen Gesellschaft. Frankfurt am Main: EVA.

Bürger, Peter (2006): Kino der Angst. Terror, Krieg und Staatskunst aus Hollywood. Zweite Auflage. Stuttgart: Schmetterling.

Bulmahn, Thomas/Wanner, Meike (2013): Ergebnisse der Bevölkerungsumfrage 2013 zum Image der Bundeswehr sowie zur Wahrnehmung und Bewertung des Claims „Wir.Dienen.Deutschland." Potsdam: Zentrum für Militärgeschichte und Sozialwissenschaften der Bundeswehr.

Bundesregierung (2009): Werbemaßnahmen der Bundeswehr in Medien. Antwort der Bundesregierung auf die Kleine Anfrage der Abgeordneten Ulla Jelpke, Heike Hänsel, Inge Höger, weiterer Abgeordneter und der Fraktion DIE LINKE (Drucksache 16/14035), Deutscher Bundestag, 16. Wahlperiode, Drucksache 16/14094, 29.09.2009. Berlin: Deutscher Bundestag. Online unter http://dipbt.bundestag.de/dip21/btd/16/140/1614094.pdf; zuletzt abgerufen am 15.10.2018.

Burk, James (2001): The Military's Presence in American Society, 1950-2000. In: Feaver, Peter D./Kohn, Richard H. (Hg.): Soldiers and Civilians. The Civil-Military Gap and American National Security. Cambridge et al.: The MIT Press, S. 247-274.

Burkart, Roland (2003): Kommunikationswissenschaft. Grundlagen und Problemfelder. Umrisse einer interdisziplinären Sozialwissenschaft. Vierte völlig neu bearbeitete Auflage. Freiburg im Breisgau: UTB.

Buß, Christian (2007): Bundeswehr-Drama ‚Mörderischer Frieden'. Kuscheln im Kosovo. ‚Pearl Harbor' auf dem Balkan: Der junge Regisseur Rudolf Schweiger versucht in seinem Kinofilm ‚Mörderischer Frieden', den KFOR-Einsatz der Bundeswehr dramaturgisch aufzubereiten. Raus gekommen ist leider nur eine Bürgerkriegsschmonzette. In: Spiegel Online, 28. November 2007. Online unter:

http://www.spiegel.de/kultur/kino/bundeswehr-drama-moerderischer-frieden-kuscheln-im-kosovo-a-520163.html; zuletzt abgerufen am 15.10.2018.

Damm, Tile von (2002): Die Öffentlichkeitsarbeit der Bundeswehr – die Truppe als modernes Promotion- und Marketingunternehmen. In: Albrecht, Ulrich/Becker, Jörg (Hg.): Medien zwischen Krieg und Frieden. Baden-Baden: Nomos, S. 55-63.

Dörner, Frank (1991): Das Verhältnis zwischen den Massenmedien und der Bundeswehr. Dissertation. Mainz: Universität Mainz.

Elter, Andreas (2005): Die Kriegsverkäufer. Geschichte der US-Propaganda 1917-2005. Frankfurt am Main: Suhrkamp.

filmdienst.de. Online unter: https://www.filmdienst.de; zuletzt abgerufen am 15.10.2018.

Fiske, John (1991): Television Culture. London: Routledge.

Geimer, Alexander (2010): Filmrezeption und Filmaneignung: Eine qualitativ-rekonstruktive Studie über Praktiken der Rezeption bei Jugendlichen. Wiesbaden: VS Verlag für Sozialwissenschaften.

Heinze, Carsten/Moebius, Stephan/Reicher, Dieter (Hg.) (2012): Perspektiven der Filmsoziologie. Konstanz: UVK.

Hepp, Andreas (2010): Cultural Studies und Medienanalyse. Eine Einführung. Dritte überarbeitete und erweiterte Auflage. Wiesbaden: VS Verlag für Sozialwissenschaften.

Hickethier, Knut (2001): Kriegserlebnis und Kriegsdeutung im bundesdeutschen Fernsehen der fünfziger Jahre. In: Heukenkamp, Ursula (Hg.): Schuld und Sühne? Kriegserlebnis und Kriegsdeutung in deutschen Medien der Nachkriegszeit (1945-1961). Band 2. Amsterdam – Atlanta: Rodopi, S. 759-775.

Internet Movie Database. Online unter: https://www.imdb.com/; zuletzt abgerufen am 15.10.2018.

Jäckel, Michael (2011): Medienwirkungen. Ein Studienbuch zur Einführung. Fünfte vollständig überarbeitete und erweiterte Auflage. Wiesbaden VS Verlag für Sozialwissenschaften.

Käppler, Joachim (2012): Was tun wir hier eigentlich? Sie sind völlig fremd in einem Land und sollen helfen. Stattdessen geraten sie an die Grenzen ihrer eigenen Möglichkeiten. Zum ersten Mal zeigt die ARD einen erstaunlich authentischen Spielfilm über deutsche Soldaten in Afghanistan. In: Süddeutsche Zeitung, 16. Oktober 2012. Online unter:

http://www.sueddeutsche.de/medien/auslandseinsatz-im-ersten-zwischen-den-fronten-1.1496897; zuletzt abgerufen am 15.10.2018).

Kannicht, Joachim (1982): Die Bundeswehr und die Medien. Material zur Presse und Öffentlichkeitsarbeit in Verteidigungsfragen. Regensburg: Walhalla & Praetoria.

Klenk, Christian (2010): Macht und Einfluss der Medien in Deutschland. In: Ost-West. Europäische Perspektiven (OWEP), 11. Jg., Nr. 2, S. 85-96.

Kümmel, Gerhard (2003): The Winds of Change: The Transition from Armed Forces for Peace to New Missions for the Bundeswehr and Its Impact on Civil-Military Relations. In: The Journal of Strategic Studies, 26. Jg., Nr. 2, S. 7-28.

Kümmel, Gerhard (2007): Es ist wie es ist: Deutschland ist Militärmacht! In: WeltTrends, Nr. 56, S. 79-88.

Kümmel, Gerhard (2013): Zwischen Kriegsferne und Interventionsmüdigkeit: Streitkräfte, Staat und Gesellschaft in Deutschland. In: Wiesner, Ina (Hg.): Deutsche Verteidigungspolitik. Baden-Baden, S. 317-345.

Kümmel, Gerhard (i.E.): Von Comedy bis hin zu Versuchen, das Unerklärbare zu erklären. Die Bundeswehr im Film 1954 bis 2015. In: Maurer, Jochen/Rink, Martin (Hg.): Einsatz ohne Krieg? Militär, Gesellschaft und Semantiken zur Geschichte der Bundeswehr nach 1990 (AT).

Lenze, Ulrich (2013): ‚Wir werden uns über die Rolle der Bundeswehr verständigen müssen'. Interview mit Ulrich Lenze. In: NDR Presse und Information (Hg.): Eine mörderische Entscheidung. Pressemappe. Hamburg: NDR, S. 19-21.

Loch, Thorsten (2008): Das Gesicht der Bundeswehr. Kommunikationsstrategien in der Freiwilligenwerbung der Bundeswehr 1956-1989. München: R. Oldenbourg Verlag.

Luhmann, Niklas (1996): Die Realität der Massenmedien. Zweite erweiterte Auflage. Opladen: Westdeutscher Verlag.

Mai, Manfred/Winter, Rainer (2006): Kino, Gesellschaft und soziale Wirklichkeit. Zum Verhältnis von Soziologie und Film. In: Dies. (Hg.): Das Kino der Gesellschaft – die Gesellschaft des Kinos. Köln: Halem, S. 7-23.

Paul, Christopher (2011): Strategic Communication. Origins, Concepts, and Current Debates. Santa Barbara, CA: ABC-CLIO & Praeger.

Paul, Gerhard (2003): Krieg und Film im 20. Jahrhundert. Historische Skizze und methodologische Überlegungen. In: Chiari, Bernard/Rogg, Matthias/Schmidt, Wolfgang (Hg.): Krieg und Militär im Film des 20. Jahrhunderts. München: R. Oldenbourg Verlag, S. 3-76.

Peltzer, Anja/Keppler, Angela (2015): Die soziologische Film- und Fernsehanalyse. Eine Einführung. Berlin – Boston: de Gruyter.

Protte, Katja (2003): Auf der Suche nach dem Staatsbürger in Uniform. Frühe Ausbildungs- und Informationsfilme der Bundeswehr. In: Chiari, Bernhard/Rogg, Matthias/Schmidt, Wolfgang (Hg.): Krieg und Militär im Film des 20. Jahrhunderts. München: R. Oldenbourg Verlag, S. 569-610.

Reichertz, Jo (2009): Die Macht der Worte und der Medien. Zweite Auflage. Wiesbaden: VS Verlag für Sozialwissenschaften.

Schroer, Markus (Hg.) (2008): Gesellschaft im Film. Konstanz: UVK.

Schulze von Glaßer, Michael (2010a): An der Heimatfront. Öffentlichkeitsarbeit und Nachwuchswerbung der Bundeswehr. Köln: Papyrossa.

Schulze von Glaßer, Michael (2010b): Der unterhaltsame Krieg. ‚Militainment made in Germany'. In: Ausdruck – Magazin der Informationsstelle Militarisierung e.V., 8. Jg., Nr. 44, S. 6-9.

Schulze von Glaßer, Michael (2012): Nur schöne Bundeswehr-Bilder. Filme, in denen die Armee positiv dargestellt wird, werden gefördert. Gegen Unterhaltungsmedien, in denen deutsche Soldaten negativ dargestellt werden, wird protestiert. In: junge Welt, 24. Oktober 2012. Hier zitiert nach http://www.ag-friedensforschung.de/themen/Bundeswehr/filme.html; zuletzt abgerufen am 15.10.2018.

Virchow, Fabian (2007): Das Militär als Deutungsinstanz. Medienapparat und Medienpolitik der Bundeswehr in aktuellen Konflikten. In: Korte, Barbara/Tonn, Horst (Hg.): Kriegskorrespondenten. Deutungsinstanzen in der Mediengesellschaft. Wiesbaden: VS Verlag für Sozialwissenschaften, S. 93-112.

Wikipedia (2016): Liste von Filmen zum Thema Bundeswehr. Online unter: https://de.wikipedia.org/wiki/Liste_von_Filmen_zum_Thema_Bundeswehr; zuletzt abgerufen am 15.10.2018).

Wikipedia. Online unter: https://de.wikipedia.org; zuletzt abgerufen am 15.10.2018.

Winter, Rainer (2010): Der produktive Zuschauer. Medienaneignung als kultureller und ästhetischer Prozess. Zweite erweiterte und überarbeitete Auflage. Köln: Halem.

Einstellungen der Angehörigen der Bundeswehr zur Inneren Führung – Empirische Befunde und deren Bedeutung für die Zukunft der Inneren Führung

Meike Wanner

Das Konzept der Inneren Führung kann ganz allgemein als die Organisationskultur der Bundeswehr bezeichnet werden. Innere Führung soll das Selbstverständnis der Soldatinnen und Soldaten prägen. Häufig wird Innere Führung als Leitlinie für die Führung von Menschen und Richtschnur für den Umgang der Bundeswehrangehörigen miteinander bezeichnet (Bundesministerium der Verteidigung 2010, 2014; Bernzen/Peddinghaus/Sieger 2016; Deutscher Bundestag 2017: 8). Den Ausgangspunkt der Überlegungen, die zur Konzeption einer eigenen und neuartigen Führungskultur der Bundeswehr führten, bildete die Neuaufstellung von Streitkräften im demokratischen Nachkriegsdeutschland. In deutlicher Abgrenzung zur Reichswehr in der Weimarer Republik und zur Wehrmacht im Dritten Reich sollten die Soldatinnen und Soldaten der Bundeswehr künftig gewissengeleitet, eigenverantwortlich und aus Einsicht handeln (Beck 1995; Hartmann 2016; Hartmann/von Rosen 2016; Deutscher Bundestag 2017: 4–6). Innere Führung soll ferner dazu beitragen, dass die Normen und Werte des Grundgesetzes in der Bundeswehr verwirklicht werden. Innere Führung ist deshalb auch als ein Konzept zur Persönlichkeitsentwicklung der Soldatinnen und Soldaten zu verstehen. Sie soll nicht nur für Vorgesetzte gelten, sondern jeder Soldatin und jedem Soldaten den Sinn, die Bedeutung und die Verantwortung des Soldatenberufs einsichtig machen. Eine zentrale Zielsetzung der Inneren Führung besteht deshalb darin, den Bundeswehrangehörigen das Selbstbild des „Staatsbürgers in Uniform", der über ein stabiles Wertegerüst verfügt, zu vermitteln (Dörfler-Dierken 2016; Latz 2017).[1]

Dass die Realität in der Truppe nicht immer mit den Idealvorstellungen der Inneren Führung übereinstimmt, weiß der Wehrbeauftragte des Deutschen Bundestages zu berichten. Wenn er in seinen Jahresberichten über den inneren

---

[1] „Innere Führung ist die Führungsphilosophie der Bundeswehr. Sie gewährleistet die Verwirklichung der Werte und Normen unseres Grundgesetzes in der Bundeswehr. Sie wirkt im Spannungsfeld zwischen den soldatischen Prinzipien von Befehl und Gehorsam und den persönlichen und demokratischen Freiheitsrechten, das auch dem Konzept ‚Staatsbürger in Uniform' zu Grunde liegt." (Bundesministerium der Verteidigung 2013: 22)

Zustand der Bundeswehr informiert, muss er immer wieder auch von Fällen von Extremismus, Antisemitismus, Fremdenfeindlichkeit sowie von Mobbing und sexueller Belästigung berichten.[2] Neben 70 Hinweisen aus Eingaben erreichten den Wehrbeauftragten im Jahr 2017 weitere 235 Meldungen über „Meldepflichtige Ereignisse" wegen des Verdachts auf Straftaten gegen die sexuelle Selbstbestimmung.[3] Dazu zählten sowohl bundeswehrexterne als auch bundeswehrinterne Delikte. Das Spektrum der bundeswehrinternen Vorfälle reicht von verbaler sexueller Belästigung, über Cyber-Mobbing bis hin zu sexueller Belästigung durch Berührung sowie Vergewaltigungen oder entsprechende Versuche (Deutscher Bundestag 2018: 77).[4] Weitere besondere Vorkommnisse des Jahres 2017 werden im aktuellen Bericht des Wehrbeauftragten wie folgt zusammengefasst: „Ein in Illkirch (Frankreich) stationierter deutscher Oberleutnant (Franco A.), der ein bizarres Doppelleben als anerkannter syrischer Flüchtling führte; am selben Ort ein an Wehrmachtszeiten erinnernder Aufenthaltsraum; eine Tanzstange in einem Gemeinschaftsraum einer Kaserne in Pfullendorf, neben der eine Leine mit Damenslips nebst Tafel mit obszöner Beschriftung hing; erniedrigende Aufnahmerituale unter Mannschaftssoldaten am selben Standort und überzogene Ausbildungsmethoden in Sondershausen. Schließlich der gravierendste Fall, der Tod eines Rekruten während eines Ausbildungsmarschs in Munster." (Deutscher Bundestag 2018: 11) Eine genaue Differenzierung der „Meldepflichtigen Ereignisse" nach Alters- oder Dienstgradgruppen bleibt der Bericht des Wehrbeauftragten zwar schuldig,[5] doch es

---

[2] Gerade die letztgenannten Aspekte werden auch durch Studien des Zentrums für Militärgeschichte und Sozialwissenschaften der Bundeswehr (ZMSBw), z.B. zur Integration von Frauen in die Streitkräfte, gestützt (Kümmel 2014).

[3] Im Jahr 2017 haben sich diese „Meldepflichtigen Ereignisse" im Vergleich zum Vorjahr nahezu verdoppelt, allerdings bleibt unklar, ob es tatsächlich zu einem deutlichen Anstieg entsprechender Vorfälle kam oder ob eine erhöhte Sensibilisierung für diese Thematik bzw. die Ermutigung zu einer „Kultur des Hinschauens" zu einem anderen Meldeverhalten geführt hat (Deutscher Bundestag 2018: 12).

[4] Im Jahresbericht des Wehrbeauftragten wird zudem erstmalig auf die im Jahr 2017 neu eingerichtete Ansprechstelle Diskriminierung und Gewalt in der Bundeswehr und die zugehörige Hotline verwiesen, welche nach Auskunft der dort tätigen Mitarbeiter acht bis zwölf Mal pro Woche, von Männern und Frauen gleichermaßen, kontaktiert wird (Deutscher Bundestag 2018: 78).

[5] Es existiert eine Aufstellung nach „Vorgängen", diese umfassen aber auch eine Vielzahl an Anliegen, die nichts bzw. nicht unbedingt etwas mit Mobbing oder sexueller Belästigung zu tun haben (z.B. Personalangelegenheiten, Vereinbarkeit von Familie und Dienst, Infrastruktur, Versorgung und Soziales) (Deutscher Bundestag 2018: 95–97).

kann vermutet werden, dass das generelle Risiko, Opfer von unzulässigem Verhalten durch Kameraden oder Vorgesetzte zu werden, für junge Soldatinnen und Soldaten höher ist, die sich folglich eher am Ende der Befehlskette wiederfinden.

Ein Blick in die Strukturdaten der Bundeswehr bekräftigt die Notwendigkeit, der eingangs formulierten Forderung, Innere Führung nicht nur als bloße Anleitung zum Führen von Untergebenen, sondern auch als Konzept zur Persönlichkeitsentwicklung für alle Soldatinnen und Soldaten zu begreifen. Die Bundeswehr ist eine junge Armee. In absoluten Zahlen ausgedrückt dienen 131.586 Soldatinnen und Soldaten in der Bundeswehr, die ihren 36. Geburtstag noch nicht vollendet haben. Das sind 73 Prozent, also rund drei Viertel des militärischen Personals der deutschen Streitkräfte. Die Strukturdaten der Bundeswehr erlauben auch eine Kategorisierung der Soldatinnen und Soldaten nach Dienstgradgruppen. Betrachtet man die Anteile der unterschiedlichen Dienstgradgruppen in der Bundeswehr, dann erkennt man, dass acht von zehn Bundeswehrsoldaten den Mannschaften und Unteroffizieren zuzuordnen sind. Die Anzahl der Soldatinnen und Soldaten mit diesen Dienstgraden übersteigt die Anzahl der Offiziere, Stabsoffiziere und Generale/Admirale um ein Vierfaches: 143.901 Mannschaften und Unteroffiziere im Verhältnis zu 35.661 Offizieren, Stabsoffizieren und Generalen/Admiralen. Die Betrachtung der Kombination der Merkmale Alter und Dienstgradgruppe verdeutlicht, dass sich die jungen Soldatinnen und Soldaten (bis 25 Jahre) überwiegend in den Dienstgradgruppen Mannschaften und Unteroffizieren o.P. wiederfinden (Strukturdaten der Bundeswehr: Stand: 31.12.2017).

Im Rahmen des vorliegenden Beitrags soll deshalb untersucht werden, wie bekannt und akzeptiert die Innere Führung gerade unter den jungen Soldatinnen und Soldaten in der Bundeswehr ist. Wie ausgeprägt ist das selbstzugeschriebene Wissen über die Innere Führung? Wie ist die persönliche Haltung zur Inneren Führung und welche Meinungsklimawahrnehmungen über die Akzeptanz der Inneren Führung bestehen im Hinblick auf den Kameradenkreis oder die direkten Vorgesetzten? Und, welche Implikationen ergeben sich dadurch für die Zukunft der Inneren Führung?

Bekanntheit und Akzeptanz der Inneren Führung

Die im Folgenden dargestellten Ergebnisse zur Bekanntheit und Akzeptanz der Inneren Führung stammen aus der Bundeswehrumfrage 2013 des Zentrums für Militärgeschichte und Sozialwissenschaften der Bundeswehr (ZMSBw). Dabei handelte es sich um eine Onlinebefragung, die im Intranet der Bundeswehr realisiert wurde. Die Befragungsteilnehmer wurden zufällig ausgewählt und per Lotus-Notes kontaktiert. Insgesamt 7.744 Soldatinnen und Soldaten beteiligten sich an der Befragung. Verzerrungen der realisierten Stichprobe im Vergleich zur Grundgesamtheit, die sich u.a. dadurch ergaben, dass Mannschaften seltener über einen Lotus-Notes-Zugang verfügen und deshalb seltener den Fragebogen ausgefüllt haben, wurden durch eine Datengewichtung korrigiert. Dieses Vorgehen führte dazu, dass die Stichprobe, auf der die hier dargestellten Analysen beruhen, strukturell nahezu der Grundgesamtheit aller Soldatinnen und Soldaten der Bundeswehr zum Befragungszeitpunkt entspricht (Dörfler-Dierken/Kramer 2014).

Hinsichtlich der nachfolgend dargestellten Ergebnisse ist darauf hinzuweisen, dass die Bezeichnung der Zentralen Dienstvorschrift zur Inneren Führung verwendet wird, die zum Befragungszeitpunkt im Jahr 2013 aktuell war: ZDv 10/1. Erst im März 2014 wurde eine überarbeitete Fassung der ZDv 10/1 als Zentrale Dienstvorschrift A-2600/1 „Innere Führung – Selbstverständnis und Führungskultur" veröffentlicht (Bundesministerium der Verteidigung 2014). Im Rahmen der Bundeswehrumfrage des ZMSBw wurde zunächst erfragt, ob die Zentrale Dienstvorschrift zur Inneren Führung überhaupt bekannt ist. Insgesamt betrachtet geben 14 Prozent der Soldatinnen und Soldaten an, dass sie sich intensiv damit beschäftigt haben und alle wesentlichen Fakten und Zusammenhänge kennen, 41 Prozent sagen, dass ihnen zumindest einige Fakten und Zusammenhänge zur Inneren Führung bekannt sind, 36 Prozent haben zwar schon mal davon gehört oder gelesen, wissen aber nichts Konkretes und 8 Prozent geben an, dass sie noch nie etwas von der ZDv Innere Führung gehört oder gelesen haben und dass sie sich auch nichts darunter vorstellen können. Betrachtet man diese Fragstellung entlang der unterschiedlichen Altersgruppen, dann wird deutlich, dass die Innere Führung für mehr als zwei Drittel (68 Prozent) der unter 26-jährigen Soldatinnen und Soldaten eine Unbekannte darstellt (vgl. Abbildung 1). Rund die Hälfte (51 Prozent) der jüngsten Soldatinnen und Soldaten weiß nichts Konkretes und 17 Prozent geben sogar an, dass sie noch nie von der ZDv Innere Führung gehört haben und sich darunter auch nichts vorstellen können. Sie bringen ihren Dienst und das ihnen vorgegebene berufliche Leitbild nicht zusammen. Mit höherem Lebensalter, längerer Verweildauer in der Bundeswehr und damit verbunden häufig auch höherem Dienstgrad ändert sich das Bild: Die Kenntnis der Inneren Führung nimmt zu: 52 Prozent der 26 bis 30-Jährigen, 65 Prozent der 31 bis 35-Jährigen, 73 Prozent der 36 bis 45-Jährigen, 83 Prozent der 46 bis 55-Jährigen und 84 Prozent der Soldatinnen und Soldaten, die 56 Jahre und älter sind, geben an, sich entweder intensiv mit der Konzeption der Inneren Führung beschäftigt zu haben und alle wesentlichen Fakten und Zusammenhänge zu kennen oder wenigstens davon gehört bzw. gelesen zu haben und einige Fakten und Zusammenhänge zu kennen. Ein Grund für die geringe Bekanntheit der Inneren Führung unter den jungen Soldatinnen und Soldaten könnte darin bestehen, dass zu wenig zielgruppenspezifische und ansprechende Informationsangebote über die Innere Führung und ihre Grundsätze, die sich speziell an die jungen Menschen in der Bundeswehr richten, vorhanden sind. Eine Problematik, die wahrscheinlich mit der Tatsache korrespondiert, dass Innere Führung häufig nur bzw. überwiegend als Handlungsleitfaden für Vorgesetzte begriffen wird und der nicht minder wichtige Aspekt der Persönlichkeitsentwicklung der Soldatinnen und Soldaten, die durch die Grundsätze der Inneren Führung geprägt werden soll, außer Acht gelassen wird. Innere Führung leidet, aus Sicht der jungen Soldatinnen und Soldaten, an einem Relevanz- und Vermittlungsdefizit. Anstelle zielgruppengerechter Wissensvermittlung über die Grundsätze der Inneren Führung und des zentralen Konzepts des Staatsbürgers in Uniform, manifestiert sich im Dienstalltag vieler junger Soldatinnen und Soldaten lediglich die Forderung an deren Vorgesetzte, dass Innere Führung vorgelebt und dadurch erfahren und vermittelt werden soll. Diese Problematik spricht auch der Wehrbeauftragte des Deutschen Bundestages in seinem Jahresbericht an: „(…) allerdings empfinden und beurteilen die Soldatinnen und Soldaten die Grundsätze der Inneren Führung oft als zu wenig konkret, als interpretationsbedürftig und praxisschwach. Nicht jeder Soldatin oder jedem Soldaten scheint der Kern der Inneren Führung gut genug im politischen, historischen und Ethik-Unterricht vermittelt worden zu sein. Das mag eine Erklärung dafür sein, dass (…) niemand von sich aus aktiv wurde, dass in Pfullendorf weder Tanzstange noch Leine [mit Damenunterwäsche] entfernt wurden, und dass der seltsame Oberleutnant von Illkirch lange als besonders guter Soldat galt." (Deutscher Bundestag 2018: 12)

Abbildung 1: Bekanntheit der ZDv Innere Führung nach Altersgruppen

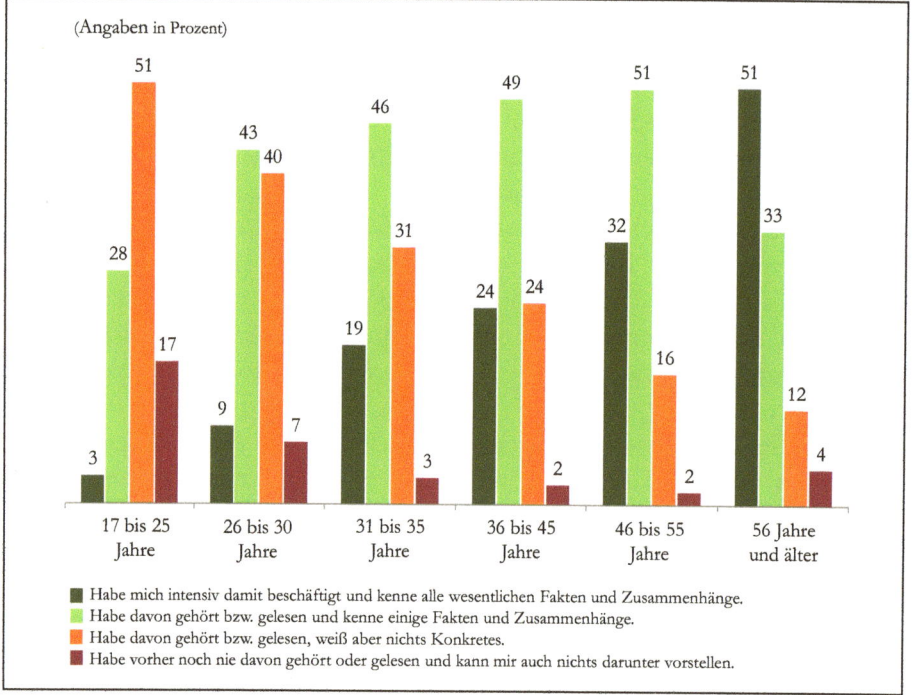

Anmerkungen: 1) Wortlaut der Frage: Haben Sie vor dieser Befragung schon einmal von der ZDv 10/1 Innere Führung (2008) gehört oder gelesen? Und was wissen Sie darüber? 2) Einzelne Prozentangaben ergeben mitunter in der Summe nicht 100 Prozent, da sie gerundet wurden.

Quelle: Bundeswehrumfrage des ZMSBw 2013.

Wenn man die Soldatinnen und Soldaten im Anschluss daran nach ihrer persönlichen Einstellung zur Inneren Führung fragt, dann zeigt sich, dass insgesamt betrachtet sechs von zehn (58 Prozent) angeben, eine positive Einstellung zur Inneren Führung zu vertreten, rund ein Drittel ist geteilter Meinung (34 Prozent) und 8 Prozent stehen der Inneren Führung, nach eigenen Angaben, kritisch gegenüber. Betrachtet man auch diese Fragestellung nach Altersgruppen, dann erkennt man, dass die persönliche Einstellung zur Inneren Führung mit zunehmendem Alter immer positiver wird (vgl. Tabelle 1). Während die 17 bis 35-Jährigen eine zum Teil positive aber auch zum Teil unentschiedene (teils positive, teils negative) Haltung zur Inneren Führung aufweisen, kann man in den höheren Altersgruppen eine klare Tendenz (69 bzw. 74 Prozent) und in der ältesten Altersgruppe (56 Jahre und älter) ein klares positives Bekenntnis zur Inneren Führung erkennen. Neun von zehn (88 Prozent) Soldatinnen und Soldaten dieser Altersgruppe bezeichnen die persönliche Einstellung zur Inneren Führung als positiv. Die Zahl der Soldatinnen und Soldaten, die der Inneren Führung ablehnend gegenüberstehen, schwankt entlang der unterschiedlichen Altersgruppen – auf niedrigem Niveau – zwischen 5 und 9 Prozent.

Tabelle 1: Persönliche Einstellung zur Inneren Führung nach Altersgruppen

(Angaben in Prozent)	Positiv	Teils/teils	Negativ
17 bis 25 Jahre	45	47	7
26 bis 30 Jahre	53	38	9
31 bis 35 Jahre	62	30	8
36 bis 45 Jahre	69	26	6
46 bis 55 Jahre	74	18	7
56 Jahre und älter	88	8	5

Anmerkungen: 1) Wortlaut der Frage: Wie ist Ihre persönliche Einstellung zur Inneren Führung? 2) Antwortkategorien „Eher negativ" und „Negativ" sowie „Eher positiv" und „Positiv" wurden zusammengefasst. 3) Einzelne Prozentangaben ergeben mitunter in der Summe nicht 100 Prozent, da sie gerundet wurden.
Quelle: Bundeswehrumfrage des ZMSBw 2013.

Neben der eigenen Einstellung wurden die Teilnehmer der Bundeswehrumfrage des ZMSBw aus dem Jahr 2013 auch darum gebeten, Meinungsklimaeinschätzungen zur Akzeptanz der Inneren Führung abzugeben. Sie sollten sowohl die Mehrheitsmeinung der Kameraden als auch des unmittelbaren Vorgesetzten zur Inneren Führung antizipieren. Insgesamt betrachtet erkennt man eine klare Tendenz: die Haltung der meisten anderen Kameradinnen und Kameraden zur Inneren Führung wird negativer und die Einstellung der unmittelbaren Vorgesetzten wird positiver eingeschätzt als die persönliche Einstellung (Anteile positive Einstellung zur Inneren Führung insgesamt: Persönlich: 58 Prozent, Kameraden: 40 Prozent, Vorgesetzte: 62 Prozent). Offenbar besteht die allgemeine Wahrnehmung, dass die Kameraden die Organisationsphilosophie der Bundeswehr weniger schätzen als man selbst. Innere Führung leidet im Kameradenkreis, so scheint es, unter einem Imageproblem, das folgendermaßen ausgedrückt werden kann: ‚Ich persönlich finde die Innere Führung ja gut – aber die anderen um mich herum stehen der Inneren Führung eher kritisch gegenüber.'

Abbildung 2: Persönliche Einstellung und Meinungsklimawahrnehmung (Teil 1)

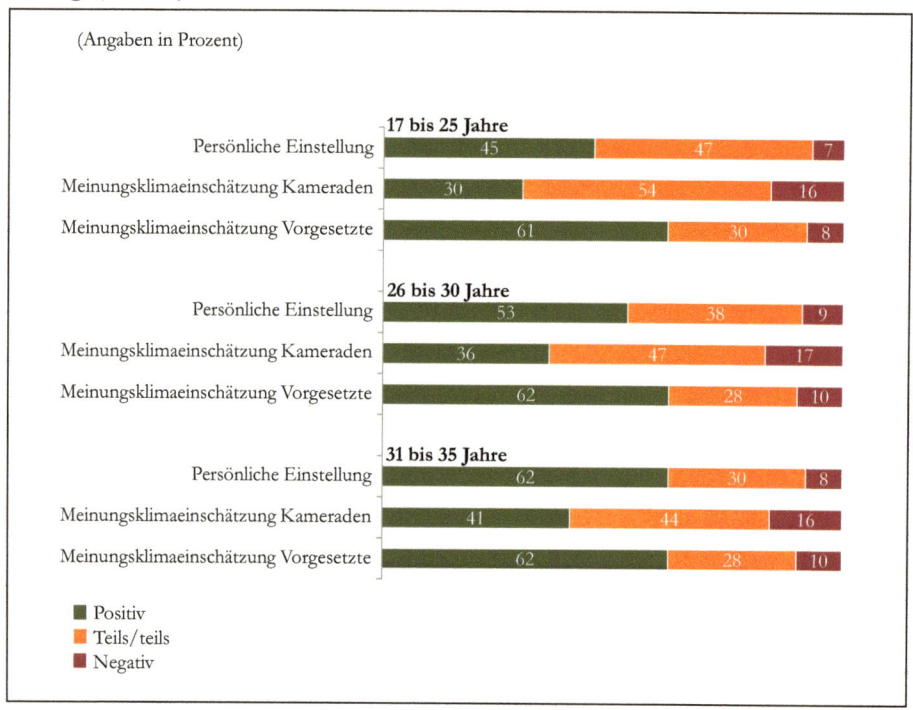

Anmerkungen: 1) Wortlaut der Fragen: Was meinen Sie? Welche Einstellung vertritt die Mehrheit der Soldatinnen und Soldaten in Ihrer Einheit/Dienststelle zur Inneren Führung? / Was meinen Sie? Wie ist die Einstellung Ihrer/Ihres unmittelbaren Vorgesetzten zur Inneren Führung? 2) Einzelne Prozentangaben ergeben mitunter in der Summe nicht 100 Prozent, da sie gerundet wurden.
Quelle: Bundeswehrumfrage des ZMSBw 2013.

Betrachtet man auch die Meinungsklimaeinschätzungen getrennt nach Altersgruppen, dann zeigt sich ein interessanter Befund. Nimmt man zunächst die drei Altersgruppen der jüngeren Soldatinnen und Soldaten in den Blick, dann zeigt sich das bereits beschriebene Bild, welches auch in der Gesamtbetrachtung aller Soldatinnen und Soldaten vorherrscht (vgl. Abbildung 2). Die Meinung der meisten anderen Kameradinnen und Kameraden der eigenen Einheit oder Dienststelle wird weniger positiv eingeschätzt als die eigene Haltung zur Inneren Führung (-15 bis -21 Prozentpunkte). Die Einstellung der unmittelbaren Vorgesetzten wird hingegen positiver eingeschätzt, zumindest bei den Altersgruppen der 17 bis 25-Jährigen und 26 bis 30-Jährigen (+9 bis +16 Prozentpunkte). Bei dem Altersband der 31 bis 35-Jährigen scheint sich in diesem Punkt jedoch das Blatt zu wenden, denn hier wird die Einstellung des bzw. der unmittelbaren Vorgesetzten zur Inneren Führung sogar geringfügig negativer eingeschätzt als die persönliche Einstellung. Dieser Befund kann daraufhin deuten, dass die jungen Soldatinnen und Soldaten die Innere Führung als für sich selbst, als Geführte, weniger relevant ansehen und deshalb auch den unmittelbaren Vorgesetzten größeres Wissen und größere Kompetenz in diesem Bereich zuschreiben.

Betrachtet man anschließend die Meinungsklimafragen entlang der Altersgruppen der älteren Soldatinnen und Soldaten, dann bestätigt sich der Befund, dass die Mehrheitsmeinung der Kameraden negativer eingeschätzt wird als die eigene Haltung zur Inneren Führung (-21 bis -22 Prozentpunkte) (vgl. Abbildung 3). Interessant bei diesen Altersgruppen ist der Blick auf die Meinungsklimafrage der unmittelbaren Vorgesetzten. Auch hier bewerten die älteren Soldatinnen und Soldaten die Einstellung ihrer unmittelbaren Vorgesetzten negativer (-6 bis -16 Prozentpunkte) als ihre persönliche Meinung zur Inneren Führung. Dieser Befund ist durchaus plausibel, denn wie weitergehende statistische Zusammenhangsanalysen zeigen, korrelieren gerade das Wissen über die zentrale Dienstvorschrift und die Einstellung zum Konzept der Inneren Führung positiv miteinander. Das bedeutet: Je größer das (selbstzugeschriebene) Wissen der Befragten, desto positiver ist auch ihre persönliche Haltung zur Inneren Führung. Hinsichtlich der Frage, ob Fakten und Zusammenhänge zur Inneren Führung bekannt sind, haben gerade die älteren Soldatinnen und Soldaten angegeben, dass sie einiges oder alles über die Innere Führung wissen (vgl. Abbildung 1). Zudem befinden sich in diesen Altersbändern überwiegend Offiziere, die auch entsprechende Lehrgänge bzw. Schulungen zum Thema Innere Führung durchlaufen.

Abbildung 3: Persönliche Einstellung und Meinungsklimawahrnehmung (Teil 2)

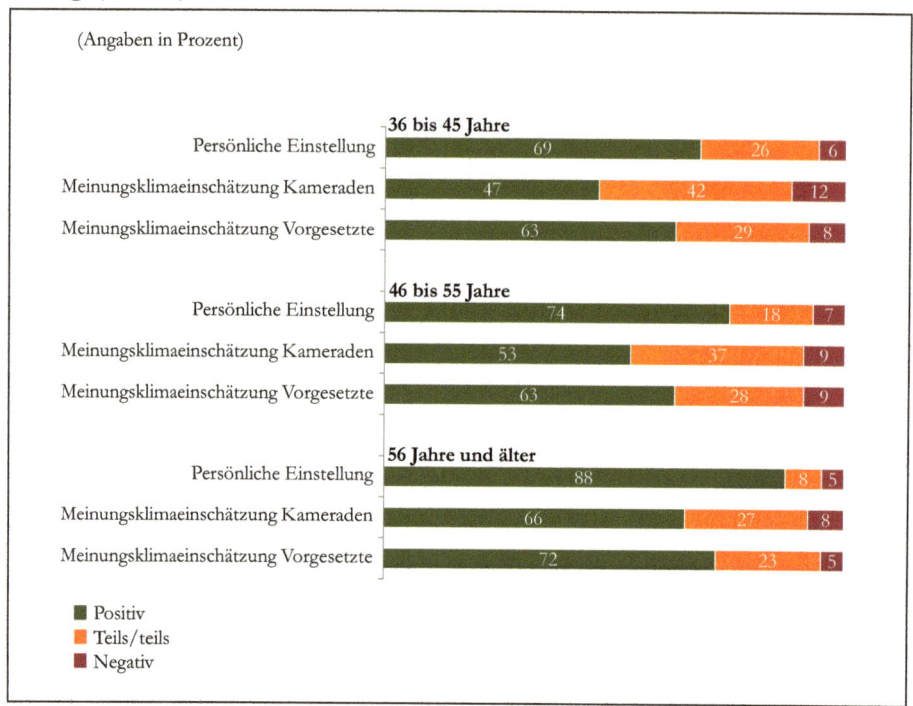

Anmerkungen: 1) Wortlaut der Fragen: Was meinen Sie? Welche Einstellung vertritt die Mehrheit der Soldatinnen und Soldaten in Ihrer Einheit/Dienststelle zur Inneren Führung? / Was meinen Sie? Wie ist die Einstellung Ihrer/Ihres unmittelbaren Vorgesetzten zur Inneren Führung? 2) Einzelne Prozentangaben ergeben mitunter in der Summe nicht 100 Prozent, da sie gerundet wurden.

Quelle: Bundeswehrumfrage des ZMSBw 2013.

Dass neben der Einstellung der meisten anderen Kameraden auch die Einstellung des unmittelbaren Vorgesetzten zur Inneren Führung negativer eingeschätzt wird als die eigene Haltung, kann auch mit dem Phänomen des sozial erwünschten Antwortverhaltens[6] erklärt werden. In diesem Fall antizipieren die

---

[6] „Unter sozial erwünschtem Antwortverhalten versteht man die Neigung von Befragten, ihre Antworten danach auszurichten, was innerhalb des normativen Systems ihrer Bezugswelt als sozial anerkannt und erwünscht gilt, wodurch der ‚wahre Wert' verzerrt wird (social desirability

Studienteilnehmer in der Befragungssituation, welche Antwort erwünscht wäre, im vorliegenden Fall persönlich voll und ganz hinter der Inneren Führung zu stehen, und antworten entsprechend. Die Meinungsklimafrage kann in einem solchen Fall als „Ausweg" oder „Tarnung" dienen, um die wahre persönliche Einstellung auszudrücken. Um dieser Vermutung nachzugehen, wäre es wünschenswert, in zukünftigen Studien zur Thematik der Inneren Führung auch etablierte sozialwissenschaftliche Indikatoren einzubringen, die eine empirische Analyse von z.B. dem Einfluss sozial erwünschtem Antwortverhalten oder anderer erklärender Faktoren ermöglichen.

Führungskultur und Konzept zur Persönlichkeitsentwicklung

Im Rahmen des vorliegenden Beitrags wurde anhand empirischer Daten dargestellt, wie bekannt und akzeptiert die Innere Führung, das Leitbild bzw. die Führungskultur der Bundeswehr, in den unterschiedlichen Altersgruppen ist. Es zeigte sich, dass sich sowohl die Bekanntheit als auch die persönliche Einstellung zur Inneren Führung entlang der unterschiedlichen Altersgruppen stark unterscheiden. Insbesondere die jungen Soldatinnen und Soldaten geben in der Befragung an, wenig über die Innere Führung zu wissen und ihr, im Vergleich zu den älteren Kameraden, auch kritischer gegenüber zu stehen. Innere Führung leidet, so der Anschein, gerade unter den jungen Soldatinnen und Soldaten an einem Vermittlungsproblem. Offenbar existieren zu wenig zielgruppenspezifische und ansprechende Informationsangebote über die Innere Führung und ihre Grundsätze, die sich speziell an die jungen Menschen in der Bundeswehr richten. Diese Erkenntnis verdeutlicht die Notwendigkeit, zukünftig ein besonderes Augenmerk auf die Vermittlung von Wissen zur Inneren Führung zu legen, um die persönliche Einstellung zu verbessern (vgl. Stiller 2017; Dörfler-Dierken/Wanner 2018).

Eine Meinungsklimafrage zu dieser Thematik offenbarte zudem, dass die Haltung der meisten anderen Kameradinnen und Kameraden zur Inneren Führung negativer eingeschätzt wird als die persönliche Einstellung. Innere Führung ist also nicht nur in bestimmten Teilen der Bundeswehr eher unbekannt, sondern leidet offenbar an einem generellen Imageproblem im Kameradenkreis. Die Meinungsklimafrage nach der Einstellung der unmittelbaren Vorge-

---

bias, SDB)." (Möhring/Schlütz 2010: 61; vgl. dazu auch Reinecke 1992: 26–27.; Klein/Kühhirt 2010; Schnell 2012: 58–59; Diekmann 2013: 447–455) setzten zeigt ebenfalls einen interessanten Befund. Die jüngsten Soldatinnen und Soldaten (17-25 Jahre und 26-30 Jahre) glauben, dass ihre unmittelbaren Vorgesetzten der Inneren Führung positiver gegenüberstehen als sie selbst. Diese Soldatinnen und Soldaten nehmen sich selbst als Geführte wahr und erachten die Innere Führung in erster Linie als Anleitung zur Menschenführung und damit als für sich selbst weniger relevant. Ein anderes Bild zeigt sich hingegen bei den älteren Soldatinnen und Soldaten, denn hier wird die eigene Einstellung zur Inneren Führung positiver wahrgenommen als die Einstellung der unmittelbaren Vorgesetzten. Zu dem Vermittlungsproblem, aufgrund fehlender speziell zugeschnittener Informationsangebote und dem Imageproblem im Kameradenkreis gesellt sich, aus Sicht der jungen Soldatinnen und Soldaten, folglich ein Relevanzproblem, das dazu beitragen kann, dass sich gerade die jungen Soldatinnen und Soldaten nur wenig für die Grundsätze und Inhalte der Inneren Führung interessieren und wahrscheinlich nur geringen Aufwand betreiben, um sich selbst zu informieren. Diese Einschätzung, dass die Innere Führung für den eigenen Dienstalltag nur von geringer Relevanz ist, korrespondiert mit einer scheinbar vorherrschenden Ignoranz, Wissen zur Inneren Führung zielgruppenspezifisch aufzubereiten und den jungen Soldatinnen und Soldaten zu vermitteln. Dies ist in mehrfacher Hinsicht problematisch. Einerseits stellt die Personengruppe der jungen Soldatinnen und Soldaten einen beachtlichen Anteil des militärischen Personals der Bundeswehr und prägt somit sowohl das Klima innerhalb der Streitkräfte, das tägliche Miteinander, als auch die Wahrnehmung der Bundeswehr in der Öffentlichkeit. Andererseits überträgt die Bundeswehr gerade den jungen Soldatinnen und Soldaten viel Verantwortung, insbesondere im Rahmen der Auslandseinsätze, für Material, Maschinen, aber auch für Menschenleben. Dieses hohe Maß an Verantwortung, das gerade den jungen Menschen übertragen wird, unterscheidet den Soldatenberuf von vielen anderen Berufen.

Die Bundeswehr trägt große Verantwortung für die Aus- und Weiterbildung ihrer jungen Menschen. Sie ist verantwortlich für ihre Gefreiten, Flieger und Matrosen. Wenn diese tatsächlich – wie geplant – ein Jahrzehnt oder gar zweieinhalb Jahrzehnte, 25 Jahre, bei der Bundeswehr bleiben, dann müssen diese Frauen und Männer eine positive Berufsidentität entwickeln können. Denn der Dienst als Soldatin oder Soldat ist für sie nicht nur eine kurze Episode in ihrer Berufsbiografie. Es ist ein großer und prägender Teil derselben. Die Konzeption der Inneren Führung bietet den Soldatinnen und Soldaten an, ein gutes berufliches Selbstverständnis als Soldat in der Demokratie, als Staatsbürger in

Uniform, als Mensch und Persönlichkeit zu entwickeln. Sie unterstützt die Soldatinnen und Soldaten dadurch, dass sie Normen und Werte des Grundgesetzes auch in der Bundeswehr selbst in Geltung setzt. Die Innere Führung dient damit auch der Stärkung der Resilienz, also der psychischen Widerstandsfähigkeit, der Soldatinnen und Soldaten.

Die große Frage an die Bundeswehrführung und an die Vorgesetzten sollte also lauten: Wie kann die Innere Führung gerade bei den jungen Soldatinnen und Soldaten bekannter gemacht werden? Was muss man dafür tun, dass die jungen Soldatinnen und Soldaten den Wert der Inneren Führung verinnerlichen? Und, wie kann dazu beigetragen werden, dass die Wertschätzung der Inneren Führung, die auf der persönlichen Ebene durchaus entwickelt ist, auch in die Kameradengruppe ausstrahlt? Der Wehrbeauftragte des Deutschen Bundestages führt dazu in seinem Jahresbericht aus: „Wo also soll man ansetzen, fragen viele, wenn es gilt, die Grundsätze der Inneren Führung für alle Soldaten verständlich und praktisch zu erklären? Unrecht bemerken, wenn es geschieht! Nichts Unrechtes mitmachen, sondern widersprechen und sich widersetzen! Das ist der Kerngedanke der Inneren Führung, wenn die äußere Führung versagt oder ins Verderben führt." (Deutscher Bundestag 2018: 13)

Literatur

Beck, Hans-Christian: Innere Führung 2000 – Eine erfolgreiche Konzeption vor neuen Herausforderungen. In: Uwe Hartman, Christian Walther (Hg.): Der Soldat in einer Welt im Wandel. Ein Handbuch für Theorie und Praxis. München 1995, 193–203.

Bernzen, Enno/Peddinghaus, Dirk/Sieger, Robert: Innere Führung – Führungskultur in Flecktarn. In: Ethik und Militär. Globale Krieger? Soldaten und der Wert der Inneren Führung. Nr. 1/2016, 48–52.

Bundesministerium der Verteidigung: Innere Führung. Selbstverständnis und Führungskultur der Bundeswehr. Berlin 2010.

Bundesministerium der Verteidigung: Konzeption der Bundeswehr. Berlin 2013.

Bundesministerium der Verteidigung: Innere Führung. Selbstverständnis und Führungskultur. Zentrale Dienstvorschrift A-2600/1. Berlin 2014.

Bundesministerium der Verteidigung: Weißbuch 2016. Zur Sicherheitspolitik und der Zukunft der Bundeswehr. Berlin 2016, 113–114.

Deutscher Bundestag: Die Konzeption der „Inneren Führung" der Bundeswehr. Entstehungsgeschichte – Inhalte – Herausforderungen. Berlin 2017.

Deutscher Bundestag: Unterrichtung durch den Wehrbeauftragten. Jahresbericht 2017 (59. Bericht). Berlin 2018.

Diekmann, Andreas: Empirische Sozialforschung. Grundlagen, Methoden, Anwendungen. Reinbek b. Hamburg 2013.

Dörfler-Dierken, Angelika: Bildung in der Bundeswehr: politisch, historisch, ethisch. In: Uwe Hartmann, Claus von Rosen, Christian Walther (Hrsg.): Jahrbuch Innere Führung 2012. Der Soldatenberuf im Spagat zwischen gesellschaftlicher Integration und sui generis-Ansprüchen. Berlin 2012, 102–117.

Dörfler-Dierken, Angelika: Innere Führung – Innere Lage. In: Angelika Dörfler-Dierken, Gerhard Kümmel (Hrsg.): Am Puls der Bundeswehr. Militärsoziologie in Deutschland zwischen Wissenschaft, Politik, Bundeswehr und Gesellschaft. Wiesbaden 2016, 257–275.

Dörfler-Dierken, Angelika/Kramer, Robert: Innere Führung in Zahlen. Streitkräftebefragung 2013. Berlin 2014.

Dörfler-Dierken, Angelika/Wanner, Meike: Innere Führung – zu unkonkret? Eine neue Broschüre bringt die Innere Führung auf den Punkt. In: if Zeitschrift für Innere Führung. Nr. 1/2018, 63–67.

Hartmann, Uwe: Innere Führung. Erfolge und Defizite der Führungsphilosophie der Bundeswehr. Berlin 2007.

Hartmann, Uwe: Was ist los mit der Inneren Führung? In: Ethik und Militär. Globale Krieger? Soldaten und der Wert der Inneren Führung. Nr. 1/2016, 23–27.

Hartmann, Uwe/von Rosen, Claus: Jahrbuch Innere Führung 2016. Innere Führung als kritische Instanz. Berlin 2016.

Klein, Markus/Kühhirt, Michael: Sozial erwünschtes Antwortverhalten bezüglich der Teilung häuslicher Arbeit. Die Interaktion von Interviewergeschlecht und Befragtenmerkmalen in Telefoninterviews. In: Methoden – Daten – Analysen. Jg. 4, Heft 2, 2010, 79–104.

Kümmel, Gerhard: Truppenbild ohne Dame? Eine sozialwissenschaftliche Begleituntersuchung zum aktuellen Stand der Integration von Frauen in der Bundeswehr. Forschungsbericht Nr. 106. Potsdam 2014.

Latz, André: Vertrauen durch Führung. Demokratisierungstendenzen in der deutschen Bundeswehr. Augsburg 2017.

Meyer, Berthold: Innere Führung ist keine Schönwetter-Dienstvorschrift. In: Bald, Detlef/Fröhling, Hans-Günther/Groß, Jürgen (Hrsg.): Bundeswehr im Krieg – wie kann die Innere Führung überleben? Hamburger Beiträge zur Friedensforschung und Sicherheitspolitik. Heft 153, 2009, 31–45.

Möhring, Wiebke/Schlütz, Daniela: Die Befragung in der Medien- und Kommunikationswissenschaft. Eine praxisorientierte Einführung. Wiesbaden 2010.

Reinecke, Jost: Interviewer- und Befragtenverhalten: Theoretische Ansätze und methodische Konzepte. Opladen: 1992.

Schnell, Rainer: Survey-Interviews. Methoden standardisierter Befragungen. Wiesbaden 2012.

Stiller, Christian: Innere Führung – konkret. Potsdam: 2017.

„Heroische Gemeinschaft" statt Integration?
Reinhold Janke

Heldentum – eine Frage der Perspektive
Wer sich in Deutschland mit Begriffen und Erscheinungsformen wie Heldentum oder Heroismus befasst, begibt sich zwangsläufig auf kontaminiertes Gelände. Das hat vor allem mit unserer Geschichte sowie mit der geistigen und seelischen Verfassung unserer Gesellschaft zu tun. Das Phänomen des Heroischen erzeugt regelmäßig exemplarische Haltungen, die von Propaganda und Polemik geprägt sind. Die Figur des 'Helden' wirkt geradezu wie Scheidewasser im ideologischen Trennungsprozess.

Das Heldenbild oszilliert seit der Antike zwischen Ruhm und Verachtung, Verstirnmung und Verdammung. Das ist oft nur eine Frage der jeweiligen Perspektive. Jeder Achill findet seinen Thersites. Odysseus durfte Thersites ob seiner dreisten Aufsässigkeit noch mit dem Zepter züchtigen, so dass dieser tränenüberströmt auf seinen Platz zurück kroch. Thersites hatte gehofft, er fände mit seiner populistischen Demagogie bei seinen Kameraden Zustimmung. Doch nach seiner Demütigung durch Odysseus wird er im gesamten griechischen Heerlager ausgelacht.[1] Heutzutage freilich gilt ein Demagoge wie Thersites, den Homer noch als hässlichen Gesinnungslumpen und als Karikatur der Kalokagathie schildert, eher als moderner (Anti)Held, der den Mächtigen mutig den Spiegel vorhält. Nicolás Gómez Dávila sieht in dieser Haltung sogar eine Tendenz, die den modernen Literaturstil dominiert: „Von Homer bis Yeats haben die plebejischen Werte wie unterdrückte Proletarier in den Vorstädten der Literatur vegetiert. Die Literatur der Gegenwart wird von Thersites geschrieben."[2] Im literarischen Genre gilt der brave Soldat Schwejk als moderner Nachfahre von Thersites, wenngleich Schwejk in seiner selbstironischen Denk- und Vorgehensweise deutlich gewitzter und durchtriebener erscheint. Das Schwejk-Prinzip des sich Durchmogelns auf Kosten anderer und des sich geschickt Herausredens ist in der „postheroischen" Spaßgesellschaft populär. Alte Sprüche wie „Lieber fünf Minuten lang feige als ein Leben lang

---

[1] Homer: Ilias. Zweiter Gesang. Verse 211-277.
[2] Nicolás Gómez Dávila: Es genügt, dass die Schönheit unseren Überdruss streift ... Aphorismen. Ausgewählt und herausgegeben von Michael Klonovsky. Reclam Verlag, Stuttgart 2010, S. 34.

tot" oder „Kamerad, schieß' Du – ich hol' Verpflegung!" genießen breite Zustimmung. Man exponiert sich allenfalls als Gaffer und stellt sich für ein Selfie in Positur – möglichst mit dem Unglücksszenario im Hintergrund. Solche „Helden" benötigen keine Schusswaffe, sie haben ihre Digitalkamera dabei.

Die Kritiker und Gegner des 'Heroischen' scheinen nach Lautstärke und Reichweite ihrer Positionierungen heute über eine Mehrheit zu verfügen. Skepsis gegenüber dem Helden als Person und Phänomen gilt als aufgeklärt. Doch auch hierbei gibt es Ausnahmen: linke „Helden" wie Lenin, Ho Chi Minh, Mao Zedong oder Che Guevara genießen immer noch, und sei es nur aufgrund folkloristischer oder nostalgischer Motive, eine unreflektierte Attraktivität. Dieser Heldenkult blendet komplett aus, dass diese roten Heroen kriminelle Charaktere, Terroristen und brutale Massenmörder waren. Das tut der linken Hagiographie jedoch keinen Abbruch, wie die neuerliche Verehrung Stalins als zentrales Heiligenbild in der kommunistischen Ikonostase zeigt. Linke Traditionen sind eben legitime Ausdrucksformen eines fortschrittlichen Humanismus', während andere Traditionen nur reaktionäre Relikte von Bourgeoisie, Ausbeutung, Kapitalismus, Militarismus, Revanchismus, Sexismus, Rassismus und Faschismus sind. Dávila hat diesen Kampfformelgebrauch treffend charakterisiert: „Ein Wörterbuch von zehn Wörtern reicht dem Marxisten, um die Geschichte zu erklären."[3]

Gegen die letzten „faschistischen" Straßennamen leistet der linke Mainstream im Gleichschritt mit dem Gutmenschen dieser Republik couragiert „Widerstand" und ignoriert dabei geflissentlich, dass in Rostock-Toitenwinkel immer noch eine Straße nach dem Sowjetpropagandisten Ilja Ehrenburg benannt ist, der mit rassistischen Hetzkampagnen und Mordaufrufen gegen alles, was deutsch war, auf einer geistigen Stufe mit Joseph Goebbels und Julius Streicher steht. Das sogenannte 'Rostocker Friedensbündnis', das stolz auf breite Aktionsbündnisse auch mit Gruppierungen und Vertretern von Bundestagsparteien, Gewerkschaftlern und Pazifisten aller Couleur verweist und das seit 2001 vehement die Bundeswehr und die NATO bekämpft, betreibt gleichzeitig eine 'Initiative Ilja Ehrenburg' zur Ehrenrettung dieses „großen jüdischen Schriftstellers, Antifaschisten und Humanisten", wie dieser unerträgliche Hassprediger von den Friedensfreunden heroisiert wird.[4] Die unsäglichen Tiraden Ilja Ehrenburgs sind kaum noch bekannt oder werden vom Kultur- und Bildungs-

---

[3] Ebenda, S.77.
[4] http://www.rostocker-friedensbuendnis.de/node/506 (Letzter Aufruf vom 26.11.2018)

betrieb totgeschwiegen. Diese Texte gehören jedoch als Schlüsseldokumente der Barbarei und aus historischer Objektivität in jedes Geschichtsbuch. Die fatale Massenwirkung von Ilja Ehrenburgs Hass- und Hetzpropaganda hat Swetlana Alexijewitsch in einer Aussage der früheren Rotarmistin Valentina Pawlowna Tschudajewa dokumentiert: „Mit Hass fängt der Krieg an ... Ich erinnere mich, beim Politunterricht las der Politchef uns Ehrenburgs Artikel 'Töte ihn!' vor. Sooft du ihn triffst – töte ihn. Ein berühmter Artikel, den hat damals jeder gelesen. Auswendig gelernt. Er hat mich sehr beeindruckt. Uns alle."[5]

Das Beispiel des roten 'Friedenshelden' Ehrenburg, der 1948 mit dem 'Stalin-Orden' und 1952 mit dem 'Internationalen Lenin-Friedenspreis' ausgezeichnet wurde und der bis zu seinem Tod als Vizepräsident des 1950 gegründeten 'Weltfriedensrates' fungierte, zeigt neben der linken Verlogenheit in dieser Causa aber auch die ganze Problematik auf, die mit dem Heldenbegriff verbunden ist. Die Hirnvernebelung durch die bolschewistische Propaganda, vor der Baudissin in den Gründungsjahren der Bundeswehr stets gewarnt hatte, hat aber dennoch nachhaltig zur Ideologisierung und Geschichtsklitterung auch im westlichen Nachkriegsdeutschland beigetragen. Ehemalige Wehrmachtsoffiziere, die nicht für die 'Nationale Volksarmee' gewonnen werden konnten[6], waren dann eben im DDR-Politsprech „faschistische Kriegstreiber des Vasallenstaates BRD". Zur Erinnerung: Auch um Generalfeldmarschall Schörner hatte das DDR-Regime vergeblich geworben.[7] Gibt es also überhaupt (noch) Helden, brauchen wir (wieder) Helden und wie stehen wir heutigen Deutschen im geeinten Vaterland angesichts unserer historischen Hypothek und Heuchelei zum Phänomen des Heroischen? Und wer bestimmt nach welchen Kriterien, wer ein Held ist?

---

[5] Swetlana Alexijewitsch: Der Krieg hat kein weibliches Gesicht. Aus dem Russischen von Ganna-Maria Braungardt. Suhrkamp Verlag. Berlin 2015, S. 133.
[6] Vgl. hierzu insbesondere: Hans Ehlert / Armin Wagner (Hg.): Genosse General! Die Militärelite der DDR in biographischen Skizzen. Christoph Links Verlag. Berlin 2003.
[7] Roland Kaltenegger: Schörner. Feldmarschall der letzten Stunde. Biographie. Herbig Verlag. München 2001. Dritte Auflage, S. 9f.

Begriff, Bild und Bedeutung des Helden

> *Everybody's searching for a hero.*
> *People need someone to look up to.*
> (Whitney Houston: Greatest Love of All)

Im 13. Bild seines 'Leben des Galilei' entwirft Bertolt Brecht die Szene, als Galilei am 22. Juni 1633 vor der Inquisition seine Lehre doch noch widerruft. Die Enttäuschung seines Anhängers Andrea gipfelt in der Wehklage: „Unglücklich das Land, das keine Helden hat." Doch Galilei entgegnet ihm: „Unglücklich das Land, das Helden nötig hat." Galileis Replik, die – wie bei Brecht-Zitaten nicht unüblich – missbräuchlich aus dem Kontext gerissen wird, ist also kein Einwand gegen das Heldentum an sich, sondern vielmehr ein Vorwurf gegen die Zeitumstände, die eigentlich nur durch das heroische Verhalten Einzelner zu verbessern sind, weil die Gesellschaft als Korrektiv versagt. Die Berechtigung und Notwendigkeit des heroischen Individuums in seiner ethischen Verantwortung und existenziellen Gefährdung zeigt sich in der Geschichte von Antigone als antikem Archetypus bis zu modernen Protagonisten wie Maximilian Kolbe, Franz Reinisch und Dietrich Bonhoeffer. Hierbei sind bewusst keine Soldaten genannt, da sich Heldentum nicht auf das Militärische beschränkt. Thomas Carlyle hat in seinem Werk 'On Heroes, Hero Worship, and The Heroic in History' (1841)[8] neben der göttlichen Heldengestalt (Odin / Heidentum / skandinavische Mythologie) fünf Grundtypen historischer Heldenpersönlichkeiten klassifiziert: den Propheten (Muhammad), den Dichter (Dante / Shakespeare), den Geistlichen (Luther / John Knox), den Schriftsteller (Ben Jo(h)nson / Rousseau / Robert Burns) sowie den Herrscher (Cromwell / Napoleon). Dahinter steht die hinterfragbare Idee von der Genialität und Tatkraft weniger „großer Männer", wie sie noch in der ersten Strophe von Benns berühmtem Gedicht 'Dennoch die Schwerter halten' aufscheint: „Der soziologische Nenner, / der hinter Jahrtausenden schlief, / heißt: ein paar große Männer / und die litten tief."[9]

---

[8] Deutsche Erstausgabe: Thomas Carlyle: Über Helden, Heldenverehrung und das Heldenthümliche in der Geschichte. Sechs Vorlesungen. Deutsch von Josef Neuberg. Verlag R. von Decker. Berlin 1853.
[9] Gottfried Benn: Gesammelte Werke. Hrsg. Von Dieter Wellershof. Band 1. Zweitausendeins Verlag. Frankfurt am Main 2003. S. 182.

Heinrich von Treitschke, der den maskulinen Mythos von der geschichtsprägenden Präsenz „großer Männer" fortspann, wird die leider nicht nachweisbare, aber gern zitierte Behauptung zugeschrieben: „Ohne Helden und Heldenverehrung geht ein Volk zugrunde." Es hat in der Geschichte in der Tat stets Helden, Heldinnen und Heldentum gegeben. Und es wird, ja muss auch zukünftig einen gesellschaftlich anerkannten und gewürdigten Heroismus geben, trotz aller Gegenvorstellungen von Kritikern, deren Argumente und Motive oft nur in deren Charakter und Biographie begründet sind. Hass auf heroisches Verhalten beruht zu guten Teilen lediglich auf Minderwertigkeitskomplexen und eigener Feigheit. Bei weitem nicht jeder hat das Zeug zum Helden. Aber das gibt keinem das Recht, Helden verächtlich zu machen. Auch die populäre Diskreditierung einer durch Leistung und Verantwortung objektiv legitimierten Elite ist neben einem signifikanten Sozialneidmotiv häufig auf eigene Kompensationsnöte zurückzuführen. Der Held kann kein Massenphänomen sein; er ist singulär und elitär. Das macht ihn verdächtig und reizt unter der Tarnkappe einer demokratischen Kultur und egalitären Attitüde zur Dekonstruktion. Gottfried Benn hat in seinem nachgelassenen Essay 'Zum Thema Geschichte' diese Entwicklung in einem Dekadenztopos zum Ausdruck gebracht. Da sind immer Emotionen im Spiel: „Die ganze Geschichte, die Geschichte der weißen Rasse, ist der Weg der verlorenen Illusionen von der Glorie des Helden und der Mythe der Macht. Diese Birne wird jetzt reif, es gilbt ihre Schale, ihr Saft wird süß, es rüstet sich ihr Fest. Der Held und der Durchschnitt –, ein affektives Begegnen!"[10]

Dass man sich hierzulande mit Heldenpersönlichkeiten, zumal mit noch lebenden, noch immer schwer tut, wird auch im Ausland mit Befremden beobachtet. Bei dem 1. Workshop zur Tradition der Bundeswehr am 17. August 2017 in Hamburg sagte der niederländische General a.D. Ton van Loon, der Deutschland und die Bundeswehr bestens kennt, über die Notwendigkeit von Helden für eine lebendige Tradition: „Helden sind keine Otto Normalverbraucher, sonst wären sie keine Helden. Wenn man das nicht akzeptieren kann, dann muss man warten, bis sie tot sind. (...) Wir kleinen Nationen machen uns Sorgen, dass Ihr Deutschen keine habt."[11]

---

[10] Ebenda, Band 2. S. 934.
[11] Eigene Mitschrift als Workshop-Teilnehmer an der Führungsakademie der Bundeswehr (17. August 2017)

Der Held definiert und legitimiert sich seit der Antike über seine Vortrefflichkeit und Leistungsbereitschaft bis zum Tod. Dieses Kriterium hat nichts mit Arroganz zu tun, sondern führt bei dem echten Helden vielmehr zu Reflexion und Demut, da er seine Existenz „sub specie mortis" begreift. Die physische Endlichkeit ist der Preis für deren Transzendierung. Die agonale Arete der adeligen Kriegerkaste, die auf dem Schlachtfeld den Berechtigungsnachweis für ihre Privilegien führen muss, kommt am konzentriertesten in Achills Lebensdevise zum Ausdruck: „Aien aristeuein kai hypeirochon emmenai allon." (Stets der Beste sein und den anderen überlegen.)[12]

Otto Flake hat als Wesenskern von Nietzsches Idealbild des Griechentums diesen „Agon" als „Begriff des Kampfes" im Gegensatz zum heraklitischen Universalprinzip des „Polemos" (Hader / Streit) konstatiert, der in der antiken Polisgemeinschaft eine teleologische, kulturschaffende und gesellschaftspolitische Funktion innehat: „Agon ist ein sinnverleihendes, ein kulturpädagogisches Prinzip, das neben der Polis steht. Agon und Polis bringen die Atmosphäre hervor, die der Erzeugung des Genius günstig ist."[13]

Etymologisch betrachtet, bezeichnet das seit dem 9. Jahrhundert belegte Wort 'Held' in der erschlossenen Form als altgermanisches Substantiv '*halud' den freien Mann, der als Krieger und Kämpfer in Erscheinung tritt. Die altenglische Entsprechung 'haele(d)' wurde durch 'hero' ersetzt, das dem griechischen 'heros' entlehnt ist. Im Lateinischen stehen neben dem bei Cicero auch ironisch verwendeten 'heros' vor allem Umschreibungen wie 'vir (bello) fortis(simus)' oder 'vir bello insignis', was ebenfalls auf eine primär militärische Wirkungssphäre verweist. Als Heros bezeichnet das Griechische bereits in vorhomerischer Zeit den freien und tüchtigen Ehrenmann sowie als besonderen Status den Adeligen, den Heerführer und sein Gefolge, damit vor allem den Krieger und Kämpfer. Der Begriff erfährt schließlich eine semantische Steigerung vom sterblichen Ehrenmann zum unsterblich gewordenen Halbgott ('hemitheos'), der als Mittelgeschlecht zwischen den Göttern und Menschen steht. Diese alte sakrale Aufladung spielt in der Rezeptionsgeschichte des Heldenbegriffs immer eine Rolle und ruft natürlich auch die Skeptiker und Zyniker auf den Plan.

So kommt auch der Soziologe Bernhard Giesen zu einer häufig zitierten Bewertung, die von einer kruden Skepsis gegenüber dem Helden als reale Gestalt

---

[12] Homer: Ilias. Elfter Gesang. Vers 784.
[13] Otto Flake: Nietzsche. Rückblick auf eine Philosophie. (Erstauflage 1946). Suhrkamp Verlag. Frankfurt am Main 1980. S. 22.

zeugt: „Helden sind, natürlich, keine wirklichen Menschen, sondern soziale Konstruktionen besonderer Gemeinschaften, kulturelle Vorstellungen überlegener Individualität, kollektive Projektionen souveräner Subjektivität. Als solche müssen sie auf Distanz gehalten werden. Kein Held hält den Blick aus der Nähe aus. Wer genauer hinschauen kann und will, sieht menschliche Schwächen, elende Augenblicke und kleinliche Interessen."[14]

Eine derart überzeichnende und dadurch gleichfalls mythisierende Bewertung verkennt jedoch die 'Conditio humana', das konkrete Menschsein, dem die reelle Heldengestalt unterworfen bleibt. Selbst mythische Megaheroen wie Herakles und Achill[15] werden trotz ihrer göttlichen Herkunft und Vorbestimmung in farbigen Zügen menschlicher Gefühle und Schwächen gezeichnet. Gerade das ist Ausweis ihrer Authentizität und Nahbarkeit, selbst in der Mittlerrolle zwischen dem Menschen im Normalformat und der heroischen Existenzform. Jesus als christlicher Friedensheld zeigt uns am Kreuz in seiner tiefen Verlassenheit, dass er eben auch ein Mensch ist. Diese tröstliche Beobachtung schafft erst die Voraussetzung für die 'Imitatio Christi'. Menschliche Züge sind daher kein vernünftiger Einwand gegen den Helden, sondern bilden geradezu eine Voraussetzung für die Mimesis-Funktion des Helden. Denn der Held stellt keine statische Existenz in strahlender Idealform dar, sondern befindet sich auf seinem Entwicklungsgang auf einem steinigen Weg, der von Abgründen und Wegscheiden mit der Möglichkeit des Irrens und Scheiterns gekennzeichnet ist. Die ideologisch motivierte Ikonisierung und Immunisierung von Menschen zu gottgleichen Heroen lässt sich am besten am Kommunismus studieren. Durch die Fälschung von Biographien und das Retuschieren von Bildern wurden Legenden erfunden und bei Bedarf auch umgeschrieben. Ein Musterbeispiel dafür ist Enver Hodscha, dessen unrühmliches Ende Lloyd Jones wunderbar geschildert hat: „Im Lagerhaus einer Gießerei lag Envers Statue mit missmutigem Gesichtsausdruck, Kopf und Zehen lagen nebeneinander, und eine Hand war in napoleonischer Haltung hinter dem Rücken versteckt. Neben ihm stand Lenin; seine Arme waren abgehauen. 'Dulla' stand auf eine andere Büste Envers gekritzelt, zur Untermauerung der Gerüchte, dass Enver in jungen Jahren schwul gewesen sei. (...) Die neuen Helden waren um die Ecke des Lagerhau-

---

[14] Bernhard Giessen: Die Aura des Helden. Eine symbolgeschichtliche Skizze. In: Anne Honner, Ronald Kurt, Jo Reichertz (Hg.): Diesseitsreligion. Zur Deutung der Bedeutung moderner Kultur. Konstanz 1999. S. 439.
[15] Zu Achill siehe insbesondere: Joachim Latacz: Achilleus. Wandlungen eines europäischen Heldenbildes. Lectio Teubneriana III. Verlag B.G. Teubner. Stuttgart und Leipzig 1997.

ses abgestellt. Es waren kleine Büsten von Schriftstellern und Dichtern, die die albanische Renaissance während der osmanischen Herrschaft angeführt hatten."[16]

In jeder – per se – gefährdeten Heldengestalt bündeln sich immense Anforderungen zu einem Kristallisationspunkt aus verschiedenen Perspektiven. Der Held in seiner menschlichen Begrenztheit ist gleichwohl Adressat und Vermittler von Tugenden, Werten und Idealen sowie Symbolfigur, Träger, Rollenmodell und Personifikation für zahlreiche Erwartungen, die oft weit über seinen physischen Tod hinausreichen. Er wird von Interessenvertretern vereinnahmt und damit zum Renommierobjekt einer Gesellschaft, eines Staates, einer Glaubensgemeinschaft, einer Armee oder einer anderen Organisation. Im traditionellen Verständnis bestätigt er durch vorbildliches Handeln zentrale Wertvorstellungen von Tugend (virtus), Ehre (honos) und Ruhm (gloria). Das ist aber ausgesprochen anstrengend. Denn durch den sozialen und ideellen Kommunikationsrahmen der eigenen Referenzgruppe, der öffentlichen Meinung und möglicher Gegner (militärisch wie politisch) steht der Held unter einem ständigen Legitimationsdruck. Die ihm übertragene Heldenrolle kann mehr Bürde als Würde bedeuten. Wer anderen die Heldenrolle zuweist, entlastet und distanziert sich damit zugleich von der eigenen möglichen Erwartungshaltung und Verantwortung. Wer die Heldenrolle (un)freiwillig annimmt und den sprichwörtlichen „Helden spielt", weiß im Übrigen noch nicht, ob er seiner Rolle gerecht werden wird. „Tapferkeit darf sich selbst nicht trauen"[17], hat Josef Pieper ein Kapitel in seinem berühmten Büchlein 'Vom Sinn der Tapferkeit' überschrieben. Es ist daher ein gutes Zeichen, wenn mit dem 'Ehrenkreuz der Bundeswehr für Tapferkeit' ausgezeichnete Soldaten erklären, dass sie sich nicht selbst als Helden sähen, sondern nur ihre Pflicht erfüllt hätten.[18]

---

[16] Lloyd Jones: Der Mann, der Enver Hodscha war. Aus dem Englischen von Yvonne Badal (Originaltitel: Biografi. Verlag André Deutsch. London 1993). Carl Hanser Verlag. München und Wien 1994. S. 241.
[17] Josef Pieper: Vom Sinn der Tapferkeit. Verlag Jakob Hegner. Leipzig 1934, S. 41.
[18] Vgl. hierzu besonders das Themenheft: 'Helden. Brauchen wir nicht mehr. Oder?' Zur Sache Bw. Hrsg. im Auftrag des Evangelischen Militärbischofs. Evangelische Verlagsanstalt Leipzig 2016 (Ausgabe 29, 1/2016).

Postheroisch oder doch heroisch?

Der Altphilologe Karl Reinhardt übersetzte 1942 Sophokles' 'Antigone' sozusagen als seinen persönlichen Résistance-Beitrag. 1956 bezog er sich in einer Rundfunkrede auf die tragische Heldin Antigone als zeitloses politisches Lehrstück und ging dabei auf die Problematik der Deutungshoheit über weltanschauliche Begriffssysteme ein: „Wir haben erfahren, welche Macht von den Benennungen ausgeht. Welch ungeheurer Aufwand von Apparaturen benötigt wird, um die Benennungen durchzusetzen; besonders in den totalitären Staaten, aber nicht nur da. Auch die Antigone ist zum nicht geringsten Teil ein Streit um die Benennungen."[19]

Als deutscher Philologe in dunkler Zeit wusste Reinhardt um die fatalen Folgen der Manipulation durch Propaganda, Indoktrination und Meinungsterror. Auch wenn derzeit fast nur der Rechtspopulismus im Anklagefokus steht, haben linksradikale und islamistische Gruppierungen, Positionen und Denkformen unsere Gesellschaft ebenfalls längst infiltriert. Der ideologische Kampf um brisante Begriffe wie Nation, Identität, Heimat, Leitkultur, Abendland, Europa, Christentum, Islam, Asyl und andere Empörungs-Trigger ist voll entbrannt. Der Dadaist Walter Serner hat geschrieben: „Weltanschauungen sind Vokabelmischungen."[20] Wer damit jongliert, löst Reflexe aus. Wie kann man mit diesem Bewusstsein verantwortlich bestimmen und bewerten, ob eine Gesellschaft oder eine Gemeinschaft 'heroisch' oder eben nicht ist? Ist das '(Nicht)Heroische' ein soziologisch messbarer, kollektiver Aggregatzustand? Stehen wir heute vor einer erneuten Heraufkunft des „Heroischen", auch wenn immer noch Schlagworte wie 'postheroisches Zeitalter' und 'postheroische Gesellschaft' das Gegenteil insinuieren?[21] Was heißt das für die Bundeswehr und ihre Führungskultur? Gibt es dort Tendenzen zur Herausbildung eines Hel-

---

[19] Karl Reinhardt: Vortrag in der Reihe '19 Tage Griechisch' 1956 im NDR. Abgedruckt in: Sophokles: Antigone. Übersetzt und eingeleitet von Karl Reinhardt. Mit griechischem Text. Vandenhoeck & Ruprecht. Göttingen 1971, S. 10.

[20] Walter Serner: Letzte Letzte Lockerung. Manifest Dada. Verlag Paul Steegemann. Hannover 1920. S. 9.

[21] Herfried Münkler: Heroische und postheroische Gesellschaften. In: Sonderheft Merkur. Deutsche Zeitschrift für europäisches Denken. (Heft 700). Kein Wille zur Macht. Dekadenz. Hrsg. von Karl Heinz Bohrer und Kurt Scheel. Verlag Klett Cotta. Stuttgart 2007, S. 742-752.
Herfried Münkler: Der asymmetrische Krieg. Das Dilemma der postheroischen Gesellschaft. Essay. In: Der Spiegel, Ausgabe 44 2008, S. 176f.
Herfried Münkler. Kein Platz für Helden? In: Zur Sache Bw. Evangelische Kommentare zu Fragen der Zeit. Ausgabe 29 (1/2016. Evangelische Verlagsanstalt Leipzig 2016, S. 9-13.

denkultes als ideologisches Fundament einer neuen 'heroischen Gemeinschaft' anstelle der traditionellen Inneren Führung, die als eines ihrer zentralen Ziele nach wie vor die Integration, das heißt die Einbindung in Staat und Gesellschaft mit dem Leitbild vom Staatsbürger in Uniform anstrebt? Und welche Merkmale könnten eine 'heroische Gemeinschaft' als validen Gegenentwurf zu einer 'postheroischen Gesellschaft' kennzeichnen?

Die zentrale Frage bleibt: Kann und darf man derart volatile Konstrukte wie Epochen, Gesellschaften und Gemeinschaften mit Epitheta wie 'heroisch' oder 'postheroisch' attribuieren? Was soll denn einmal auf das 'postheroische Zeitalter' folgen – eine 'postpostheroische' Epoche? Eine Inflationsformel wie 'Postmoderne' zeigt bereits die Hilflosigkeit und Hybris von Periodisierungen, deren historische Kurzatmigkeit fast schon Mitleid erregt. Der französische Historiker Jacques Le Goff hat in seinem Essay 'Geschichte ohne Epochen' versucht, das kulturelle Kontinuum dessen, was wir in Schablonen wie Spätantike, Mittelalter und Renaissance pressen, gleichsam dem Portionierungsdrang epochemachender Tranchiermeister wieder zu entziehen. Le Goff fragt provokativ: „Soll man die Geschichte wirklich in Scheiben schneiden?"[22]

Auch der Althistoriker Christian Meier meldet in seinem Athen-Buch seine Bedenken gegenüber der analytischen Selbstgewissheit zeitgenössischer „Epochemacher" an: „Wie erkennen Zeitgenossen, dass eine neue Epoche anbricht? Gar nicht erkennen sie es. Denn auch die, die meinen, sie seien dabeigewesen, erkennen es nicht, sondern vermuten es höchstens. Und selbst wenn sie richtig ausmachen, dass etwas zu Ende geht, so wissen sie noch nicht, wie lange es sich noch hinzieht und vor allem: welches Neue an die Stelle des Alten tritt. Die Unsitte, dass man ständig etwas, was man gerade bewirkt hat, als 'historisch' ausgibt, ist ohnehin erst neueren Datums. In aller Regel lassen sich Epochen auch gar nicht recht voneinander scheiden. Das Alte braucht nicht nur lange, um aufzuhören, sondern das Neue wird zunächst einmal in das Alte eingefügt – gedanklich."[23]

---

[22] Jacques Le Goff: Geschichte ohne Epochen? Ein Essay. Aus dem Französischen von Klaus Jöken (Französischer Originaltitel 'Faut-il vraiment découper l'histoire en tranches?', Edition du Seuil 2014). Philipp von Zabern Verlag (Imprint der Wissenschaftlichen Buchgesellschaft). Darmstadt 2016, S. 9.

[23] Christian Meier: Athen. Ein Neubeginn der Weltgeschichte. Wolf Jobst Siedler Verlag, Berlin 1993, S. 285.

Sollte man angesichts dieser begründeten Skepsis überhaupt von „(post-) heroischen" Formationen, welcher Ausprägung auch immer, sprechen? In seiner Studie zur religiösen Konstruktion des Krieges in Rom hat Jörg Rüpke mit der Fragestellung „Roma naturaliter bellicosa?" ('Ist Rom von Natur aus kriegerisch?') die methodische und epistemologische Problematik bellizistischer Zuweisungen skizziert: „Der Begriff der 'religiösen Konstruktion des Krieges' impliziert als solcher keine Aussage zur Kriegsfreudigkeit der Römer. Er trägt aber zur Identifizierung einer Gruppe von kulturellen Daten bei, die daraufhin befragt werden können. Neben diesem Ansatz existieren für die Erklärung des Faktums der häufigen und heftigen Kriegsführung der Römer in der Forschung verschiedene Zugänge, die nach ursächlichen strukturellen Merkmalen römischer Gesellschaft und Mentalität suchen. Dabei handelt es sich um Fragen nach stimulierenden Elementen wie Feindbildern, 'Heldentod-' oder Siegesideologien, Ruhmbegriffen sowie nach weniger sprachlich-expliziten, vielmehr verdeckten Elementen wie Konkurrenzkampf in der Aristokratie oder zwischen weiteren gesellschaftlichen Gruppen. Ein wichtiges Feld besetzen Versuche, institutionelle Orte, die zur Akzeptanz von Gewalt und Lebensverachtung erziehen, zu identifizieren. Schließlich liegen Analysen der zentralen Begriffe *bellum/pax* vor."[24]

Mit philologischer Akribie lenkt Rürup den Blick zielführender auf dahinterstehende 'Initialisierungsprozesse', die den ideologischen Apparat einer antiken Gesellschaft und Staatsform in Bewegung setzen. Die genannten militäraffinen Stimulanzien (Feindbilder, 'Heldentod-' oder Siegesideologien und Ruhmbegriffe) erfahren ihre Legitimation und Weihe in der staatlich verordneten und praktizierten Sakralsphäre, die in einer 'religio castrensis' kulminiert. Das bedeutet jedoch keineswegs, dass die gesamte römische Gesellschaft mit dem Attribut 'heroisch' zu beschreiben wäre, wenngleich Rürup Krieg grundsätzlich als ein „gesellschaftliches Konstrukt" definiert. Er differenziert vielmehr einleitend: „Im Detail bedeutet Krieg indes nicht für jede Gesellschaft, für jede Gruppe das Gleiche."[25] Afghanistan und Mali lassen grüßen!

Dieselbe Differenzierung ist auch für unsere heutige gesellschaftliche Situation und ihr Verhältnis zu ihren Streitkräften gefordert. Denn jede Gesellschaft besteht aus Individuen mit unterschiedlichen Prägungen, Vorstellungen und

---

[24] Jörg Rüpke: Domi militiae: die religiöse Konstruktion des Krieges in Rom. Franz Steiner Verlag. Stuttgart 1990, S. 17.
[25] Ebenda, S. 13.

Lebenslagen. Diese Individuen unterliegen wiederum einer permanenten Persönlichkeitsentwicklung. Innerhalb einer pluralistisch geprägten Gesellschaft mit einem sehr hohen Anteil an dominant auftretenden Minderheiten, Immigranten und zahlreichen anderen sozialen Segmentierungen entstehen zunehmend neue Gruppierungen und Gemeinschaften mit jeweils eigenen, oftmals auseinanderdriftenden Interessen, Bedürfnissen, Zielsetzungen, Forderungen und Überzeugungen. Eine 'postheroische Gesellschaft' als geschlossene soziale Formation mit identischer ideologischer Ausrichtung ist somit eine Fiktion. Man darf allenfalls von volatilen Präferenzen und Großtendenzen sprechen. Doch wie soll dann eine 'heroische Gemeinschaft' als Absetzungs- oder Ablösungsphänomen von der 'postheroischen Gesellschaft' unterschieden werden?

Die 'heroische Gemeinschaft' als geistige Heimat des Soldaten?

Jedwedes Heer liebt, weißt du, seinen Helden.
(Heinrich von Kleist: Prinz Friedrich von Homburg, Schauspiel 1821. Fünfter Akt, dritter Auftritt)

Wer Begriffsschubladen wie 'Gesellschaft' und 'Gemeinschaft' aufzieht, stößt auf ein definitorisches Labyrinth. Tönnies' Einordnung des Militärs in sein Begriffssystem von 'Gemeinschaft und Gesellschaft' (Drittes Buch, dritter Abschnitt, §§ 25 und 26)[26] ist dabei wenig hilfreich. Denn sein empirischer Horizont[27] ist auf die heutige Situation ebenso eingeschränkt anwendbar wie etwa ein Clausewitz auf rezente technische Szenarien mit Atomwaffen, Drohnen und Robotik. Auch Münkler sieht dieses Definitionsdilemma und kommt zu der qualitativen Unterscheidung: „Für die Zwecke der hiesigen Unterscheidung sind Tönnies' Distinktionen aus dem Jahre 1887, als *Gemeinschaft und Gesellschaft* erschien, jedoch nur bedingt erforderlich und nützlich. Als Gemeinschaften sollen hier Gruppen bezeichnet werden, die sich durch gemeinsame Herkunft, gemeinsame Siedlungs- und Lebensräume oder ein gemeinsames Werte- und

---

[26] Ferdinand Tönnies: Gemeinschaft und Gesellschaft. Grundbegriffe der reinen Soziologie. Bibliothek klassischer Texte. Wissenschaftliche Buchgesellschaft. Darmstadt 1991. S. 191ff.
[27] Immerhin absolvierte Tönnies als Jenenser Student sein Wehrpflichtjahr im Füsilierbataillon des Infanterie-Regiments 'Großherzog von Sachsen' (5. Thüringisches) Nr. 94.

Normenverständnis von ihrer Umgebung absetzen. Heroische Gemeinschaften haben häufig einen männerbündischen Charakter, der für Homogenität im Inneren sorgt. (...) Auf das heroische Selbstverständnis von Großgruppen bezogen heißt das, dass es heroische Gemeinschaften über die längste Zeit der schriftlich fixierten Geschichte der Menschen gegeben hat, heroische Gesellschaften dafür eher die Ausnahme darstellen."[28]

Nach Münklers Kriterien ist die heutige Bundeswehr damit definitiv keine 'heroische Gemeinschaft'. Mit ihrem signifikanten zivilen Anteil, der Öffnung für Soldatinnen, der Integration von Menschen mit Migrationshintergrund und der daraus resultierenden Doktrin der Diversität, mit ihrer permanenten Transformation und Aufsplitterung in divergierende Teilstreitkräfte und Organisationsbereiche ist die heutige Bundeswehr alles andere als eine männerbündische, homogene oder 'heroische' Entität. Auch der neugefasste 'Traditionserlass' hat dem in mancher Hinsicht noch einmal vorgebaut.

Das heißt jedoch nicht, dass es nicht auch in der Bundeswehr Gruppierungen und Individuen gäbe, die sich nach einer 'heroischen Gemeinschaft als geistiger Heimat sehnen. Dabei gibt es augenscheinlich signifikante Verdichtungen in bestimmten Teilstreitkräften und Truppengattungen, was jedoch nicht weiter verwunderlich ist.

Derzeit ist der Begriff der Heimat in aller Munde. Im Kampf um die Begriffssicherung und Deutungsdominanz springen die intelligenteren Köpfe im linken Lager über ihren ideologischen Schatten, um den bislang eher diskriminierten Heimatbegriff ein Stück weit zurückzuerobern, bevor er vom rechten Lager vollends vereinnahmt wird. Denn der Anspruch auf Identität, Heimat, Zugehörigkeit und Gemeinschaft stellt ungeachtet von Weltbeglückung und internationaler Solidarität eine anthropologische Konstante dar. Auch die Beheimatung des Soldaten in Nation, Staat, Gesellschaft und Armee ist eine legitime, ja notwendige Forderung. Die Innere Führung postulierte 1950 in ihrem Gründungsdokument ganz im damaligen Zeitgeist einen „europäischen Soldaten", der entlastet von „traditionellen nationalen Bindungen" gleichwohl national gesinnt bleibt: „Bei allem Vorrang europäischen Zusammengehörigkeitsgefühls

---

[28] Herfried Münkler: Heroische und postheroische Gesellschaften. In: Sonderheft Merkur. Deutsche Zeitschrift für europäisches Denken. (Heft 700). Kein Wille zur Macht. Dekadenz. Hrsg. Von Karl Heinz Bohrer und Kurt Scheel. Verlag Klett Cotta. Stuttgart, 2007, S. 746f.

ist die *gesunde Vaterlandsliebe* zu pflegen, die weiß, dass sie mit den Idealen und Gütern Europas auch die deutsche Heimat und Familie verteidigt."[29]

Diese Contradictio in adiecto wirkt bis heute bei allen Partnern in den Bemühungen um gemeinsame europäische Streitkräfte nach. Baudissin sprach als damaliger Referatsleiter IV B im BMVg im Mai 1956 vor dem ersten Lehrgang über Innere Führung in Sonthofen über 'Situation und Leitbild des Soldaten'. Die neue Position des 'Staatsbürgers in Uniform' verortete und begründete er in seinem Vortrag so: „Die gesellschaftliche Umwälzung hat auch den Soldaten vor die Frage nach seinem Standort gestellt. Es gilt einen Platz zu finden, der sich in die Gesamtstruktur einfügt und die sachgemäße Zuordnung zum Mitsoldaten und Mitbürger gibt. Nur der Soldat, der wieder 'beheimatet' ist, kann die Fremdheit gegenüber Vergangenheit und Zukunft, gegenüber Staat und Umwelt überwinden. Nur er wird sich den Fragen seiner Kameraden und Untergebenen stellen und damit Menschen führen können. Der Bolschewismus hat allgemeine Friedlosigkeit gebracht und die ehemals gültigen Unterscheidungen zwischen Krieg und Frieden, Freund und Feind, Front und Heimat, Recht und Unrecht aufgehoben. Nur derjenige, der sich mit der freiheitlichen Ordnung – vielleicht nicht immer mit ihrem Zustand, aber doch mit ihren Entwicklungsmöglichkeiten – identifiziert, findet die Maßstäbe, um in dieser Dschungelsituation zu bestehen."[30]

Baudissin rekurriert mit der Frage nach dem Standort auf ein zentrales Clausewitz-Postulat, stellt den Soldaten in seinen soldatischen und staatsbürgerlichen Kontext, konfrontiert ihn mit Gegenwartsherausforderungen als Menschenführer und kommt schließlich zur bolschewistischen Bedrohung mit ihrer Indoktrination im Kalten Krieg. In dieser „Dschungelsituation" – heute spräche man von 'Fake News' – vermittelt nur die Identifikation mit dem Wertesystem der „freiheitlichen Ordnung" die notwendigen Maßstäbe zur Bewährung. Das war die Lage damals. Doch wo steht die Bundeswehr heute? Ist sie als Ziel der Inneren Führung in Staat und Gesellschaft integriert oder ist sie (immer noch) auf der Suche nach einer Heimat, die ihr endlich das bieten kann, was ihr von dem zu verteidigenden Gemeinwesen nicht ausreichend gewährt wird: Respekt,

---

[29] Hans-Jürgen Rautenberg / Norbert Wiggershaus: Die „Himmeroder Denkschrift" vom Oktober 1950. Zweite Auflage. Verlag G. Braun. Karlsruhe 1985, S. 53.
[30] Baudissins Vortrag liegt dem Verfasser dieses Beitrags als Typoskriptkopie vor. Er wurde übernommen in das 'Handbuch Innere Führung. Hilfen zur Klärung der Begriffe'. Hrsg. vom Bundesministerium für Verteidigung, Führungsstab der Bundeswehr – B. Bonn September 1957. S. 15-46, hier S. 42.

Anerkennung, Identität und eine gesicherte Tradition? Und welche Rolle spielt dabei ein durch die Einsätze möglicherweise wiedergewonnenes 'heroisches' Bewusstsein innerhalb einer angeblich 'postheroischen Gesellschaft'? Stellt das 'Heroische' ein funktionales Element im soldatischen Tugendsystem dar oder übt man hier einen gewollten Funktionsverzicht im geistigen Fähigkeitsspektrum der Bundeswehr?

Es geht auch darum, auf welcher ideellen und emotionalen Basis der Soldat seinen Beruf ausüben und seiner Aufgabe im Gesamtsystem gerecht werden kann. Dies erfordert die Gewährleistung der prinzipiell anerkannten und damit unangefochtenen Position des Soldaten in Staat und Gesellschaft. Der Artikel 87a des Grundgesetzes scheint als verfassungsrechtliche Generallegitimation und exekutive Grundsatznorm für den militärischen Bereich mit dessen Aufgaben und Befugnissen dafür nicht mehr auszureichen. Der verfassungsrechtliche Rang der Bundeswehr, der durch einige Entscheidungen des Bundesverfassungsgerichts (z.B. BVerfGE 69, 21) de jure eindeutig geklärt ist, wird de facto von Gruppierungen aus dem linken Lager, der sogenannten 'Friedensbewegung' mit Teilen der christlichen Kirchen und selbst von Vertretern einzelner in den Bundestag gewählter Parteien, insbesondere von deren Jugendorganisationen immer wieder fundamental kritisiert und hinterfragt.

Doch seit den „Mörder-Urteilen" des Bundesverfassungsgerichts von 1994/95, die als linguistisch-juristische Sophisterei bewertet werden, stimmen viele ältere und jüngere Soldaten Generalmajor a.D. Gerd Schultze-Rhonhof zu, wenn er das eng mit der soldatischen Tapferkeit verknüpfte wechselseitige Treueverhältnis des Staates gegenüber den Soldaten als einseitig aufgekündigt bewertet.[31] Die Integration und geistige Beheimatung des Soldaten braucht eine gesicherte Position, die eine materielle, soziale, ideelle, rechtliche und ethische Grundlage für den Stand und das Selbstverständnis des Soldaten in unserer Demokratie und ihren Streitkräften bildet. Eine Position, die dem Soldaten seitens der Gesellschaft und der politischen Verantwortungsträger Respekt, Anerkennung, Wertschätzung und das notwendige Vertrauen entgegenbringt. Denn der Soldat ist und bleibt in seiner Aufgabe und Funktion stets ein Teil dieses Staates und seiner Gesellschaft. Die Konzeption der Inneren Führung hat für diese Stellung des Soldaten im System das Leitbild vom Staatsbürger in Uniform zu der Trias aus freier Persönlichkeit, verantwortungsvollem Staatsbürger und einsatzbereitem Soldaten konfiguriert. Dieses Leitbild ist in der

---

[31] Gerd Schultze-Rhonhof: Wozu noch tapfer sein? Resch Verlag. Gräfelding 1997. S. 295.

Geschichte der Bundeswehr und ihrer Führungskultur freilich bis heute immer wieder von unterschiedlichen Gegnern, Kritikern und nicht zuletzt von Soldaten selbst bis in die höchsten Ränge hinein hinterfragt, diffamiert, missachtet und negiert worden.

Das Verhältnis von 'Soldat und Demokratie' war im 'Handbuch Innere Führung' von 1957 ein Hauptthema. Das romantisierende und ressentimentgeladene Bild vom 'Ewigen Soldatentum', das unter aktuellen Aspekten heute erneut hervorgeholt wird, wurde schon 1957 als Objekt einer notwendigen Entmythologisierung ausgemacht: „Da ist zunächst jene nahezu mythische Vorstellung vom 'ewigen Soldaten'. Gerade in Deutschland wird immer wieder von einem 'ewigen Landsknecht' oder 'Ursoldaten' gesprochen, der – das genaue Gegenbild zum Bürger – in einer eigengesetzlichen Ordnungswelt quasi exterritorial lebe. Wenn es schon schwer genug fällt, eine klare Definition dieses recht verschwommenen Bildes zu erhalten, so muss ein Blick in die Geschichte davon überzeugen, dass sich eine solche Vorstellung historisch durch nichts begründen lässt."[32]

Baudissin skizziert den historischen Beweisgang von der Antike bis zur Gegenwart: „Dabei zeigt eine Betrachtung der Krieger- und Soldatentypen von Troja bis Hiroshima deutlich genug, dass sie jeweils nicht nur voneinander durch tiefe Unterschiede getrennt, sondern überdies durch augenfällige Gemeinsamkeiten mit ihren jeweiligen Zeitgenossen verbunden sind. Warum sollte auch ausgerechnet der Soldat kein Kind seiner Zeit und nicht Glied seines Volkes sein? Der Vorbehalt, Soldat und Demokratie seien unvereinbare Gegensätze, weil der Soldat mit Zeitgeschichte und Staatsformen nichts zu tun habe, kann also nicht aufrechterhalten werden."[33]

Einem „Sui generis"-Anspruch seitens des Soldaten wird hier also zumindest aus historischer Perspektive eine klare Absage erteilt. Doch wie sieht es heute aus? Führt der Soldat mittlerweile nicht doch eine kryptische exterritoriale Existenz in einer heroischen Gemeinschaft? Ist er tatsächlich eine prekäre, randständige, verkannte, tragisch-traurige Figur an der gesellschaftlichen Peripherie, die allerdings anders als die anderen Minoritäten keinerlei Minderheitenschutz genießt, sondern stattdessen zum Spielball parteipolitischen Kalküls und finanzpolitischer Spardiktate mutiert ist? Diese bewusste Überzeichnung

---

[32] Handbuch Innere Führung. Hilfen zur Klärung der Begriffe. Hrsg. vom Bundesministerium für Verteidigung, Führungsstab der Bundeswehr – B, Bonn, September 1957, S. 18.
[33] Ebenda, S. 19.

in Frageform soll dem Kulturpessimismus innerhalb unserer eigenen Führungskultur entgegentreten. Denn die Realität sieht anders aus.

Sicherlich gibt es auch Stimmen, die auf die Integration des Soldaten pfeifen und einer „splendid isolation" das Wort reden. Da mag bei älteren Soldaten persönliche Enttäuschung mitschwingen oder bei jüngeren Jahrgängen eine Prägung durch die bereits länger „gedienten" Kameraden. Ein signifikantes Beispiel hat 2014 Leutnant Jan-Philipp Birkhoff mit seinem mutigen Beitrag zur Rolle des militärischen Führers in der postheroischen Gesellschaft[34] geliefert. Er ist für seine Offenheit gelobt, für seine Thesen aber auch heftig angegriffen worden.[35] Heute kann man sagen, dass sein Beitrag dennoch viel Positives bewirkt hat, weil er als junger Offizier vielen Älteren gezeigt hat, was gemeint ist, wenn man von Zivilcourage, Debattenkultur und persönlicher Auseinandersetzung mit dem beruflichen Selbstverständnis redet. Man muss mit seinen Argumenten und Schlussfolgerungen ja nicht einverstanden sein, diskussionswürdig sind sie allemal. Birkhoff beklagt die sinkende Bereitschaft der postheroischen Gesellschaft zum bewussten Opfer im Sinne des Sacrificiums.[36] Diese antiheroische Haltung wird durch die Medien verstärkt. Durch diese Tendenz sieht Birkhoff auch die klassische Rolle des militärischen Führers gefährdet, der in seiner Auftragserfüllung durch eine Verlustvermeidungsstrategie behindert wird. Die Geringschätzung des patriotischen Altruismus' führt zu einer „Entzauberung des Helden an sich".[37] Die antiheroische Haltung der deutschen Gesellschaft schwächt auch den Einsatzwert der Bundeswehr, da der Gegner auf keine derart „kritische Bevölkerung" Rücksicht nehmen muss. Um weitere Demotivierung zu vermeiden, plädiert Birkhoff für „Professionalisierung statt Politisierung" und statt des blutleeren Verfassungspatriotismus'

---

[34] Jan-Philipp Birkhoff: Führen trotz Auftrag. Zur Rolle des militärischen Führers in der postheroischen Gesellschaft. In: Marcel Bohnert / Lukas J. Reitstetter (Hg.): Armee im Aufbruch. Carola Hartmann Miles Verlag. Berlin 2014. S. 107-131.
[35] Siehe dazu: Marcel Bohnert: Armee im Aufbruch: Zum anhaltenden Diskurs um das Buch der „Leutnante 2014". In: Uwe Hartmann / Claus von Rosen (Hg.) Jahrbuch Innere Führung 2016. Carola Hartmann Miles Verlag. Berlin 2016. S. 238-260.
[36] Grundlegend hierzu: René Girard: La Violence et le Sacré. Bernard Grasset. Paris 1972. Jean Baudrillard: Der symbolische Tausch und der Tod. Matthes & Seitz. Berlin 1982. Georges Bataille: Theorie der Religion. Matthes & Seitz. Berlin 1997. Walter Burkert: Homo Necans. Interpretation altgriechischer Opferriten und Mythen. Zweite um ein Nachwort erweiterte Auflage. Verlag Walter de Gruyter. Berlin / New York 1997. Ingeborg Clarus: Das Opfer. Archaische Riten modern gedeutet. Patmos Verlag. Düsseldorf 2005.
[37] Ebenda. S. 110.

ein „neues Berufsethos" zur Stärkung der „geistigen Kampfkraft"[38] Das bedeutet für ihn jedoch keine „Söldnermentalität", sondern eine Ermächtigung zur militärischen Spitzenleistung und Befreiung von einer „politisierten" Dienstpraxis. Dadurch erzielt der militärische Führer einen „konstanten ethischen Schwerpunkt", einen „kollektiven Gewinn" und den „so dringend benötigten Esprit de Corps". Dies erfordert jedoch ein „homogenes Führerkorps", das sich jenseits der pluralistischen, dekadenten, defätistischen und hedonistischen Gesellschaftskreise behaupten kann.[39] Die Herauslösung der entpolitisierten und professionalisierten Führerpersönlichkeit aus dem verachteten Gesellschaftskonnex befreit diese in den Augen der Untergebenen vom Stigma des Systems. Doch ein solches Führungsideal zeugt nicht nur von einem Kulturpessimus in Reinform, sondern bedeutet auch den Todesstoß für das Leitbild vom Staatsbürger in Uniform. Wie hatte doch seinerzeit Generalmajor Schultze-Rhonhof gewarnt? „Soldaten, die nur noch ihren Beruf lieben und denen ihr Land gleichgültig geworden ist, sind gefährlich. Lasse niemand die Nation zum emotionalen Vakuum verkommen."[40] Es ist schon erstaunlich, dass diese fulminanten Thesen eines jungen Kampftruppenoffiziers trotz alledem nur relativ oberflächlich in Bundeswehr und Zivilgesellschaft diskutiert wurden. Zudem meldeten sich etliche unberufene „Funkwiederholer", deren Textkenntnis blamabel dürftig war.

---

[38] Ebenda. S. 117.
[39] Ebenda. S. 119-122.
[40] Gerd Schultze-Rhonhof: Wozu noch tapfer sein? Resch Verlag. Gräfelding 1997. S. 296.

Ein vorläufiges Fazit

> *I vow to thee, my country, all earthly things above,*
> *Entire and whole and perfect, the service of my love,*
> *The love that asks no question, the love that stands the test,*
> *That lays upon the altar the dearest and the best.*
> *The love that never falters, the love that pays the price,*
> *The love that makes undaunted the final sacrifice.*
>
> (Sir Cecil Spring-Rice: I Vow to Thee, My Country. 1918)

Heroisch oder postheroisch – die Realität ist stets komplexer und widersprüchlicher als ihre Beobachtung, Benennung und Bewertung. Helden und Heldinnen im Sinne von Menschen, die sich durch eine besondere Haltung oder Tat vom Durchschnitt ihrer Mitmenschen abheben, hat es immer gegeben und wird es immer geben. Ob aus diesen Heldentaten ein 'bonum arduum'[41] oder ein Verbrechen resultiert, ist häufig nur eine Frage der Perspektive – nicht nur der Zeitgenossen, sondern auch der Nachwelt. Der militärische Widerstand des 20. Juli 1944 ist dafür ein beredtes Beispiel. Auch die Bundeswehr braucht Helden – als Vorbilder[42] für ihre Sinngebung, ihre Identität und ihre Tradition, das heißt: für ihre Zukunft. Doch dieses Heldentum darf zu keiner gesellschaftlichen Isolierung oder politischen Arkanisierung führen. Die Zeiten der „Männerbünde" und des „heroischen Realismus", der rasch in den Nihilismus

---

[41] Josef Pieper: Vom Sinn der Tapferkeit. Verlag Jakob Hegner. Leipzig 1934. S. 25. ('bonum arduum' als das steile Gut in der 'Summa theologiae' des Thomas von Aquin, das der tugendhafte Mensch erstrebt.)

[42] Wie schwer man sich mit dem Begriff 'Vorbild' schon früher tat, belegt eine fachliche Kommentierung zu § 10 (1) des Soldatengesetzes. „Der Vorgesetzte soll in seiner Haltung und Pflichterfüllung ein Beispiel geben." Die diesbezügliche Kommentierung lautet: „Mit dieser Formulierung hat sich der Gesetzgeber bewusst gegen den vermeintlich nur terminologischen Verbesserungsvorschlag des BR (BT-Drs. II/1700, 38) entschieden, der die Worte 'ein Beispiel geben' durch die Worte 'Vorbild sein' ersetzen wollte. Vorgesetzte sollten nicht in ihrer Person als *Vorbild* hingestellt werden. Ziel war es, die Objektivität soldatischer Tugenden hervorzuheben, um irrige subjektive Vorstellungen in Richtung einer Heroisierung von Vorgesetzten zu vermeiden." (In: Soldatengesetz. Kommentar von Dieter Walz, Klaus Eichen, Stefan Sohm, Stefan Hucul und Jürgen Ewald. 3. neubearbeitete Auflage. Verlag C. F. Müller. Heidelberg 2016. S. 178f.

münden kann⁴³, sind vorbei. Wer davon immer noch oder schon wieder träumt, sollte tatsächlich darüber nachdenken, ob diese Bundeswehr für ihn die richtige Armee ist.

Wahre Helden sind keine Phantasmagorien⁴⁴ oder Ideologeme, sondern Menschen aus Fleisch und Blut. Ihr Entwicklungsgang, der Irrwege nicht ausschließt, macht sie erst authentisch, vorbildlich und fassbar. Helden müssen auch nicht bereits tot sein, um als Helden gelten zu können. Eine Postmortem-Prämisse kann und darf daher kein Kriterium für einen echten Heroismus sein, der in erster Linie dem Leben, der Sinngebung und der Gemeinschaft dient, nicht dem Tod, dem Nihilismus und der Selbstvergötterung. Denn der Urgrund des Heroismus ist eine selbstlose und bedingungslose Liebe, die bis zur eigenen Hingabe besteht. Ein solcher Heroismus beruht auf dem Streben nach der zeitlosen Kardinaltugend der Tapferkeit, die zum rechten Leben und notfalls auch beim Sterben hilft. Antoine de Saint-Exupéry hat diesen Sinngehalt in seinem Buch 'Flug nach Arras' (1942) in ein großes Bild gefasst, das von Patriotismus und Gemeinschaft, Heimat und Humanität zugleich spricht: „Man stirbt für ein Heim. Nicht für Möbel und Mauern. Man stirbt für einen Dom. Nicht für Steine. Man stirbt für ein Volk. Nicht für eine Menge. Man stirbt aus Liebe zum Menschen, wenn er der Schlussstein im Gewölbe einer Gemeinschaft ist. Man stirbt für das allein, aus dem man leben kann."⁴⁵

Dieser Beitrag konnte die komplexen Zusammenhänge der Themenstellung in dem gebotenen Umfang sicherlich nicht erschöpfend behandeln. Viele Fragen mussten offen bleiben, können dadurch aber auch zur eigenen Auseinandersetzung mit dem Thema und zur Lektüre von hier aufgezeigter Fachliteratur an-

---

⁴³ Der Begriff 'Heroischer Realismus' wurde 1930 von dem späteren NS-Karrierejuristen Werner Best geprägt (in seinem Beitrag 'Der Krieg und das Recht' zum Sammelband 'Krieg und Krieger'. Hrsg. von Ernst Jünger. Verlag Junker und Dünnhaupt. Berlin 1930). Ernst Jünger hat diesen Begriff ebenfalls gebraucht. Aufgrund der nihilistischen Elemente in dieser Geisteshaltung wurde der Begriff 'Heroischer Nihilismus' geprägt. Siehe hierzu insbesondere: Alfred von Martin: Der heroische Nihilismus und seine Überwindung. Ernst Jüngers Weg durch die Krise. Scherpe-Verlag. Krefeld 1948. (Eine Pflichtlektüre für alle, die Ernst Jünger lesen!)

⁴⁴ Vgl. hierzu: 'Heldengedenken. Über das heroische Phantasma' Sonderheft Merkur. Deutsche Zeitschrift für europäisches Denken. Hrsg. von Karl Heinz Bohrer und Kurt Scheel. Heft 9/10. Klett Cotta. Berlin 2009.

⁴⁵ Antoine de Saint-Exupéry: Gesammelte Schriften in drei Bänden. dtv. München 1978. Band 1. S. 481.

regen. Mit dem daraus gewonnenen Wissen kann die weitere, höchst notwendige Diskussion nur gewinnen.

Integration der NVA als Erfolgsmodell?
Reinhold Robbe / Dierk Spreen

Überblick
Der vorliegende Text skizziert die Abwicklung der Nationalen Volksarmee und die Übernahme von Angehörigen der Nationalen Volksarmee der DDR (NVA) durch die Bundeswehr nach der Wiedervereinigung Deutschlands in der ersten Hälfte der neunziger Jahre.[1] Dieser Prozess war 1994 abgeschlossen.

Politische Rahmenbedingungen
Am 9. November 1989 fiel in Berlin die Mauer. Damit endete die Abschottung der Deutschen Demokratischen Republik (DDR) vom Westen und insbesondere von der Bundesrepublik Deutschland. Nachträglich markiert dieses Datum das Ende des Ost-West-Konflikts und des Zeitalters der Abschreckung, denn nicht einmal ein Jahr später konnten die Deutschen mit der Zustimmung aller Siegermächte (USA, UdSSR, GB, Frankreich) die Wiedervereinigung ihrer Nation vollziehen.

Voraussetzung dieser Vereinigung war der sogenannte Zwei-plus-Vier-Vertrag, der am 12. September 1990 in Moskau von den Siegermächten und den beiden deutschen Staaten unterzeichnet wurde und der die politischen Modalitäten der Wiedervereinigung regelte. Er legte u.a. fest, dass es auf deutschem Boden in Zukunft nur eine Armee, nämlich die Bundeswehr, geben sollte. Die Bundeswehr sollte als Ganzes Teil der NATO sein, aber nicht mehr als 370.000 Mann umfassen. Außerdem regelte der Vertrag den Abzug der Siegermächte, soweit es sich hierbei um Besatzungstruppen handelte. Die Bundesrepublik Deutschland erhielt mit dem endgültigen Inkrafttreten des Vertrages ihre vollständige Souveränität und umfasste das Staatsgebiet Westdeutschlands einschließlich West-Berlins sowie der ehemaligen DDR.

Gegen Ende der 1990er Jahre verfügte die Bundeswehr über eine Mannstärke von 495.000 Soldaten und weitere 183.000 zivile Mitarbeiter. Der Umfang der Nationalen Volksarmee betrug bei der Wiedervereinigung rund 90.000 Soldaten und 48.000 zivile Mitarbeiter. Ihre Soll-Stärke zu Jahresbeginn betrug dage-

---
[1] Bei dem vorliegenden Beitrag handelt es sich um die erweiterte Fassung einer ursprünglich für die Friedrich-Ebert-Stiftung erstellten, unveröffentlichten Studie.

gen noch 175.000 Mann. Damit war im Prinzip klar, dass sich die Vereinigung beider Armeen als Auflösung der NVA und individuelle Übernahme ehemaliger NVA-Mitglieder gestalten würde. Ebenso klar war, dass innerhalb weniger Jahre eine substanzielle Reduktion der Truppenstärke anzustreben war. Die Übernahme von NVA-Personal war also als Auswahlprozess zu gestalten.

Der Einigungsvertrag vom 31. August 1990 gestaltete die Wiedervereinigung als Beitritt der DDR zur Bundesrepublik Deutschland. Mit der Wiedervereinigung am 3. Oktober 1990 hörten die DDR und ihre Organe auf zu existieren, darunter auch die NVA. Zudem regelte der Vertrag, dass »die Soldaten der NVA nicht anders behandelt [werden] sollten als die anderen Angehörigen des ›öffentlichen Dienstes‹ der DDR. Dies hatte den Vorteil, dass die Soldaten weder bevorzugt noch benachteiligt wurden« (Carl 1995: 457).

Reformbestrebungen innerhalb der NVA

Nach dem Fall der Berliner Mauer setzten innerhalb der NVA Reformbestrebungen ein, die das innere Gefüge der NVA, die Beziehungen zur Gesellschaft und das soldatische Selbstbild problematisierten. Diese Reformbestrebungen orientierten sich sicherlich nicht zufällig an dem im Westen gängigen Leitbild des »Staatsbürgers in Uniform«.

Die NVA ging ursprünglich aus der kasernierten Volkspolizei hervor und spielte innerhalb der sozialistischen Gesellschaftsordnung eine bedeutsame Rolle nicht nur als Verteidigungsinstrument gegen äußere Bedrohungen, sondern auch als Herrschaftsinstrument nach innen. Die Gesellschaftsordnung der DDR war grundsätzlich in vielem an militärischen Strukturen orientiert – auch außerhalb der Armee wirkten militärische Strukturen und Prinzipien. Soziologisch spricht man hier von einem »militarisierten Sozialismus« (Leonhard 2016: 98), teilweise machen sich typische Strukturen einer »Kriegsgesellschaft« bemerkbar (Kruse 2015), d. h. der Unterordnung des zivilen und ökonomischen Lebens unter hierarchische und quasi-militärische Steuerungsprinzipien. Dabei diente die Volksarmee aber immer der Herrschaftssicherung der Sozialistischen Einheitspartei Deutschlands (SED). Die SED hatte die Armee praktisch vollständig unter ihrer Kontrolle, weil sie innerhalb des Militärs eigenständige Machtstrukturen aufbaute, die die militärische Hierarchie überlagerten. Zudem unterhielt das Ministerium für Staatssicherheit (»Stasi«) ein umfangreiches Spitzelsystem innerhalb der Armee. Marxistisch-leninistische Indoktrination (»Rotlichtbestrahlung«) war Kern der politischen Bildung der Offiziere (Kutz 2006:

139). Die NVA war somit eine »Partei-Armee« und kein selbständiger Machtfaktor.

Der Preis für diese Entwicklung war eine weitgehende Abschottung von der Gesellschaft, eine geringe gesellschaftliche Anerkennung als staatliche Institution, das Primat politischer Linientreue gegenüber professionellen Kompetenzen und Fachwissen in der Offizierslaufbahn, politisch-militärische Doppelstrukturen, Feindbildprägung (Vorrang des »Klassenstandpunktes« vor den Menschenrechten), Indoktrination und Erziehung zur Unselbstständigkeit. »So war das Grundprinzip auch des militärischen Verhaltens, sich für die kleinsten Entscheidungen offizielle Anweisungen einzuholen.« (Kutz 2006: 140) Insbesondere gegenüber den Wehrpflichtigen herrschte ein letztlich aus der nationalsozialistischen Wehrmacht übernommenes Führungs- und Leitbildprinzip vor, denn Offiziere mit bürgerlicher Bildung waren in der frühen DDR verbrämt, weshalb der »Militarismus der kleinen Leute« subkulturell durchschlug. Unhintergehbare Professionalisierungszwänge führten später zu einer sozialstrukturellen Veränderung innerhalb der NVA. Sie wandelte sich von einer »Armee der Arbeiterklasse« zu einer »Armee der sozialistischen Dienstklasse und der Mitglieder der Staatspartei« (Leonhard 2016: 106).

Diese gravierenden Mängel führten zu einer hohen Unzufriedenheit innerhalb der NVA. Sie wurden in der kurzen Episode, die zwischen den ersten freien Wahlen zur Volkskammer im März 1990 und dem Beitritt der DDR zur Bundesrepublik im Oktober desselben Jahres lag, deutlich sichtbar. Es wurden umfangreiche Reformvorschläge erarbeitet, die der seinerzeitige DDR-Verteidigungsminister Rainer Eppelmann dadurch befeuerte, dass er die Hoffnung auf eine Zukunftsrolle der NVA als zweiter deutscher Armee weckte. Eppelmann ging davon aus, dass die UdSSR keine NATO-Verbände auf ostdeutschem Boden zulassen würde. Diese Hoffnung erwies sich als trügerisch. Die westdeutsche Seite dagegen setzte von Anfang an auf das Konzept einer einheitlichen Bundeswehr mit vollständiger NATO-Mitgliedschaft.

Im Wesentlichen umfassten die NVA-internen Reformbestrebungen eine *Neubestimmung des Auftrags* (Friedensauftrag, Sicherheitspartnerschaft, Abrüstung, militärische Gewalt gilt nicht länger als Fortsetzung der Politik mit anderen Mitteln), der *zivil-militärischen Beziehungen* (Entflechtung von Armee und Partei, Parlamentsarmee, Überwindung der Abschottung von der Bevölkerung) sowie des *inneren Gefüges der NVA* (Umsetzung der westdeutschen Konzepte vom »Staatsbürger in Uniform« und der »Inneren Führung«) (vgl. Heider 1995: 426-436). Auch wenn diese Bestrebungen letztlich zu spät kamen und von dem rasanten Einigungsprozess überrollt wurden, stellten sie doch eine umfassende Neuausrichtung dar, die *aus der NVA selbst hervorging* und zu den Voraussetzungen des erfolgreichen Übernahmeprozesses von NVA-Soldaten in die Bundeswehr gerechnet werden muss.

Noch vor der Wiedervereinigung rückte der DDR-Verteidigungsminister Eppelmann von der Vorstellung einer eigenständigen NVA ab. Danach entließ er alle Soldaten über 55 Jahre, alle Generale und Admirale und alle weiblichen Soldaten aus der NVA.

Eingliederung in die Bundeswehr

Die Bundesregierung präferierte von Anfang an das Konzept einer einheitlichen Bundeswehr und der raschen Auflösung der NVA. Dieser politische Wille lag ganz in der Richtung aller anderen Entscheidungen und manifestierte sich auch im Einigungsvertrag. Auf Seiten der DDR gehegte Hoffnungen auf eine Übergangszeit mit einer verkleinerten und reformierten, aber eigenständigen zweiten Armee waren trügerisch und letztlich auch politisch naiv. Nicht zuletzt ging es der westdeutschen Seite darum, das sozialistische und militarisierte Gesellschaftsmodell nachhaltig und grundsätzlich in Frage zu stellen, um keinerlei Zweifel an der Demokratietreue deutscher militärischer Kräfte aufkommen zu lassen. Dies führte auf Seiten ehemaliger NVA-Soldaten bzw. ehem. Mitarbeiter der DDR-Verwaltung anfangs zu persönlichen Anerkennungsproblemen und Degradierungserfahrungen. Zur Abfederung dieser Erfahrungen hätte aus heutiger Sicht sicherlich mehr getan werden können; gleichwohl war die grundsätzliche Infragestellung der NVA und des dahinterstehenden militarisierten Gesellschaftsmodells wichtig, um den Prinzipien der durch und durch zivilen, individualistischen und parlamentarisch-demokratischen Gesellschaftsordnung nachhaltig Geltung zu verschaffen.

Eine Integration der NVA oder einzelner NVA-Verbände in die Bundeswehr war folglich ausgeschlossen. Vielmehr wurde ehemaligen NVA-Soldaten das Angebot gemacht, sich um eine Übernahme in die Bundeswehr zu bewerben.

Zunächst wurden am 3. Oktober 1990 fast alle NVA-Soldaten von der Bundeswehr vorläufig übernommen. 39.000 davon waren Wehrdienstleistende, die unter Anerkennung ihrer bereits bei der NVA geleisteten Dienstzeit ihren Wehrdienst in der Bundeswehr beendeten. Letztlich blieben 51.000 vorläufig in die Bundeswehr übernommene Zeit- und Berufssoldaten. Rund 50.000 davon galten als »Weiterverwender«. Ihnen wurde ein vorläufiger Bundeswehr-

Dienstgrad zugewiesen, der nach Beendigung der Weiterverwendung seine Gültigkeit verlor. Weitere 1.000 wurden in den Wartestand versetzt. Das geschah, wenn sie Einheiten oder Einrichtungen angehörten, die nach der Vereinigung nicht in die Bundeswehr überführt wurden. Soldaten im Wartestand wurden nach sechs Monaten entlassen, sofern sie keine Verwendung in einem anderen Verwaltungsbereich fanden.

Die politischen Vorgaben sahen 30.000 Planstellen für ehemalige NVA-Angehörige vor, 5.000 davon waren befristet. Von den vorläufig übernommenen Zeit- und Berufssoldaten stellten rund 25.000 einen Antrag auf Übernahme als Soldat auf Zeit für zwei Jahre (SaZ 2). Von diesen wurden 18.000 in die zweijährige Probezeit übernommen, davon 6.000 Offiziere. Die anderen schieden aus dem Militärdienst aus und hatten Anspruch auf eine einmalige Übergangszahlung oder ein Übergangsgeld für sechs bzw. neun Monate (auf Antrag). Offiziere im Generals- oder Admiralsrang wurden grundsätzlich nicht übernommen und enthielten mit der Wiedervereinigung ihre Entlassungspapiere. Das betraf auch fast alle Obersten. Von den sich bewerbenden Offizieren wurde etwa die Hälfte übernommen. Von den Unteroffiziers- bzw. Mannschaftsdienstgraden wurden dagegen mehr als 90 bzw. 80 % übernommen.

Ab dem 1. Oktober 1991 konnten sich die vorläufig übernommenen Zeitsoldaten auf eine Übernahme als Berufssoldat bzw. eine weitere Dienstzeitverlängerung als Soldat auf Zeit (3 bis 15 Jahre) bewerben. Aus diversen Gründen wurden letztlich 10.800 Soldaten in der Bundeswehr weiterbeschäftigt.

Maßgeblich für die letztliche Übernahme in die Bundeswehr waren diverse Auswahl- und Beurteilungsverfahren. Diese waren im Einzelnen:

- Zuordnung von Laufbahnen und (häufig auch neuen, herabgestuften) Dienstgraden durch die »Gruppe Personal« in der Außenstelle des Bundesverteidigungsministeriums in Strausberg sowie eine
- Verfassungstreueprüfung: Mitarbeit bei der Staatssicherheit oder beim Amt für Nationale Sicherheit der DDR, die Verwendung als »Politoffizier« oder die Zugehörigkeit zur militärischen Aufklärung schloss eine Weiterverwendung grundsätzlich aus.
- Im Falle eines Antrags auf Übernahme nach der zweijährigen Probezeit erfolgten ausführliche Laufbahnbeurteilungen durch mindestens zwei Vorgesetzte nach Charakter, Leistung und Eignung. Außerdem erfolgte

- eine Sicherheitsüberprüfung durch den Militärischen Abschirmdienst (MAD),
- eine Anfrage an die »Gauck-Behörde« (Überprüfung auf Erkenntnisse über eine Zusammenarbeit mit der DDR-Staatssicherheit) sowie
- die Überprüfung durch einen unabhängigen Personalgutachterausschuss. Dieser Vorgang war vergleichbar mit der Überprüfung ehemaliger Wehrmachtsangehöriger des Nazi-Regimes bei Eintritt in die Bundeswehr Mitte der 1950er Jahre.

Das mehrfach gestaffelte Auswahlverfahren sollte sicherstellen, dass nur solche Personen weiterbeschäftigt wurden, die in fachlicher wie demokratischer Hinsicht geeignet waren. Zusätzlich aber galt es, den neuen Offizieren das notwendige fachliche und demokratische Wissen zu vermitteln. Dies wurde erreicht durch:

- Vorlaufsausbildung durch eine zweiwöchigen Lehrgang noch im Rahmen der NVA,
- Ergänzungslehrgänge mit mehrwöchiger Dauer an den Schulen des Heeres, am Zentrum für Innere Führung und an der Führungsakademie der Bundeswehr (FüAkBw),
- fachliche Umschulungslehrgänge,
- Bereitstellung von Unterlagen zur Inneren Führung zum Selbststudium,
- Truppenpraktika an westdeutschen Standorten von vier bis sechs Wochen Dauer,
- Zweiwöchiger Lehrgang zur Inneren Führung,
- Einweisung am künftigen Arbeitsplatz,
- Patenschaften mit Großverbänden im Westen.

Schon zuvor hatte es informelle und formelle Kontakte zwischen Angehörigen der Bundeswehr und der NVA gegeben. Dieser Austausch wurde von beiden Verteidigungsministerien gefördert und sollte die Grundsätze der Inneren Führung vermitteln.

Die ersten neun Monate wurden die Bundeswehrverbände auf dem Territorium der ehem. DDR vom Bundeswehrkommando Ost (BwKdo Ost) geführt. Erstmals nach Ende des Zweiten Weltkrieges bestand damit wieder ein militärisches Oberkommando in Deutschland: Land-, Luft- und Seestreitkräfte waren einem militärischen Befehlshaber unterstellt (Scheven 1995: 475, 478-480, Schönbohm 1995: 413f.). Am 1. Juli 1991 ging das Oberkommando wieder, wie es für die Parlamentsarmee üblich ist, an den Verteidigungsminister über.

Zum Materialbestand der NVA gehörten zum Schluss fast 2300 Kampfpanzer, knapp 9.000 gepanzerte Kampf- und Spezialfahrzeuge, 192 Kriegsschiffe und andere Marinefahrzeuge, rund 700 Luftfahrzeuge, 5.000 Artillerie-, Raketen- und Luftabwehrsysteme, etwa 85.000 Kraftfahrzeuge und Anhänger, mehr als 1,2 Millionen Handfeuerwaffen, ungefähr 295.000 t Munition und zirka 4.500 kritische flüssige Stoffe (Raketentreibstoff). Dazu kamen große Mengen weiteres Material (Ersatzteile, Liegenschaftsmaterial, Fernmeldegerät, Pionier- und Baumaschinen, Bekleidung etc.). Das gesamte Material wurde sorgfältig klassifiziert. Nur wenig wurde übernommen, ein kleiner Teil wurde unentgeltlich abgegeben oder verkauft. Das Meiste wurde entsorgt (Bundesministerium der Verteidigung 1994: 17). Die Liegenschaften der NVA befanden sich bei der Übernahme i.d.R. in einem sehr schlechten Zustand. Fast dreiviertel wurden nicht mehr benötigt und an die Bundesvermögensämter übergeben. Die knapp 600 Liegenschaften, die weiter genutzt werden sollten, wurden saniert. Der Bauwirtschaft in den neuen Bundesländern verschafften diese Aufträge eine notwendige Anschubfinanzierung, die für die wirtschaftliche Integration wichtig war. Von den 62 militärischen Truppenübungsplätzen wurden nur wenige übernommen. Die anderen wurden unter Berücksichtigung der Umweltschutzstandards verantwortungsvoll abgewickelt. Auch hier förderte die Altlastentsorgung die regionale Wirtschaft.

Armee der Einheit

Die Abwicklung der NVA und die Übernahme in die Bundeswehr war für die NVA-Angehörigen ein psychologisch schwieriger Prozess. Die über Jahrzehnte bestehende berufliche Sinngebung verlor mit einem Schlag ihre Gültigkeit und wurde durch Narrative des vormaligen Gegners ersetzt. Für die nicht Übernommenen bedeutete das Ende der NVA einen Berufswechsel, zu einem großen Teil die Entlassung in die Arbeitslosigkeit. Die vorläufig Übernommenen hatten mit Zukunftsunsicherheit für sich und ihre Familie zu kämpfen. Hinzu kommen Degradierungserfahrungen. In der Regel wurde bei der Übernahme der Dienstgrad entsprechend den ganz anderen Anforderungen der Bundeswehr herabgesetzt. Als Institution wurde der NVA eine Rolle in der Traditionsbildung der Bundeswehr abgesprochen. Möglich ist es allerdings, dass einzelne NVA-Angehörige, deren Handeln »vorbildlich oder sinnstiftend in die Gegenwart wirkt«, in das Traditionsgut der Bundeswehr aufgenommen werden. Das gilt etwa für Fälle, die »die Auflehnung gegen die SED-Herrschaft oder besondere Verdienste um die Deutsche Einheit« betreffen (Die Tradition der Bundeswehr 2018: 6).

Umso wichtiger war es, den Übernahmeprozess so transparent wie möglich zu gestalten. Maßgebliche Akteure legten großen Wert darauf, dass den Angehörigen der NVA eine »faire Chance« geboten wurde (Schönbohm 1995: 411). Der Befehlshaber BwKdo Ost etwa bestand darauf, dass die Angehörigen der Bundeswehr »nicht als Sieger zu Besiegten, sondern als Deutsche zu Deutschen […] kommen.« (Schönbohm 1995: 412). Auch der Titel seiner tagebuchartigen Zusammenfassung des Prozesses lässt das integrative Leitbild deutlich werden: »Zwei Armeen und ein Vaterland« (Schönbohm 1992).

Ausgehend von den Erfahrungen bei der Wiedervereinigung prägte die Bundeswehr die Erzählung von der »Armee der Einheit«. Dieses Narrativ betont die gemeinsame Verantwortung aller Bundeswehrangehörigen für die militärische Vereinigung. Diese Rahmenerzählung ist von erheblicher politischer Bedeutung, denn sie liefert ein glaubwürdiges Sinnstiftungsangebot, dass die Erfahrungen der Soldaten aus der ganzen Bundeswehr – also inklusive der ehemaligen NVA-Soldaten – aufnimmt und zum Ausdruck bringt. Das Narrativ von der »Armee der Einheit« erscheint nicht als von oben aufgezwungen, sondern schließt die Sinnlücke, die gerade auf Seiten der ehemaligen NVA-Angehörigen entstanden ist.

Entsprechend werden Engagement und Zuverlässigkeit auch der ausgeschiedenen NVA-Mitglieder von der Bundesregierung gewürdigt: »Der bisherige Erfolg wäre nicht möglich gewesen ohne das beispiellose Engagement der Soldaten und der zivilen Mitarbeiter der Bundeswehr. Er wäre ebenso wenig möglich gewesen ohne die loyale und zuverlässige Mitarbeit der Angehörigen der ehemaligen NVA, auch derjenigen, die inzwischen ausgeschieden sind. Trotz einer ungewissen persönlichen Zukunft haben sie ihren Beitrag beim Aufbau der Armee der Einheit geleistet« (Bundesministerium der Verteidigung 1994: 20).

Kritisch muss aus heutiger Sicht gefragt werden, ob die Zahl der in die Bundeswehr übernommenen ehemaligen NVA-Angehörigen – insbesondere aus dem Bereich der Offiziere – nicht wesentlich höher hätte sein können. Erstaunlicherweise war der gesamte Integrationsprozess vollkommen unproblematisch und verlief aus Sicht der Zivilgesellschaft geradezu »geräuschlos«. Der Grund hierfür ist die offensichtlich schnelle mentale Anpassung der ehemaligen NVA-Soldaten an die neuen inhaltlichen Rahmenbedingungen in der Bundeswehr. Diese Anpassungsfähigkeit kann deshalb auch einem Großteil jenes NVA-Offizierskorps unterstellt werden, der keine Chance hatte, von der Bundeswehr übernommen zu werden.

Ebenfalls kritisch zu beurteilen ist, dass das Schicksal der großen Mehrheit der NVA-Angehörigen, die nicht übernommen wurden, gewissermaßen aus dem Diskurs gefallen ist. Das BMVg erklärte sich für nicht zuständig, weil die ausgeschiedenen NVA-Angehörigen rechtlich nicht mehr in den Geschäftsbereich des Ministeriums fallen würden (Leonhard 2016: 147). Die Probleme der Ausgegrenzten wurden somit quasi »offiziell« unsichtbar gemacht. Für gesamtgesellschaftliche Integrationsbemühungen sind solche Wahrnehmungsschranken allerdings kontraproduktiv, denn die betroffenen Menschen verschwinden nicht. Umso wichtiger sind erfolgreiche Integrationsaktivitäten seitens anderer gesellschaftlicher Akteure. Ein Beispiel dafür ist die Biographie des ehemaligen NVA-Generalmajors und ersten deutschen Astronauten Sigmund Jähn, der nach dem Ausscheiden aus der militärischen Laufbahn vom *Deutschen Zentrum für Luft- und Raumfahrt* (DLR) und von der ESA als Berater beschäftigt wurde.

Als moralisches Armutszeugnis muss insbesondere die viel zu späte Entschädigung von radarstrahlengeschädigten ehemaligen Soldaten der Nationalen Volksarmee betrachtet werden. Erst 21 Jahre nach der Vereinigung beider deutscher Armeen gelang es, aufgrund eines fraktionsübergreifenden Entschließungsantrages des Deutschen Bundestages, auch die Radarstrahlengeschädigten der NVA einzubeziehen. Vorher waren viele Bemühungen verschiedener Akteure im Deutschen Bundestag, im Deutschen Bundeswehrverband sowie die Feststellungen und Aufforderungen der jeweiligen Wehrbeauftragten des Deutschen Bundestages erfolglos geblieben (Unterrichtung durch den Wehrbeauftragten 2012: 39).

Verbandspolitische Integrationsleistungen

Von besonderer Bedeutung sind die integrationspolitischen Aktivitäten des *Deutschen Bundeswehrverbandes* (DBwV), der die bei weitem mitgliederstärkste und politisch durchschlagkräftigste Interessenvertretung der Bundeswehrangehörigen und der zivilen Beschäftigten der Bundeswehr darstellt. Bereits 1989 knüpfte der DBwV Kontakte zur NVA und strebte eine Kooperation an. Er unterstützte die Gründung des *Verbands der Berufssoldaten* (VBS), der am 20. Januar 1990 gegründet wurde und eine unabhängige Vertretung der NVA-Angehörigen gegenüber dem Dienstherrn darstellte – aus der Sicht einer »Staatspartei-Armee« (Bald 2005: 137) schlichtweg ein unerhörter Vorgang. Die Statuten des VBS orientierten sich dabei vielfach an Empfehlungen, die der DBwV gegeben hatte (Wenzel 2007: 117). Die Zusammenarbeit schlug sich in gemeinsamen Veranstaltungen beider Verbände nieder, darunter Seminare, Vorstandssitzungen und Tagungen (Wenzel 2007: 117, Kirchhübel 2007: 120). Bis zum 3.10.1990 konnte der VBS 46.000 Mitglieder gewinnen.

Im Zuge der raschen Abwicklung der DDR löste sich allerdings auch der VBS wieder auf. Im Anschluss wurde seitens des DBwV analog zur individuellen Übernahme in die Bundeswehr das Modell des individuellen Beitritts verfolgt. Knapp 27 Prozent der Mitglieder des VBS haben diese Möglichkeit wahrgenommen (Kirchhübel 2007: 120). Zwar wurde diskutiert, ob der VBS als Unterabteilung des DBwV bestehen bleiben solle, »um die Interessen der ehemaligen NVA-Angehörigen wirksam vertreten zu können« (Die Bundeswehr 5/2016: 43), aber letztlich wurde diese Überlegung aus rechtlichen Gründen verworfen. Für den Aufbau der neuen Regionalgliederungen in den neuen Bundesländern übernahmen bestehende Landesverbände des DBwV dann Patenschaften, was schließlich zur Struktur des heutigen Landesverbandes Ost führte. Beim Aufbau der Bundeswehr in den neuen Bundesländern griff man dann auf das Vorbild der Patenschaften zurück.

Nach der Wiedervereinigung traten 12.000 VBS-Mitglieder in den Bundeswehrverband ein. Viele davon haben nicht oder nur ganz kurz als Weiterverwender in der Bundeswehr gedient. Das heißt, dass auch ehemalige Mitglieder der NVA in den Bundeswehrverband eintreten konnten, wenn sie nicht in der Bundeswehr gedient hatten. Einschränkungen für den Eintritt gab es seitens des Verbandes nicht. Von den heute im Landesverband Ost des DBwV organisierten 8.000 Ehemaligen sind nach Schätzung des Landesvorsitzenden des LV Ost, Uwe Köpsel, etwa 4.000 ehemalige Soldaten auf Zeit, die heute folglich Soldaten der Reserve sind. 4.000 sind außer Dienst (»a.D.«). Köpsel schätzt, dass davon mindestens noch 1.000 ehemalige NVA-Berufssoldaten ohne Bw-Dienstzeiten sind.[2]

Die mit der Übernahme von NVA-Angehörigen an den DBwV gestellte Aufgabe, deren spezifische Interessen wahrzunehmen, nimmt der Verband ernst. So wird zum Beispiel auf die nach wie vor bestehende Gerechtigkeitslücke in der Anrechnung der NVA-Dienstzeiten bei der Pensionierung hingewiesen (Die Bundeswehr 11/2017: 50). Diese Lücke ergibt sich daraus, dass die NVA-Dienstzeit infolge des Einigungsvertrages nicht als versorgungsrelevant anerkannt, sondern in die gesetzliche Rentenversicherung überführt wurde. Zwischen der Versetzung in den Ruhestand und Erhalt der Rentenversicherung mit 65 bzw. 67 Jahren kann damit eine erhebliche Versorgungslücke entstehen, die auf die Betroffenen wie ein nachträgliches Degradierungsritual wirken kann.

In der Gesamtbewertung muss man dem DBwV die Bestnote ausstellen: Transparente Kommunikation, Demokratisierung und Innere Führung als Ziele, aktive Unterstützung des VBS und nach 1990 das Angebot an ehemalige NVA-Soldaten, Mitglied im Bundeswehrverband zu werden, womit die zum Teil problematische Ausgrenzungspolitik der Bundesregierung konterkariert wurde.

Staatsbürger in Uniform

Das zweite Narrativ, das die aus der Abwicklung der NVA resultierende Sinnlücke füllte und sich während des Übernahmeprozesses sehr bewährt hat, resultiert aus der Inneren Führung, also aus der spezifischen Führungsphilosophie der westdeutschen Armee. Wesentliches Element dieser Erzählung ist das Leitbild des »Staatsbürgers in Uniform«. Der deutsche Soldat begreift sich als Teil der Gesellschaft, der ebenso wie alle anderen Bürger auch am öffentlichen Meinungsbildungsprozess teilhat, sich eigenständig eine politische Meinung bildet, informiert, diskutiert und selbstständig entscheidet – und das beiderseits der Kasernentore: Innere Führung statt äußere Führung!

Dieses Leitbild sieht den Soldaten nicht als bloßen Befehlsempfänger, sondern als eigenverantwortlichen und selbstständigen Akteur, der Teil der Zivilgesell-

---

[2] Unser Dank gilt Uwe Köpsel, der den Autoren diese Informationen auf Nachfrage zur Verfügung stellte.

schaft ist. Aus Sicht ehemaliger NVA-Angehöriger stellt es nachgerade das Gegenteil dessen dar, was sie kannten. Dies hat sich auf ihre Integration und ihre Motivation sehr positiv ausgewirkt.

Dass sich dieses Konzept ausgezeichnet mit dem wichtigen Prinzip des deutschen Militärs – der Auftragstaktik (»Führen mit Auftrag«) – verträgt, ist offensichtlich. Deutsche Soldaten lernen nach Auftrag zu handeln; sie arbeiten nicht detaillierte Befehlsfolgen ab, sondern entscheiden auf den diversen Ebenen und in Absprache mit ihren Kameraden selbstständig, wie ein Auftrag am besten auszuführen ist. Die Auftragstaktik trägt ganz wesentlich zur Kampfkraft deutscher Verbände bei.

Die Rede vom »Staatsbürger in Uniform« meint, dass die Bundeswehr dem Primat des Politischen unterliegt. Im Gegensatz zur NVA ist sie eine Parlamentsarmee. Die Soldaten nehmen am öffentlichen Leben teil, aber als Institution ist das Militär kein politischer Akteur. Diese Führungsphilosophie ist nicht nur die Grundlage für die Integration der Bundeswehr und ihrer Angehörigen in die Gesellschaft, sondern auch Garant für die Stabilität des politischen Systems. Die Bundeswehr ist die erste Armee auf deutschem Boden, die sich nicht von der Gesellschaft abschottet, die kein »Staat im Staate« bildet. Die Soldaten der Bundeswehr wiederum haben die grundgesetzlich verbriefte Garantie, nicht für politische Zwecke missbraucht zu werden. Eben deshalb kann die Demokratie sich so gut auf sie verlassen und umgekehrt.

Dass der Staatsbürger in Uniform nicht lediglich eine Variation des sozialistischen Soldatenbildes darstellt, mussten NVA-Angehörige allerdings erst lernen. Zur Zeit des Kalten Krieges galt die Bundeswehr als eine Armee für den Frieden (Kutz 2006: 152). Auch heute folgt sie diesem Imperativ, wobei allerdings die sicherheitspolitische Erweiterung des Friedensbildes berücksichtigt werden muss. Kampf und Gewaltausübung sind aber nach wie vor *nicht* der Sinnkern des Soldatenberufs, sondern die Sicherheit Deutschlands und seiner demokratischen Verfassung sowie die Sicherheit der Verbündeten. Die Bedeutung der Grund- und Menschenrechte für die Bundeswehr impliziert darüber hinaus, dass letztlich Weltsicherheit und Weltfrieden den Sinn des Soldatenberufs ausmachen – gerade auch »im Einsatz« (Spreen 2012). Eingestellt war und ist die Bundeswehr folglich in eine umfassende Delegitimierung des Krieges als Mittel der Politik (Baudissin 1970: 24, Anm. 2). Jörg Schönbohm berichtet nun, dass er auf den Diskussionsbeitrag eines NVA-Obersten, wonach »auch wir Soldaten der NVA [...] nach unserem Verständnis und Willen den Frieden gedient« hätten, entgegnete: »Herr Oberst, in der Bundeswehr dienen Sie für

Frieden und Freiheit, für Menschenrechte, so wie es im Grundgesetz steht – in der DDR hingegen dienten Sie einem Frieden um den Preis der Freiheit des einzelnen [...]. Dieses Verständnis vom Frieden ohne Bindung an die Menschenrechte und unser Grundgesetz reicht für die Zukunft nicht« (Schönbohm 1992: 80). Diese Argumentation macht nicht nur die Integration der Bundeswehr in das menschenrechtsbasierte Wertesystem der Bundesrepublik deutlich, sondern sie bringt auf den Punkt, warum es der Form nach keine Integration der NVA als solcher hätte geben können. Auch ohne die Vorgaben des Zwei-plus-Vier-Vertrages hätte der Integrationsprozess als Übernahme von Einzelnen vollzogen werden müssen, da das institutionelle Selbstverständnis beider Armeen letztlich zu unterschiedlich war.

Literatur

Bald, Detlef (2005): Die Bundeswehr. Eine kritische Geschichte 1955-2005. München: Beck.

Baudissin, Wolf Graf von (1970): Soldat für den Frieden. Entwürfe für eine zeitgemäße Bundeswehr, hg. und eingeleitet von Peter von Schubert. München: Piper.

Bundesministerium der Verteidigung (1994): Weißbuch 1994. Weißbuch zur Sicherheit der Bundesrepublik Deutschland und zur Lage und Zukunft der Bundeswehr. Bonn: Streitkräfteamt.

Carl, Karl-Heinz (1995): Wie die Wiedervereinigung die Hardthöhe erreichte! In: Bruno Thoß (Hg.): Vom Kalten Krieg zur deutschen Einheit. Analysen und Zeitzeugenberichte zur deutschen Militärgeschichte 1945 bis 1995. München: R. Oldenbourg, S. 451-461.

Die Bundeswehr. Das Magazin des Deutschen BundeswehrVerbandes.

Die Tradition der Bundeswehr. Richtlinien zum Traditionsverständnis und zur Traditionspflege (2018): https://www.bmvg.de/de/aktuelles/der-neue-traditionserlass-23232.

Heider, Paul (1995): »Nicht Feind, nicht Gegner, sondern Partner«. In: Bruno Thoß (Hg.): Vom Kalten Krieg zur deutschen Einheit. Analysen und Zeitzeugenberichte zur deutschen Militärgeschichte 1945 bis 1995. München: R. Oldenbourg, S. 419-442.

Kirchhübel, Horst (2007): Schritte zur gemeinsamen Interessenvertretung. In: Rüdiger Andel (Hg.): 50 Jahre Deutscher BundeswehrVerband 1956 – 2006. Dortmund: Lensing, S. 119-120.

Kruse, Volker (2015): Kriegsgesellschaftliche Moderne. Zur strukturbildenden Dynamik großer Kriege. Konstanz: UVK.

Kutz, Martin (2006): Deutsche Soldaten. Eine Kultur- und Mentalitätsgeschichte. Darmstadt: Wissenschaftliche Buchgesellschaft.

Kutz, Martin (2012): Umbruchzeiten: Militär und Gesellschaft 1945-2010. In: Dierk Spreen, Trutz von Trotha (Hg.): Krieg und Zivilgesellschaft. Berlin: Duncker & Humblot, S. 117-173.

Leonhardt, Nina (2016): Integration und Gedächtnis. NVA-Offiziere im vereinigten Deutschland. Konstanz: UVK.

Scheven, Werner von (1995): Die Bundeswehr und der Aufbau Ost. In: Bruno Thoß (Hg.): Vom Kalten Krieg zur deutschen Einheit. Analysen und Zeitzeugenberichte zur deutschen Militärgeschichte 1945 bis 1995. München: R. Oldenbourg, S. 473-503.

Schlaffer, Rudolf Josef (2015): »Armee der Einheit«. Die Transformation der deutschen Streitkräfte im Zuge der Wiedervereinigung. Online: http://www.bpb.de/politik/grundfragen/deutsche-verteidigungspolitik/199278/wiedervereinigung.

Schönbohm, Jörg (1992): Zwei Armeen und ein Vaterland. Das Ende der Nationalen Volksarmee. Berlin: Siedler.

Schönbohm, Jörg (1995): Die Bundeswehr im deutschen Einigungsprozeß 1989/90. In: Bruno Thoß (Hg.): Vom Kalten Krieg zur deutschen Einheit. Analysen und Zeitzeugenberichte zur deutschen Militärgeschichte 1945 bis 1995. München: R. Oldenbourg, S. 405-418.

Spreen, Dierk (2012): Weltmilitär. In: Detlef Buch (Hg.): Die Reform der Bundeswehr. Von Menschen für Menschen. Frankfurt am Main: Peter Lang, S. 51-59.

Spreen, Dierk (2014): Digitalisierung und Innere Führung. In: Uwe Hartmann, Claus von Rosen (Hg.): Jahrbuch Innere Führung 2014 – Neue Technologien als Herausforderung für die Innere Führung. Berlin: Miles-Verlag, S. 46-59.

Stoltenberg, Gerhard (1995): Sicherheitspolitische Verantwortung während der »friedlichen Revolution« in Ost und West. In: Bruno Thoß (Hg.): Vom Kalten Krieg zur deutschen Einheit. Analysen und Zeitzeugenberichte zur deutschen Militärgeschichte 1945 bis 1995. München: R. Oldenbourg, S. 447-452.

Unterrichtung durch den Wehrbeauftragten (2012): Jahresbericht 2011 (53. Bericht). Drucksache 17/8400 vom 24. 01. 2012. Online: dip21.bundestag.de/dip21/btd/17/084/1708400.pdf

Wanke, Florian (1992): Die NVA in der DDR. Eine Betrachtung im Lichte völkerrechtlicher Überlegungen. In: Detlef Bald (Hg.): Die Nationale Volksarmee. Beiträge zu Selbstverständnis und Geschichte des deutschen Militärs 1945-1990. Baden-Baden: Nomos, S. 79-86.

Wenzel, Rolf (2007): Einheit – auch bei der Interessenvertretung. In: Rüdiger Andel (Hg.): 50 Jahre Deutscher BundeswehrVerband 1956 – 2006. Dortmund: Lensing, S. 115-118.

Projekt „Tradition und Identifikation im HEER". Ein Arbeitsbericht.
Kai Uwe Bormann / Bernd Lawall[1]

> *„Es hat im 20. Jahrhundert wiederholt Versuche gegeben, die Tradition des deutschen Soldaten zu definieren; [...] Derartige Versuche haben Kontroversen ausgelöst, die noch immer nicht abgeschlossen sind."*
> – Prof. Dr. Donald Abenheim, 1989[2]

Neben zahlreichen Traditionen in der Bundeswehr ist die Frage nach und die Diskussion über die Tradition gleichfalls schon fast eine Tradition. Das ist erfreulich, zeigt es uns doch, dass die Bundeswehr eine selbstkritische Armee ist, bereit, sich selbst zu hinterfragen. Die 1806 bei Jena und Auerstedt untergegangene preußische Armee war eine sehr traditionsreiche Armee. Sie zerbrach mit Pauken und Trompeten an sich selbst. Die Reformer um Gerhard von Scharnhorst, Neidhardt von Gneisenau und Carl von Clausewitz, denen wir heute in der Bundeswehr einen Ehrenplatz einräumen, retteten diese Armee hinüber in eine neue Zeit. Sie brachen mit überlebten Traditionen. Die deutsche Armee, die 1945 in Trümmern lag, hatte gleichfalls zahlreiche Traditionen. Viele dieser Traditionen wurden von der Gründergeneration der Bundeswehr, Offiziere, die eben noch in dieser untergangenen Wehrmacht gedient hatten, bewusst nicht erhalten. Sie retteten die deutsche Armee in eine neue Zeit, in eine Welt, die sich vor einer erneuten Aufstellung deutscher Streitkräfte fürchtete. Rettung, weil nach den Verbrechen, die von deutschen Soldaten begangen worden waren, jede Form militärischer Neuformierung nur möglich sein durfte und konnte, wenn diese neuen deutschen Soldaten nicht in die Fußstapfen ihrer Väter traten. Rettung, weil die Bundeswehr ganz bewusst von einem neuen Geist beseelt sein sollte, dem Staatsbürger in Uniform, eingebunden in das Verteidigungsbündnis der NATO.

---

[1] Kommando Heer III 1(1), Referatsleiter Oberst i.G. Hüttel.
[2] Abenheim, Donald, Bundeswehr und Tradition. Die Suche nach dem gültigen Erbe des deutschen Soldaten, München 1989, S. 8 (= Beiträge zur Militärgeschichte, Band 27).

Ein Wesensmerkmal der Bundeswehr ist daher die ständige kritische Selbstreflexion: Erfüllen wir die Anforderungen unseres Auftrages und genügen wir den Ansprüchen an uns selbst? Dafür verdient sie Lob und Anerkennung.

> *„Der Zweck der Traditionspflege ist, die Modernität zu ermöglichen. Es geht also nicht um nostalgische Folklore oder eine politisch heikle Erinnerung an vergangene Heldentaten, sondern um das kollektivpsychologische Gleichgewicht einer Organisation, die sich wie kaum eine andere der Zukunft zu stellen hat."* – Prof. Dr. Herfried Münkler, 2018[3]

Gemäß dieser Forderung stellte sich die Bundeswehr und ihre politische Führung nach einer heftigen öffentlichen und internen Debatte als Folge der Reaktionen auf das Auffinden einer Wandzeichnung eines Wehrmachtssoldaten in einer Liegenschaft des Heeres 2017 erneut die Gretchenfrage: „Nun sag, wie hältst du's mit der Tradition?"

> *„Ohne Traditionsbewußtsein ist eine Streitmacht perspektiv- und orientierungslos; ihr Berufsethos schwindet, und sie ist in Gefahr, zu einer rein technischen Einrichtung reduziert zu werden, deren Sinn und Zweck das Töten ist."* – Prof. Dr. Gordon A. Craig, 1989[4]

Zum Thema Tradition ist in den vergangenen Jahrzehnten vieles gesagt und geschrieben worden. Die Entscheidung des Inspekteurs des Heeres, Generalleutnant Jörg Vollmer, verlagerte den Schwerpunkt diesmal auf den eigentli-

---

[3] Münkler, Herfried, Traditionspflege ermöglicht Modernität. In: Frankfurter Allgemeine Zeitung, v. 21.2.2018, S. 8.
[4] Craig, Gordon A., Vorwort zur amerikanischen Ausgabe. In: Abenheim, Donald: Reforging the Iron Cross. The search for tradition in the West German armed forces. (dt.: Bundeswehr und Tradition. Die Suche nach dem gültigen Erbe des deutschen Soldaten, München 1989, S. X.).

chen Adressaten des Traditionserlasses, die Soldaten des Heeres, die so Gelegenheit zur Mitsprache erhielten.

Daher wurde die vom Bundesministerium der Verteidigung initiierte Überarbeitung des Traditionserlasses von 1982 vom Kommando Heer flankierend begleitet.[5] Mit dem Projekt „Tradition und Identifikation im HEER" wurde ein Prozess initiiert, um einen Austausch zwischen der vermeintlich so „fernen Führung" und der „Truppe" zu ermöglichen. Ziel des Projektes war es einerseits, das tatsächlich vorhandene Traditionsverständnis in den Teileinheiten, Einheiten und Verbänden des Heeres zu identifizieren und andererseits, den Bedarf an wirksamen und akzeptierten Identifikationsmodellen zu ermitteln. Zudem sollte der Frage nachgegangen werden, ob es eine eigene Tradition des Heeres gibt, die sich vom offiziellen Traditionsverständnis unterscheidet und ob Differenzen im Traditionsverständnis zwischen den Truppengattungen zu erkennen sind. Die Soldatinnen und Soldaten des Heeres sollten dabei die Gelegenheit erhalten, ihre Gedanken, Vorstellungen und Kritik konstruktiv einzubringen, um die Diskussion aus der mehr oder weniger rein politisch-akademischen Welt in die Truppenrealität zu transportieren und hier „nutzbringend" zu verankern. Mit dem Nahziel, praktische „Anwendung" zu gewinnen, Synergieeffekte zu erzielen und der Truppe zu zeigen, es gibt kein „die da oben" und „wir hier unten". Es gibt nur „Wir sind das Heer".

> *„Tradition ist ein Aushandlungsprozess zwischen Politik, Gesellschaft und Militär."* – Prof. Dr. Sönke Neitzel, 2017[6]

Hierzu fand am 17. Oktober 2017 eine Eröffnungsveranstaltung an der Offizierschule des Heeres in Dresden unter Leitung des Inspekteurs des Heeres und unter Mitwirkung des ehemaligen Bundestagsabgeordneten der Fraktion „Bündnis 90. Die Grünen", Herrn Winfried Nachtwei, des Militärhistorikers Prof. Dr. Sönke Neitzel von der Universität Potsdam und Herrn Oberst Dr.

---

[5] Im März 2018 unterzeichnete die Bundesministerin der Verteidigung die „Richtlinien zum Traditionsverständnis und zur Traditionspflege". In: Zentrale Dienstvorschrift A-2600/1 „Innere Führung. Selbstverständnis und Führungskultur", Anlage 7.3.

[6] Professor Dr. Sönke Neitzel während seines Vortrages auf der Eröffnungsveranstaltung „Tradition und Identifikation im HEER" am 17. Oktober 2017 an der Offizierschule des Heeres in Dresden.

Frank Hagemann vom Zentrum für Militärgeschichte und Sozialwissenschaften der Bundeswehr als externe Sachverständige statt.

Der Inspekteur des Heeres eröffnete die Veranstaltung mit einem Vortrag, der Absicht und Ziel des Projektes erläuterte. Er wies darauf hin, dass Tradition eine geistige Brücke zwischen der Vergangenheit und der Zukunft spannt, die jedoch nicht unreflektiert überschritten werden dürfe. Dem Traditionserlass folgend, sei die Tradition eine werteorientierte und zugleich richtungsweisende Auswahl aus der Geschichte. Eine solche Auswahl biete auch die 60jährige Geschichte der Bundeswehr.

Die von den Sachverständigen gehaltenen Impulsvorträge setzten sich mit dem Themenkomplex Tradition und Identifikation aus politischer und militärhistorischer Sicht auseinander und dienten der Anregung zur Diskussion unter Moderation des Abteilungsleiters III, Personal, Herrn Brigadegeneral Nerger. Der Vertreter des Zentrums für Militärgeschichte und Sozialwissenschaften definierte zunächst den Begriff Tradition und machte deutlich, dass Vergangenheit, Geschichte und Tradition nicht identisch sind. Die als solche nicht mehr greifbare Vergangenheit hinterlässt Überreste und Erinnerungen. Anhand einer kritischen Auswertung dieser als Quellen bezeichneten Überreste und Erinnerungen durch die Historiker wird die Vergangenheit rekonstruiert und so zur Geschichte. Unter Einbeziehung des Gesamtbestandes unserer Geschichte dient die historische Bildung der kritischen Auseinandersetzung mit dieser Geschichte. Der Unterschied zwischen historischer Bildung und Traditionspflege begründet sich darin, dass die historische Bildung nichts aus der Geschichte ausklammert, während die Tradition eine wertorientierte Auseinandersetzung mit der Vergangenheit voraussetzt. Im Weiteren stellte Oberst Dr. Hagemann den Sachstand des Traditionsverständnisses der Bundeswehr dar, verwies auf die damals noch nicht abgeschlossene Überarbeitung des Traditionserlasses[7] und zeigte neue Perspektiven der militärischen Traditionspflege auf.

Winfried Nachtwei lenkte den Blick auf Beispielhaftes und Traditionswürdiges in der Geschichte der Bundeswehr und sprach die öffentliche Wahrnehmung und die damit verbundene Problematik militärischer Traditionspflege in Politik und Gesellschaft an.

---

[7] Die neuen „Richtlinien zum Traditionsverständnis und zur Traditionspflege in der Bundeswehr" wurden am 28. März 2018 durch die Bundesministerin der Verteidigung, Frau Dr. Ursula von der Leyen, gezeichnet und sind als Anlage 7.3. Teil der Zentralen Dienstvorschrift „Innere Führung. Selbstverständnis und Führungskultur".

Prof. Dr. Neitzel verdeutlichte die Geschichte der Traditionsbildung und -pflege von der älteren deutschen Militärgeschichte bis heute auch vor dem Hintergrund des Spannungsfeldes zwischen politischer Erwartungshaltung und militärischer Realität. Der Versuch der Politik, die jeweils aktuelle politische Position über das Instrument Traditionserlass auf die Armee zu projizieren, führte seiner Auffassung nach stets zu einer Diskrepanz zwischen der politischen Erwartungshaltung und der Realität in der Truppe. Das Projekt diente der Ermittlung dieser Diskrepanz und dem Versuch, diese Abweichung zu verifizieren oder zu falsifizieren.

Die teilnehmenden Soldatinnen und Soldaten repräsentierten alle Dienstgradgruppen und Führungsebenen des Heeres. Das Projekt sollte nicht nur die Einheiten und Verbände, sondern bewusst auch die Truppengattungen und ihre Traditionsverbände[8] ansprechen und einbinden.

> *„Traditionsbildung ist ein dynamischer Prozess kritischer Selbstreflexion"* – Inspekteur des Heeres, Generalleutnant Jörg Vollmer, 2017[9]

Die Veranstaltung in Dresden zeigte sehr deutlich das enorme Bedürfnis der Anwesenden, sich zu diesem Thema auszutauschen. Auch nach Beendigung der Eröffnungsveranstaltung wurde die lebhafte Diskussion bis tief in die Nacht fortgeführt und die Gelegenheit genutzt, die teils stark differenzierenden Positionen darzustellen. Diese „Nacht von Dresden" zeigte, Tradition ist mehr als Theorie, mehr als Erlass, es ist eine Herzensangelegenheit unserer Soldatinnen und Soldaten.

---

[8] Zu den sogenannten Truppengattungsverbänden gehören der Bund Deutscher Fallschirmjäger e.V., der Kameradenkreis der Gebirgsjägertruppe e.V., der Bund Deutscher Infanterie e.V., der Fernmeldering e.V., der Freundeskreis der Artillerietruppe e.V., der Freundeskreis Offiziere der Panzertruppe e.V., der Freundeskreis der Panzergrenadiertruppe e.V. der Freundeskreis Heeresaufklärer e.V., der Blaue Bund – Interessengemeinschaft für Logistik, Rüstung und Nutzung e.V., der Bund Deutscher Pioniere e.V. sowie die Gemeinschaft der Heeresflieger e.V.

[9] Generalleutnant Jörg Vollmer während seines Vortrages auf der Eröffnungsveranstaltung „Tradition und Identifikation im HEER" am 17. Oktober 2017 an der Offizierschule des Heeres in Dresden.

Als Arbeitshilfe und Anregung wurde eine vom Kommando Heer erstellte Matrix auf der Eröffnungsveranstaltung vorgestellt und der Truppe für die weitere Bearbeitung der Fragestellungen zur Verfügung gestellt. Darauf fanden sich eine Reihe von Begriffen, die im Kontext der Tradition immer wieder genannt werden, darunter „Symbole, Gedenken, Werte, Kameradschaft, Vorbilder, etc." Mit kurzen Erläuterungen versehen, dienten sie lediglich als Anhalt. Sie konnten und sollten von den Soldatinnen und Soldaten nach eigenen Vorstellungen bestätigt, verworfen oder ergänzt werden. Als weiteres sollte diskutiert werden, was in der Traditionspflege denkbar und was keineswegs traditionswürdig für das Heer und seine Angehörigen sein kann. Auch die Diskussion zur individuellen und kollektiven Identitätsstiftung sollte unter anderem durch die Fragestellungen, „Woraus resultiert meine Identität als Soldat des Heeres?", „Was ist uns wichtig?", „Was macht meine Teileinheit, meine Einheit, meinen Verband aus?" angeregt werden.

Für die Bearbeitung der Matrix standen vier Monate zur Verfügung. Die Form der Erarbeitung der Projektbeiträge blieb der Truppe freigestellt und erfolgte unter anderem im Rahmen von Arbeitsgruppen, Workshops sowie der Politischen Bildung.

Mit diesem Verfahren verfolgte das Kommando Heer die Absicht, einen offenen Diskurs und den Gedankenaustausch innerhalb des Heeres weiter zu fördern und die Kreativität der Soldaten nicht durch einen starr vorgegebenen Rahmen einzuschränken. Das Projekt war nicht als wissenschaftliche empirische Studie konzipiert, sondern wie dargestellt als Initialzündung eines andauernden Prozesses innerhalb der Truppe.

Nach Abschluss der Bearbeitungsphase wurden die umfangreichen Ergebnisse zunächst im Führungskreis des Heeres und abschließend am 12. Juni 2018 auf einem Symposium in Strausberg vorgestellt. Auch an dieser Veranstaltung nahmen die bereits genannten externen Sachverständigen teil. Sie hatten die Truppe bei der Bearbeitung des Projektes begleitet und gaben über die dabei gemachten Erfahrungen in kurzen Vorträgen Auskunft. Ergänzt wurde ihre Expertise von Oberstleutnant Dr. Helmut Hammerich vom Zentrum Innere Führung, der in seinem Vortrag über die vom Zentrum Innere Führung erstellten Ausbildungsunterlagen und Handreichungen zum Themenkomplex Tradition informierte.

Einführungsvortrag durch den Inspekteur des Heeres, Generalleutnant Jörg Vollmer.

Eröffnungsveranstaltung am 12. Oktober 2017 an der Offizierschule des Heeres in Dresden.

Präsentation der Arbeitsergebnisse Division Schnelle Kräfte durch deren Kommandeur, Generalmajor Andreas Marlow.

Die Auswertung der vielfältigen Arbeitsergebnisse erfolgt im Kommando Heer. Ohne der abschließenden Auswertung vorweg zu greifen, zeigt es sich, dass sich die Truppe der eigenen Geschichte, Tradition und erbrachten außerordentlichen Leistungen in 60 Jahren Bundeswehr sehr bewusst ist. Jede Generation hatte ihre Herausforderungen und hat sich bewiesen. Auf diesen Sachverhalt hatte bereits der Inspekteur des Heeres in seiner Ansprache in Dresden hingewiesen. So erfolgten Gründung und Aufbau der Bundeswehr durch die von Wehrmacht und Kriegserleben geprägte Gründergeneration und unter großem Misstrauen der Öffentlichkeit. Es folgte die Generation der Blockkonfrontation und des Kalten Krieges („Kämpfen können um nicht zu müssen"), die in der friedlichen Wiedervereinigung Deutschlands und die darauffolgende Integration der Nationalen Volksarmee in die Bundeswehr mündete. Mit Ende der bipolaren Ära begannen die Hilfseinsätze der Bundeswehr im Rahmen der „Blauhelm-Missionen" der UNO. Diese Entwicklung setzte sich schließlich in den Auslandseinsätzen mit robustem Mandat fort, die bis zum gegenwärtigen Zeitpunkt andauern und in deren Verlauf Gefechtshandlungen mit eigenen Verlusten zu bestehen waren. Gefallene und verunglückte Soldaten, denen in den Kasernen des Heeres an Gedenkstätten gedacht wird, sind die schmerzlichen Folgen für Gesellschaft und Bundeswehr. Unter den veränderten Prämissen der europäischen Sicherheitspolitik seit 2014 fand in Politik und Gesellschaft eine Rückbesinnung auf den Erhalt von Fähigkeiten zur Landes- und Bündnisverteidigung statt. Diesem strategischen Schwerpunktwechsel hatte sich die Bundeswehr anzupassen, die seit 2011, nach der Beschränkung der Einberufung zum Grundwehrdienst auf einen Spannungs- oder Verteidigungsfall, vornehmlich aus Zeit- und Berufssoldaten besteht. Auch als Helfer und Retter, im Ausland und in der Heimat sind unsere Soldatinnen und Soldaten unvergessen, zeigten stets ein großes Herz für Opfer von Krieg, Gewalt und Not und gingen mit ihrer Hilfe tatkräftig voran.

Die Bundeswehr hat sich in schweren Wassern bewährt und sich so den Respekt sowohl in der Bevölkerung Deutschlands und in den Einsatzländern sowie bei den Kameradinnen und Kameraden der Partnernationen in NATO-, EU- und UN-Einsätzen erworben. Sich dessen sehr bewusst, begrüßt die Truppe mehrheitlich die Anstrengungen, diese Geschichte verstärkt zu würdigen. Als Teil der Gesellschaft übertragen sich Entwicklungen und Veränderungen in der Gesellschaft auch auf sie. In der personellen Zusammensetzung ein Spiegel der Gesellschaft, ist sie auch heterogen in ihren Ansichten. Dies zeigt sich auch in den Ergebnissen des Projektes. Es fehlt daher auch nicht an fragenden, mahnenden und kritischen Tönen, was nicht nur aus Sicht der Inneren Führung zu begrüßen ist. Dabei wird sichtbar, dass die so lange geförderte Tradition der preußischen Reformer, des militärischen Widerstandes des 20. Juli 1944, ja selbst der Gründergeneration der Bundeswehr, nur „unscharf" wahrgenommen wird und im Truppenalltag kaum eine Rolle spielt. Deutlich wird zudem, dass auch in der Truppe der Unterschied zwischen Tradition und Geschichte verschwimmt. Es muss deutlich hervorgehoben und betont werden, dass Tradition im Sinne des Traditionserlasses und Geschichte nicht deckungsgleich sind, auch wenn sich die Tradition zum Teil aus der Geschichte bedingt.

> *„Die Tradition ist ihrem Wesen nach unabänderlich, kontinuierlich, naiv problemlos und ausschließlich positiv in ihrer Aussage. Um nun die Diskrepanz zwischen historischer Wirklichkeit und traditionsgebundenen Vorstellungen auszuschalten, wird das Traditionsbild den augenblicklich herrschenden Vorstellungen angeglichen und idealisiert.* – Oberst Dr. Hans Meier-Welcker, 1961[10]

Diesen Unterschied deutlich zu machen, muss im Rahmen der Politischen Bildung und der vielfach geforderten Historischen Bildung erfolgen, um Unsicherheiten abzubauen. Insgesamt ist es erfreulich festzustellen, dass die Soldaten des Heeres ein enormes Interesse, mehr noch Bedürfnis, an der deutschen Militärgeschichte und der eigenen Bundeswehrgeschichte nicht nur zeigen, sondern auch von der politischen und militärischen Führung einfordern. Dies zu nutzen liegt im Interesse der Bundeswehr, um die gewollte Identifikation und die militärhistorische Bildung der Soldaten zu fördern.

> *„Kriegsgeschichtliche Beispiele sind notwendig, um Handlungssicherheit zu gewinnen für das, was wir tun. Aber man muss sie in ihre Zeit einordnen, in der die Dinge geschehen sind, und man darf es nicht unreflektiert tun."* – Inspekteur des Heeres, Generalleutnant Vollmer, 2017[11]

Die vorgelegten Arbeitsergebnisse machen deutlich, dass sich die Soldatinnen und Soldaten der eigenen Identität sehr bewusst sind. Ausdruck dieser Identität sind unter anderem der Stolz auf die Erfüllung der Aufträge und Symbole wie

---

[10] MGFA I, Az 35-08-07, an BMVg FÜ B I mit Anlage „Grundgedanken zur Bearbeitung des Traditionserlasses", 16.11.1961, ZIF/ZUA, 3.1.2.2.; FÜ B I 3, Az 35-08-07, an Minister über Staatssekretär, ohne Datum, ebd. Oberst Dr. Meier-Welcker war der erste Amtschef des MGFA und sollte, neben anderen für den Bundesminister der Verteidigung Franz Josef Strauß ein „kompaktes und brauchbares Geschichtsbild als Grundlage eines Traditionserlasses" entwerfen.

[11] Generalleutnant Jörg Vollmer während seines Vortrages auf der Eröffnungsveranstaltung „Tradition und Identifikation im HEER" am 17. Oktober 2017 an der Offizierschule des Heeres in Dresden.

die Truppenfahne, das Barett in der Truppenfarbe und mit dem Truppengattungsabzeichen, die Waffenfarben und die Verbandswappen. Sie werden bewusst als gemeinsame Identität wahrgenommen und getragen. Hinzu kommen Rituale und Brauchtum wie der Schlachtruf und der erste Truppensprung bei den Fallschirmjägern, Zeremonien (Großer Zapfenstreich), Truppengattungsfeiern (Barbarafeier der Artillerie) sowie der Marschgesang, vor allem der Truppengattungslieder.

Die Identität speist sich auch aus den zum Teil spezifisch soldatischen Werten und Tugenden. Neben den auch im zivilen Leben oft postulierten erstrebenswerten Tugenden, finden sich so unter anderem Vorbildfunktion, Tapferkeit, Kameradschaft, Disziplin, Robustheit, Siegeswille, Improvisationsvermögen und Opferbereitschaft als Ausdruck eines professionellen soldatischen Selbstverständnisses.

Aber im „Wir", in der kleinen Kampfgemeinschaft, dem Zug, der Kompanie, dem Bataillon und vor allem in der Truppengattung als tragendem Element seiner Identität, findet sich der Soldat wieder. Umso schmerzhafter wirkt sich das Auflösen ganzer Truppengattungen (Panzerjäger, Heeresflugabwehr), das „Umwandeln" traditionsreicher Bataillone, das ständige Umfirmieren von Schulen und Verbänden auf die Identität, die „militärische Heimat", der Soldatinnen und Soldaten aus. So betonten auch Herr Nachtwei und der Inspekteur des Heeres auf dem Symposium in Strausberg die negativen Folgen dieses Identitätsverlustes durch Umbenennungen.

Dieses Zerschlagen der über Jahrzehnte gewachsenen Bundeswehrtraditionen verstärkt gerade bei den Truppengattungen der Kampftruppen, die eine vergleichsweise junge Geschichte haben, ein Bedürfnis nach Kontinuität. Der Panzergrenadier, der Panzermann, der Fallschirmjäger, erzogen im Stolz auf ihre Farben, ihre Lieder, auf die Leistungen ihrer Truppengattung, nicht wegen banaler Folklore, sondern mit dem bewussten Ziel, die Kameradschaft als tragendes Element des Zusammenhaltes der Kampfgemeinschaft zu entwickeln, sucht Bestätigung in der Geschichte und vermeintlicher Tradition aus der Gründungszeit seiner Truppengattung, sucht „kämpfende Vorbilder". Hier muss, auch um dem „Wildwuchs" von unreflektierter „Heldenverehrung" zu begegnen, die historische Bildung ansetzen, die von der Truppe in Form eines „Historiker-Berater" im Truppendienst oder einem „Command Historian" auf Divisionsebene, etc. gefordert wird. Sicher hat Prof. Dr. Neitzel Recht, wenn er in Dresden sagt: „Die Bundeswehr trägt die Wehrmacht in ihrer DNS. [...] Das Heer hat Traditionen wie die Auftragstaktik, die Struktur der Offizierlaufbahn, die sehr typisch deutsch und über zwei Jahrhunderte hinweg gewachsen ist, die Vorstellung vom Bewegungskrieg, der Typus vom Truppenoffizier. In ihnen allen steckt viel mehr Wehrmacht und Reichswehr als sie sich selbst vielleicht bewusst sind."[12] Aber in uns steckt viel mehr Bundeswehr als alle anderen deutschen Armeen der Vergangenheit zusammen. Die Innere Führung als unser moralischer Kompass legt ihren Schwerpunkt auf Ideale wie das Führen durch Vorbild, gemäß einer Ethik, die Befehle auch hinterfragt und der Treue zu einem Wertekanon, nicht zu einer Person. Ja, wir brauchen militärhistorische Bildung und Erinnerung, aber unsere Tradition als Heer der Bundesrepublik trägt in seiner DNS als Parlamentsarmee und Staatsbürger in Uniform vor allem Demokratie, Mitgefühl und Kameradschaft über Grenzen hinweg. Die überwältigende Masse der Arbeitsergebnisse bestätigt diese These. Als Beispiel soll der Beitrag aus dem Ergebnispapier des Multinationalen Korps Nordost[13] in Stettin dienen: „Voller Stolz auf die Erfüllung ihres Auftrages seit 1962 als multinationales Korps mit mittlerweile Soldaten aus 25 Nationen zur Verteidigung der Nordostflanke der NATO[14]".

Ergänzt und bestätigt wird dieser Beitrag durch das Arbeitsergebnis des Ausbildungszentrums Pioniere, in dem der Stolz auf die Leistungen als Helfer in In- und Auslandseinsätzen, auf die Professionalität, das Improvisationstalent und die Vielseitigkeit hervorgehoben wird.

> *„Das Traditionsproblem ist nicht gelöst. [...] in einer sich entwickelnden Gesellschaft [wird es] von jeder Generation neu gestellt werden [...]."* – Prof. Dr. Gordon A. Craig, 1989[15]

---

[12] Prof. Dr. Sönke Neitzel in seinem Vortrag auf dem Symposium „Tradition und Identifikation im HEER" am 12. Juni 2018 in Strausberg.
[13] Die Arbeitsergebnisse des Eurocorps, des I. Deutsch-Niederländischen Korps sowie der Deutsch-Französischen Brigade bestätigen diese Aussage auch für deren Bereiche.
[14] Das Multinationale Korps Nordost in Stettin ist 1999 durch die Integration Polens aus dem ehemals deutsch-dänischen Korps LANDJUT in Rendsburg hervorgegangen.
[15] Craig, Gordon A., Vorwort zur amerikanischen Ausgabe. In: Abenheim, Donald: Reforging the Iron Cross. The search for tradition in the West German armed forces (dt.: Bundeswehr und Tradition. Die Suche nach dem gültigen Erbe des deutschen Soldaten, München 1989, S. XI.).

Anhand der erbrachten Beiträge und inzwischen gestellter Anträge ist ersichtlich, dass der gewünschte Prozess sich in der Truppe fortsetzt und die breite Beteiligung sich positiv auswirkt und zu weiteren Ideen inspiriert, wie der (Um-)Benennung von Gebäuden und Kasernen nach verdienten Bundeswehrangehörigen. Die anfängliche Verunsicherung in der Truppe konnte, soweit sichtbar, in eine bereitwillige Beteiligung gewandelt werden. Das Projekt nicht „von oben" anzuordnen, sondern die Truppe „mitzunehmen" hat sich für das Heer als erfolgreich erwiesen, gemäß unserem Motto: „Wir sind das Heer".

Um die Diskussion und die daraus resultierenden Arbeitsergebnisse für die weitere Traditionsbildung und -pflege gewinnbringend für die Zukunft zu nutzen und weitere Handlungssicherheit im Umgang mit Fragen zur Tradition und Identifikation zu gewinnen, wird die erstmals 1999 veröffentlichte Bereichsanweisung „Traditionspflege im Heer" überarbeitet und durch die Ergebnisse des Projektes „Tradition und Identifikation im HEER" ergänzt.

III Neues denken, Mitgestaltung fördern, Alternativen wagen

Neue Zeit, neue Begriffe?
Kann „Bundeswehr in Staat und Gesellschaft" „Innere Führung" ersetzen?
Gustav Lünenborg

Wenn der letzte Panzer ins Museum rollt, das letzte U-Boot stillgelegt und der letzte Hubschrauber nicht mehr fliegt, dann ist der Friedensträumer glücklich und der um die Sicherheit unseres Landes Besorgte längst alarmiert.

Es ist Zeit, Ballast abzuwerfen, um die Kernsubstanz zu erhalten. Der Wandel von der Bundeswehr im Frieden zu den Streitkräften im Einsatz erfordert neues Denken und ggf. auch neue Begriffe. Die Nachkriegszeit ist längst vorbei. Der Soldat braucht Normalität.

Es geht nicht um die Inhalte, sondern um die Begriffe

Als ich im „Jahrbuch Innere Führung 2017" vom Schlachten heiliger Kühe schrieb, meinte ich nicht die Inhalte, sondern die Begriffe „Innere Führung" und „Staatsbürger in Uniform". Innere Führung ist längst in der Substanz der Bundeswehr, aber der Begriff zum Fetisch verkommen, unverstanden, ungeliebt, im Wege. Staatsbürger in Uniform war ein Ehrentitel zur Zeit der Allgemeinen Wehrpflicht, aber überhöhter Anspruch in der Berufsarmee. Wir sprechen auch nicht vom Staatsbürger in Polizeiuniform, vom Staatsbürger im Lehramt oder vom Staatsbürger in Robe.

Eine Trennung der Inneren Führung in „Bundeswehr in Staat und Gesellschaft" und „Menschenführung" ist nicht mein Ziel. Sie wäre m.E. sogar ein Fehler gegen die Statik des Systems. „Innere Führung" regelte zuerst die Einordnung der Bundeswehr in das Gefüge des Staates (Parlamentsarmee). „Staatsbürger in Uniform" leitet sich davon ab und beschreibt den Soldaten als eigenständigen Bürger (Rechte und Pflichten). Zwei Seiten einer Medaille, unterschiedliche, sich ergänzende Inhalte, zusammen ein Ganzes. „Menschenführung" ist nicht die dritte Seite der Medaille, sie ist deren Konsequenz. „Menschenführung", oft „zeitgemäße Menschenführung" genannt, meint in Deutschland sehr gezielt „Menschenführung in der Bundeswehr". Es gibt keine allgemeine zeitgemäße Menschenführung. In Demokratie und Diktatur offenkundig nicht, aber schon zwischen England, Frankreich und Deutschland sind die Ausprägungen verschieden.

70 Jahre Bundeswehr. Noch heute schreiben wir Bücher und Masterarbeiten zum Thema: Was ist Innere Führung? Ein General sagte im ZDF: „Innere Führung ist zeitgemäße Menschenführung", und ein Oberst verkündete während einer Diskussion vor studierenden Offizieren in einer Bundeswehruniversität: „Innere Führung ist Kommunikation." Ist das alles?

Konsequent hatten die Schöpfer der Inneren Führung vor fast 70 Jahren die Eingliederung der Bundeswehr in den gerade verfassten demokratischen Rechtsstaat „Inneres Gefüge" genannt in deutlicher Unterscheidung zur militärischen Führung, zur „Truppenführung". Erst später wurde Inneres Gefüge in „Innere Führung" umbenannt. Das klang wohl gut, schien vielleicht sogar logisch, zwei Seiten einer Medaille, Innere Führung / Äußere Führung. Aber da war auch schon dem Missverständnis das Tor geöffnet.

„Innere Führung taugt für den Frieden, nicht für den Krieg"

In den langen „Friedensjahren" wurde die militärische Führung in Gefecht und Operation, die „Truppenführung", in den Hörsaal verbannt und in der allgemeinen Diskussion über die Bundeswehr fast vergessen. Die „Innere Führung" blieb als die umfassende militärische Führungslehre im allgemeinen Bewusstsein. Da sie das aber weder war noch sein konnte, nahm das Verwirrspiel seinen Lauf. Hatte „Inneres Gefüge"/Innere Führung eigentlich die Verfassungsarmee begründet – alle Einsatzentscheidungen beim Parlament, alle Gesetze und Vorschriften der Verfassung entsprechend – , war sie jetzt die Führungslehre der Bundeswehr schlechthin geworden. In einem Interview kritisierte ein Hauptmann, gerade zurück aus dem Einsatz in Afghanistan, die Innere Führung als untauglich für den Krieg. Auf meine Frage: „Was ist für Sie ‚Innere Führung'?" antwortete er: „Das ist es ja, ich weiß es nicht, jeder sagt mir etwas anderes." Junge Offiziere suchen ihren eigenen Weg aus Frustration und Wut. Sie schreiben von der heroischen Armee in der unheroischen Gesellschaft oder waren einfach orientierungslos.

Die ZDv 10/1 „Innere Führung ... "

Die Zentrale Dienstvorschrift (ZDv) 10/1 „Innere Führung – Selbstverständnis und Führungskultur der Bundeswehr" ist die grundlegende Vorschrift für den Dienst in der Bundeswehr. Sie erklärt Innere Führung nicht als Führungslehre oder Führungsphilosophie, sondern treffend als Selbstverständnis und Führungskultur. Die ZDv beschreibt die Grundlagen, u.a. ethische, rechtliche und politische, nennt Gestaltungsfelder wie Menschenführung, Politische Bildung, Recht und soldatische Ordnung. Sie macht prinzipielle Aussagen zum Selbstverständnis der Soldaten in der Demokratie. Zentrales Element der Konzeption der Inneren Führung ist das Leitbild des ‚Staatsbürgers in Uniform'."

Das ist alles richtig. Nach diesen Grundsätzen haben wir in den Friedensjahren unseren Dienst getan. Sie haben sich längst durchgesetzt. Und dennoch ist der Begriff „Innere Führung" zum Unwort verkommen, offiziell zum „Exportartikel", unter den Soldaten fast zum Schimpfwort. Warum diese Missachtung? Die ZDv 10/1 strotzt von hehren Postulaten, zeichnet das Bild eines vorbildlichen Bürgers in Uniform detailliert aus, ein Idealbild. Vom Krieg ist kaum die Rede. Ich fand nur eine Stelle: „302. Innere Führung stellt damit ein Höchstmaß an militärischer Leistungsfähigkeit sicher." Ein Höchstmaß an militärischer Leistungsfähigkeit?

Kann es etwas konkreter sein? Ist es auch diese Einsatzferne, die diese Vorschrift für Soldaten im Krieg so langweilig macht, kein Interesse weckt und damit auch den Begriff „Innere Führung" weiter beschädigt?

Erreichen wir die Jungen? Sind unsere Werte verhandelbar?

Sind wir selber auf der Höhe unserer Zeit? Wir, die die Innere Führung wie ein Dogma bewahren wollen und wir, die Veränderungsbedarf sehen. Kennen wir das Lebensgefühl der heutigen jungen Generation gut genug, um sie zu verstehen und zu erreichen? Sind unsere „Werte" auch die ihren? Sind unsere Werte verhandelbar? Ist der Anspruch auf allgemeine soldatische Grundwerte noch zeitgemäß? Gilt das Selbstverständnis des Soldaten, der auf Befehl in die Gefahr hinein handelt und wissentlich Leib und Leben riskiert, noch für alle? Oder ist eine moderne Armee in ihren Funktionen so aufgefächert, vielfach so zivilberufidentisch, dass die bisherigen Ansprüche, niedergelegt in der ZDv 10/1, unzeitgemäß, überholt sind? Bleibt ein Kern von Kämpfern am Feind und bleibt für die Masse gemeinsam gerade noch der Eid zum treuen Dienen und vielleicht die Uniform?

Die Gründungsjahre sind vorbei.

Die Gründungsjahre sind vorbei. Die Rücksicht auf die Kriegsmüdigkeit und Militärfeindlichkeit der frühen Nachkriegszeit kann nicht als Dauerausrede einer pazifistischen Gesellschaft dienen, die es sich im Schutzversprechen des großen Bruders USA allzu bequem gemacht hat. Das Parlament schickt seine Soldaten in den scharfen Einsatz, Deutschland ist in Afghanistan seit Jahren kriegführende Nation und morgen in einem anderen Land. Deutsche Soldaten leisten ihrem Land einen außerordentlichen Dienst an seiner Sicherheit und internationalen Politikfähigkeit. Wir Soldaten sollten unsere Bescheidenheit in Anspruch und öffentlicher Präsenz nicht übertreiben.

Der Begriff „Innere Führung" ist irreparabel verschlissen. Er sollte durch „Bundeswehr in Staat und Gesellschaft" ersetzt werden

Die allgemeine Zeitenwende betrifft auch die Bundeswehr direkt. Weiterdenken, Vereinfachung und Klarheit tut Not. Wann wäre eine günstigere Zeit als jetzt. Die Lehre vom Inneren Gefüge ist in Bundeswehr und Staat umgesetzt und selbstverständlich. Der Begriff „Innere Führung" ist irreparabel verschlissen. Er sollte durch „Bundeswehr in Staat und Gesellschaft" ersetzt werden. „Staatsbürger in Uniform" war die konsequente Ableitung von „Verfassungsarmee", für eine Wehrpflichtarmee mit 500 000 Soldaten und 1,2 Millionen in der Mobilmachungsreserve war sie Anspruch und Ehrentitel, für eine Freiwilligenarmee mit ca. 200 000 Soldaten zu vollmundig. Der Anspruch bleibt, „Bürger und Soldat" beschreibt ihn angemessen. Er würde auch bei einer Reaktivierung der Allgemeinen Wehrpflicht reichen.

Die aktuelle Lage

Nach 1989 haben Politik und Gesellschaft in ihrer Friedenseuphorie die Bundeswehr abgewirtschaftet. Die Bundeswehrführung hat sich offenbar dem politischen Willen ergeben. In ihrer Verfassungsaufgabe, der Landesverteidigung, ist die Bundeswehr heute nicht einsatzbereit. Ihre Defizite auf allen Gebieten zwischen Ausrüstung und Konzeption sind eklatant. In der Zivilgesellschaft ist die Bundeswehr akzeptiert, aber sie ist ihr gleichgültig. Das Parlament scheut die Debatte, die Ministerin versteht das Besondere des Soldatenberufs nicht und lächelt sich durch Wüsten und Parlament. Der Kanzlerin nutzt den Faktor

Bundeswehr in ihrer internationalen Politik, aber Soldaten sind ihr offenkundig fremd. Die Generalität verhält sich „korrekt" und tritt nicht hervor. Nur einige Ehemalige: Ein Generalinspekteur a.D. im Mai im Fernsehen: „Eigentlich sind die Auslandseinsätze verfassungswidrig."

Und der Nachwuchs? Ein angesehener Professor: „Das sind die Armen, die ökonomischen Verlierer". Ein evangelischer Militärbischof im Februar in Berlins größter Tageszeitung: „Das sind die neuen Söldner, Menschen, die im Krieg ihren Lebensunterhalt verdienen, weil sie wenig andere Möglichkeiten haben."

Die Soldaten werden in die Spannungsgebiete und Kriege geschickt und fragen sich: Was soll ich hier, für wen trage ich Gesundheit und Leben zu Markte? Und mit der „Inneren Führung" können sie im Einsatz nichts anfangen, ja sie sind überzeugt, dass alle Unzulänglichkeiten irgendwie mit der „Inneren Führung" zu tun haben.

Was ist falsch an der deprimierenden Lagebeschreibung? Nicht einmal die Gefallenen in Afghanistan oder Mali regen die Deutschen auf. Für das Gedenken an die Toten gibt es einen abgelegenen Wald, und das Ehrenmal für die Gefallenen der Bundeswehr am Bendlerblock ist eine windige Halle an einer Nebenstraße. Deutschland ein schwieriges Vaterland? Ja, aber übertreiben wir die Ergebenheit nicht.

Die soldatische Armee braucht einfache Begriffe bei ihrem Weg in die Normalität

Belasten wir den Soldaten nicht länger mit einem Begriff, der nicht zu retten ist. Der Soldat mag es einfach, verstehbar, erkennbar das, was wichtig ist. Verlassen wir unseren Elfenbeinturm, legen wir den Begriff, der uns so unendlich viele Stunden und beschriebene Seiten wunderbar umgetrieben hat, in die Historie der Bundeswehr. Bewahren wir seinen großartigen Inhalt und helfen dem Soldaten, in dem wir die Bundeswehr in die Normalität von Streitkräften im Einsatz befördern. Das wird ihm auch die Zusammenarbeit mit seinen Kameraden aus anderen Nationen erleichtern. Die Bemerkung „Ach, Ihr habt ja die Innere Führung!" wird er nicht vermissen. Er hat sie selber nicht verstanden.

Staatsbürger in Uniform war ein zentrales Element der Inneren Führung. „Bürger und Soldat" ist ein zentrales Element der „Bundeswehr in Staat und Gesellschaft"

Der Soldat muss seine verfassungsmäßige Grundlage und Entsendung kennen, genau wie die ethischen Eckwerte seines Handelns. „Bundeswehr in Staat und Gesellschaft" und „Bürger und Soldat" decken das gut ab. Sie werden auch tragen, sollte die Lage sich ändern, die Bedrohung, die Stimmung in der Gesellschaft, das Ansehen der Bundeswehr. Wenden wir mutig unsere Aufmerksamkeit dem zu, was bisher verkümmert, was nach Weltkrieg, Holocaust, Nie wieder deutsche Soldaten, Gründung und Aufbau der Bundeswehr, Frieden/Kalter Krieg vielleicht verzeihbar vernachlässigt wurde, für Streitkräfte im Einsatz aber unverzeihliche Feigheit ist. Deklinieren wir Krieg, Handeln in die Gefahr hinein, Kampf, Verwundung und Tod, Anspruch und Wirklichkeit von Streitkräften in Gesellschaft und Politik, deklinieren wir die soldatische Armee und den Bürger als Soldat, der Selbstbewusstsein und Würde aus seiner ethisch begründeten Tat im Auftrag seines demokratischen Rechtsstaats Deutschland schöpft.

Bürger und Soldat

Bürger und Soldat. Konkrete Inhalte und Anspruch für Lehre und Verhalten? Sie waren in der Bundeswehr immer hoch und begründen die Würde dieses besonderen Berufes. Uwe Hartmann hat sie in seinem Buch „Der gute Soldat" benannt: „Beteiligung an der gesellschaftlichen Debatte, Werte als Energiezentrum, Kraft aus der staatsbürgerlichen Verantwortung, Dialog als Voraussetzung für Vertrauen, persönliche Verantwortung, Bildung lebenslang." Zuviel verlangt, zu hoch gefordert? Schauen wir genau hin, was könnte fehlen? Wir wollen nicht Söldner sein, sondern Soldaten in individueller bürgerlicher Verantwortung für das Ganze.

„Führung in der Bundeswehr" umfasst „Bundeswehr in Staat und Gesellschaft" und „Truppenführung". Sie gehört in eine Hand, an die Führungsakademie

„Führung in der Bundeswehr" besteht aus „Bundeswehr in Staat und Gesellschaft" und „Truppenführung". Zwei Teile, ein Ganzes. Die gehören in eine Hand, natürlich an die Führungsakademie. „Truppenführung" ist dort der

Schwerpunkt der Lehre, „Bundeswehr in Staat und Gesellschaft" das Fundament. Es ordnet die Einfügung der bewaffneten Macht in den demokratischen Rechtsstaat und setzt die ethischen Kriterien für militärisches Handeln. Aus „Bundeswehr in Staat und Gesellschaft", aus der Einordnung als Verfassungsarmee ergibt sich der „Bürger und Soldat". Die Würde des Menschen ist unantastbar, auch die des Soldaten. „Menschenführung in der Bundeswehr" leitet sich davon ab, ist nicht Quelle, sondern Folge.

Die Erneuerung muss von Innen kommen

Nur wer klare Begriffe hat, kann führen. Ich plädiere nicht für eine Revolution, sondern für eine Klärung der Begriffe mit dem Ziel, dass der Soldat sie versteht, akzeptiert und sie ihm in seinem besonderen Auftrag dienen. Warten wir nicht auf die Weisungen aus der Politik. Wir sind die Armee. Wenn wir wissen, was wir wollen, werden wir die Bundeswehr verändern. Die Erneuerung muss von Innen kommen, also aus der Bundeswehr selbst, nicht zögerlich, sondern selbstbewusst, offensiv aus einem außerordentlichen Beruf.

Die Innere Führung im Umbruch zur Militärethik
Gerhard Brugmann

Da blieb mir doch die Spucke weg, vielleicht sogar der Atem stehen, wie ich das Band einer hochkarätigen Diskussion an der Bundeswehruniversität Hamburg über Marcel Bohnerts Buch „Innere Führung auf dem Prüfstand" abhöre[1] und der Althistoriker Burkhard Meißner sagt: „Innere Führung ist heute eine Karriere. Man kann mit Innerer Führung heute Geld verdienen. Man kann auch für Innere Führung bezahlt werden und einen Dienstgrad bekommen. ... Man hat daraus auch eine Bürokratie gemacht. Ist es nicht so, dass wir am Vorabend einer Reformation der Inneren Führung sind? ... Müssen wir nicht ad fontes zurück?" Eine solch harsche Kritik abzugeben habe ich mich bisher nicht getraut, wenngleich sie zutrifft. Ich habe von „Totholz abstreifen" geschrieben[2] und mit allem Respekt davon gesprochen, dass die Innere Führung zu einer Wissenschaft aufgebauscht worden sei.

„Karriere Innere Führung", „Bürokratie" und „Reformation" sind Stichworte, die wachrütteln. Es trifft zu, dass seit Einrichtung der Schule Innere Führung viele mit der Inneren Führung ihr Brot verdient haben und mancher Karriere macht. Man kann der Inneren Führung auch nachsagen, dass sie mit langatmigen Vorschriften zur Bürokratie verkommen sei. Zweifellos trifft zu, dass sie einer Reform bedarf, denn sie muss verstanden werden, was sie nicht wird. Und hoffentlich trifft es zu, dass wir am Vorabend ihrer Reform stehen. Wenn nun nicht die wissenschaftlich akzeptierte und universitär hoch gelobte Masterarbeit von Marcel Bohnert, die seinem Buch über die Bewährung der Inneren Führung in Afghanistan vorausging und Anlass zu der Diskussionsveranstaltung in Hamburg war, endlich den Anstoß zu der überfälligen Reform gibt – was dann? Und wann?

Uwe Hartmann, Mitherausgeber der Jahrbücher Innere Führung, stellt in seinem neuesten Buch „Der gute Soldat" fest, dass der Begriff der Inneren Füh-

---

[1] https://www.youtube.com/watch?v=f_-48lyuuSE
https://www.youtube.com/watch?v=jOa3KW68shs
[2] Gerhard Brugmann, Innere Führung ist Teil der Führung. In: Jahrbuch Innere Führung 2017, herausgegeben von Uwe Hartmann und Claus von Rosen, Berlin 2017, S. 277.

rung weder bei Soldaten noch bei Bürgern Interesse wecke[3]. Wie sollte er auch, wenn er nicht verstanden werden kann? Eine Studie mit dem Titel „Innere Führung in Zahlen" des Zentrums für Militärgeschichte und Sozialwissenschaften der Bundeswehr von 2013[4] macht das überdeutlich. Sie reduziert die Innere Führung auf Baudissin und auf die ZDv 10/1 von 2008 und dabei im Wesentlichen auf Menschenführung. Wer sich die Mühe macht, Innere Führung mit Studenten der Bundeswehruniversität Hamburg zu diskutieren, muss bald zu der Einsicht kommen, dass der Leutnant der Bundeswehr bei allem ernsthaften Bemühen nicht erklären kann, was Innere Führung sein soll und mit ihr nichts Gescheites anzufangen weiß. Wie sollte er auch! Schon vor Jahren musste in Hamburg der Versuch aufgegeben werden, ein Curriculum „Innere Führung" einzuführen, weil die Studenten der dortigen Bundeswehruniversität mit Innerer Führung nichts anzufangen wussten. Man nannte das Curriculum „Ethik", wohl ahnend, dass Ethik der Kern aller inneren Führung ist. Wenn der Leutnant der Bundeswehr der Inneren Führung fremd gegenübersteht, ist das ein Faktum, das zwingend eine Reformation in Meißners Sinne zur Folge haben muss. Wer weiterhin versucht, in Schrift und Wort Innere Führung zu vermitteln und nicht begreift, was es bedeutet, dass sie nicht verstanden wird und auch nicht verstanden werden kann, der sollte sich aus der Diskussion um die Innere Führung zurückziehen, auch wenn sein Dienstgrad noch so hoch, sein akademischer Grad beeindruckend oder seine Dienststellung gar Minister ist.

Um Innere Führung zu verstehen, empfiehlt Burkhard Meißner, ad fontes zu gehen. Da genügt es nicht, nur Baudissin zu studieren wie allgemein üblich. Die Väter und auch Mütter der Bundeswehr und ihrer Inneren Führung, alias Inneres Gefüge, saßen im Bundestag und haben sich dort um eine Armee, die in die neue Zeit passt, bemüht. Die Väter der Bundeswehr waren schließlich die 40.000 Offiziere und Unteroffiziere der Wehrmacht, die in Erkenntnis dessen, was man gegenüber früher besser machen müsse, diese neue Armee aufgebaut haben. Baudissin war „nur" einer von ihnen. Entscheidend für den erfolgreichen Aufbau der Bundeswehr waren diese aus der untergegangenen Wehrmacht ausgesuchten 40.000 in ihrer Funktion als Vorbilder, soweit sie – und das haben die meisten – menschlich gut geführt und die Einhegung der

---

[3] Uwe Hartmann, Der gute Soldat. Politische Kultur und soldatisches Selbstverständnis heute, Berlin 2018, S. 154.
[4] Angelika Dörfler-Dierken, Robert Kramer, Innere Führung in Zahlen. Streitkräftebefragng 2013, Berlin 2014.

neuen Armee in die demokratischen und rechtlichen Verhältnisse verstanden haben, die fast alle fachlich kompetent waren und das hohe Ansehen der Bundeswehr bei den Alliierten und beim Gegner bis in die 90er Jahre im Kalten Krieg bewirkt haben. Wie groß beim Ostblock noch gegen Ende des Sowjetimperiums der Respekt vor der neuen bundesdeutschen Armee war, habe ich 1988 als Leitender der letzten Heeresübung der Bundeswehr[5] im Umgang mit den Attachés und KSZE-Beobachtern des Ostblocks erfahren.[6]

Um ad fontes zu gehen, lohnt es sich, bei Georg Meyer im vierten Teil der „Anfänge westdeutscher Sicherheitspolitik 1945 bis 1956"[7] über die Ziele der Inneren Führung nachzulesen[8]. Die Innere Führung hatte vier gleichgewichtige Ziele: die sogenannte zeitgemäße Menschenführung, die Motivation zur Verteidigung, die keineswegs allein Angelegenheit des Militärs, sondern des gesamten Staatswesens und seiner Bürger sei, die Einhegung der bewaffneten Macht in die damals noch in der ersten Bewährung befindlichen demokratischen Zustände, und viertens die Sicherung der demokratischen Rechte der Soldaten, verstanden als „Staatsbürger in Uniform". Nicht zur Inneren Führung zählten Operationsführung und Strategie (die Baudissin durchaus klug behandelt hat, denn sie waren sein Steckenpferd.) Will man die Innere Führung auf ihre ursprünglichen vier Ziele hin definieren, ist sie nur als die Zusammenfassung aller Bemühungen, die zu den genannten vier Zielen führten, zu verstehen. Betrachtet man heute die Zwecke bzw. Aufgaben der damaligen Inneren Führung, kommt man rasch zu dem Schluss, dass diese, wenn auch niemals abschließend so doch im Ganzen, erfolgreich bewältigt worden sind. Man stellt fest: Die Innere Führung hat die ihr ursprünglich gesetzten Ziele eindrucksvoll

---

[5] LANDESVERTEIDIGUNG 88
[6] Ich halte es für zutiefst bedauerlich, wenn mit der ihr zu oft eigenen Überheblichkeit jüngere Jahrgänge die alte Bundeswehr, verletzend gemeint, als „Truppenübungsplatzarmee", ihre Offiziere als „Verteidigungsbeamte" (Wiesendahl) bezeichnen, oder Professoren an der Führungsakademie in der Fachzeitschrift Innere Führung (Zeitschrift für Innere Führung 2/2008, S. 47) wahrheitswidrig behaupten: „An den Gegebenheiten einer fragwürdigen Vergangenheit orientiert trugen sie [die kriegsgedienten Soldaten] ein apolitisches Soldatentum in die Liegenschaften hinein, das reduziert war auf die Ebene der technischen Effizienz bar jeder ethisch-moralischen Bindung."
[7] Georg Meyer, Zur inneren Entwicklung der Bundeswehr bis 1960/61. In: Militärgeschichtliches Forschungsamt (Hrsg.), Anfänge westdeutscher Sicherheitspolitik 1945 bis 1956, Band 3, München 1993, S. 858ff.
[8] Ebd., S. 861.

erreicht. Auf Deutsch heißt das: Auftrag erfüllt, in der NATO-Sprache: *mission accomplished*.

Auch bei strenger Betrachtung allen Fehlverhaltens, das eine Armee, in der bisher neun Millionen Soldaten gedient haben, mit sich bringt, kann niemand bestreiten, dass die Menschenführung der Bundeswehr von hoher Qualität war und hoffentlich noch immer ist. Die Motivation zur Verteidigung kann in der Armee als selbstverständlich vorausgesetzt werden. Auch die Motivation der Bevölkerung zur Verteidigung, die trotz des oft zitierten Desinteresses am einwandfreien Funktionieren der Bundeswehr als Parlamentsarmee abzulesen ist, darf man als gegeben annehmen. Die Einhegung der Bundeswehr als bewaffnete Macht in die demokratischen Verhältnisse der Republik ist vorbildlich gelungen, und der Soldat ist Staatsbürger in Uniform, denn er hat alle Rechte und auch die Pflichten, die ihn als solchen ausweisen.

Was aber soll nun aus der in Ehren ergrauten, mit dem Erreichen ihrer vier Ziele aber obsolet gewordenen Inneren Führung werden? Sie nährt eine stattliche Schar von staatlich ernannten und von selbsternannten Fachleuten, die Innere Führung zuweilen bis hin zu einem angeblichen „Exportschlager"[9] überhöhen. Meißner spricht von Karrieren. Immer öfter wird die ethische Seite der Inneren Führung betont. Die Innere Führung fußt auf der Ethik. Es bietet sich an, der Inneren Führung die militärische Ethik voranzustellen. Was für die Innere Führung an Grundsätzlichem und an Erkenntnissen erarbeitet worden ist, gilt ihrem Inhalt nach natürlich nach wie vor. Es ist der Militärethik unterzuordnen bzw. von ihr abzuleiten. Man mag das in seinem Kern als Rollentausch zwischen Innerer Führung und Militärethik bezeichnen. Entscheidend ist, dass der Begriff der Inneren Führung verbraucht ist und die sogenannte Innere Führung sich als etwas Besonderes (Exportschlager!) als nicht mehr vermittelbar erwiesen hat. Militärethik erschließt sich jedem, denn sie ist eine praktische Wissenschaft, die überall anerkannt wird und nicht den Anspruch stellt, eine neue Wissenschaft zu sein.

Militärethik ist ein fundamentales Fach, das gepflegt werden muss. Es bedarf dazu eines Lehrstuhls. Dessen Platz gehört in die Führungsakademie, wo Strategie und Operationsführung sich als „äußere" mit der „inneren" Führung verbinden. Dieser Lehrstuhl für Militärethik ist überfällig, und nur in der Führungsakademie lässt sich Innere Führung als die andere und grundlegende Seite

---

[9] If Zeitschrift für Innere Führung 2/2007, S. 18.

der Medaille „Führung" weiterentwickeln – als eine übergreifende Militärethik, die sich nicht nur mit vier, sondern mit allen militärischen Bereichen befasst.

Irrtümer über Innere Führung.
Ein Essay
Peter Buchner[1]

Innere Führung kam im Laufe der Geschichte öfters ins Gerede. In letzter Zeit geschieht dies scheinbar jedoch immer häufiger. Vorfälle in der Bundeswehr stoßen Belehrungen oder die sprichwörtlichen väterlichen Ratschläge an. Diskussionsbeiträge wie beispielsweise die Bücher Soldatentum oder Armee im Aufbruch provozieren Gegenreflexe. Allen gemeinsam ist, dass in den dabei entstehenden Äußerungen die Ideengrundlagen nicht nur prägnant und exponiert, sondern im Fall dieses speziellen Themas geradezu lautstark Ausdruck finden. In der Sprache der Diskursforschung bedeutet das, dass der Sprecher seine Vorstellungen von Innerer Führung äußert. Und da sollte man als Bundeswehrsoldat ganz genau hinhören!

Versucht man die Vielzahl der Aussagen, Meinungen und Einschätzungen durchzuarbeiten, dann ergibt sich ein disparates Bild von Innerer Führung. Konsens und geradezu naturgegeben scheint der Vergleich, Innere Führung sei der Kompass unserer Soldaten. Fast genauso häufig ist zu hören oder lesen, Innere Führung sei dynamisch. Andernorts wird argumentiert, dass Innere Führung wichtig sei, weil sie den Auftrag der Streitkräfte liefert oder deren Legitimation oder am besten beides. Und wieder an anderer Stelle sagte ein Offizier im Pausengespräch, Innere Führung habe ein Vermittlungsproblem. Schließlich kam im Zusammenhang mit den Vorfällen um Franco A. und den in der Folge wenigstens implizit erhobenen Vorwürfen national-konservativer bis zum Teil rechtsextremer Tendenzen in den Streitkräften die Behauptung hoch, Innere Führung habe versagt.

Richtig wäre, so die hier vertretene These, dass Innere Führung ein Leuchtturm ist. Wie beispielsweise Kiel Lighthouse steht auch Innere Führung trotz Sturm und meterhoher Wellen fest in ihrem Fundament. Es sind kaum ein Erdbeben, kein Sturm, kein Seegang oder sonstige widrige Umstände vorstellbar, die dem Gefüge Dynamik verleihen oder es gar zum Einsturz bringen könnten.

---

[1] Bewertungen spiegeln die Ansicht des Verfassers wider.

Die Zusammenschau über solche Diskurse erlaubt, ein Verständnis von Innerer Führung nachzuzeichnen. Und es scheint, so die andere hier vertretene These, dass Innere Führung ihre Strahlkraft einbüßt, weil sich Irrtümer in den Ideenhaushalt der Streitkräfte eingeschlichen und dort festgesetzt haben.

Einige oft zu hörende, geradezu gebetsmühlenartig voneinander abgeschriebene und damit an unterschiedlichen Stellen oder zum Teil auch nur in persönlichen Gesprächen geäußerte Ansichten über Innere Führung werden hier thesenartig entgegengestellt:

1. Innere Führung ist kein Kompass.
2. Innere Führung ist statisch!
3. Innere Führung liefert weder Auftrag der Streitkräfte noch deren Legitimation, und zwar so wenig Legitimation der Organisation Militär einerseits wie Legitimation für die Entscheidungen zu den Einsätzen der Bundeswehr im Ausland andererseits.
4. Innere Führung hat nie versagt, Fehler sind menschengemacht; Verfehlungen müssen den Menschen zugerechnet werden, die gegen diesen Maßstab als Ausfluss unserer freiheitlichen demokratischen Grundordnung verstoßen.
5. Innere Führung ist ein Leuchtturm!

Damit ergibt sich ein eher düsteres Bild. Innere Führung hat nicht allein ein Vermittlungsproblem. Die Wurzeln reichen tiefer bis in die kulturellen Unterwelten. Dort, wo Kobolde und Klabautermänner ihr Unwesen treiben. Sie setzen sich bis in die kulturelle Tiefenschicht der unbewussten Annahmen fort. Innere Führung, so ist zu befürchten, hat ein Verständnisproblem. Die Bilder der Organisationskultur sind blass, die Vorstellungen vage und die Behauptungen wirken oberflächlich. Grund genug, mit ein paar Irrtümern aufzuräumen.

Innere Führung ist ein Kompass

Innere Führung gilt häufig als der Kompass für die Soldaten der Bundeswehr. Das vielbemühte Bild ist einprägsam und geradezu einnehmend. Es suggeriert Sicherheit. Da kann nichts passieren, glaubt man, selbst in schwerer See. Der Steuermann hält das Schiff auf Kurs. Zweifel hätte da höchstens derjenige, der schon einmal mit Booten der Marine bei meterhohen Wellen beispielsweise in der östlichen Ostsee bei achterlicher See seinen Zielpunkt nur auf Schlingerkurs erreichen konnte. Derjenige weiß, wie das ständige Auf und Ab müde macht. Dabei ist es nicht einmal ausgeschlossen, dass das Schiff trotz hundertprozentiger Sicherheit über die Nordrichtung auf Grund schlingert.

Der Kompass funktioniert auf Schlingerkurs zwar einwandfrei. Allein, er hilft nicht weiter. Wellen und widrige Winde schleudern das Schiffchen wie die sprichwörtliche Nussschale durch die tobende See. Und blickt man genauer hin, dann zeigt der Kompass, bei Licht betrachtet, nicht nur nicht den Weg, er sagt ganz allein, wo jetzt gerade Norden ist. Der Wachoffizier selbst, kurz WO, also derjenige, der das Boot gerade fährt, hat die Wahl zwischen 360 Kursmöglichkeiten. Und wenn die See tobt und der Wind pfeift entscheidet er nur mit; den Rest erledigen das Meer, die Wellen und der Wind. Kurzum, der Kompass zeigt zwar die Himmelsrichtungen an. Die richtige Richtung jedoch verschweigt er. Deshalb hilft er auch nicht, dort anzukommen, wo man hin will. Für die Innere Führung wäre es da besser, dieses Sinnbild zu schärfen. Zwar legt die Organisationkultur die Sollensordnung fest. Im Bild des Kompasses ist es jedoch dem Soldaten überlassen, ob er damit in Übereinstimmung handelt. Widrige Gefechtssituationen wenigstens legen die Befürchtung nahe, dass man auch einmal davon abweicht. Der Kompass jedenfalls lässt die Freiheit dazu.

Innere Führung ist statisch

Innere Führung ist die Antwort der Gesellschaft für die Bundeswehr auf die jüngere deutsche Geschichte. Was die freiheitliche demokratische Grundordnung, kurz FDGO, als Erkenntnis aus Terror- und Gewaltherrschaft für den Staat Bundesrepublik, das ist die Innere Führung als Organisationskultur für das deutsche Militär. Im Kern ist es damit weit mehr als nur eine edlere Form der Menschenführung. Dies konnte die Wehrmacht als idealtypischer Gegenpol zur Bundeswehr wahrscheinlich auch. Anders ist das Durchhalten der Wehrmachtssoldaten unter den widrigen Umständen der letzten Kriegsjahre oder im Schlamassel von Stalingrad wohl kaum zu erklären.

Im Kern ist Innere Führung mehr als Menschenführung, und zwar der gedankliche Überbau, wie Militär in den demokratischen Staat eingefügt werden muss. Es geht Innerer Führung also einerseits um die Einbindung von Streitkräften im politischen System des Staates. Das historisch gewachsene und über das Ersatzkaisertum der Weimarer Republik gerettete extrakonstitutionelle Verständnis in persönlicher Loyalität zum Monarchen, später dem Reichspräsidenten gegenüber, wird damit überwunden. Die Streitkräfte der Bundeswehr, so geht es aus den mit der Wehrnovelle geänderten Formulierungen des Grundgesetzes zweifelsfrei hervor, unterliegen der Verfassung, sind Teil der Exekutive und damit ins parlamentarische Regierungssystem ohne Wenn und Aber eingebaut.

Andererseits bedeutet Innere Führung, das Menschenbild der deutschen Demokratie, wie es in der Verfassungstradition der vorangestellten Grundrechte seinen Ausdruck findet, für das Militär handlungsleitend zu machen. Aus dieser politischen Perspektive erscheint Menschenführung – gerne als Königsdisziplin geadelt – eher als Indikator gelungener Innerer Führung denn als Gestaltungsfeld. Viel wichtiger ist die wohlverstandene Bürgerlichkeit, wie sie dem Gestaltungsfeld Politische Bildung eigentümlich ist. Jene Bürgerlichkeit, die als Staatsräson der Bundesrepublik im Grundgesetz zementiert ist.

Damit wird klar, dass sich Innere Führung auf die im Grundgesetz beschriebenen Ordnungsvorstellungen bezieht. Wenn Sonntagsreden teils recht diffus den Wertebezug ansprechen, dann kann es sich lediglich um die häufig als Werte bezeichneten Grundrechte handeln. Und die sind konstant seit Gründung der Bundesrepublik. Eine Dynamik Innerer Führung schließt das aus.

Im Gegenteil, deutlich wird daran die Funktionalität Innerer Führung. Sie lässt sich in naturwissenschaftlicher Manier als Operator begreifen. Im Kern ist es die Funktion militärischer Führung, Entscheidungen zu treffen, um auf Problemstellungen zu reagieren. Das bedeutet, dass eine Problemstellung als Input in den Operator Innere Führung gesteckt wird und ein Output entsteht. Solche Problemstellungen wären früher beispielsweise panzerstarke Verbände des Warschauer Paktes im Fulda-Gap gewesen oder die Baltische Flotte in den Ostseezugängen. Als Output hätte Innere Führung damals erst Abschreckung, dann Verteidigung und die damit zusammenhängenden Tätigkeiten geliefert auf der Grundlage der staatsbürgerlichen Obligation, wie sie das Leitbild des Staatsbürgers in Uniform beschreibt. Eine andere Problemstellung wäre die Behandlung der Kriegsgefangenen nach einer erfolgreichen Abwehrschlacht. Der Output, d.h. das Verhalten der Soldaten, hätte sich mit dem Operator Innere Führung entsprechend der Wertevorgaben aus den Menschenrechten und den Regeln des Humanitären Völkerrechts ergeben. Im Gegensatz dazu stehen die von der Militärgeschichte z. B. für den Ostfeldzug gut erforschten gravierenden Kriegsverbrechen, die als Output dem Operator „heroisches Soldatentum eigener Werthaftigkeit" entspringen. Der Vergleich zeigt nebenbei bemerkt, dass traditionelle Soldatentugenden geradezu den idealtypischen Gegenpol zur Inneren Führung bilden. Wenn dann Kritiker angesichts der heutzutage anliegenden Interventionseinsätze Änderungen – gemeint ist wahrscheinlich häufig Abschaffung – der Inneren Führung fordern, so sei entgegnet, dass der neue Input Militärintervention konsequenterweise zu einem anderen Output führen wird als es der frühere Input „Verteidigung" getan hätte. Damit ist unsere Organisationskultur der konstante gleichbleibende Operator zur Generation militärischer Entscheidungen. Innere Führung, so die Erkenntnis, ist statisch!

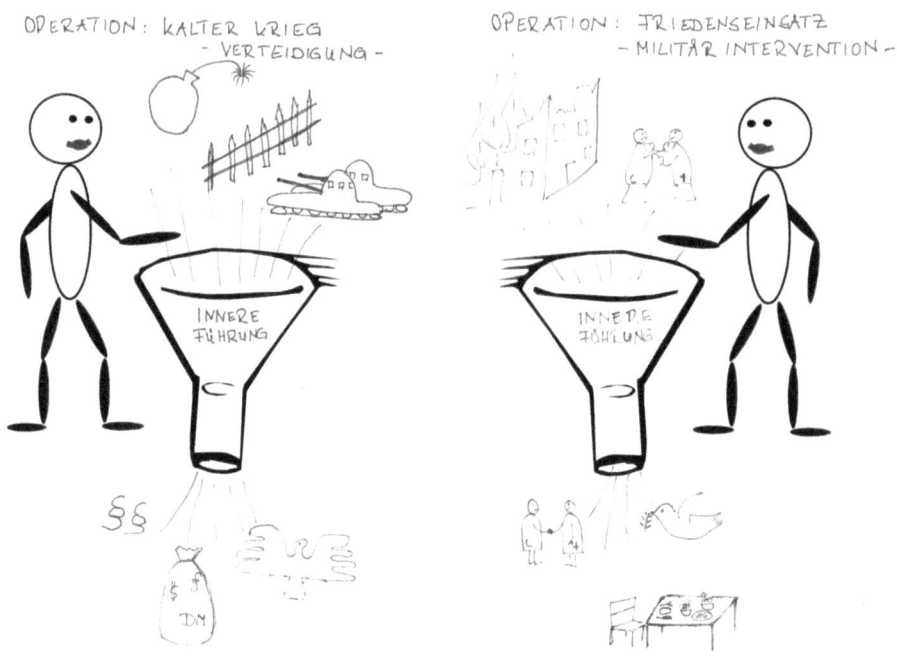

Bild: Operationen der Inneren Führung (Grafik: Inke Buchner)

Weder Auftrag noch Legitimation

Innere Führung liefert weder den Auftrag der Streitkräfte noch deren Legitimation, sei es der Organisation Bundeswehr als Ganzes noch einzelner Entscheidungen zu ihrem Einsatz.

Wenn schon der Kompass seine Sinnbildfunktion verliert, dann irren diejenigen verwirrt umher, die ein Heil in der Inneren Führung anhand einfacher Militärkategorisierungen suchen. Das sind Sicherungsbegriffe wie Auftrag und Legitimation. Termini, die die Schuld vom Einzelnen auf das Kollektiv lenken. Mahnung wäre dabei das historische Beispiel der III. OHL – Hindenburg und Ludendorff – des Ersten Weltkriegs. Die Versagensgründe wurden kurzentschlossen vom Militär an die Politik gereicht. Stimmiger im politischen System ist, dass die Politik den Auftrag der Bundeswehr formuliert. Das sind diejenigen Staatsorgane, die die Einsatzradien des Militärs in Deutschland festlegen. Und dafür ist es gute demokratische Tradition, die Legitimation gleich mitzuliefern. Dies leistet der vielgescholtene parlamentarische Prozess mit Bravour. Dank des parlamentarischen Regierungssystems werden die vielschichtigen Argumente, die in den Entscheidungsprozess eingeflossen sind, der Öffentlichkeit präsentiert. Wesensgemäß propagieren Regierungskoalitionen Argumente, die für eine Entscheidung sprechen; Oppositionsparteien formulieren die vielfältigen Bedenken. Bevor dies jedoch geschieht, brodelt der Abstimmungsprozess zunächst im Kontakt der Abgeordneten mit der Bevölkerung in ihren Wahlkreisen, dann in einer Konsensfindung in den Fraktionen. Schließlich reift in den einem Regierungsantrag vorausgehenden Sondierungen das Bild für das politisch Machbare. Und erst dann wird eine Regierung in Erwägung ziehen, den Schritt in die Öffentlichkeit zu wagen. Erst dann wird der Antrag zum Auslandseinsatz der Bundeswehr von der Regierung an den Bundestag gerichtet. Der landläufig als politisch dilettantisch eingebrachte Einsatz RD Congo aus dem Jahr 2006 erscheint da in ganz neuem Licht. In einem zum Teil sehr zähen politischen Prozess wurde eine Entscheidung gefunden, die die Grenzen des politisch Machbaren filigran nachzeichnet. Keineswegs ist es die Verzögerung, die der Entscheidungsfindung angekreidet wird. Vielmehr ist es das demokratische Gespür verbunden mit den handwerklichen politischen Fertigkeiten, genau so viel anzubieten, wie sich in der deutschen Gesellschaft durchsetzen lässt. Es wurde eine kleine Truppe nach Afrika geschickt, sie wurde im befriedeten Nachbarland stationiert und sollte erst in einem Ernstfall in den Konflikt eingreifen. Und zu guter Letzt – welch hintergründiges Narrativ – sollte die Truppe an Weihnachten wieder zurück in der Heimat sein. So gesehen wird aus der zunächst tollpatschig anmutenden Politik des Verteidigungsministers eine zutiefst demokratische Entscheidungsfindung im parlamentarischen Kommunikationsraum.

Dafür greift die Wissenschaft, also die vergleichende Regierungslehre bis heute auf die Erkenntnisse des britischen Nationalökonomen Walter Bagehot zurück. Seine Analyse förderte eine Mehrzahl von Funktionen eines Parlaments im parlamentarischen Regierungssystem am Beispiel der englischen Verfassung hervor. Solche Vorstellungen sind in Deutschland teils verschüttet. Teils neigen Bürger zu verkürzten Vorstellungen. Der Bundestag kontrolliert einfach die Regierung. Damit lebt der für Deutschland lange Zeit stilbildende Gegensatz zwischen Monarch als Staatsoberhaupt und Exekutive sowie Parlament als artige Mitsprache der Bürger fort.

Teils bedingt die gähnende Leere im Plenum des Bundestages die scharfe Kritik der Bürger. Unglücklicherweise bleibt dabei das im Dunkeln, was hinter dem parlamentarischen Prozess steckt. Und dies sind die sechs Parlamentsfunktionen, die Walter Bagehot, der heute noch als „Kronzeuge" in der vergleichenden Regierungslehre angeführt wird, dem englischen Unterhaus 1867 zuschrieb:

- elective function (Regierungswahlfunktion)
- expressive function (Öffentlichkeitsfunktion)
- informing function (Beschwerdefunktion)
- function of legislation (Gesetzgebungsfunktion)
- teaching function (Bildungsfunktion)
- financial function (Budgetrecht)

Mit Blick auf die Auslandseinsätze der Bundeswehr erhält die Meinungsäußerung besonderes Gewicht. Bagehot konstatiert, dass das Parlament die Gedanken des (englischen) Volkes zu allen Angelegenheiten, mit denen es konfrontiert ist, zum Ausdruck bringt.

Und auch die Beschwerdefunktion lohnt, ins Rampenlicht gerückt zu werden. Das Parlament – hier naturgemäß die Opposition – bringt all das zu Gehör, was sonst nicht gehört werden würde. Insofern sind die Bundestagsdebatten die geraffte Zusammenfassung des Entscheidungsganges beispielsweise für einen Auslandseinsatz der Bundeswehr.

Für sicherheitspolitische Beratungen, die meistens nicht in Gesetzesform ablaufen, bedeutet das, dass die Entscheidung über Krieg und Frieden, die mit jedem Auslandseinsatz neu zu treffen ist, auf einer breiten Abstimmung unter Anhörung von Interessenträgern erfolgt. Das Parlament, so die moderne Parlamentarismusforschung, ist also weniger der Bau des „Deutschen Volkes" im Reichstag als vielmehr der Kommunikationsraum, wo Positionen ausgetauscht und das Machbare ausgelotet werden. So betrachtet, erheben Parlamente den Anspruch, wichtigstes Forum öffentlicher Meinung, die offizielle Bühne aller großen Themen zu sein, die die Nation bewegen. Plenarreden kommt dabei die Bedeutung zu, die Öffentlichkeit über Für und Wider zu informieren und nicht etwa Abgeordnete zu überzeugen. Wichtiger als der fast leere Plenarsaal sind dafür die gehaltenen Reden und die Redner. Darin wird nicht nur der Primat der Politik deutlich. Vielmehr kommt auch die Abhängigkeit der Politik von der Gesellschaft, den Bürgerinnen und Bürgern, zum Ausdruck.

Allein, mit Innerer Führung hat dies recht wenig zu tun. Solche Entscheidungen laufen außerhalb des normativen Raumes der Organisationskultur. Aber, und das ist ihr Anspruch, sie müssen als begründendes Fundament den Soldaten vermittelt werden. Auch dies macht einen demokratischen Mehrwert Innerer Führung deutlich.

Dass dies derzeit nicht allzugut gelingt, reizt zum Vorwurf, Innere Führung habe ein Vermittlungsproblem. Der Blick in die Organisationskultur selbst legt eine andere Erkenntnis nahe: Viel größer als das Vermittlungsproblem ist das Verständnisproblem. Es gibt viele verschiedene Bilder für die Organisationskultur. Scheinbar hängen aber alle schief. Und dagegen ist nur mit klaren Begriffen und prägnanten Denkmustern anzukommen. Dies ist die Absicht dieses Aufsatzes.

Innere Führung hat versagt

Dann läuft auch der Vorwurf, Innere Führung habe versagt, ins Leere, der nach jedem Skandälchen und Skandal, aber auch sonst gerne bei passenden oder eher unpassenden Gelegenheiten aufs Neue hervorgekramt wird. Versagt hat nämlich nicht die Innere Führung, also die Organisationskultur, sondern die Menschen, die entweder die grundlegenden Artefakte Innerer Führung links liegen lassen, die Normen und Werte nicht beachten oder Grundüberzeugungen haben, die dem Demokratiebedürfnis der deutschen Bevölkerung diametral entgegen stehen.

Innere Führung ist ein Leuchtturm

Innere Führung ist kein Kompass; Innere Führung ist ein Leuchtturm! Zwar taugt auch der als Peilobjekt zur Standortbestimmung. Aber im Gegensatz zur Allegorie des Kompasses legt das Sinnbild des Leuchtturms als Richtfeuer oder Teil einer Deckpeilung auch noch die richtige Richtung fest. Das wird an besonders schwierigen Wasserwegen genutzt, wo Hindernisse und Klippen die sichere Durchfahrt gefährden. Damit wäre es das treffende Bild für Innere Führung. Wenn sich die Organisationskultur in einem stressigen Alltag oder in der Situation des Gefechts bewähren muss, dann muss der Kurs geradeaus auf die Werte unseres Staates gerichtet werden. Dann stimmt nur eine Richtung, nur Kurs FDGO ist richtig!

Um das zu heilen, bedarf es der ständigen Rückversicherung. Dafür helfen scharfe Bilder. Viel besser als vage Vorstellungen taugen felsenfeste Überzeugungen. Die Johann Wolfgang von Goethe zugeschreibene Einsicht, dass nur wer klare Begriffe hat, befehlen kann, ist in diesem Sinne um die Klarheit des Befehlenden über die Begriffe zu erweitern. Der Königsweg dorthin führt über eine aktive und attraktive Politische Bildung, die Ethik und historische Bildung mit einschließt, in handlungsorientierter und diskursbasierter Methodik gestaltet ist und die Soldaten affektiv zum Nachdenken erzieht und kognitiv transparent und methodisch gesichert argumentieren lässt. Und sehr viel tragfähiger als lautstarke Behauptungen ist der unwiderlegbare Beweis, dass sich Militär und Demokratie eben doch nicht gegenseitig ausschließen. Das Gegenteil wäre noch ein Irrtum, aber keiner der Inneren Führung, sondern rein historisch betrachtet ein fataler Fehler, der zudem auch noch wiederholt würde und damit als doppelt verwerflich gilt.

Plädoyer für die Transformation der Inneren Führung in eine europäische Führungsphilosophie. Überlegungen zu Grenzen, Perspektiven und Chancen

Eberhard Birk

Hinführung

Die „Innere Führung" ist der Markenkern für das Selbstverständnis der Bundeswehr und die Führung der Streitkräfte der Bundesrepublik Deutschland – und dies aus gutem Grund:[1] Einerseits gewährleistet sie als dynamische Konzeption die Verwirklichung der verfassungsmäßigen Ordnung der Bundesrepublik auch innerhalb der Streitkräfte, andererseits zielt sie darauf, durch die Verdeutlichung ihrer Vorzüge für den einzelnen Soldaten, eine intrinsische Motivation zu erzielen sowie für die Gestaltung der inneren Ordnung der Streitkräfte im Rahmen der politischen, sozialen und (wehr-)technischen Gegebenheiten unter Einschluss des sich auch chamäleonartig wandelnden Kriegsbildes konkrete Anweisungen für militärisches Denken und Handeln bereitzustellen.

Sie bewegt(e) sich daher stets in einem Spannungsfeld und damit in Abhängigkeit von drei dynamischen Parametern resp. Einflussgrößen:

(1) Sicherheitspolitisches Umfeld / Neue Herausforderungen,
(2) Primat der Politik / Parlamentarische Willensbildung,
(3) Gesellschaftspolitische Entwicklungen / Wertewandel.

Diese stehen in einer wechselseitigen Verknüpfung und können nicht losgelöst voneinander betrachtet werden.

---

[1] Hier wird auf einen ausführlichen wissenschaftlichen Anmerkungsapparat verzichtet. Einerseits ist die grundlegende Literatur zum Thema dem eingeweihten Leser vertraut; andererseits werden hier eigene Gedankengänge entwickelt, für die es eben nicht immer schon die nachweisbare Literatur gibt. Für die aktuellen Diskussionen gilt es auf die Publikationen im Miles-Verlag – neben dem Jahrbuch Innere Führung – hinzuweisen. Vgl. etwa Marcel Bohnert und Lukas J. Reitstetter (Hrsg.), Armee im Aufbruch. Zur Gedankenwelt junger Offiziere in den Kampftruppen der Bundeswehr, Berlin 2014 sowie Christian Bauer / Marcel Bohnert / Jan Pahl: Vitalis Innere Führung! – Zum Status Quo der Führungskultur in den deutschen Streitkräften (= Standpunkte und Orientierungen, 12), Berlin 2018.

Dies war jedoch nicht immer so. Insbesondere in den Anfängen, aber auch darüber hinaus, lag die Innere Führung im Sperrfeuer der Kritik – aus allen Richtungen: Politik und Gesellschaft stellten sie aus unterschiedlichen Perspektiven infrage – mal war sie, versehen mit der polemisch-pejorativen Bezeichnung „Inneres Gewürge", zu „weich", dann zu „ideologisch".

In der Diskussion über die Genese und Entwicklung der Inneren Führung wird dabei jedoch ein zentraler Aspekt zu wenig gewürdigt: das „Führen mit Auftrag" resp. die „Auftragstaktik". Damit soll nicht verkannt werden, dass diese „deutsche Stärke" auf nachgeordneten Führungsebenen nicht auch schon zuvor erfolgreich praktiziert wurde. Indes wird erst durch den Gesamtansatz der Konzeption der Inneren Führung dieses Prinzip auch theoretisch vervollständigt. Denn letztlich ist erst der gebildete „Staatsbürger in Uniform" der Soldatentypus, der auf allen Ebenen im Sinne der Inneren Führung geistig und materiell führen kann. Die Voraussetzung hierfür ist jedoch der Faktor Bildung, der der übergeordneten Führung die Gewissheit gibt, dass Freiräume bei der Auftragserfüllung auch tatsächlich genutzt werden können. Unterschiedliche Bildungsvoraussetzungen (innerhalb und zwischen Streitkräften) können daher genauso wie moderne (digitale) Führungsmittel die Grundlagen der Inneren Führung wie der „Auftragstaktik" gefährden.

Gleichwohl war und ist die Innere Führung darüber hinaus als „deutscher Sonderweg" in den Augen der NATO-Alliierten „very german" – einerseits verspöttelt, andererseits grundsätzlich missverstanden worden, obwohl die Innere Führung dasselbe Ziel wie die NATO-Alliierten verfolgte: eine schlagkräftige (west-) deutsche Armee sollte nicht mehr zu einer für den „Westen" gefährlichen Armee werden, weshalb sie dem westlichen Wertekanon folgen sollte, verbunden indes mit „nationalen" Eigentümlichkeiten (eben mit dem „Staatsbürger in Uniform" und als Parlamentsarmee).

Unter Geburtswehen entstanden, ist die Innere Führung mittlerweile längst im Selbstverständnis der Bundeswehr verankert – aufgrund ihrer vielfältigen Facetten gelegentlich mehr unbewusst als durch die bewusste geistige Akzeptanz. Als genuin deutsche Führungsphilosophie ist sie nach über sechs Jahrzehnten zu einem wichtigen Element der nationalen Tradition geworden und findet daher in dem 2018 herausgegebenen neuen „Traditionserlass" – Tradition in der Bundeswehr – eine prominente Hervorhebung.[2]

---

[2] Vgl. „Tradition in der Bundeswehr" (Traditionserlass von 2018) und Donald Abenheim / Uwe Hartmann (Hrsg.), Tradition in der Bundeswehr. Zum Erbe des deutschen Soldaten und

Vor diesem Hintergrund scheint es geradezu vermessen, Überlegungen anzustellen, inwiefern es sich gewinnbringend erweisen könnte, die Innere Führung als „Erfolgsmodell" für die europäische Ebene vorzuschlagen, zumal dadurch auch der Eindruck entstehen könnte, dass „die Deutschen" ihre Führungsphilosophie als überlegen betrachten – und dies, obwohl sie ihre Soldaten bei Einsätzen nicht in die „first line of fire" stellen. Weshalb also sollten andere europäische Streitkräfte – mit ihren anderen militärischen Führungskulturen, basierend auf deren nationalen Traditionen – sich einem derartigen Unterfangen gegenüber offen zeigen? Schließlich waren sehr viele westeuropäische Armeen (mit ihrem kolonialen Hintergrund) stets „Einsatzarmeen" – und die Armeen Osteuropas mussten gezwungenermaßen über Jahrzehnte der „Führungsphilosophie" der Roten Armee folgen. Was also könnte die deutsche Seite berechtigen, Vorschläge für eine Europäisierung anzudenken?

Und: welche Gewissheit ist überhaupt gegeben, dass sich ein derartiger Versuch auch lohnt? Bei der Berücksichtigung des gegenwärtigen Diskursrahmens ist festzustellen, dass eine derartige Skizzierung in einer Zeit erfolgt, in der sich das „Projekt Europa" wie nie zuvor in einer eigentümlichen Ambivalenz befindet. Die Re-Nationalisierung der US-Außen- und Sicherheitspolitik wie auch das verstärkte machtpolitische Ausgreifen Russlands als der anderen Flügelmacht Europas einerseits wie auch die zunehmende Devolution der EU durch Renationalisierungstendenzen in vielen EU-Staaten andererseits (generelle Europaskepsis, Folgen der Finanz- und Migrationskrise, Brexit etc.) weisen der gestellten Thematik in der Priorisierung sicherlich keinen der ersten Plätze zu.

Grundsätzlich bewegt sich die inhärente Fragestellung der Thematik im Spannungsfeld von drei Optionen, unabhängig davon, ob sie sich auf weiterhin nationale oder integrierte europäische Streitkräfte der (nahen) Zukunft bezieht:

- Genereller Verzicht auf eine „Europäisierung",
- Synchronisierung durch Kompromiss aus gemeinsamer Einsatzerfahrung oder
- Voraussetzungslose Neubegründung einer europäischen Führungskultur durch grundlegende theoretische Überlegungen.

---

zur Umsetzung des neuen Traditionserlasses, Berlin 2018, u.a. mit meinem Beitrag zur europäischen Dimension: Tradition und Europa. Überlegungen aus grundsätzlichem und aktuellem Anlass, S. 138-152.

Während die erste Option den status quo prolongieren würde, müsste die zweite Option auf den Faktor Zeit – mit offenem Ausgang – setzen, schließlich gibt es keine Gewähr dafür, dass sich im Zuge gemeinsamer Einsatzerfahrungen auch die verschiedenen Führungsphilosophien tatsächlich annähern. Bei der Betrachtung der dritten Option indes wäre de facto eine (im Moment nicht erkennbare) gemeinschaftliche EU-Streitkraft als Prämisse anzunehmen.

Wenn es letztlich wesentlich darum gehen soll, vor dem Hintergrund der Gegenwart (EU, PESCO) anhand generalisierender Ableitungen aus der „nationalen" Inneren Führung Optionen zu skizzieren, die zu einem Mehr an „europäischer" Innerer Führung führen können, dann ist dies nur möglich, wenn sich die Innere Führung als grundsätzlich offene Konzeption erweist, die neben unverzichtbaren Elementen auch eine gewisse Flexibilität im Hinblick auf die Integration neuer Elemente aufweist, um entweder graduelle andere Führungsvorstellungen „integrieren" zu können oder sich durch die Breite ihrer geistigen Grundlegung für alle nationalen Konzepte als akzeptabel erweist.

Jegliche Befragung der Inneren Führung auf deren Potential für eine Transformation auf die europäische Ebene hat – um zu begründbaren Optionen resp. Ableitungen zu gelangen – folglich einerseits (1.) ihre *Genese* und andererseits ihre *Entwicklungsgeschichte* zu berücksichtigen. Dadurch sollen grundlegende Charakteristika offengelegt werden, von deren Basis aus anzudenken ist, wie es um Übertragungsmöglichkeiten bestellt ist.

Andererseits kann (2.) auch der Versuch unternommen werden, das „geistige Substrat" der Inneren Führung, basierend auf dem aus der europäischen Geschichte erwachsenen Menschenbild und europäischer Wertvorstellungen, die den EU-Staaten – trotz periodisch auftretender Infragestellungen – gemeinsam sind, in Form einer Denkfigur zu skizzieren.

Innere Führung in ihrer nationalen Perspektive

Genese als Antwort auf die deutsche Militärgeschichte und die Rahmenbedingungen des Kalten Krieges

Die Entwicklung von Innerer Führung und dem „Staatsbürger in Uniform" war eine reflektierte „nationale" Antwort auf die deutsche Militärgeschichte. Vor dem Hintergrund der damals angedachten EVG wurden in der Himmeroder Denkschrift vom Oktober 1950, die als „magna charta" der Bundeswehr gesehen wird, die Grundlagen fixiert.[3] Deren Abschnitt V – überschrieben mit „Inneres Gefüge" – enthält die stets zitierte Aussage, es sei das Ziel, „ohne Anlehnung an die Formen der alten Wehrmacht grundlegend Neues" zu schaffen. Nun sind „Formen" der Streitkräfteorganisation regelmäßig Veränderungen unterworfen. Entscheidend – und dies ist der Sinn des Abschnitts – ist der „Geist": mens agitat molem.

Und dies hieß: Sowohl die Geschichte der indes nie unpolitischen Reichswehr in der Weimarer Republik als „Staat im Staat" und schon gar nicht die Rolle der Wehrmacht im NS-Staat und deren „Verstrickung" in den rassenideologisch begründeten Vernichtungskrieg sollten im Selbstverständnis neu aufzustellender (west-)deutscher Streitkräfte eine Vorbildlichkeit erhalten. Es galt vielmehr einen substanziellen „Traditionsbruch" vorzunehmen im Hinblick auf die demokratische und rechtsstaatliche Position des „neuen deutschen Soldaten". Ohne diesen Bruch gab es keine Akzeptanz für die Aufstellung neuer Streitkräfte bei den neuen Alliierten, der Politik und der Gesellschaft.

Die Neubegründung deutscher Streitkräfte war einerseits eine geistige und andererseits eine materielle Herausforderung – im Hinblick auf ihre „nationale" und „internationale" Dimension (und insofern eine Vergleichspause für die europäische Option).

Auch wenn es keine generelle „Diabolisierung" deutschen Soldatentums geben sollte – schließlich hatten die Verfasser der Himmeroder Denkschrift sämtlich eine „Vordienstzeit" in der Wehrmacht und manche auch in der Reichswehr; darüber hinaus galt es auch ehemalige Soldaten mit ihrer Fachexpertise für den Aufbau der neuen Armee zu gewinnen –, so war es doch notwendig, für die Aufstellung der Bundeswehr als Bündnis-, Verteidigungs-, Parlaments- und Wehrpflichtarmee neue Grundlagen zu erarbeiten.

Daneben gilt es darauf hinzuweisen, dass die Rahmenbedingungen der (entstehenden) Formationsphase des Kalten Krieges – verstanden als qualitative Ver-

---

[3] Vgl. dazu generell Hans-Jürgen Rautenberg und Norbert Wiggershaus, Die ›Himmeroder Denkschrift‹ vom Oktober 1950. Politische und militärische Überlegungen für einen Beitritt der Bundesrepublik Deutschland zur westeuropäischen Verteidigung, Karlsruhe 1977, Abschnitt V. Zur „Vorgeschichte" der Denkschrift vgl. die beiden Aufsätze von Thorsten Loch / Agilolf Keßelring, Der „Besprechungsplan" vom 5. Januar 1950. Gründungsdokument der Bundeswehr? Eine Dokumentation zu den Anfängen westdeutscher Sicherheitspolitik, in: Historisch Politische Mitteilungen (HPM) 22 (2015), S. 199-229 sowie Himmerod war nicht der Anfang. Bundesminister Eberhard Wildermuth und die Anfänge westdeutscher Sicherheitspolitik, in: MGZ 74 (2015) 1/2, S. 60-96.

änderung des sicherheitspolitischen Umfeldes – erst neue deutsche Streitkräfte möglich gemacht hat. Was durch die „Vorgeschichte" diskreditiert war, wurde fortan zu einem Desiderat aus Sicht der westlichen Staatengemeinschaft.

Da die 1949 gegründete Bundesrepublik Deutschland im Jahre 1950 (der Korea-Krieg wurde als Stellvertreterkrieg und als „Generalprobe" für eine Invasion der Sowjetunion in Westeuropa wahrgenommen) als Staat weder souverän noch Mitglied in der 1949 gegründeten NATO war, erblickte sie in der Aufforderung der NATO genauso wie im Pleven-Plan zur Aufstellung westeuropäischer Streitkräfte eine Chance. Durch die Bereitstellung einer Armee konnte die Bundesrepublik einen Beitrag zur militärischen Selbstbehauptung des Westens leisten und sich gleichzeitig ein „Mehr" an Souveränität erhoffen. Wenn sich dies mit dem westeuropäischen Projekt EVG erzielen ließ, war dies gut; sollte dies zu einem NATO-Beitritt führen, dann war es noch besser. Letztlich forderten beide Dimensionen der Westintegration ein politisches Bekenntnis zur westlichen Wertegemeinschaft, das sich auch im „neuen" deutschen Soldaten spiegeln sollte bzw. musste.

Der Charakter der deutschen Streitkräfte und das Selbstverständnis der Soldaten mit neuer Rechtspersönlichkeit waren daher auf Europa auszurichten. In der Himmeroder Denkschrift existiert hierfür – ebenfalls in Abschnitt V – ein zentraler Referenzpunkt: „Der Soldat [...] verteidigt zugleich Freiheit im Sinne der Selbstbestimmung und soziale Gerechtigkeit. Diese Werte sind für ihn unabdingbar" – und: „Durch Schaffung eines europäischen Geschichtsbildes" soll „ein entscheidender Beitrag für die Entwicklung zum überzeugten Staatsbürger und europäischen Soldaten geleistet werden (...) Die Verpflichtung Europa gegenüber, in dem diese Ideale entstanden sind und fortwirken sollen, überdeckt alle traditionellen Bindungen. Name und Symbole sind darauf abzustimmen."

Die Ursprünge der Inneren Führung sind deshalb geradezu „ur-europäisch", was einer generellen Übertragung auf die europäische Ebene nur förderlich sein kann. Dies galt für die Zeit des Kalten Krieges genauso wie für die Bundeswehr als „Armee im Einsatz". Dass veränderte Rahmenbedingungen neue Antworten benötigen ist evident. Und dass es dabei auf nationaler wie auch internationaler Ebene zu den unterschiedlichsten „Friktionen" kommen konnte bzw. musste, ebenfalls.

Implementierung und Entwicklung

Während die materielle und personelle Aufstellung der Bundeswehr in der Anfangsphase in weiten Teilen unter der Regie der westlichen Allianz vonstatten ging, war die „Erziehung" resp. „geistige Rüstung" des neuen deutschen Soldaten eine „nationale" Aufgabe. Dass diese ein schwieriges Unterfangen sein würde – sie war ja in weiten Teilen ein „Traditionsbruch" mit überlieferten und praktizierten Vorstellungen von den „Pflichten" des Soldaten, verbunden mit der Präferenz „unpolitischer", genuin soldatischer Tugenden in der Truppe –, musste die Innere Führung im Rahmen einer „Agenda Bildungsoffensive" für die Belange der Politischen Bildung, die der Inneren Führung (unverzichtbar) inhärent ist, (vorwiegend ministeriell) begleitet werden. Dabei sollte nicht übersehen werden, dass Wolf Graf von Baudissins, der geistige „Vater" der Inneren Führung, mit seiner Konzeption kein abstraktes, sich selbst genügendes neues Soldatenbild entwerfen wollte – seine Vorstellungen waren durchaus zweckgebunden. Im Verständnis von Baudissin, der kein inhaltlich geschlossenes Werk zu seinen Vorstellungen zum Begriff der Inneren Führung hinterlassen hat, waren Theorie und Praxis der Inneren Führung kein Widerspruch in sich.

Sein „Gesamtpaket" war letztlich auf den V-Fall resp. „Einsatz" ausgerichtet, in denen der „Staatsbürger in Uniform" seinem letztlichen Grundauftrag nachkommen sollte. In anderen Worten: Er sollte nach der politischen, militärischen und moralischen Katastrophe (1933/39-1945), dem Aufziehen des bipolaren Systemantagonismus und der latenten ideologischen Gefahr eines „Weltbürgerkrieges" um das „Wogegen?" und „Wofür?" seines Einsatzes wissen und die Rückbindung seines soldatischen Dienens am Wertegefüge des Grundgesetzes ausrichten.

Für Baudissin war folgende Einsicht evident: „Armeen können nur in Form sein, wenn sie die Strukturen des Ganzen widerspiegeln und wenn sie von dem gleichen Geist beseelt sind, der das Ganze trägt. Soldaten sind Kinder ihrer Zeit; Streitkräfte repräsentieren die gesellschaftlich-politischen Herrschaftsformen, deren Instrumente sie sind."[4]

Sicherheits-, militär- und gesellschaftspolitische Aspekte waren also sorgsam aufeinander abzustimmen – eine „Engführung" segmentierter Gedankengänge (i.d.R. bezogen auf eine genuin „militärische Notwendigkeit") waren für ihn dysfunktional.

---

[4] Wolf Graf von Baudissin, Soldat für den Frieden, München 1969, S. 122.

Parallel dazu galt es natürlich auch auf die notwendige „ethische" Qualität von Soldatentum in einer gewandelten Zeit hinzuweisen – nicht zuletzt aufgrund „nationaler" Erfahrungen! Unterstützung erhielt Baudissin vielfach aus dem politischen Raum. Seiner Zielrichtung verpflichtet war insbesondere der damalige SPD-Oppositionsführer, Kurt Schumacher, der im Deutschen Bundestag am 8. November 1950 ausführte: „Das Ethos der Armee im modernen Massenstaat ist das Gefühl der staatsbürgerlichen und nationalen Freiheit und der Wille, einer großen internationalen, einer großen menschlichen Idee zu dienen. Militärische Organisationen ohne ethische Bindungen sind die Quelle innen- und außenpolitischer Gefahr."

Um die Idee und Zielrichtung der Inneren Führung in den Truppenalltag zu transportieren, wurden diverse Publikationen unter der Federführung des Referates Innere Führung erarbeitet: Bereits im Jahre 1956 wurde die Heftreihe „Information für die Truppe" begonnen. 1957 wurden die „Leitsätze für die Erziehung von Soldaten" erlassen; ebenfalls wurde 1957 das „Handbuch Innere Führung" veröffentlicht, das bereits Fragen der soldatischen Tradition thematisierte. Ebenfalls seit 1957 erschien die ‚Schriftenreihe Innere Führung' sowie das bis 1961 reichende sechsbändige Kompendium „Schicksalsfragen der Gegenwart", für das renommierte Wissenschaftler aus den unterschiedlichsten Wissensgebieten gewonnen werden konnten. Auch auf der Schulebene wurde die Innere Führung institutionalisiert. Am 1. Oktober 1956 wurde die Schule der Bundeswehr für Innere Führung gegründet. Darüber hinaus verdeutlichte die Gründung des vom Verteidigungsministerium ins Leben gerufenen Beirates für Innere Führung im Jahre 1958 die Bereitschaft und den Willen, die herausgehobene Bedeutung des Themas zu dokumentieren. Im November 1958 kam der Erlass „Erzieherische Maßnahmen" heraus.

Gleichwohl war die Innere Führung dadurch nicht flächendeckend in der Bundeswehr implementiert.[5] Innerhalb der Bundeswehr kam es – nicht zuletzt aufgrund der gesellschaftlichen Entwicklungen in der Bundesrepublik (sie waren im Kern westeuropäische Modernisierungsprozesse) – zu heftigen Kämpfen zwischen „Modernisierern" und „Traditionalisten". So wurde die Innere Führung Ende der 1960er Jahre einerseits als „Maske" tituliert und parallel dazu

---

[5] Vgl. Frank Nägler, Der gewollte Soldat. Personelle Rüstung und Innere Führung in den Aufbaujahren der Bundeswehr 1956 bis 1964/65 (= Sicherheitspolitik und Streitkräfte der Bundesrepublik Deutschland, 9), München 2010. Für die Frühzeit der Inneren Führung bis zur Konsolidierungszeit der Bundeswehr noch immer lesenswert: Carl-Gero von Ilsemann, Die Bundeswehr in der Demokratie, Hamburg 1971.

sogar eine „Reform an Haupt und Gliedern in Bundeswehr und Gesellschaft" sowie erneut der sui-generis-Charakter des Soldatenberufes eingefordert. Andererseits standen die „Leutnante 1970" mit ihren Thesen für eine progressive Umsetzung des verfassungsmäßigen Auftrages: Loyalität gegenüber dem verfassungsmäßigen Auftrag, Ablehnung epigonaler Reproduktion, Friedensgestaltung, Kritikfähigkeit.

Verteidigungsminister Helmut Schmidt drängte vor dem Hintergrund anhaltender bundeswehrinterner Diskussionen und öffentlicher Infragestellung bzw. Abqualifizierung der Inneren Führung als „spätbürgerlicher Armeeideologie'" durch die im Zuge der radikalen System- und Ideologiekritik im Umfeld der Diskussionen um die „Notstandsverfassung" 1968 auf die endgültige Implementierung der Leitvorstellungen Baudissins und erteilte den traditionalen Gegenentwürfen eine Abfuhr. Im Weißbuch des Jahres 1970 wurde in der Ziffer 152 der verbindliche Charakter der Inneren Führung unmissverständlich hervorgehoben: „Deswegen sind die Grundsätze der inneren Führung keine ‚Maske', die man ablegen könnte, sondern ein Wesenskern der Bundeswehr. Wer sie ablehnt, taugt nicht zum Vorgesetzten unserer Soldaten."

Selbst wenn diese Diktion scheinbar nur die Ebene der Menschenführung zu tangieren scheint, so war sich Schmidt nicht sicher, inwiefern höhere Generale der Bundeswehr die Konzeption der Inneren Führung grundsätzlich verstanden resp. verinnerlicht hatten.

Zum Durchbruch bzw. zur „Neugründung" der Inneren Führung kam es zu Beginn der 1970er Jahre durch die breite politische und parlamentarische „Rückendeckung. 1972 erfolgte daraufhin die Herausgabe der ZDv10/1 (Hilfen für die Innere Führung) und 1973 der ZDv 12/1 (Politische Bildung in der Bundeswehr). Auch die Einführung eines wissenschaftlichen Studiums für (angehende) Offiziere an den beiden Hochschulen (später: Universitäten) der Bundeswehr in Hamburg und München verstärkten die Akzeptanz der Inneren Führung, schließlich dokumentierte dies – neben der „Attraktivitätssteigerung" des Offizierberufs – auch die „Anschlussfähigkeit" an gesellschaftliche Entwicklungen (Akademisierung, Liberalisierung, „1968"). Anhaltende „Friktionen" in der Traditionspflege der Bundeswehr (insbesondere die „Rudel-Affäre 1976/77 bei der Luftwaffe und der Tod Dönitz' 1980) führten 1982 zum 2. Traditionserlass der Bundeswehr. Dadurch kam cum grano salis der Dreiklang von Innerer Führung, Politischer Bildung und Traditionsverständnis auf der Grundlage der freiheitlichen und demokratischen Grundordnung der Bundesrepublik Deutschland (zumindest ministeriell) zum Abschluss.

Nach diesem Rückblick lassen sich mehrere Thesen aufstellen:
1. Die Konzeption der Inneren Führung war die Antwort auf historische Entwicklungen und „aktuelle" Herausforderungen gleichermaßen. Sie hat einerseits historische nationale und andererseits genuin europäische, mehr oder weniger abstrakte (geistes-) geschichtliche Grundlagen und zielt auf den mündigen „Staatsbürger in Uniform", der aus Überzeugung motiviert seinen Dienst verrichtet – im Grundbetrieb und allen Formen des Einsatzes.
2. Die Innere Führung war für die Bundesrepublik „machtpolitisch" im Hinblick auf die Erlangung ihrer (Teil-) Souveränität und „ideell" in dem Sinne notwendig, dass das Menschenbild der Aufklärung (als europäisches Erbe und generelle Verpflichtung) nicht nur essentieller Bestandteil der Werte- und Rechtsordnung des (zivilen) Staatswesens sein sollte, sondern auch die Grundlage soldatischen Selbstverständnisses in den deutschen Streitkräften – unabhängig von der praktizierten Wehrform.
3. Die Positionierung des „Staatsbürgers in Uniform" im Rahmen der Konzeption der Inneren Führung ist nicht „geschichtslos" und sie ist nicht „starr". Die Innere Führung lebt stets von ihrem Gegenwartsbezug, der in der Vergangenheit unterschiedliche Fragen stellte und daher unterschiedliche Antworten erhielt.
4. Die Innere Führung muss(te) stets im dynamischen Gleichgewicht ihrer drei Einflussparameter (Sicherheitspolitik, Parlament und Gesellschaft) gehalten werden. Nur das Wissen um die sicherheitspolitischen Herausforderungen, die Grundlagen staatlicher Organisation und die dynamischen gesellschaftlichen Entwicklungen verleihen dem soldatischen Dienen eine „saubere" Legitimation. Ohne diese bleibt militärfachliche Professionalität auch ethisch „blind".
5. Die Innere Führung setzt kritische Reflektion und graduelle Weiterentwicklung voraus. Konzeptionen sind keine Dogmen. Eine breite „Aufstellung" bietet Raum für flexible Anpassungserfordernisse.
6. Die Innere Führung ist ein erzieherischer Prozess für das Innenleben der Bundeswehr und muss(te) durch Angebote zur Politischen Bildung des „Staatsbürgers in Uniform" ergänzt werden – in Zeiten der Wehrpflicht genauso wie in der Gegenwart nach deren Aussetzung. Dies ist auch bei einer „europäischen" Inneren Führung verpflichtend.
7. Neue Führungsphilosophien, basierend auf unterschiedlichen Bildern vom Soldaten, des Offiziers oder von Traditionsvorstellungen, benötigen Zeit,

bis sie zum „Allgemeingut" werden. Die gegenwärtige prinzipielle Akzeptanz der Inneren Führung darf nicht über deren „Geburtswehen" hinwegtäuschen – und: dies waren Auseinandersetzungen *innerhalb* der Bundeswehr!

8. Bei einer anzudenkenden „europäischen" Inneren Führung" sollte daher nicht die Verpflichtung im Vordergrund stehen, in einem langen Prozess alle „Altlasten" und sämtliche Spezifika der Führungsphilosophien anderer europäischer Streitkräfte auf Harmonisierungsmöglichkeiten zu befragen – dies wäre eine never ending story.
9. Chancenlos müssen Überlegungen im Hinblick auf den Charakter der Inneren Führung als „Musterfolie" für eine Übertragung auf Europa indes nicht sein, da die Innere Führung als „nationale" dynamische Konzeption mehr als sechs Jahrzehnte in der Lage war, auf die unterschiedlichsten Herausforderungen so zu reagieren, dass ihre grundlegenden Postulate – trotz Veränderungen – im Kern unverändert geblieben sind. Weshalb also sollte sie nicht EU-tauglich sein?

Vorüberlegungen zur „Europäisierung" der Inneren Führung

So wie sich „der Westen" nach dem Ende des Zweiten Weltkrieges und zu Beginn des Kalten Krieges neuen sicherheitspolitischen Herausforderungen gegenübersah, so stellte sich nach dem Kollaps des Machtpotentials der Sowjetunion, der Auflösung des Warschauer Paktes sowie unzähliger, gänzlich verschiedener Rahmenbedingungen eine grundsätzlich veränderte sicherheits- und geopolitische Situation als Herausforderung für die NATO, aber auch die EU, dar. Deren Beschreibung und Analyse ist Legion.

Spätestens angesichts des säkularen Globalisierungsprozesses und des grenzüberschreitenden Charakters neuer sicherheitspolitischer Herausforderungen ist deutlich geworden, dass die Aufgabenstellung der Zukunft einen größeren europäischen Rahmen auch in sicherheits- und verteidigungspolitischer Perspektive benötigt. Vor diesem Hintergrund weiterhin nationale Sicherheits- und Verteidigungspolitiken im Zuge der Globalisierung zu präferieren, verkennt die Tatsache, dass auch nationale Sicherheit in Europa heute nur als Ableitungsfunktion gesamteuropäischer Sicherheit denkbar ist – wie übrigens während der Zeit des Kalten Krieges auch. Deshalb geht es auch nicht um die Delegitimierung und sofortige Abschaffung nationaler Streitkräfte. Sicherlich werden die EU-Staaten für eine (lange?) Übergangszeit nationale Streitkräfte behalten wollen. Aber dass es nun gilt, die EU zu einem strategisch autonomen Akteur vor, während und nach Krisen weiterzuentwickeln, ist evident.

An theoretischen Modellen resp. politischen Initiativen hierfür mangelte es in der Zeit nach dem Zweiten Weltkrieg während des Kalten Krieges (EVG, WEU) genauso wenig wie im Zuge des Europäisierungsprozesses nach dem Mauerfall im Zuge des Maastrichter Vertrages (1992). Zwar bot der EU-Vertrag Freiräume zu engeren Zusammenschlüssen – indes standen nationale Interessen der Bildung einer europäischen Verteidigungsunion stets entgegen. Wie auch sollten sich z.B. Schweden, Italien, Luxemburg und Portugal auf eine europäische Verteidigungsidentität einigen können, nachdem der „negative" Föderator Sowjetunion entfallen war?

Gleichwohl aber soll – oder besser: muss! – hier von folgender Prämisse ausgegangen werden: Der Grad und die Zahl der generellen akuten und perspektivischen sicherheitspolitischen Herausforderungen machen Vorüberlegungen hierfür dringlich – aus Gründen einer generell theoriegeleiteten Perspektive genauso wie einer aktuellen Notwendigkeit, die europäische Streitkräfte in gemeinsamen Einsätzen auf drei Kontinenten und deren Randmeeren sieht. Das Kultivieren der unterschiedlichen Führungsphilosophien bei gemeinsamen Einsätzen europäischer Streitkräfte auf Basis des generellen Mottos der EU – „Einheit in Vielfalt" – könnte sich ansonsten in konkreten Handlungssituationen als dysfunktional erweisen.

Eine tatsächliche – „richtige" – europäische Initiative unternahm der damalige Präsident des Europäischen Parlaments (EP), Hans-Gert Pöttering. Das EP verabschiedete darauf Bezug nehmend im Februar 2009 einen Beschluss, der erstmals die Formulierung europäischer sicherheitspolitischer Interessen anmahnte. Es stellte fest, „dass eine gemeinsame Verteidigungspolitik in Europa eine integrierte europäische Streitmacht" erfordere, und befürwortete „die dynamische Weiterentwicklung der Zusammenarbeit nationaler Streitkräfte hin zu einer immer engeren Synchronisierung". Zugleich empfahl es, „diesem Prozess und den Streitkräften den Namen SAFE ›Synchronized Armed Forces Europe‹ zu geben."[6]

---

[6] Entschließung des Europäischen Parlaments vom 19.2.2009 zu der Europäischen Sicherheitsstrategie und die ESVP (P6_TA[2009]0075), hier die Punkte 9 und 51; www.europarl.europa.eu/RegistreWeb/search/simple.htm?fulltext=A6-0032%2F2009&language=DE. Vgl. zudem Hans-Gert Pöttering, »Synchronized Armed Forces

Im Kern sollen dabei die militärischen Fähigkeiten der freiwilligen Teilnehmerstaaten auf europäischer Ebene synchronisiert werden. Kosteneinsparung und Effizienz sowie ein europäisches Bewusstsein sind dabei Ausgangspunkt und Zielsetzung gleichzeitig. Die bereits existierenden multinationalen Streitkräfteformationen werden hierbei sicherlich die katalysatorische Funktion eines wertvollen Nukleus zu übernehmen haben. Sie sind auf dem Weg zu integrierten Streitkräften weder Hindernis noch ein auf Dauer angelegter Endzustand. PESCO erscheint daher wie SAFE in neuem Gewand.

Während Kosteneinsparung und Effizienz einen eher „technischen" Aspekt im Sinne von materieller „hardware" beinhalten, soll hier die mentale – gleichwohl aber vernunftgeleitete – „software" im Sinne von Führungsphilosophie im Mittelpunkt stehen. Dabei wird hier der Versuch unternommen, einen positiv konnotierten Weg aufzuzeigen, der Perspektiven bieten kann, für europäische Streitkräfteformationen (unabhängig davon, ob sie weiterhin nationale oder perspektivisch integriert organisiert sind) ein „Mehr" an „europäischer" Innerer Führung zu erreichen.

Diese angemahnte Perspektive setzt jedoch einen Willen zur gemeinsamen Gestaltung europäischer militärischer Fähigkeiten auf der Basis eines entsprechenden Selbstverständnisses voraus. Dessen Entwicklung kann einerseits darauf hoffen, dass alle Armeen in Europa einen aus der Geschichte erwachsenen Prozess durchlaufen, der sukzessive zu einer „Angleichung" nationaler Führungsphilosophien führt – i.e. aus der „longue durée" getrennter Führungsphilosophien durch die Realität gemeinsamer Einsätze ein historisch-politischer „european spirit" entsteht, der sich dann auch in einer „gemeinsamen" europäischen Führungsphilosophie niederschlägt. Dies ist jedoch ein schwieriger und im besten Fall ein langwieriger Prozess – nationale Führungsphilosophien sind schließlich elementarer Bestandteil jeweils nationaler Militärtraditionen.

Deshalb soll hier der Versuch unternommen werden, einen konzeptionellen Entwurf (vielleicht sogar eine militärpolitische Verpflichtung) in den Diskussionsprozess einzubringen, der nicht einzelne, gleichwohl sehr viele unterschiedliche nationale Führungsphilosophien daraufhin untersucht, wie viele kleine und kleinste Schnittmengen sie mit der Inneren Führung aufweisen, sondern als Zielvorstellung dienen soll.

Europe«. Neue Entwicklungen und Ansätze für ein Europa der Verteidigung, in: ÖMZ 3/2009, S. 277-282.

Für diese (abstrakten) Überlegungen ist zunächst zweitrangig, ob die Streitkräfte in Europa weiterhin national organisiert bleiben, ob es überhaupt zu integrierten europäischen Streitkräften kommt oder die Zwischenstation PESCO finalen Charakter besitzt: Einen geistigen Unter- resp. Überbau werden die (europäischen) Soldaten benötigen – und wenn sie den gleichen Auftrag in ihren Einsätzen oder im Rahmen der Bündnisverteidigung haben, sollten sie vom gleichen (im Idealfall: europäischen) Ethos beseelt sein.

Dieses muss unabhängig von der Legitimation soldatischen Dienens (Verpflichtung auf demokratische und freiheitliche Ideale resp. jeweilige Verfassungen) in Einsätzen eine entsprechende Mandatierung, vergleichbaren Versorgungsleistungen etc. letztlich einerseits von einer gemeinsamen Führungsphilosophie „von oben" und andererseits einem Selbstverständnis „von unten" geprägt sein, das nicht nur beide Ebenen miteinander verzahnt, sondern seine Basis im Selbstverständnis aller Soldaten findet.

Es gilt folglich zu überlegen, was „europäisches Soldatentum" ausmachen sollte, wo ein gemeinsames Werteverständnis zu finden ist, i.e. es ist eine „geistige Klammer" anzubieten, die – unabhängig von nationalen Führungs- und Traditionsvorstellungen – breit angelegt oder aber auf unverzichtbare Kernelemente reduziert ist, die für alle annehmbar sind.

Hierfür sind Bezugnahmen auf Menschenbild, Wertekodifikationen und Maßnahmen der militärischen Ausbildungsharmonisierung sowie der Erziehung und politischen Bildung vorzuschlagen. Im Grunde sind dies genau jene Parameter, die auch den Kern der Inneren Führung betreffen, ohne dass hier postuliert werden sollte, dass es sich um eine direkte Übertragung der Inneren Führung handeln könnte.

Bei der folgenden Betrachtung geht es folglich nicht darum, wie zunächst ein politischer Beschluss zustande kommen kann; es geht auch nicht darum, wie dann Streitkräfteformationen zu strukturieren sind und noch weniger um die notwendige Ausstattung mit Waffensystemen – es geht ausschließlich um die Hervorbringung und Kultivierung dessen, was man als „Geist des europäischen Soldaten" bezeichnen könnte.

Hierbei soll im Zentrum nicht stehen, was europäische Soldaten in der Vergangenheit trennte, sondern das, was allen gemeinsam war, ist bzw. sein sollte.

Insofern könnte ein Europäisierungsansatz der Inneren Führung vom Prinzip her einfacher sein, es gilt schließlich nicht – wie im Entstehungsprozess der nationalen Inneren Führung – um einen de facto „radikalen" Neuanfang.

Gleichgeblieben ist indes die Grundlage der Konzeption. Sie muss die drei (konstanten) Einflussgrößen berücksichtigen: ein neues sicherheitspolitisches Umfeld mit seinen Herausforderungen – dies gilt für nationale Führungsphilosophien wie für eine europäische –; die politische sowie ggfs. parlamentarische Rahmensetzung (hier wäre für die europäische Ebene ein modus vivendi im Zusammenspiel der nationalen Ebenen und dem Europäischen Parlament notwendig!) sowie das Eingehen auf den steten gesellschaftlichen Wandel unter Einschluss der kulturellen Diversifikation.

Letztlich ist beim konzeptionellen Umreißen des „Anforderungsprofils" für eine europäische Innere Führung die gleiche Vorgehensweise zu wählen wie bei einer „Harmonisierung" der verschiedenen Bildungsdimensionen, die die Grundlage bilden müssen, i.e. es geht um ein Erweitern der historischen, politischen und wertegebundenen Bildung unter der Prämisse „Europäisierung". Hierbei muss man sich der Tatsache bewusst sein, dass dies ein langwieriger Prozess ist, dessen „Früchte" nicht unmittelbar zu ernten sind. Und es ist dem Vorwurf resp. der Versuchung entgegenzutreten, dass neben dem „künstlichen" Produzieren und Kultivieren nationaler Konstruktionen mit der europäischen Dimension nun eine zusätzliche „theoretische" Belastung hinzutritt.

Menschenbild Europas / Werte / Geist und Ethos

Sämtlicher Legitimation politischer Machtausübung wie auch soldatischen Dienens liegt das auf antiken, mittelalterlichen, frühneuzeitlichen wurzelnde europäische Menschenbild zugrunde, das letztlich durch die Phase der Aufklärung eine Kodifikation in den jeweiligen Verfassungen (mit Ausnahme Großbritanniens) erfuhr – unabhängig von semantischen Variationen. Natürlich ist diese Einsicht verbunden mit entsprechender historischer Bildung, der – leider! – in den Streitkräften nicht immer die erforderliche Zeit eingeräumt wird. Gleichwohl indes wird deren „pragmatische" Dimension in Form von (Menschen- u./oder Bürger-) Rechten (Würde, Freiheit, Demokratie, Rechtsstaat) von jedem Soldaten als „Bürger" eingefordert, da sie de facto längst in der Breite verinnerlicht ist. Selbst der NATO als Verteidigungsinstrument des Westens lag zur Zeit ihrer Gründung genau dieses zugrunde. Auch wenn es die Präambel des NATO-Vertrages ist, so sind die Inhalte doch genuin „europäischer Tradition": „Die Parteien (...) sind entschlossen, die Freiheit, das gemeinsame Erbe und die Zivilisation ihrer Völker, die auf den Grundsätzen der Demokratie, der Freiheit der Person und der Herrschaft des Rechts beruhen, zu gewährleisten."[7]

Es gilt hier folglich, die geistesgeschichtlichen Grundlagen dieser Werte – verbunden mit den sich daraus ableitbaren Berufsbildern des Soldaten[8] – herauszuarbeiten, um diese zum gemeinsamen geistigen Besitz auch des „europäischen Soldaten" greifbarer zu machen. Erst durch die Kenntnis historischer Sachverhalte und Bedingungen erhält nationales wie auch europäisches Soldatentum eine verlässliche Basis. Selbst wenn es eine „nationale" deutsche Vorschrift ist, so dient sie als Grundsatz auch für andere europäische Streitkräfte: „Deutsche Geschichte war und ist untrennbar mit der Geschichte Europas und der Welt verbunden. Historische Bildung erfordert daher sowohl die Beschäftigung mit der eigenen nationalen Geschichte, als auch mit der Geschichte anderer Nationen und Kulturen."[9] So werden „nationale" Entwicklungen aus einer „europäischen" Wurzel verständlich, die im Idealfall wieder zu einem zentralen „Narrativ" zusammengeführt werden können. Dabei ist weniger dogmatischer „Zwang" zielführend als diskursiver Dialog in Gelassenheit, weshalb alles zu unterlassen ist, das als „manipulativ" zu werten ist oder gar einen starren „europäischen Unterrichtskatalog" fordert.[10]

Worauf können bzw. müssen sich die Europäer in ihrer (überwiegenden) Gesamtheit berufen? Auch hier hilft ein kurzer Blick zurück. Der „Entwurf eines Vertrages über eine Verfassung für Europa" aus dem Jahr 2003 bietet hierfür eine denkbare Option, wenn er sich in seiner Präambel auf die „kulturellen, religiösen und humanistischen Überlieferungen Europas, deren Werte in seinem Erbe weiter lebendig sind und die zentrale Stellung des Menschen und die

---

[7] Vgl. Präambel des Nordatlantikvertrages, abgedruckt in: BGBl. 1955 II, S. 289.
[8] Vgl. etwa zuletzt Uwe Hartmann, Der gute Soldat. Politische Kultur und soldatisches Selbstverständnis heute (= Standpunkte und Orientierungen, 11), Berlin 2018.
[9] Entwurf für die noch 2018 zu erwartende Vorschrift: Historische Bildung in der Bundeswehr (A-2620/4), Pkt. 203.
[10] Vgl. hierzu Jörg Echternkamp / Hans-Hubertus Mack (Hrsg.), Geschichte ohne Grenzen? Europäische Dimensionen der Militärgeschichte vom 19. Jahrhundert bis heute, München 2016, selbst wenn hier der Fokus auf die Zeit nach der Französischen Revolution gelegt wurde und damit die „Unterschiedlichkeit" der zu beachtenden nationalen Geschichten stärker gewichtet wurde. Vgl. dagegen Eberhard Birk, „Militärgeschichte" und „Europa". Skizzen zu einem Geschichtsbuch für europäische Soldaten, in: ders. (Hrsg.), Militärgeschichte in der Bundeswehr (= Gneisenau Blätter 10), Fürstenfeldbruck 2011, S. 89-93 und ders., SAFE-Ethos. Plädoyer für ein europäisches Selbst- und Traditionsverständnis, in: IF – Zeitschrift für Innere Führung 1/2012, S. 13-19.

Vorstellung von der Unverletzlichkeit und Unveräußerlichkeit seiner Rechte sowie vom Vorrang des Rechts in seiner Gesellschaft" bezieht sowie „Gleichheit der Menschen, Freiheit, Geltung der Vernunft" postuliert, die sich auf einen einheitlichen gesamteuropäischen historischen Erfahrungshorizont abstützen.[11]

Es geht folglich in erster Linie um die historische Tiefendimension der europäischen Werteordnung resp. eines an historischen Ereignissen oder Prozessen orientierten Geschichtsbildes, das sich mit dem Selbstverständnis der Staaten der Gegenwart verbinden lässt.

Die Grundlegung einer Inneren Führung mit europäischer Perspektive erfordert die Intensivierung und Institutionalisierung der historisch-politischen Bildung für die (zukünftigen) Soldaten der EU, was dann auch die Möglichkeit eröffnet, die noch-nationalen Führungsphilosophien in Europa anzunähern. Hierzu wären mehrere Maßnahmen denkbar, die das Potential hierzu entwickeln können: Harmonisierung der Offizier- und Unteroffizierausbildung durch ein Lehrbuch für europäische Militärgeschichte, Herausgabe einer Europäischen Militärischen Zeitschrift (EUMZ) resp. wahlweise einem Journal of European Military Affairs (JEUMA) sowie Bildung militärischer und sicherheitspolitischer Gesellschaften, die letztlich der Bildung eines „european spirits" verpflichtet sind.

Dieser ideelle Kern für europäische Soldaten wurde bereits im Ersten Traditionserlass der Bundeswehr von 1965 als wesentlich erkannt: „Geistige Bildung gehört zum besten Erbe europäischen Soldatentums. Sie befreit den Soldaten zu geistiger und politischer Mündigkeit und befähigt ihn, der vielschichtigen Wirklichkeit gerecht zu werden, in der er handeln muss. Ohne Bildung bleibt Tüchtigkeit blind."[12] Was vor der eindimensionalen Bedrohungslage des Kalten Krieges galt, ist heute vor einem sehr viel komplexeren Einsatzszenario so wichtig wie die Beherrschung der Waffen. Ein derartiges soldatisches Ethos bietet Halt, Orientierung und Wertefestigkeit für die Aufgaben der Zukunft. Ein „Communitate Valemus" (»Gemeinsam sind wir stark«) als Wahlspruch

---

[11] Amtsblatt der Europäischen Union C 310 (2004), 47. Jahrgang vom 16. Dezember 2004, S. 3.
[12] „Bundeswehr und Tradition". Erlass vom 1.7.1965, BMVg Fü B I 4 – Az 35-08-07, Pkt. 18, abgedruckt in: Donald Abenheim, Bundeswehr und Tradition. Die Suche nach dem gültigen Erbe des deutschen Soldaten (= Beiträge zur Militärgeschichte, 27), München 1989.

des D/NL-Korps kann auch für ein SAFE-Ethos dazu dienen, „Einigkeit und Recht und Freiheit" für die EU zu begründen.

Denn eine nationale wie europäische Innere Führung darf nicht losgelöst von der politischen Kultur der jeweiligen politischen Systeme und deren Werte einen weltanschaulichen „Gegenentwurf" kultivieren. Schließlich berufen sich europäische Soldaten als „Bürger in Uniform" auf jene Prinzipien, auf die sie von ihren demokratischen Verfassungsstaaten verpflichtet wurden: Garantie der Würde des Menschen, bürgerliche Freiheits-, Selbstbestimmungs- und Partizipationsrechte in demokratischen Verfassungsstaaten, die den militärischen Dienst auf dieser Basis legitimieren. Diese waren und blieben für ihre „Vorgänger" oftmals unerreichte Ideale.

So sehr diese Zielsetzung dem mündigen, aufgeklärten sowie historisch und politisch gebildeten Zeitgenossen „vernünftig" erscheinen mag, so sehr warnen eben gerade „Geschichte und Politik" vor einem teleologischen und „logischen" Fortgang im Hinblick auf die „Europäisierung" von Innerer Führung. Dass sämtliche Maßnahmen des Faktors Zeit bedürfen, ist evident, wie dies der Blick zurück aufzeigt:

Der 1815 gegründete Deutsche Bund hatte mehr als drei Dutzend Mitglieder, dessen „Kriegsverfassung" von 1821 hatte die Interessen der Staaten mit ihren jeweiligen Armeen zu harmonisieren – ein brauchbares Ergebnis kam aufgrund von Souveränitätsvorbehalten bis zum „Deutschen Bruderkrieg" von 1866 nicht zustande. Der Deutsche Zollverein von 1834 zielte deshalb auch auf einen „spill-over"-Effekt – von der sektoralen wirtschaftlichen Integration hin zur politischen Integration, die dann aber erst durch politische – und in der Folge von militärischen – Entscheidungen zur Nationalstaatsgründung führte. Das 1871 geschaffene deutsche Kaiserreich war in seinem Selbstverständnis ein Nationalstaat – die Beachtung „traditioneller" Souveränitätsvorbehalte führte dazu, dass es in einem „Staat" vier Armeen gab.

Als die 1950 angestrebte EVG nach deren Scheitern nicht zu einer parallel dazu verfolgten Europäischen Politischen Gemeinschaft (EPG) führte, sollte durch Aufnahme der „Zollvereins-Methode" dieses Ziel über die 1957 gegründete EWG erreicht werden. In der Langzeitperspektive kam es zwar nach der Zeitenwende von 1989/90 zur Gründung der EU – indes nicht zu einer tatsächlich europäischen Souveränität, und damit verbunden zu einer gemeinsamen europäischen Streitkraft.

Die „Warnung" der Geschichte ist also evident: Genauso wie politische Harmonisierungs- resp. „Integrationsmaßnahmen" einem kontinuierlichen Prozess auf der Zeitachse unterliegen, so dürfte dies auch für die angedachte Skizzierung gelten.

In der Regel gibt es institutionelle Schübe nur, wenn mindestens einer von drei Faktoren vorhanden sind (und natürlich im Idealfall alle drei): (1.) Ressourcenknappheit im Sinne fehlender oder knapper finanzieller Mittel, die zu einem Zusammengehen zwingen; (2.) eine existenzielle äußere Herausforderung, die eine mehr oder weniger enge „Koalition der dann (erst) Willigen" hervorbringt, oder aber (3.) eine auf das Ziel bezogene, überzeugende Theorie, verbunden mit einer (oder mehrere) Führungspersönlichkeit, die die dann richtige Überzeugung in auch institutionelle Bahnen lenkt, von denen aus sich – sachlogisch ableitbar – sämtliche erforderlichen Maßnahmen „automatisch" ergeben.

Ob es hierzu in einer – sicherheitspolitisch betrachtet – „Welt in Aufruhr" kommt, ist natürlich nicht absehbar. Nationale Beharrungskräfte bleiben weiterhin stark, grundlegende und neue Ansätze werden meist erst dann unternommen, wenn es zu spät ist. Der grundsätzliche „Hemmschuh" ist leicht zu identifizieren: Wenn die längst in die Defensive geratenen (parlamentarischen) Demokratien in Europa genauso wie die „europäische Idee" ihre Substanz nicht bewahren können, sind alle Überlegungen im Hinblick auf ein „europäisches" Ziel Makulatur. Erst wenn die beiden historischen „Großprojekte" (Parlamentarische) Demokratie und „Europa" ihre geschichtsphilosophische und pragmatisch-politische Strahlkraft wieder stabilisiert haben und aus eigener Kraft ihre „Geschichtsmächtigkeit" beweisen, kann der „europäische Zug" wieder bestiegen werden; in einer Zeit der „EU-Sklerose" gilt es, sich wieder der Pflicht der Voraussetzungen bewusst zu werden, bevor (von großen Teilen der Bevölkerung nicht verstandene) zweite und dritte Schritte vor dem ersten erfolgen.

Militärsoziologie und demokratische Integration. Morris Janowitz erneut gelesen
Rainer Prätorius

Morris Janowitz (1919-1988) steht in dem unbestrittenen Ruf, einer der bedeutendsten Militärsoziologen des 20. Jahrhunderts gewesen zu sein. Dieser Nachruhm gründet vor allem auf seinem bekanntesten Buch „The Professional Soldier" (1960, erweitert 1971). In zahlreichen weiteren Publikationen hat er zudem die Debatte um die zivile Führung und Einbindung von Streitkräften in einer Weise geprägt wie neben ihm wohl nur Samuel P. Huntington[1]. Eine Würdigung dieses Autors in einem Jahrbuch für Innere Führung müsste unter diesen Vorgaben eigentlich kaum begründungsbedürftig sein. Dennoch: es soll hier nicht um ein bloß antiquarisches Hervorholen gehen, sondern auch um eine Beschäftigung unter aktualisierenden Sichtweisen. Dafür rücken andere Schriften als die oben angesprochenen in den Blick.

Mit den drei letzten Büchern, die er zu Lebzeiten veröffentlichte, versuchte Janowitz das einende, geistige Band seiner Forschungen und Publikationen darzulegen; dies geschah in der ausdrücklichen Absicht, zu einer umfassenden Zeitdiagnostik[2] am ihm gegenwärtigen, amerikanischen Gesellschaftssystem beizutragen. In dieser Ambition werden zwei Grundzüge seines Schaffens deutlich: erstens betrieb er auch Militärsoziologie nicht als ein abgeschirmtes Spezialisierungsfeld, sondern eingegliedert in einer umfassenden Betrachtung des sozialen Wandels; zweitens stellte sich Janowitz dezidiert in die Traditionslinien der soziologischen „Chicago-Schule", was hier bedeutete: einer Theoriebildung „mittlerer Reichweite"[3], die gesprächsfähig blieb für das praktische Adressieren von gesellschaftlichen Problemen innerhalb der Institutionen, die für diese formal zuständig waren[4]. Der Forschung obliegt demnach ein Ethos,

---

[1] Dazu: *Peter D. Feaver*, The Civil-Military Problematique: Huntington, Janowitz, and the Question of Civilian Control. In: Armed Forces & Society, Vol. 23, No. 2, Winter 1996, S. 149-178.
[2] *Morris Janowitz*, Social Control of the Welfare State, Chicago and London 1976, S. xxi f; dazu auch: *James Burk,* Introduction; A Pragmatic Sociology, in: Morris Janowitz, On Social Organization and Social Control. Edited and with an Introduction by James Burk, Chicago and London 1991, S. 1-56 (S. 14 f).
[3] *Janowitz,* On Social Organization (FN 2), S. 60f.
[4] *Dennis Smith*, The Chicago School. A Liberal Critique of Capitalism, New York 1988, S. 192.

den Konsensus⁵, den eine Gesellschaft für die Bewältigung ihrer drängendsten Aufgaben benötigt, zu lokalisieren, aber auch durch geprüftes Wissen aufklärend zu fördern. Das erbrachte im frühen 20. Jahrhundert eine „policy"-Orientierung, die sich gerne unmittelbar manifesten Problemen des urbanen Kontextes widmete (Schulen, Wohnen, Kriminalität usw.); der Anspruch war jedoch schon damals, bereichsrelevant, aber nicht borniert zu sein.

Diesen „Chicago"-Anspruch⁶ erkennt man am ehesten in dem Bestreben, eine verbindende Terminologie auf die Bereichsstudien anzuwenden. Solche einenden Begrifflichkeiten sind nicht zu verwechseln mit rigiden, deterministischen Theorieentwürfen. In der Kontinuität des US-Pragmatismus favorisierte Janowitz eine sozialwissenschaftliche Ideenproduktion, die sich im kooperativen Austausch mit den außerwissenschaftlichen Gedankenwelten – z.B. in politischen Institutionen – bei gesellschaftlich relevanten Problemen bewährte. Für dieses Anliegen unterschied er zwei grundsätzliche Orientierungen gegenüber der Praxis: die „engineering" und die „enlightment"-Einstellung⁷. Erstere gründet in einer selbstgenügsamen, klinisch sauberen Applikation wissenschaftlicher Methoden, in strikter Trennung von externen Anwendungsfragen. Die Befunde würden in dieser Sicht quasi autoritativ der Praxis überlassen, dabei auf die Steuerungsmacht des evidenten Wahrheitsgehalts vertrauend. Der Weg des „enlightments", den Janowitz vorzieht, erlaubt hingegen eine Fortentwicklung der Konzepte, der Fragestellungen und der Terminologie im Austausch mit der Praxis. Die Tauglichkeit der Forschung muß sich mehreren Bewährungsproben stellen – innerwissenschaftlich, aber auch bei der Lösung gesellschaftlicher Probleme, denn die Wissenschaft ist nur eine Institution unter anderen innerhalb der Gesamtverantwortung des demokratischen Gemeinwesens. Sie soll auf der Wertfreiheit des Forschungsprozesses beharren, darf aber die Werthaftigkeit ihrer Aufgabenstellungen und Ergebnisverwendung nicht ignorieren⁸

Janowitz beließ es nicht bei wohlklingenden Proklamationen. Neben seinen eigenen Publikationen war der wichtigste Beitrag, den er zur Etablierung einer Militärsoziologie leistete, die Gründung und Leitung des „Inter-University Se-

---

5 Programmatisch: *Louis Wirth,* On Cities and Social Life. Selected Papers (Reprint) , Chicago and London 1981, S.19ff.
6 Vgl. *Lester R. Kurtz ,* Evaluating Chicago Sociology. A Guide tot he Literature with an Annotaded Bibliography. Foreword by Morris Janowitz, Chicago and London 1984, S. 84f.
7 *Morris Janowitz,* Political Conflict. Essays in Political Sociology. Chicago 1970, S. 247-254.
8 Vgl. *Janowitz,* On Social Organization (FN 2), S. 90-92.

minar on Armed Forces and Society" (IUS), eines – auch international wirksamen – Forschungskonsortiums, das sich zu *der* maßstabsetzenden Antriebskraft der Militärsoziologie seit den sechziger Jahren entwickelte[9]. Janowitz legte großen Wert auf die Beteiligung militärischer Experten, er suchte die Rückkoppelung aus den praktischen Führungserfahrungen ebenso wie die verstärkte Rezeption von Wissenschaft bei diesen Gesprächspartnern. Gleichzeitig war die Komponente „...and Society" ernst zu nehmen. Die Erforschung militärischer Realität sollte nicht bei einer organisationalen Binnenperspektive verharren, sondern im Reflexionshorizont gesamtgesellschaftlichen Wandels[10] und der diesen prägenden Institutionen stattfinden.

Dafür waren die erwähnten, integrativen Terminologien vonnöten. Für Janowitz selbst ging es um Leitbegriffe, die zugleich auch die Kontinuität in der Chicago-Schule signalisierten. Die zentrale Stellung nahm dabei der Begriff der „social control" ein. Janowitz gebrauchte diesen Begriff ausdrücklich nicht in einer Weise, die zeitgleich etwa in einer gesellschaftskritischen Kriminologie im Schwange war. Während diese Sicht auf die Erzeugung von Verhaltenskonformität und z.T. repressive Normdurchsetzung beim Individuum abhob und damit eine gegenkulturelle Orientierung der Neuen Linken (in Abgrenzung zur altmarxistischen Klassenanalyse) bediente[11], bestand eine zweite „kritische" Forschungsrichtung fort, die meist sozialhistorisch größere Kollektive in den Fokus rückte: zum Beispiel anhand der Prozesse, mit denen Immigrantenkulturen dem „american way of life" eingepasst wurden und dabei „Kontrolle" durch die Mehrheitsgesellschaft erfuhren, diese aber auch nach innen gegenüber ihren Zugehörigen ausübten[12]. Sowohl bei der individualistischen wie bei

---

[9] Siehe: *James Burk*, Morris Janowitz and the Origins of Sociological Research on Armed Forces and Society , in: Armed Forces & Society, Vol. 19, No. 2, Winter 1993, S. 167-185 (S. 169ff – auch zum Folgenden).

[10] *Michel L. Martin*, On Arms and the Man: A Short Intellectual History of Morris Janowitz's Contribution to the Sociology of the Military, in: ders./ Ellen Stern Mc Crate (Hg.), The Military, Militarism, and the Polity. Essays in Honor of Morris Janowitz, New York London 1984, S. 1-31 ders./ Ellen Stern Mc Crate (Hg.), The Military, Militarism, and the Polity. Essays in Honor of Morris Janowitz, New York London 1984, S. 1-31 (S. 26).

[11] Auch durch eine Interessenverlagerung von „Makro-„ zu „Mikro-Konflikten" : vgl. *Charles R. Tittle*, The Theoretical Bases for Inequality in Formal Social Control, in: George S. Bridges/ Martha A. Myers (Hg.), Inequality, Crime, amd Social Control, Boulder 1994, S. 21-52 (S. 34 f).

[12] Vgl. *John A. Mayer*, Notes towards a Working Definition of Social Control in Historical Analysis, in: Stanley Cohen/ Andrew Scull (Hg.). Social Control and the State, Oxford 1983, S. 17-38 (S. 23f).

der kollektiven Betrachtung schwang stets die latent vorhandene Erzwingung einer Normkonformität mit, auch wenn oft genug die Positivanreize (z.B. Berufserfolg, Konsum, Anerkennung) betont werden, welche solchen Zwang überflüssig machen.

Janowitz hingegen sah „social control" nicht als ein Mittel, das durch Konformität zur Gesellschaft hinführt, sondern als eine Grundlage, die Gesellschaft überhaupt erst möglich macht[13]. „Social control" in diesem Sinne impliziert nicht Zwang und Gewalt als konsequente Steigerungsmöglichkeit, sondern macht diese Verschärfung in der Tendenz entbehrlich[14]. In den Vordergrund rücken damit Aspekte, welche die herrschaftskritische Auffassung von „social control" eher hintanstellt. Dazu zählt die Erfahrung von politisch verfaßter Gesellschaft als ein gemeinschaftliches Praktizieren von Werten und Normen. „Control" ist hier durchaus auch einmal im Sinne des deutschen Kontroll-Begriffs zu verstehen: die Kontrolle, welche die Individuen über die eigene Lebensgestaltung ausüben, wenn sie mit Verhaltenssicherheit in einer normativ geordneten Welt agieren und dabei Bestätigung durch ihre Mitmenschen erleben[15]. Es folgt konsequent aus Janowitz' Selbsteinordnung im Pragmatismus[16], daß dieser Befund bei ihm direkt in eine gesellschaftspolitische Wendung einmündet. Damit die Individuen die Erfahrungen der sozialen Integration und normativen Bestätigung machen können, bedarf es funktionierender Institutionen – und diese wiederum sind Gegenstand politischer Gestaltungsverantwortung[17]. Damit sind wir nun endlich beim Kern unseres Themas angelangt.

Morris Janowitz interpretierte als zentrale Institution in diesem Sinne den Militärdienst; das brachte ihm in dem durch die Vietnam-Erfahrung geprägten Jahrzehnt den Ruf eines „Falken" und Konservativen ein. Das Interesse am Wirken integrativer Institutionen leitete aber seine ganze Karriere und erstreckte sich auf viele komplementäre Bereiche. So untersuchte er die Lokalpresse in ihrem Beitrag zu gemeindlicher Identität, er befaßte sich mit vielen Aspekten des Bildungssystems, insbesondere des Schulwesens: er erörterte die Ursachen urbanen Aufruhrs in den benachteiligten Wohnvierteln und begleitete darauf

---

[13] Auch darin in klarer Chicago-Tradition: *Kurtz* (FN 6), S. 58 u. 80.
[14] *Janowitz*, Social Control (FN 2), S. 9.
[15] *Janowitz*, On Social Organization…, (FN 2), S. 74f.
[16] Vgl. *James Burk*, A Pragmatic Approach to Macrosocial Theory, in: Sociological Inquiry, Vol. 59, No. 4, November 1989, S. 409-422 (S. 411f).
[17] *Morris Janowitz*, The Reconstruction of Patriotism. Education for Civic Consciousness, Chicago/ London 1983, S. 12-14.

gerichtete Sozialprojekte, besonders in Form der Aktivierung von freiwilligem Engagement – dies alles, wie auch seine Beiträge zur Vorurteils- und Antisemitismusforschung, sind nicht unbedingt die charakteristischen Thematisierungen eines kämpferischen Konservativen. Es sind eher die Blickrichtungen eines besorgten Demokraten[18]: Janowitz insistiert in all diesen Anwendungsbereichen, daß die demokratische Ordnung den Menschen nicht äußerlich bleiben darf, sondern durch aktives Handeln zur eigenen Lebensform geraten soll.

Wie fügt sich darin just die Soldatenrolle ein, die doch in einer unleugbar auf Befehl und Gehorsam gebauten Organisation sich betätigt? Die Antwort darauf gibt Janowitz mittels eines Rekurses auf eine gewissermaßen tiefere Ebene – auf die Bürgerrolle und die ihr zugehörige Ethik des Patriotismus[19]. Auch dieser Pfad hat ihm Kritik eingetragen. Indem er den Militärdienst als eine besonders intensive Ausübung der Bürgerrolle bestimmte, habe er das Problem der zivilen Führung des Militärs einfach „wegdefiniert"[20]. Diese Kritik war ungerecht. Erstens spricht gegen sie, daß genau diesem Problem, der demokratischen Bindung der Streitkräfte an Politik und Gesellschaft, Janowitz fortdauernd empirische Aufmerksamkeit zuwandte. Zweitens (und wichtiger) zählt dagegen auch, daß für die Kongruenz von Bürger- und Soldatenrolle bei Janowitz sehr genaue, historische Bedingungen angegeben sind und aus dem Vergleich mit diesen Bedingungen heraus die zeitnahen Gefährdungen des Ideals bestimmt werden. Sein spätes Hauptwerk „The Reconstruction of Patriotism" widmet sich unter anderem der Rekonstruktion eines solchen Ideals, dessen Wurzeln er in der amerikanischen Staatsgründung auffindet: des Bürger-Soldaten. Der Rekurs auf die Gründungsepoche hat in der politischen Rhetorik der USA einen wohletablierten Platz, doch Janowitz beansprucht einen zusätzlichen Ertrag für ihn: er soll die Ausgangsgröße für die Bemessung des eingetretenen Wandels liefern. Wir stellen hier diese Anordnung auf den Kopf, indem wir zunächst mit der Gegenwartsdiagnostik beginnen, um aus ihr heraus verstehbar zu machen, was Janowitz ihr mit dem „citizen soldier" entgegenhalten will.

Einer der bekanntesten und zentralen Begriffe dieser Diagnostik war der Terminus „constabulary force", den er für das US-Militär seiner Zeit ausstellte. Ein solches Militär unterscheidet sich grundsätzlich von den voll mobilisierten,

---

[18] *Janowitz*, (FN 14), S. xvi.
[19] *Janowitz*, (FN 17), S. 5-14.; (FN 15) S. 197-208.
[20] Referierend: *Feaver*, (FN 1), S. 165-167.

auf vollzogener Wehrpflicht beruhenden Streitkräften des Kriegs- oder des scharfen Spannungsfalls. Schon der Koreakrieg brachte keine solche Vollmobilisierung mehr; die Beanspruchung der jungen Generation wurde opportunistisch in Relation zu einem nachfragenden Arbeitsmarkt gesehen[21], also nicht allein an militärischen, sondern auch an gesellschaftspolitischen Gesichtspunkten abgewogen. Die „constabulary force" ist der nächste Schritt auf diesem politisierenden Pfad, denn nun wird das Militär selbst zum politischen Subjekt. In der beginnenden Rüstungskontrollpolitik nach der Kuba-Krise analysierte Janowitz ein US-Militär, das Einsatzkapazität bereithält, ohne daß die Gesellschaft und die Soldaten auf diese Zuspitzung akut hin orientiert werden[22]. Im Gegenteil: Vermeidung dieser dramatisierten Notwendigkeit durch Abrüstungsverhandlungen wird nun selbst zum Teil der militärischen Handlungsorientierung und stimuliert zumindest auf den höheren Rängen dadurch *politische* Selbstreflexion – eine Veranlassung, die dann noch verstärkt wird, wenn es zu Einsätzen unter UN-Rahmenvorgaben kommt, also in einem diplomatisch-völkerrechtlich strukturiertem Politikfeld[23].

Der politisch reflektierende Soldat, nicht allein auf den obersten Rängen, stellt natürlich eine Herausforderung dar, insbesondere da er mit einer verfassungspolitisch gebotenen Neutralität gegenüber konkreten politischen Strömungen einhergehen soll. Deren Trägern gebührt als demokratischen Positionsinhabern die Akzeptanz des zivilen Führungsanspruchs, nicht aber parteiische Identifikation. Diese Anforderungen richten sich vor allem an das Offizierskorps – und zwar in aussichtsreicher Weise, da dieses Korps durch die Zurückdrängung altelitärer Familienmuster in seiner Rekrutierung „demokratischer" als zuvor einzuschätzen ist[24]. Rückblickend und selbstkritisch sah Janowitz seine Fokussierung in „The Professional Soldier" als zu sehr auf diese Führungsgruppen be-

---

[21] Vgl. *Morris Janowitz*, American Democracy and Military Service, in: Society, Vol. 35, No. 2, January/ February 1988, S. 39-48 (S. 39).
[22] *Morris Janowitz*, Civic Consciousness and Military Performance, in: ders./ Stephen D. Westbrook (Hg.), The Political Education of Soldiers, Beverly Hills/ New Delhi/ London1983, S. 55-80 (S. 76f).
[23] *Morris Janowitz*, Organizing Multiple Goals: War Making and Arms Control, in: ders. (Hg.), The New Military. Changing Patterns of Organization. Research Studies, New York 1964, S. 11-31 (S. 12 u. 14).
[24] Vgl. *Martin* ,(FN 10), S. 16.

schränkt[25], die Interaktionen im Gesamtzusammenhang des Militärs prägten hingegen die Interessen seines Spätwerks.

In dieser Hinsicht wich er nicht von einer damals dominierenden Einteilung ab. Diese besagte, daß sich in den Streitkräften zumindest drei Teilkulturen etablierten, die grob mit drei Hierarchieebenen übereinstimmten[26]: eine technische, ausführende Ebene, die auf effizienten Mitteleinsatz hin orientiert ist und die ihr hierarchisch geführtes Handeln an den Geboten der Kampfsituation ausrichtet; eine institutionelle Ebene, welche die erwähnten politischen Implikationen der "constabulary force" verarbeiten soll und daraus die stimmigen Führungskonzepte in die Hierarchie einspeisen muß; sowie eine „managerielle" Ebene dazwischen, die zwischen den beiden Funktionslogiken und Kulturen vermitteln soll. Das Kommunikationsgeschäft der militärischen Gesamtorganisation wird zusätzlich dadurch erschwert, daß es nicht nur strikt hierarchisch, sondern auch vertikal verläuft – etwa zwischen dem zur Kooperation angehaltenen Truppengattungen und technischen Spezialisierungen[27]. Janowitz diagnostizierte die Integration von vermehrt bedeutsamen Fachqualifikationen als eine der wichtigsten Herausforderungen des Nachkriegsmilitärs. Er benannte zahlreiche Effekte[28], mit denen diese Tendenz überkommene Organisationseigenheiten des Militärs anficht. Die große Selbstgenügsamkeit des Soldatischen, eine Qualifikation auszuüben, die nur innerhalb der eigenen Organisation praktizierbar ist und die außerhalb keine Geltung beansprucht, erfährt Einschränkung: technische Fähigkeiten finden abgewandelte Anwendbarkeit auch im zivilen Kontext; entsprechende, externe Spezialisten werden zu relevanten Gesprächspartnern.

Die militärische Kompetenz galt zuvor als eine generalistische – die Rotation durch verschiedenartigste Verwendungen während der Laufbahn zollte dem Tribut. Auch ein generelles Respektgebot gegenüber dem Rang an sich, selbst wenn die Befehlsstränge fachlich separiert waren, drückte diesen Generalismus

---

[25] *Janowitz*, (FN 23), S. 15.
[26] Vgl. z.B. *Jacques van Doorn*, Ideology and the Military, in: Morris Janowitz/ Jacques van Doorn (Hg.), On Military Ideology (Contributions to studies on military sociology, Vol 3), Rotterdam 1971, S. XIII-XXIX (S. XXIII).
[27] In stärkerem Maße als seine Zeitgenossen Huntington und Moskos hielt Janowitz einen gemeinsamen Korpsgeist des Militärs trotz aller Spezialisierung weiterhin für möglich: darüber differenzierend *Henning Soerensen*, New Perspectives on the Military Profession and Esprit de Corps Reevaluated„ in: Armed Forces & Society, Vol. 20, No. 4, Summer 1994, S. 599-617.
[28] Siehe zum Folgenden: *Janowitz*, (FN 23), S. 16-19.

aus. Technologische Spezialisierung macht dagegen nicht nur neue Autoritätsquellen auf, sie läßt auch Rotation gelegentlich als Verschwendung von Qualifikation am falschen Ort erscheinen. Beibehalten wird sie dennoch, da sie zum Kernbestand der militärischen Kohärenzideale zählt[29].

Technologische und wissenschaftliche Kompetenz wird auch außerhalb des Militärs erzeugt und ist z.T. dort anwendbar. Daraus erwächst neben der erwähnten Politisierung eine zweite Öffnung der Organisation nach außen. Janowitz beobachtet dabei auch eine wachsende Aufnahmebereitschaft des Militärs gegenüber sozialwissenschaftlicher Forschung[30], wohl auch damals schon ein US-Spezifikum. Als Begleiterscheinung dieser Entwicklung identifizierte er das Vordringen von extern generierten Konzepten der Personalführung und des Managements[31]. Diese Tendenzen radikalisierten sich in seiner Sicht durch die Einführung der All Voluntary Forces (AVF) im Jahre 1973. In den kritischen Bewertungen dieses Wandels gibt es – bei sonstigen Unterschieden – sehr weitgehende Übereinstimmung mit Charles C. Moskos[32], wir können darum in den nächsten Passagen die Argumentationen beider zusammenfassen.

Die vorbehaltliche Aufkündigung des Vollzugs der Wehrpflicht im Zuge der Vietnam-Erfahrungen änderte vieles: die soziale Zusammensetzung insbesondere der Mannschafts- und Unteroffiziersdienstgrade verengte sich, die Bedeutung des Militärdienstes als *Durchgangs*stadium beim beruflichen Weg nach oben ließ nach. Der Wandel des sozialen und politischen Umfelds lief parallel. Da nicht mehr in den meisten Familien irgendwann ein Angehöriger militärische Diensterfahrungen einbrachte, wuchs die Distanz zwischen Truppe und Gesellschaft. Dieser Realitätsausschnitt wurde wählbar und damit vernachlässigbar. Die Politik und die Wissenschaft behandelten das Militär nicht mehr gemäß dessen Innensicht, sondern als eine öffentliche Organisation unter anderen – sprich: gemäß der zeitgleich zur intellektuellen Dominanz gelangenden ökonomistischen Weltsicht[33]. Diese konstruiert organisationale Zusammen-

---

[29] Vgl. *Janowitz*, (FN 22), S. 69f.
[30] Vgl. *Janowitz*, (FN 23), S. 16f.
[31] Ebenda, S. 18f.
[32] *Charles C. Moskos* , Citizen soldier and national service , in: Gerqald D. Suttles/ Mqayer N. Zald (Hg.), The Challenge of Social Control. Citizenship and Institution Building in Modern Society. Essays in Honor of Morris Janowitz, Norwood, N.J. 1985, S. 149-160.; *ders.*, The All Voluntary Military: Calling, Profession, or Occupation? In: Parameters Winter 2010-11, S. 23-31 (zuerst: 1977).
[33] Vgl. *Smith*, (FN 4), S. 196 und 210.

hänge aus individualistischen Kalkülen heraus; dafür aber reduziert sie die Individuen auf abstrakte Entitäten, die von einander gleichgesetzten (und somit verrechenbaren) Motivationen angetrieben werden. In der praktischen Konsequenz unterstützt dieses Denken den Versuch, die Streitkräfte durch relativ uniforme Anreize attraktiv zu machen, um das Rekrutierungsproblem der AVF zumindest in quantitativer Hinsicht zu mildern[34].

Janowitz und Moskos setzen dieser ökonomistischen Sicht eine „soziologische" entgegen, die um den Gedanken des „institution buildings" kreiste: „Indeed, the sociological viewpoint has become the principal scholarly opposition to he prevailing econometric viewpoint oft he AVF. The starting point is not how are empty spaces to be filled, but rather how substantial and representative numbers of American youth can serve their country."[35] Es wird hier wieder deutlich, was schon in der Interpretation des Begriffes „social control" aufschien. Anstatt diesen Begriff an Wirkungen festzumachen, die von Individuen ausgehen und auf diese treffen, fundierte Janowitz ihn in den normativen Ordnungen, die innerhalb von Kollektiven gelten[36]. Das begründete nicht nur eine makrosoziologische Fokussierung des Forschungsinteresses, sondern auch eine bewertende Selbsteinordnung des Sozialwissenschaftlers, der an der gelingenden, normativen Integration des demokratischen Gemeinwesens mitwirken will.

Für dieses Unterfangen sieht er die ökonomistische, neuere Sozialwissenschaft schlecht gerüstet, wohl einräumend, daß sie geneigte Zuhörer in den politischen Entscheidungsebenen findet, weil hier beide Gesprächspartner vom selben Zeitgeist geprägt sind[37]. Dabei schallt es, so wie man in den Wald hineinruft, aus diesem zurück. Moskos bemerkt süffisant, daß wer die Soldaten beim Rekrutieren und Führen primär als materielle Nutzenmehrer konzipiert, sich nicht darüber beschweren darf, wenn diese dann die Rolle annehmen und sich gewerkschaftlich organisieren[38]. Janowitz säht Skepsis dahingehend, daß die komplexe Aufgabenstruktur der „constabulary force" es überhaupt zuläßt, von der institutionellen Ebene hinab zum technischen Ausführen allein mit den Mitteln der ökonomischen Anreize zu führen. Die Übersetzung zwischen diesen Sphären kann nur mit einem Verstehen erfolgen, das dieser Komplexität

---

[34] *Janowitz*, (FN 22), S. 58.
[35] *Moskos*, Citizen Soldier (FN 32), S. 150.
[36] Vgl. *Burk*, (FN 16), S. 412.
[37] *Janowitz*, (FN 17), S. xi/xii.
[38] *Moskos*, The All Voluntary (FN 32), S. 26f.

entspricht – also mittels politischer Bildung[39]. Das gilt selbst dort, wo es um quantitative Größen geht: die hohen Kosten der im Technologiezeitalter erzeugten Verteidigungsfähigkeit bei der gleichzeitigen Unklarheit über den ultimativen Einsatz der Potentiale, die ständigen Debatten um den politischen Sinn der limitierten, konventionellen Interventionen – das alles erzeugt ein Klima der Kontroverse und des politischen Dissenses, auf das eine herunterbrechende Kalkulation von Zielen und Mitteln, von Kosten und Nutzen schwerlich einen stringenten Bezug nehmen kann[40]. Eine Rekrutierung, die beim so konzipierten ökonomischen Nutzenmehrer ansetze, laufe demgemäß ins Leere: sie suggeriert eine stimmige Ableitung der Anreize aus operationalisierbaren Zielen, die nicht eingelöst werden kann. Realistischer sei das alte Modell des Dienstes und der politischen Loyalität: dem dienstverpflichteten Bürger werde ein Vertrauensvorschuss und ein Konsens gegenüber den Entscheidungen der legitimen, nationalen Instanzen und des (diesen Instanzen dienenden) Militärs abverlangt, weil ihm andererseits als Teilhabendem in der parlamentarischen Demokratie auch die Einflussnahme auf die Instanzen zusteht[41].

Letztlich bedeutet das: für Janowitz und Moskos verlangt das Dienen im Militär eine normative Entscheidung, die nur vorstellbar ist, wenn andere Institutionen sie kongruent flankieren, indem sie entsprechende Werthaltungen vermitteln. Der Gegensatz zwischen militärischem Dienen und demokratischem Partizipieren wird demnach nicht – wie Kritiker meinen – definitorisch beseitigt, sondern appellativ angegangen. Und damit sind wir wieder bei dem angelangt, was das Verständnis von „social control" implizierte: der Notwendigkeit einer demokratischen Institutionenpolitik.

Dieses Stichwort erlaubt nun die Rückkehr zu der bereits angesprochenen Epoche des „american founding", denn selbige charakterisiert Janowitz als eine Ära einer gelungenen Institutionenpolitik, auch wenn sie nicht durch ein willentliches „Design", sondern eher naturwüchsig zustande kam. Seine Kernaussage über die amerikanische Revolution und den nachfolgenden Krieg ist, daß es sich dabei um einen relativ begrenzten Konflikt handelte, der nicht durch

---

[39] *Janowitz*, (FN 22), S. 75.
[40] *Morris Janowitz*, The Last-Half Century. Societal Change and Politics in America, Chicago and London 1978, S. 216.
[41] Ebenda, S. 214.

ein vorher etabliertes stehendes Heer, sondern durch eine Mobilisierung im Prozess ausgetragen wurde[42]

Janowitz dreht in seiner Betrachtung eine Kausalrichtung in fast kontraintuitiver Weise um: nicht etwa verteidigte sich damals ein neues, politisches Gemeinwesen durch ein ihr angemessenes Militär, sondern das militärische Dienen schuf die dauerhaften Grundlagen für die Republik. Durch die entsprechende, *allgemeine* Pflicht entstand eine Komponente der *Universalität* der – männlichen, weißen – Bürger im Verhältnis zu ihrem Gemeinwesen und zueinander. Durch die Verbreiterung des rasch zu bildenden Offizierskorps und durch dessen fortdauernde Rückbindung an das Zivilleben formte sich eine auch politische Führungsschicht[43]. Die Kampfhandlungen wurden in lokaler Verflechtung unter aktivierendem Einbezug der Milizen getragen, d.h. nicht als Delegation an eine ferne und fremde Streitmacht betrieben; das Militärische wurde somit als zivil kontrollierbar erfahren[44]. Da es um fortdauernde Rekrutierung ging und da auch die Gegenseite – die Loyalisten – eine solche betrieb, musste das Militärische in das Politische werbend übersetzt werden, aus dem lokalen Engagement wuchs so der Nährboden der Demokratie. Auch jene Mitbürger, die dem Kampf im Unabhängigkeitskrieg skeptisch oder ablehnend gegenüber standen, erfuhren doch zumindest, daß und wie er politisch begründet war; die Kriegsführung war auch soweit begrenzt, daß selbst Loyalisten später sich in die neu geschaffene Republik integrieren konnten[45]. Diese kannte schon in der militärischen Entstehung Elemente der *Machtbegrenzung*, denn neben zentraler Führung stand dezentrale Mobilisierung[46]; professionelle, militärische Spezialisierung wurde durch milizionäre Allgemeinkompetenz eingegrenzt. Dadurch war das militärische Engagement dem alltäglichen Erleben des Bürgers nicht entfremdet, der Soldat (mehr noch der Milizionär) hingegen blieb Bürger, wenn auch in einer dramatisierten Form.

Wozu aber soll dieser historische Rekurs nun dienen? Soll etwa aus dem Zeitalter der Vorderlader Nachahmenswertes auf das Militär der Flugzeugträger und Nuklearwaffen übertragen werden? Erstrebt Janowitz gar einen Waffengang mit Vollmobilisierung als „Gesundbrunnen" für die Streitkräfte? Keineswegs. Janowitz widmet selbst eine intensive Darstellung dem Wandel, der sich im

---

[42] *Janowitz*, (FN 17), S. 29-31.
[43] Ebenda, S. 31f und 40.
[44] Ebenda, S. 34f.
[45] Ebenda, S. 38 und 41.
[46] Ebenda, S. 42.

Verhältnis zwischen Militär und Gesellschaft über 150 Jahre US-Geschichte zutrug[47]. Das wird hier übergangen; allein das Ergebnis – die oben charakterisierten AVF – genügt als Plausibilität gegen eine schlichte Übertragung des historischen Ideals. Aber das Ideal als solches gilt es zu sichern, um es dann der neuen Realität entgegenzuhalten.

Das grundlegende Ideal, das Janowitz dem „citizen soldier" zuschreibt, ist *Patriotismus* – und in der Fassung, in der er diesen Begriff verwendet, kann er sich durchaus auf den Wortgebrauch der behandelten Epoche stützen. Entgegen späteren Vorstellungen von Nationalismus, die der Abgrenzung gegen nicht zur eigenen Nation gehörenden „Anderen" bedurften, war dieser Patriotismus zunächst nur auf die Teilhabe an der *eigenen* politischen Welt gerichtet und basiert auf einem Verständnis breiter Zugehörigkeit, das sich über Normen, Gefühle, Loyalitäten und Gepflogenheiten hinweg erstreckt[48]. So etwas kann nicht in Parolen zusammengefasst werden, sondern allenfalls durch praktisches Erleben vermittelt sein. Das Denken des ausgehenden 18. Jahrhunderts stilisierte Patriotismus als Gegenhaltung allenfalls zur *politischen* Ordnung, die es umzuwälzen galt; deren Makel wurde meist im Appellbegriff „corruption" pointiert. Der Gegenentwurf war der „Patriotismus" der amerikanischen Revolutionäre als Ausrichtung an einer Mixtur aus Normativität und Loyalität: „a free republic, love of liberty, sanctity of property, limited government, and the foundation of a new body politic and to a distinctively *political*, public spirit that evolved from the experience of a shared struggle and self-sacrifice for a common cause."[49]

Der letztgenannte Aspekt ist jener, von dem aus Janowitz' Argumentation fortfährt. Der Bürger als Soldat setzt sich in Gemeinschaft mit seinen Mitbürgern kämpfend für das Gemeinwesen ein. Darum aber kann der Soldat als Bürger auch verlangen, dieses Gemeinwesen demokratisch mitzugestalten. Weil (und wenn) er diese Gestaltung wahrnimmt, darf die Gemeinschaft an ihn auch umgekehrt die Erwartung der Pflichterfüllung aussprechen, denn diese richtet er ja über die politisch wirkende Gemeinschaft an sich selbst. Das Mantra bei Janowitz allerdings ist, dass diese Anordnung als rein gedankliches Konstrukt wirkungslos ist; sie muß *erlebt* werden. „Citizenship" wird bei ihm bestimmt nicht

---

[47] Ebenda, S. 42-72.
[48] Ebenda, S. 8f.
[49] *Mary Dietz*, Patriotism, in: Terence Ball/ James Farr/ Russel L. Hanson (Hg.), Political Innovation and Conceptual Change, New York/New Rochelle/Melbourne/Sydney 1989, S. 177-193 (S. 187).

allein als Schutz und Ausübung von Rechten, sondern zudem als das Eintreten in Pflichten und Loyalitäten („obligations")[50]. Die zu wahrenden Rechte lassen sich recht leicht auf die nationale politische Ordnung projizieren; Pflichten hingegen werden in konkreteren Gemeinschaften unterschiedlichster Größenordnung erfüllt.

Fast sein ganzes Lebenswerk hat Janowitz genau diesem Zusammenhang gewidmet. So hat er die Integrationswege von Immigrantenpopulationen und benachteiligten Ethnien studiert, bei denen er Gemeinschaftsbildung in lokaler Begrenzung einräumte, denn wer nicht in der Nachbarschaft eingebunden ist, wird auch keine Festigung in größeren Kollektiven finden. Zugleich aber verweist er auf die Chancenwahrnehmung in der *Gesamt*gesellschaft. Diese ist für ihn nur durch Bildungsprozesse denkbar – darum interpretiert er auch das Bildungssystem bürgerschaftlich als Schnittpunkt von Rechten und Pflichten[51]: die Chancen sind staatlich zu garantieren (darum lehnt Janowitz Privatisierung im Bildungssystem ab), doch diese Chancen ebnen den Weg zur Teilhabe und etablieren damit die Pflicht zu ihrer Wahrnehmung. In ähnlicher Weise *scheint* Janowitz in eine konservative Kritik am Wohlfahrtsstaat einzustimmen, indem er z.B. die Gefahr einer ungebremsten Artikulation sozialer Ansprüche („hedonism") durch soziale Rechte behauptet[52] – ohne jedoch diese Rechte selbst in Frage zu stellen. Er markiert die Gefahr allerdings nur als eine gestörte Balance, welche wiederherstellbar wäre, würden die Gratifikationen verbunden mit der Erfahrung von Eigeninitiativen und „obligations" im sozialen Umfeld. Gemeinwesenarbeit, Nachbarschaftsprojekte, soziale Selbsthilfe und Selbstverwaltung auf lokaler Ebene, Partizipation im Schulwesen – die Liste der diskutierten Förderungswege ist lang[53] und belegt eine eher kommunitäre als konservative Weltsicht.

Wichtig bei all diesen Illustrationen ist, daß es nicht um die lokalen Gemeinschaften allein als Selbstzweck geht, sondern darum, daß die Aktivität in ihnen die Bürgerrolle im Gesamtgemeinwesen einübt. In genau demselben Sinne hat Janowitz den Militärdienst früherer Tage als „civic education" beschrieben. Die Pflichtübernahme verinnerlichte die Relevanz des Gemeinwesens, die durch die Wahrnehmung der demokratischen Aktivrechte bestätigt wurde. Die kriti-

---

[50] *Janowitz*, (FN 8), bes. S. 197-207.
[51] Ebenda, S. 210f.
[52] *Janowitz*, (FN 14), S. 106f.
[53] Vgl.z.B. *Janowitz*, (FN 8), S. 215-217 und 253-269; (FN 14), S. 126-141.

sche Würdigung der AVF macht klar, daß Janowitz eine solche Leistung von den Streitkräften seiner Zeit nicht mehr erwartet – zudem diese ohnehin nur noch einen kleinen Teil der wahlberechtigten Bevölkerung abdecken. Andererseits aber will er nicht auf das Prinzip der normativ geprägten Pflichterfüllung und der Loyalität gegenüber der demokratischen Polity beim Militärdienst verzichten: seine massive Kritik an der Ideologie der marktorientierten Rekrutierung und des Soldaten als „homo oeconomicus" macht auch dies hinreichend deutlich. Einen Ausweg aus diesem Dilemma erkennt er nur in der Möglichkeit, daß das militärische Dienen aus seiner Insellage befreit wird. Darum ist bei ihm – wie auch bei Moskos[54] – ein zweites Dauerthema das Eintreten für einen National Service, einer allgemeinen, national organisierten Dienstpflicht für junge Menschen also. Dieser könnte etwas leisten, worin nicht nur das Militär, sondern auch die Bildungssystem immer mehr versagt: über Schichten und Ethnien hinweg einen gemeinsamen Erfahrungshorizont schaffen, innerhalb dessen junge Menschen ihre Bürgerrolle durch Eintreten für altruistische Werte und demokratische Institutionen einüben. Gerade den wohlsituierten Schichten, die bis an das Ende ihrer Jugend in umhegten Bildungseinrichtungen nur ich-bezogene Aspirationen pflegen, könnte eine „Aufmischung" mit anderen Sozialmilieus und mit realen Arbeitserfahrungen sehr gut tun[55].

Damit sind wir an einem Punkt angelangt, an dem wenige Fingerzeige dafür am Platze sind, warum sich eine Janowitz-Lektüre aus heutiger, deutscher Sicht noch lohnt (sofern die bisherige Darlegung das nicht ohnehin erahnen ließ). Natürlich drängen sich bei der Frage nach der Übertragbarkeit die Einwände zuvörderst auf. Deutschland kannte keine Republikentstehung mit Militär und Miliz als Geburtshelfer; Ansatzpunkte für eine entsprechende, reanimierbare Positivtradition sind nicht zu finden. Es ist generell keine öffentliche Resonanz für die Idee zu erwarten, die Bürgerrolle prismatisch aus der (auch: militärischen) Pflichterfüllung zu entwickeln – dafür weisen die historischen Lektionen zu sehr in die Gegenrichtung.

Aber dennoch klingt manches in Janowitz' Argumentation befremdlich vertraut. Das gilt z.B. für das Zusammentreffen zweier wichtiger Tendenzen: einerseits des praktischen Übergangs zu einer Freiwilligenarmee, andererseits der Siegeszug eines ökonomistischen (besser: betriebswirtschaftlichen) Denkansatzes in der Politik, der auch den Verteidigungsbereich nicht verschone. Es sei

---

[54] *Moskos*, Citizen Soldier (FN 32).
[55] *Janowitz*, (FN 17), S. 188.

an dieser Stelle nur erinnert an die eifrigen Importe des „New Public Managements" unter Verteidigungsminister Scharping oder an das extensive Nutzen einschlägiger Beratungsfirmen unter Ministerin von der Leyen. Das mag in wichtigen Bereichen (z.B. Beschaffung) alte Routinen produktiv aufbrechen, wenn es aber auf die Rekrutierung und die Menschenführung angewandt wird, sollte vorsichtshalber auch Janowitz noch einmal konsultiert werden. Der Versuch, päpstlicher als der Papst zu sein, muß scheitern: als ein Jobanbieter unter anderen, als „Player" mit ökonomischen Stimuli wird die Armee stets ins Hintertreffen gegen die Erwerbswirtschaft geraten. Als Vermittler von normativer Orientierung, Loyalität und einer stringenten Ausfüllung der Staatsbürgerrolle bleibt sie hingegen bei ihrem Leisten. Daß diese Bürgerrolle *primär* aus den sie fundierenden Rechten heraus definiert wird, reflektiert die deutsche Erfahrung und ist unabdingbar. Daß aber daraus ein Denkverbot in Richtung „obligations" folgen sollte, ist nicht einzusehen. Auch darin lohnt die erneute Lektüre der Schriften Janowitz': sie illustrieren, daß die Ausübung von Pflichten mit der Wahrnehmung demokratischer Aktivrechte nicht konkurrieren muß, sondern letzteren gestärkte Substanz verleihen kann. Allerdings war Janowitz illusionslos darin, daß ein solcher Ansatz nur dann trägt, wenn er nicht auf das Militär beschränkt, sondern breit in vielen gesellschaftlichen Bereichen verankert ist. Trotz sporadisch immer wieder aufkommender Debatten um eine allgemeine Dienstpflicht ist diese Skepsis hier und heute noch mehr angeraten als vor vier Jahrzehnten und in den USA.

IV Strategie

Militärpolitik im freien Fall: Warum die neue Konzeption der Bundeswehr ein Armutszeugnis ist
Martin Sebaldt

„Der Weg ins Versagen"

Zu Beginn des Jahres erschien in der Süddeutschen Zeitung ein sicherheitspolitischer Kommentar, der aus zwei Gründen beeindruckte. Zum einen durch seinen herben Tenor: Unter der Überschrift „Der Weg ins Versagen" übte der Autor fundamentale Kritik an den sicherheitspolitischen Ergebnissen der Sondierungsgespräche von Union und SPD zur Neubildung einer Großen Koalition nach der Bundestagswahl 2017. Er charakterisierte die Beschlüsse als „brandgefährliche Illusion" und „im Bereich Sicherheit und Verteidigung" als „Dokumentation der Verantwortungslosigkeit". Mehr noch: Sie zeigten „die Unfähigkeit jener Parteien, die in den Regierungen Schröder und Merkel die Bundeswehr in ihrer Verteidigungsfähigkeit nahezu ruiniert haben", und deshalb dürfe das Papier „keinesfalls zur Koalitionsvereinbarung werden, denn es weckt die Illusion, dass für Sicherheit schon gesorgt sei".[1]

Zum anderen ließ der fachliche Hintergrund des Autors aufhorchen: Denn hier schrieb kein nachrangiger Analyst, sondern mit General a.D. Klaus Naumann der beste Generalinspekteur, den die Bundeswehr je hatte. Mit dieser Position steht Naumann allerdings längst nicht mehr allein: Auch andere Mitglieder der hohen Generalität haben in den letzten Jahren ihre öffentliche Auseinandersetzung mit der militärpolitischen Misere Deutschlands merklich intensiviert, ebenfalls ein glockenklarer Indikator für die Brisanz des Problems, denn traditionell gehört es nicht zum Selbstverständnis deutscher Offiziere, militärpolitische Grundsatzkritik öffentlich zu äußern.

Naumanns Wunsch blieb weitgehend unerfüllt: Zwar umfassten die Passagen des Koalitionsvertrags zur Bundeswehr dann insgesamt drei Seiten gegenüber der atemberaubend kurzen Skizze des Sondierungspapiers[2], die lediglich eine

---

[1] Klaus Naumann, Der Weg ins Versagen. Was bei den Sondierungen in der Verteidigungspolitik beschlossen wurde, ist eine brandgefährliche Illusion, in: SZ, 29.01.18, S. 2.
[2] Ergebnisse der Sondierungsgespräche von CDU, CSU und SPD. Finale Fassung, 12.01.18, https://www.cdu.de/system/tdf/media/dokumente/ergebnis_sondierung_cdu_csu_spd_1201 18_2.pdf?file=1&type=field_collection_item&id=12434.

halbe Seite zum Thema geboten hatte und nur aus dem flüchtigen Bekenntnis zur Bundeswehr als „Parlamentsarmee", dem Versprechen „bestmögliche(r) Ausrüstung, Ausbildung und Betreuung" und Aussagen zu den Bundeswehrmissionen im Nordirak, in Afghanistan und Mali bestand (S. 25-26).

Aber substantiell hielt sich der Zugewinn des Koalitionsvertrags doch sehr in Grenzen.[3] Denn nach einer erweiterten Fassung des bundeswehrpolitischen Grundsatzbekenntnisses aus dem Sondierungspapier wurden knapp zwei Seiten – und auch in dieser Reihenfolge – mit den Themen „Aktuelle Auslandseinsätze der Bundeswehr anpassen" und „Für die Menschen in der Bundeswehr – ein attraktiver Arbeitgeber" bestritten (S. 157-158). Und erst der letzte Passus, nun unter der Überschrift „Für eine modern ausgerüstete Bundeswehr", nahm auf die strukturellen Reformnotwendigkeiten der deutschen Streitkräfte jenseits arbeitsrechtlicher Bestimmungen und ja richtiger Plädoyers für Ausbildungsreformen genauer Bezug (S. 158-159) – aber eben nur sehr fragmentarisch: Denn mit der Bewältigung des Ausstattungsproblems ist es leider nicht getan, und auch die Personalmisere der Bundeswehr lässt sich nicht einfach auf Ausbildungsmängel reduzieren.

Kurzum: Sondierungspapier und Koalitionsvertrag aktualisierten und vertieften eine militärpolitische Misere, die schon im „Weißbuch zur Sicherheitspolitik und zur Zukunft der Bundeswehr" von 2016 angelegt war, denn auch dort wurden die zentralen Reformerfordernisse der Bundeswehr weder in der erforderlichen Breite noch in der nötigen konzeptionellen Tiefe erfasst. An anderer Stelle habe ich dieses Dokument deshalb als „Offenbarungseid"[4] charakterisiert, was mir neben viel Zustimmung auch manche Kritik eintrug. Auffällig nur: Neben verblasenen Pauschalismen, das könne man auch anders sehen, hat mich keine substantielle Widerlegung meiner Position erreicht.

Nun stirbt die Hoffnung bekanntlich zuletzt, und deshalb ließ die am 20. Juli diesen Jahres von Bundesverteidigungsministerin von der Leyen erlassene neue „Konzeption der Bundeswehr" (KdB)[5] zumindest jetzt eine Konkretisierung

---

[3] Ein neuer Aufbruch für Europa. Eine neue Dynamik für Deutschland. Ein neuer Zusammenhalt für unser Land. Koalitionsvertrag zwischen CDU, CSU und SPD. 19. Legislaturperiode, https://www.cdu.de/system/tdf/media/dokumente/koalitionsvertrag_2018.pdf?file=1.
[4] Martin Sebaldt, Nicht abwehrbereit. Die Kardinalprobleme der Bundeswehr, der Offenbarungseid des Weißbuchs und die Wege aus der Gefahr, Berlin 2017.
[5] Bundesministerium der Verteidigung (Hrsg.), Konzeption der Bundeswehr, Berlin 2018. Ich beziehe mich auf die Version des Dokuments, die auf der Homepage des BMVg zugänglich ist:

und inhaltliche Vertiefung der längst überfälligen Reformvorhaben erwarten. Ob die KdB dieses Versprechen einlöst, ist nun zu prüfen.

Die Konzeption im Überblick

Ein Gesamtüberblick verschafft einen Eindruck zur Philosophie, zur inhaltlichen Ausrichtung und auch zur Substanz: Auf gut 80 eng bedruckten DIN A-4-Seiten wird in der Tat ein breites Themenspektrum abgedeckt, wobei schon die Gliederung und die Benennung der Abschnitte viel über den Charakter des Dokuments aussagen: Nach einleitenden Bemerkungen zu Zielsetzung und Rahmenbedingungen werden in Abschnitt 3 unter der Überschrift „Bundeswehrgemeinsame Leit- und Gestaltungsprinzipien" nicht weniger als sieben davon (Multinationalität und Integration, Flexibilität und Agilität mit einem Single Set of Forces, Denken und Handeln im vernetzten Ansatz, Einsatzorientierung, Resilienz und langfristig vorausschauende Sicherheitsvorsorge, Selbstverständnis, Steuerung nach Wirkung und Wirtschaftlichkeit) auf rund zehn Seiten abgehandelt. Hier findet sich eigentlich nichts Neues, denn das ist im Wesentlichen schon in Teil II des Weißbuchs 2016 nachzulesen, auf dem die KdB natürlich fußt.

Im Abschnitt 4 zu „Auftrag und Aufgaben der Bundeswehr" findet sich aber gegenüber dem Weißbuch eine noch deutlichere Akzentverschiebung hin zu den klassischen Aufgaben der Landes- und Bündnisverteidigung, die in der KdB-Liste (S. 19-21) ganz am Anfang stehen, erst dann gefolgt vom Erfordernis internationalen Krisenmanagements. Als dritter Spiegelstrich firmieren nun bereits „Heimatschutz, nationale Krisen- und Risikovorsorge und subsidiäre Unterstützungsleistungen in Deutschland", die noch im Weißbuch wenig Beachtung fanden; weitere, etwas willkürlich angeordnete Aufgaben zur „Partnerschaft und Kooperation auch über die EU und NATO hinaus" und zu den Feldern „Humanitäre Not- und Katastrophenhilfe", Cybersicherheit, Technologieentwicklung folgen. Daraus werden am Ende im Rahmen der „Nationalen Zielvorgabe" (Abschnitt 4.3) nicht weniger als 19 einzelne Aufgaben abgeleitet. Immerhin: Die längst nötige Schwerpunktverschiebung zugunsten der klassischen nationalen und bündnisgemeinsamen Streitkräfteaufgaben ist hier zumindest deklaratorisch vollzogen.

---

https://www.bmvg.de/resource/blob/26544/9ceddf6df2f48ca87aa0e3ce2826348d/20180731-konzeption-der-bundeswehr-data.pdf.

Abschnitt 5 leitet daraus anschließend auf rund 30 Seiten allgemeine „Vorgaben für das Fähigkeitsprofil der Bundeswehr" ab. Dazu zählen insb. generelle „Planungsparameter" (u.a. „Grundaufstellung entlang der aufwändigsten Aufgabe" und Durchhaltefähigkeit), die diesen Akzentwechsel spiegeln, sowie räumlich definierte „Dimensionen" militärischen Wirkens (Cyber- und Informationsraum, Land, Luft, See, Weltraum). Die dafür nötigen Fähigkeiten der Bundeswehr sollen „im Verbund Führung – Aufklärung – Wirkung – Unterstützung" (Abschnitt 5.2) entfaltet werden. Am Ende des Vorgabenkatalogs finden sich dann noch etwas stiefmütterlich angehängte Kurzskizzen zur „Basis Inland und Drehscheibe Deutschland", zur Gesundheitsversorgung und zur „Reserve der Bundeswehr", die mit gerade einmal einer Seite bedacht wird.

Abschnitt 6 verspricht dann für die verbleibenden 15 Seiten konkrete „Vorgaben zu den Gestaltungsbereichen". Darunter werden die Bereiche „Organisation", „Personal", „Ausbildung Streitkräfte und Übungen", „Material und Ausrüstung", „Infrastruktur, Dienstleistungen und gesetzliche Schutzaufgaben" sowie „Konzeption und Konzepte" verstanden. Soll heißen: Für die konkrete Bundeswehrplanung wird es eigentlich jetzt erst richtig spannend, denn die vorgelagerten 65 Seiten der KdB lesen sich doch eher als militärpolitisches Präludium, in dem zwar gegenüber dem Weißbuch 2016 eine noch bessere Akzentverschiebung zugunsten klassischer Verteidigungsaufgaben stattfindet, aber eben recht allgemein und unkonkret.

Insoweit messe ich die Qualität der KdB vor allen Dingen daran, ob es den militärpolitischen Planern nun endlich gelingt, die immer wieder recht flächig formulierten militärpolitischen Grundsätze nun auch in konkrete und präzise Vorgaben umzumünzen. Zwar wird sich davon auch einiges im inzwischen erlassenen „Fähigkeitsprofil der Bundeswehr" (FdB) finden. Doch erstens ist dies ein „internes Planungsdokument" und damit öffentlich nicht zugänglich.[6] Und zweitens muss auch ein an die allgemeine Öffentlichkeit gerichtetes Dokument wie die KdB so konkret sein, dass sich unsere Bürger und auch das Ausland ein präzises Bild von den deutschen militärpolitischen Reformplänen machen können.

In dieser Hinsicht ließ schon das Weißbuch 2016 viele Wünsche offen, und daran messe ich nun auch die KdB. Ich folge dabei meiner eigenen Liste von

---

[6] Vgl. dazu die BMVg-Mitteilung „Neues Fähigkeitsprofil komplettiert Konzept zur Modernisierung der Bundeswehr" vom 04.09.18 unter https://www.bmvg.de/de/aktuelles/neues-faehigkeitsprofil-der-bundeswehr-27550.

„Kardinalproblemen"[7] der Bundeswehr, deren effektive Bewältigung ich damit zum eigentlichen Lackmustest dieses zentralen Planungsdokuments unserer Streitkräfte mache, zumal dies zur gerade beschriebenen Systematik von „Gestaltungsbereichen" der KdB recht gut passt.

Kardinalproblem 1: Aufwuchs und Reserven

Landes- und Bündnisverteidigung stehen inzwischen wieder im Vordergrund der Bundeswehrplanung, was durchaus als Schritt in die richtige Richtung zu werten ist. Und richtig ist auch, dass „konventionelle Angriffe gegen das Bündnisgebiet ... vornehmlich an dessen Außengrenzen zu erwarten" (S. 39) sind. Gleichwohl gibt die KdB keine genaue Auskunft darüber, wie die Bundeswehr das leisten soll. Insbesondere fehlen präzise Angaben darüber, wie der in diesem Fall unabdingbare strukturelle Aufwuchs aussehen wird.

Stattdessen liest man im betreffenden Abschnitt „Aufgabenspezifische Vorgaben" nur: „Im Wesentlichen werden die bestehenden aktiven und nicht-aktiven Strukturelemente verfügbar sein. Reserven verstärken mit verfügbarer Ausstattung. Es ist konzeptionell Vorsorge für den Aufwuchs der Bundeswehr und die Planung sowie den Einsatz von Reservistinnen und Reservisten im Rahmen LV/BV zu treffen" (S. 39). So allgemein bleibt es auch beim Heimatschutz: „Aufgaben des Heimatschutzes werden mit der Grundaufstellung der Bundeswehr erfüllt" (S. 42). Wenn diese nicht ganz eindeutigen Passagen wirklich bedeuten sollten, dass Landes- und Bündnisverteidigung sowie der eng damit in Verbindung stehende Heimatschutz nur mit den bestehenden aktiven und den wenigen Ergänzungstruppenteilen gewährleistet werden sollten, haben die militärischen Planer die Dimension der Herausforderung offensichtlich immer noch nicht begriffen.

Mit wachsender Verzweiflung sucht man daher im weiter hinten platzierten Abschnitt „Die Reserve der Bundeswehr" nach Präzisierungen. Bei gut einer Seite Text kann das allerdings nicht gelingen. Erneut finden sich dort nur Allgemeinplätze: „Beorderte und allgemeine Reserve bilden das Potenzial der Unterstützung der Streitkräfte und der erweiterten Aufwuchsfähigkeit der Streitkräfte und sind somit wesentliche Säule der LV/BV" (S. 63). Und weiter: „Auch für den Heimatschutz ist die Reserve zum Aufwuchs zu befähigen, um die aktiven Kräfte entlasten, ergänzen und unterstützen zu können" (S. 63).

---

[7] Martin Sebaldt, Nicht abwehrbereit, a.a.O., S. 15-19.

Und gegen Ende dieses Kurztexts heißt es dann lapidar: „Mit der unbeorderten Reserve wird zudem die langfristige Aufwuchsfähigkeit der Bundeswehr grundsätzlich gesichert" (S. 64).

In welchen Strukturen das nach der Abschaffung des Territorialheers bzw. dem Abbau der meisten gekaderten Verbände geschehen soll und wie die dafür nötigen Beorderungen zu gewährleisten wären, bleibt so natürlich weiterhin unklar. Inzwischen wird zwar der Aufbau neuer Landesregimenter[8] projektiert, und auch die veröffentlichten Informationen zum neuen „Fähigkeitsprofil der Bundeswehr" (FdB) zeugen immerhin von dem Bemühen, die drei bestehenden Heeresdivisionen bis 2031 oder 2032 [sic! Die Zahl variiert je nach Dokument] zu vollwertigen Großverbänden aufzuwerten. Damit werden offenbar Inhalte des sog. „Bühler-Papiers" umgesetzt, über das letztes Jahr öffentlich berichtet wurde.[9]

Aber eine nachhaltige Aufwuchsplanung ist das natürlich wieder nicht, denn weder die wenigen angedachten Landesregimenter können das leisten, und die Komplettierung der drei Divisionen ist natürlich kein Aufwuchs, sondern nur die Beseitigung eklatanter Schwächen der jetzt schon stehenden Formationen. Das Heer sei hier im Übrigen nur stellvertretend benannt, denn die Aufwuchserfordernisse betreffen natürlich auch die übrigen Teilstreitkräfte, und für diese gibt die KdB ebenfalls keine klare Auskunft. Es mag ja sein, dass die in Planung befindliche neue „Strategie der Reserve" (SdR) neben dem FdB dieser Herausforderung endlich gerecht wird, denn zur Aufwuchsproblematik gibt die derzeitige Konzeption der Reserve (KdR) nichts Genaues her. Aber schon die KdB selbst steht in der Pflicht, zumindest die dafür erforderlichen Grundsatzplanungen klar auszuweisen!

Kardinalproblem 2: Personal

Trotzdem geht der Betrachter nun mit neuer Zuversicht zum nächsten Problemkomplex, denn die KdB hat dem Personal immerhin schon fünf Seiten gewidmet. Hier nun sollten sich also Konzepte finden lassen, die künftig besser wirken sollten als die bisherigen, denn auch die „Trendwende Personal" der

---

[8] Vgl. zu diesem insb. vom Verband der Reservisten der Deutschen Bundeswehr forcierten Projekt die BMVg-Mitteilung „Bundeswehr braucht starke Reserve" vom 16.05.18 unter www.bmvg.de/de/aktuelles/bundeswehr-braucht-starke-reserve-24576.

[9] Vgl. dazu z.B. Marco Seliger, Bundeswehr 2032. In: loyal, 2017, Heft 6, S. 30–33.

letzten Jahre ist angesichts fortwährender Rekrutierungsprobleme nicht wirklich ein solche.[10]

Der selbst gesetzte Anspruch der KdB dafür ist hoch, und das ist auch nur zu begrüßen: „… im Kontext der wachsenden und sich ständig ändernden Anforderungen steht [die Bundeswehr] vor der Herausforderung, in einem bundeswehrgemeinsamen Ansatz die eigenen personellen und organisatorischen Strukturen, Verfahren und Prozesse demographiefest und anpassungsfähig gestalten und die Wettbewerbsfähigkeit des Arbeitgebers Bundeswehr gewährleisten zu müssen" (S. 66).

In den dann folgenden Unterabschnitten finden sich unter den Überschriften „Personalstrategie der Bundeswehr", „Mittelfristige Personalplanung", „Personalmanagement der Bundeswehr", „Diversität und Vielfalt sowie Vereinbarkeit Familie und Beruf/Dienst" (sic!) sowie „Bildung und Qualifizierung" aber wiederum nur ärgerliche Allgemeinplätze, die das nicht leisten, was die Überschriften versprechen. Im Einzelnen:

Gemäß KdB bildet die Personalstrategie „den übergeordneten Rahmen für alle Maßnahmen und Initiativen der Bundeswehr zur Steigerung ihrer personellen Einsatzbereitschaft sowie ihrer Attraktivität als Arbeitgeber. Mit ihr wird das Ziel verfolgt, wesentliche Impulse für die Personalbedarfsdeckung und die personelle Einsatzbereitschaft der Bundeswehr auch in einem sich rasch ändernden Umfeld zu setzen" (S. 66-67). Insoweit bilde sie „die Klammer für andere laufende Programme und Initiativen … und stellt dadurch deren Verankerung als strategische Daueraufgabe sicher" (S. 67). Auf eine präzise inhaltliche Charakterisierung dieser ja wichtigen Klammerfunktion wartet der Leser dann aber vergebens, denn der Kurzabschnitt „Personalstrategie der Bundeswehr" ist damit schon wieder zu Ende.

Es folgen die Ausführungen zur „mittelfristigen Personalplanung". Ihr schreibt die KdB ins Stammbuch: „Personalumfang und -struktur müssen bedarfsgerecht und nachhaltig finanziert sein und sich an der Aufgabenerfüllung der Bundeswehr ausrichten… Die Bundeswehr muss künftig alle Aufgaben gleichrangig qualifiziert, schnell und robust erfüllen können" (S. 67). Zu diesem Zwecke gelte es, „den Personalkörper flexibel an die jeweiligen Anforderungen anzupassen und dafür die notwendigen systemischen Voraussetzungen einschließlich erforderlicher Anreizsysteme zu schaffen" (S. 67) Durch ein sog.

---

[10] Vgl. dazu Martin Sebaldt, Nicht abwehrbereit, a.a.O., S. 42-62.

„Personalboard" soll diese mittelfristige Planung in die Praxis umgesetzt werden, wobei die „jährliche Umfangsbestimmung" durch die drei „Determinanten" Aufgaben- und Anforderungsprofil der Bundeswehr, Haushaltsplan und Realisierbarkeit geleitet sein wird. Was darüber hinaus die genauen inhaltlichen Richtlinien dieser mittelfristigen Planung ausmacht, bleibt aber unklar, denn schon ist auch diese halbseitige Kurzskizze wieder abgeschlossen.

Immerhin fast zwei Seiten sind anschließend dem „Personalmanagement der Bundeswehr" gewidmet, womit sich im Übrigen ein Trend fortsetzt, der schon das Weißbuch ungut prägte: Einer unternehmerberaterischen Perspektive folgend stand auch dort der Aspekt der Prozesssteuerung im Vordergrund, auf Kosten präziser inhaltlicher Vorgaben.[11] Die Ansage der KdB ist dabei vielsagend: „Die Bundeswehr ist eine einsatzorientierte Freiwilligenarmee. Sie benötigt kompetentes, talentiertes, den Anforderungen entsprechend ausgebildetes und gebildetes, leistungsfähiges und leistungswilliges militärisches und ziviles Personal, das von der Sinnhaftigkeit seines Auftrags überzeugt ist" (S. 67-68). Daraus ergebe sich „zum einen die Notwendigkeit, sich bei der Gewinnung neuen Personals wettbewerbsfähig auf dem Arbeitsmarkt zu positionieren. Zum anderen gilt es mehr als je zuvor, die Potenziale und Kompetenzen aller Angehörigen der Bundeswehr in einem integrierten Personalkörper auszubilden, langfristig an die Organisation zu binden und weiterzuentwickeln" (S. 68).

Auffällig ist dabei einerseits, dass die Bundeswehr somit doch wieder auf die Rolle eines „am Maßstab der Attraktivität orientierte(n) „Arbeitgeber(s)" (S. 69) in Normalzeiten reduziert wird, denn genauere Bestimmungen zum Personalmanagement in Krisen- oder sogar Kriegszeiten bzw. mit Blick auf die dann nötige Mobilisierung der Reserve fehlen. Darüber hinaus jedoch werden auch die dieser Arbeitgeberrolle gewidmeten Passagen nicht konkret, sondern bleiben einmal mehr im Ungefähren: „Chancen- und Leistungsgerechtigkeit, Gleichstellungsgerechtigkeit, Bindung an Recht und Gesetz, Transparenz, Planbarkeit und Verlässlichkeit stellen verbindliche Leitlinien der Personalentwicklung dar", und „personalwerbliche (sic!) Kommunikation attraktiver Berufsbilder, Karriereperspektiven … und Besoldung verbessert die Wettbewerbsfähigkeit der Bundeswehr auf dem Arbeitsmarkt" (S. 68).

Dazu sollen im Übrigen auch „eine Verlagerung der aktiven Altersphase" und die Nutzung „der vielfältigen Fähigkeiten, Kompetenzen" und von „Erfahrungswissen älterer Menschen" dienen, „ohne dass dadurch ein überalterter,

---

[11] Vgl. Martin Sebaldt, Nicht abwehrbereit, a.a.O., S. 140-141.

nur noch bedingt einsatzfähiger Personalkörper entstehen darf" (S. 69). Spätestens hier schießt dem aufmerksamen Leser die Zornesröte ins Gesicht, denn zum einen wird damit kaschiert, dass die Hinausschiebung der Pensionierung unserer Soldaten dienstgradabhängig bis zum Alter von 65[12] maßgeblich auf personalplanerische Defizite der Vergangenheit zurückzuführen ist, und zum anderen signalisiert der zweite Halbsatz, dass man mit der Einbindung „älterer Menschen" eben doch primär die Gefahr einer „Überalterung" verbindet.

Die dann noch folgenden Ausführungen zum Problemkomplex „Diversität und Vielfalt sowie Vereinbarkeit Familie und Beruf/Dienst" sind zum Zwecke „chancengerechte(r) Teilhabe von Frauen und Männern sowie von behinderten und schwerbehinderten Menschen an Karrieren und Funktionen" (S. 69) zwar durchaus zu begrüßen; wie ein derartiges „Vielfaltsmanagement" (sic!) dann aber konkret aussehen soll, wird verschwiegen. Das gilt im Übrigen auch für die viel zu allgemeinen Passagen zu „Bildung und Qualifizierung", wo der ja richtig diagnostizierte „Trend zur Akademisierung" für die KdB dazu führen soll, „als mögliche neue Zielgruppen für eine Berufsausbildung in der Bundeswehr ... beispielsweise Jugendliche ohne Schulabschluss oder junge Erwachsene ohne Berufsabschluss zu betrachten" (S. 70). Dass dieser Klientel eine berufliche Perspektive geboten werden muss, steht ja außer Zweifel. Doch passt es zur Profilierung der Bundeswehr als ‚Hochwert-Arbeitgeber', gerade diese Gruppe derart in den Fokus zu rücken?

Kardinalproblem 3: Gesellschaftliche Verankerung

Mit der Thematisierung von Diversität und Vereinbarkeit von Familie und Beruf ist dann bereits der Bogen zum nächsten Problemkomplex gespannt, der nachhaltigen Verankerung der Bundeswehr in der Gesellschaft. Dass dieses traditionell enge Band vor allem durch die Aussetzung der Wehrpflicht zu zerfallen droht, soll hier nicht erneut genauer erläutert werden, zumal hinlänglich bekannt und auch von mir an anderer Stelle thematisiert.[13] Vielmehr ist zu fra-

---

[12] § 45 des Soldatengesetzes bestimmt seit 2009: „(1) Für Berufssoldaten werden folgende allgemeine Altersgrenzen festgesetzt: 1. die Vollendung des 65. Lebensjahres für Generale und Oberste sowie für Offiziere in den Laufbahnen des Sanitätsdienstes, des Militärmusikdienstes und des Geoinformationsdienstes der Bundeswehr, 2. die Vollendung des 62. Lebensjahres für alle anderen Berufssoldaten."
[13] Martin Sebaldt, Nicht abwehrbereit, a.a.O., S. 63-76.

gen, ob die KdB für diese Herausforderung etwas Substantielles liefert, was das Weißbuch leider schuldig blieb.

Vorweggenommen sei: Auch und gerade hier ist das Dokument eine einzige Enttäuschung! Zwar haben die Bundeswehrplaner die Herausforderung durchaus im Blick: „Die gesellschaftlichen Entwicklungen und die hohen Belastungen, sowohl durch die Einsätze als auch durch den fortschreitenden Anpassungsprozess der Bundeswehr, wirken auf alle Bundeswehrangehörigen und ihre Familien. Es ist Ausdruck der Fürsorge des Dienstherrn, die Rahmenbedingungen so zu gestalten, dass alle berechtigten persönlichen Interessen angemessen berücksichtigt werden" (S. 17).

Wie eine darüber hinaus reichende Einbettung unserer Streitkräfte in die Bürgerschaft unter den neuen Rahmenbedingungen langfristig genau gelingen soll, bleibt aber unerwähnt. Stattdessen soll „Kommunikation ... eine breite sicherheitspolitische Debatte in und mit der Öffentlichkeit" fördern und damit „unter anderem [sic!] einen entscheidenden Beitrag zur Integration der Bundeswehr in die Gesellschaft" leisten „und so die Wertschätzung der Bevölkerung ... gewinnen [sic!]". Das ist schon ernüchternd armselig.

In den schon angesprochenen Kurzpassagen zur Reserve kommt das Thema auch noch einmal knapp zur Sprache: „Die Reserve ist ein wesentlicher Bestandteil der nationalen Sicherheitsvorsorge und bedarf der festen Verankerung in der Gesellschaft. Zugleich ist eine gut informierte und gut motivierte Reserve ein hervorragender Botschafter und Mittler der Bundeswehr in die Gesellschaft hinein" (S. 64).

Das ist ja durchaus richtig, aber wenn es an dieser Stelle beim bloßen Postulat bleibt und nicht genauer beschrieben wird, mit welchen konkreten Maßnahmen jenseits der Berufs- und Familienförderung das gelingen soll (heimatnahe Standortplanung, arbeitgeberfreundliche Gestaltung von Reserveübungen, Kooperation mit Soldatenverbänden etc.), ist es wenig zielführend und erhellend! Und es zeigt einmal mehr, dass durch die fatale Reduzierung der Bundeswehr auf einen „Arbeitgeber", der mittels „Personalmanagement" geeignete Arbeitnehmer gewinnt, das eigentliche Alleinstellungsmerkmal der Bundeswehr als gesellschaftlich verankerte Parlamentsarmee aus dem Blick geraten ist. Hier schreibt die KdB fatalerweise fort, was schon im Weißbuch angelegt ist.

Kardinalproblem 4: Material

Parallelen zum Weißbuch ergeben sich auch bei der Materialproblematik, und wie bei diesem sind auch die entsprechenden KdB-Passagen deutlich präziser und substantieller ausgefallen als der Rest des Dokuments. In sechs Einzelabschnitten (Aufgabenorientierte Ausstattung, Modularität und Interoperabilität, Informationstechnik, Ausrüstung und Nutzung, Portfoliomanagement, Zusammenarbeit mit der gewerblichen Wirtschaft) werden wesentliche Aspekte der Thematik konsekutiv abgearbeitet, und man fragt sich in dieser Lesephase schon, warum das nicht bei allen hier beschriebenen Schwerpunkten möglich sein sollte.

Der Reihe nach: Generell ist für die „Grundaufstellung der Bundeswehr ... die unmittelbare Verfügbarkeit der zur jeweiligen Aufgabenwahrnehmung erforderlichen materiellen Ausstattung („aufgabenorientiert") in allen militärischen Truppenteilen („strukturgerecht")" vorgesehen, und der „materielle Soll-Ausstattungsumfang" muss dem künftig „vollständig entsprechen" (S. 72). Die dort beigefügte Fußnote präzisiert das dann eher nebenbei: Dies gelte für alle aktiven und „grundsätzlich auch [für] die nichtaktiven Truppenteile". Die derzeitige Ausstattungsmisere, wo nichtaktive Gliederungen mangels eigenen Geräts auf das Material des jeweiligen Couleur-Verbands zurückgreifen müssen, gehört damit hoffentlich bald der Vergangenheit an – vorausgesetzt allerdings, dass vom „Grundsatz" im juristischen Begriffssinne nicht zu viele „Ausnahmen" gemacht werden!

Und man denkt richtig weiter: „Der der Grundaufstellung der Bundeswehr folgende Soll-Ausstattungsumfang wird für alle anderen Aufgaben, Verpflichtungen oder Einsätze, soweit geeignet, ebenfalls genutzt (Mehrrollenfähigkeit). Können die materiellen Bedarfe nicht vollständig aus der Grundaufstellung gedeckt werden, ist die aufgabenorientierte Ausstattung durch Missionspakete zu ergänzen" (S. 73). In Kurzform also: Jeder Verband erhält eine Grundausstattung, die ihn für alle Bundeswehraufgaben gleichermaßen befähigt, und erhält ‚missionsspezifisch' zusätzliches Material, wenn es aufgrund von Ausfällen oder spezifischen Anforderungen des Auftrags erforderlich ist.

Diese Ausstattung ist gemäß KdB konsequent modular und interoperabel zu gestalten, auch dies ein richtiger und zugleich kostendämpfender Grundsatz. „Normung und Standardisierung als wesentliche Voraussetzungen zum Erreichen von Interoperabilität" (S. 74) sind dabei unabdingbar, wie auch die eng damit verbundene Modernisierung der Informationstechnik (IT): „Hier muss der Digitalen Agenda der Bundesregierung, dem Regierungsprogramm „Digitale Verwaltung 2020", dem Digitalen Aktionsplan der EU-Kommission und den Datenschutzvorgaben auch in Zukunft in einer vernetzten Welt Rechnung getragen werden" (S. 74).

Wenngleich ich an anderer Stelle vor einem zu unkritischen Glauben an die digitalen Segnungen gewarnt und auch den Nutzen der traditionellen Analog-Technik in Katastrophenzuständen betont habe,[14] ist die Herangehensweise der KdB an dieser Stelle wenigstens einmal transparent und konkret. Denn natürlich ist die Digitalisierung der Bundeswehr kein Soloprojekt des BMVg, sondern ein interministeriell zu planendes Vorhaben. Zusammen mit den gerade beschriebenen Ausrüstungs- und Materialgrundsätzen ergibt das schon ein brauchbares Bild der künftigen Materialplanung der Bundeswehr.

Konsequent wird anschließend zu den Beschaffungswegen weitergeschritten, und auch hier sind die Bestimmungen erfreulich konkret und praxisgerecht: „Zur Beschaffung von Ausrüstung und Dienstleistungen stützt sich die Bundeswehr im erforderlichen Umfang auf zeitnah verfügbare bzw. handelsübliche Produkte und Dienstleistungen und Leistungen von NATO und EU ab. Neben einer nationalen Umsetzung sind auch internationale Kooperationsmöglichkeiten in Betracht zu ziehen" (S. 75). Das ist wohltuend pragmatisch und auch einsatztauglich. Und weiter: „Im Zweifelsfall ist der rechtzeitig verfügbaren Kauflösung der Vorzug vor einer komplexen langwierigen Systementwicklung zu geben", und „zivile Normen und Standards sind anzuwenden, sofern nicht zwingende militärische Forderungen oder internationale Kooperationserfordernisse dem entgegenstehen" (S. 75).

Gesteuert wird dieser gesamte Beschaffungsvorgang durch das „Portfoliomanagement der Bundeswehr", was konkret bedeuten soll, die Einzelportfolios Fähigkeiten, Rüstungsvorhaben und -projekte, Produkte und Dienstleistungen sinnvoll aufeinander abzustimmen und in den zur Verfügung stehenden finanziellen Rahmen zu stellen. Auch hier wird wieder konsequent modular gedacht: „Einzelressourcen aller Planungskategorien werden in Ressourcenverbünde gebündelt und funktionalen Bausteinen zugeordnet" (S. 76).

Dies alles bleibt zwar am Ende recht allgemein, aber mit ein wenig Phantasie kann wenigstens der militärisch Vorgebilde grob erahnen, was dies etwa für die Materialbeschaffung bzw. Modernisierung eines Panzergrenadierbataillons

---

[14] Vgl. Martin Sebaldt, Nicht abwehrbereit, a.a.O., S. 77-97.

künftig bedeuten wird, und auch die Grundlinien der neuen streitkräfteweiten Logistikplanung sind daran gut abzulesen. Folglich fragt man sich erneut: Warum nicht so auch in den anderen Planungsbereichen? Wenn alle Passagen so differenziert ausfielen, wäre die KdB um Klassen besser.

Kardinalproblem 5: Organisation

Auf den Boden der konzeptionellen Ideenarmut wird der Leser jedoch sogleich wieder zurückgeholt, wenn die Aussagen zur Organisation in den Blick geraten. Es steht ja außer Frage, dass das komplexe Aufgabenportfolio der Bundeswehr eine dazu passende Struktur erfordert. Die klassische Gliederung in Teilstreitkräfte ist nicht mehr zeitgemäß[15] und deckt mit der Entfaltung moderner Cyber-War-Aktivitäten auch ‚räumlich' längst nicht mehr alles ab. Die Bundeswehrplaner haben das durchaus im Blick und schreiben den Streitkräften deshalb generell ins Stammbuch: „Die Bundeswehr entwickelt sich als lernende Organisation permanent weiter" (S. 65). Der hohe (und richtige) Stellenwert dieses Grundsatzes wird auch aus seiner Platzierung in der KdB ersichtlich, leitet er doch den gesamten Abschnitt 6 „Vorgaben zu Gestaltungsbereichen" ein, der für unsere Betrachtung von besonderem Interesse ist.

Doch auch hier folgt die Ernüchterung auf dem Fuße, denn die anschließenden Ausführungen der KdB zur Organisation der Bundeswehr geraten mit gut einer Seite erneut viel zu kurz und lassen in ihrer Verblasenheit nicht einmal erahnen, was genau beabsichtigt ist. Stattdessen „strebt" die Bundeswehr im Managerjargon der KdB „ein hohes Maß an Agilität an, um – gestützt auf Erkenntnisse der Krisenfrüherkennung und einer kontinuierlichen Risikoabschätzung und unterstützt durch ein ganzheitliches Innovationsmanagement – Fähigkeiten, Organisation und Prozesse, Personalkörper, Ausbildung und Ausrüstung bedarfsgerecht und flexibel auf strategische Entwicklungen des sicherheitspolitischen Umfelds auszurichten" (S. 65).

So ähnlich las sich das schon im Weißbuch, und man fragt sich, was die KdB hier an Mehrwert bringen soll, zumal es auch in den Restabschnitten so oberflächlich bleibt. Kostprobe: „Eine anpassungsfähige und an den sicherheitspolitischen Anforderungen an die Aufgaben der Bundeswehr ausgerichtete Orga-

---

[15] Vgl. dazu schon die Strukturkommission der Bundeswehr (Hrsg.), Vom Einsatz her denken. Konzentration, Flexibilität, Effizienz, Berlin 2010, verfügbar unter https://www.roderich-kiesewetter.de/fileadmin/Service/Dokumente/20101026-weise-kommissionsbericht.pdf.

nisation ist in der Lage, sicherheitspolitische Veränderungen und Einflussgrößen zu antizipieren, zu absorbieren, sachgerecht und flexibel zu reagieren und dennoch robuste Strukturen auszubilden. So aufgestellt stärkt die Organisation die Resilienz des Systems Bundeswehr und ihrer Strukturen" (S. 65).

Einmal mehr bleibt unklar, was derart „resiliente" Strukturen künftig konkret auszeichnen soll. Stattdessen wird man wieder mit substanzlosen Leerformeln abgespeist: „Die Bundeswehr wird nach dem Grundsatz der Einheit fachlicher Kompetenz und organisatorischer Zuständigkeit gestaltet. Im Ergebnis entstehen klare, an Aufgaben, Bedarfen und Verantwortung orientierte Strukturen" (S. 65). In dieser Pauschalität könnte das wohl auch der Leiter einer Oberfinanzdirektion unterschreiben.

Und nur im letzten Absatz dieses Abschnitts wird es etwas konkreter und lässt damit erahnen, was eigentlich zu präzisieren wäre: „Kräftebeiträge der Bundeswehr für Einsätze und Missionen werden im gesamten Aufgabenspektrum aus dem Single Set of Forces für den jeweiligen Auftrag bundeswehrgemeinsam zusammengestellt. Die Organisation der Bundeswehr ist entsprechend sowohl auf das Zusammenwirken in Systemverbünden als auch auf modulare Kontingentbildung und frühzeitige Zusammenarbeit von Truppenteilen und Unterstützungselementen im Wirkverbund auszurichten" (S. 66).

Und wenn sich jetzt wenigstens zwei Seiten anschließen würden, in denen man die konkreten Konturen einer solchen Organisation genauer ausflaggen würde, erbrächte die KdB durchaus einen Mehrwert. So schwer ist das ja nicht. Die in der NATO schon konsequent implementierten streitkräftegemeinsamen Joint-Strukturen können hier als Blaupause dienen, um die Bundeswehr zu einer wirklich „agilen", weil flexiblen Matrixorganisation[16] weiterzuentwickeln, in der die bisherigen TSK-Strukturen mit Fähigkeitskommandos nach dem Muster des Einsatzführungskommandos verkoppelt werden. Mag ja erneut sein, dass man solch konkrete Überlegungen dem nichtöffentlichen FdB vorbehalten hat, doch sollte man realisieren, dass die (kritische) Öffentlichkeit im In- und Ausland mit solch nebulöser Verbalakrobatik kaum zu überzeugen sein wird. Und der öffentlichen Überzeugung muss die KdB doch vor allem dienen!

---

[16] Vgl. zur Grundlogik der Matrixorganisation Rolf Bühner, Betriebswirtschaftliche Organisationslehre, 10. Aufl., München, Wien 2004, S. 163-171.

Kardinalproblem 6: Strategie

Last but not least müssen die Vorgaben der KdB zum Problemkomplex Strategie interessieren, zumal das Weißbuch gerade hier grandios gescheitert war. Der betreffende KdB-Abschnitt mit dem vielsagenden Titel „Konzeption und Konzepte" umfasst aber nur gut eine halbe Seite, und damit ist eigentlich schon alles gesagt: Über Gemeinplätze hinaus bzw. die schon bekannte Vertröstung auf Folgedokumente, insb. interne Dienstvorschriften, findet sich hier nichts Konkretes, und wie die KdB hier über das Weißbuch hinausführen soll, bleibt damit unerfindlich.

Stattdessen liest man: „Sich ständig und teilweise nicht vorhersehbar verändernde Rahmenbedingungen, unter denen Auftrag und Aufgaben der Bundeswehr zu erfüllen sind, erfordern die schnelle Anpassungsfähigkeit der strategischen Vorgaben zur Ausgestaltung der Bundeswehr. Die Vorgaben der strategisch-politischen Ebene werden konzeptionell aufgenommen und als Vorgaben für die weitere Planung der Bundeswehr operationalisiert. Die Konzeption der Bundeswehr ist das Dachdokument für sämtliche Planung in der Bundeswehr und wird durch weitere konzeptionelle Dokumente und Produkte ergänzt. Zusammen bilden sie die konzeptionelle Dokumentenlandschaft der Bundeswehr" (S. 79).

Die Metaphorik ist entlarvend und beunruhigend zugleich: Hat die Bundeswehr ein derart dürftiges Dach verdient? Denn wirklich überwölbend würde dieses ‚Dach' nur wirken, wenn es präzise Vorgaben zur Kombination der einzelnen dokumentarischen Komponenten böte. Gut möglich, dass die in Fußnote 68 der KdB angesprochene „Zentrale Dienstvorschrift A-400/4 Konzeptionelle Dokumentenlandschaft der Bundeswehr" diesbezüglich genauer wird, aber das wäre dann ein weiteres Beispiel für unnötige Geheimniskrämerei und damit dafür, wie es nicht gehen kann. Denn als öffentlich zugängliches und damit auch an die breite Öffentlichkeit adressiertes Planungsdokument der Bundeswehr muss die KdB so konkret sein, dass trotz unbestrittener Geheimhaltungserfordernisse greifbar wird, welche konkreten Konturen die künftige Bundeswehrstrategie besitzen soll.

Die eben zitierten Aussagen, insb. der Passus „Anpassungsfähigkeit der strategischen Vorgaben zur Ausgestaltung der Bundeswehr", lassen zudem den Verdacht aufkommen, dass hier primär der strukturelle und prozedurale Planungsaspekt gemeint ist! Das zentrale inhaltliche Erfordernis militärischer Strategie, also die Entwicklung zukunftsfähiger Doktrinen, kann man also aus diesen wolkigen Sentenzen nicht wirklich herauslesen. Dass dies von kardinaler Bedeutung ist, braucht nicht weiter erläutert zu werden, und zudem habe ich es an anderer Stelle z.B. mit dem Verweis auf Nachholbedarf im Bereich militärischer Planung für asymmetrische Konflikte beschrieben.[17]

Es mag ja sein, dass die jüngst erfolgte Erhebung der Führungsakademie der Bundeswehr zur „Denkfabrik" und die Gründung des ebenso titulierten „German Institute for Strategic Defence and Strategic Studies" (GIDS) als Scharnier zwischen FüAkBw und Helmut-Schmidt-Universität/Universität der Bundeswehr Hamburg hier künftig einen Schritt voranbringen.[18] Doch gerade für die systematische Koordinierung der dortigen konzeptionellen Aktivitäten wären klare und genaue Vorgaben der KdB entscheidend!

Das kann man nun wirklich nicht nur in interne Dokumente wie das FdB oder die genannten Dienstvorschriften verlagern, denn auch hier hat die Öffentlichkeit schon genauere Informationen verdient. Dies auch deshalb, weil mit der fortbestehenden Trennung von FüAkBw und Zentrum Innere Führung auch künftig zwei eigentlich zusammengehörige ‚Think Tanks' strukturell getrennt bleiben – ein Missstand, der etwa von Gerhard Brugmann und damit von einem weiteren Mitglied der Generalität schon lange und völlig zu Recht kritisiert wird.[19] Die Bundeswehrplaner scheinen das aber anders zu sehen, und man wüsste schon gerne warum!

„Der unbewaffnete Reiche ist die Belohnung des armen Soldaten"

Zieht man realistisch und nüchtern Bilanz, so wird die neue KdB den zentralen militärpolitischen Herausforderungen nicht gerecht: Die ‚Planungen' zur Reserve und insbesondere zum Aufwuchs gehen über Allgemeinplätze nicht hinaus, und auch die Passagen zur Personalplanung bleiben überzeugende Kon-

---

[17] Martin Sebaldt, Alexander Straßner (Hrsg.), Aufstand und Demokratie. Counterinsurgency als normative und praktische Herausforderung, Wiesbaden 2011 sowie Martin Sebaldt, Nicht abwehrbereit, a.a.O., S. 115-137.
[18] Vgl. dazu die überaus verheißungsvollen BMVg-Mitteilungen „Die Führungsakademie wird zur Denkfabrik" vom 02.03.18 und „GIDS ist Denkfabrik der Zukunft" vom 02.07.18 unter www.bmvg.de/de/aktuelles/gids-ist-denkfabrik-der-zukunft-25818.
[19] Gerhard Brugmann, Innere Führung ist Teil der Führung, in: Uwe Hartmann, Claus von Rosen (Hrsg.), Jahrbuch Innere Führung 2017. Die Wiederkehr der Verteidigung in Europa und die Zukunft der Bundeswehr, Berlin 2017, S. 273-277.

zepte im Kontext der faktisch abgeschafften Wehrpflicht schuldig. Das Problem der schwindenden sozialen Verankerung der Bundeswehr in der Gesellschaft wird bestenfalls gestreift, aber in seiner Dramatik nicht wirklich erfasst.

Die geplanten Organisationsreformen zeigen gute Ansätze, bleiben aber hinter dem Erfordernis eines präzisen integrierten Gesamtkonzepts deutlich zurück, und die atemberaubend kurzen Ausführungen zur Strategieproblematik sind einfach nur peinlich. Einzig die Passagen zur Materialproblematik können überzeugen, wo auch das Weißbuch 2016 schon eine seiner wenigen Stärken hatte. Aber eine gute Teilnote kann fünf miserable nicht kompensieren, und so wird auch hier aus einem Pluspunkt kein akzeptables Gesamtergebnis.

Ernüchtert diagnostiziert der Beobachter stattdessen eine geradezu zwanghafte militärpolitische Verschiebung konkreter Planungen in immer weiter nachgelagerte Dokumente: Gemäß einer aktuellen Handreichung des BMVg soll das Weißbuch von 2016 mit seinen „strategisch-politischen Vorgaben" das „Wohin" aufzeigen, die neue KdB mit ihren „strategisch-konzeptionellen Vorgaben" das „Wie" sowie das FdB nun (endlich) das konkrete „Womit".[20] Das trägt den Anschein einer klassischen ex post-Rationalisierung bisheriger Versäumnisse und Verzögerungen – oder auf gut Neudeutsch den Charakter einer typischen Prokrastination.

Faktum ist: Das Weißbuch bleibt Antworten schuldig, die KdB auch, das FdB ist öffentlich nicht zugänglich, Dienstvorschriften meist auch nicht, und andere Folgedokumente wie die neue SdR sind noch zu überarbeiten. Das kann einen kritischen Bürger eigentlich nur zum Verdacht führen, lästige, aber nur allzu berechtigte Nachfragen sollten durch den lapidaren Verweis auf Geheimhaltungsbestimmungen gekontert werden. Und dies wiederum schürt unnötig öffentliche Mutmaßungen, dass auch diese nichtöffentlichen Dokumente nicht wesentlich mehr Substanz besitzen als die öffentlich zugänglichen.

Es bleibt zu hoffen, dass wir alle nicht am Ende den Preis für diese Planungsmisere zahlen müssen. Was drohen kann und was uns die Geschichte eigentlich lehrt, hat Machiavelli schon vor Jahrhunderten nüchtern bilanziert: „Der unbewaffnete Reiche ist die Belohnung des armen Soldaten."[21] Und da das

---

[20] Vgl. BMVg, „Neues Fähigkeitsprofil komplettiert Konzept zur Modernisierung der Bundeswehr", a.a.O.

[21] Niccolò Machiavelli, Die Kunst des Krieges, 7. Buch, in: ders., Gesammelte Werke, Frankfurt a.M. 2006, S. 850.

„Ende der Geschichte"[22] trotz kurzzeitiger Euphorie nach dem Ende des Kalten Krieges doch noch nicht gekommen ist, droht diese Gefahr weiter.

Ein zufriedener Bürger Veronas hätte Mitte des 2. Jahrhunderts und damit im Machtzenit des Imperium Romanum wohl ähnlich argumentiert wie viele bequeme Zeitgenossen heute: Wo ist die Gefahr, gegen die wir uns verteidigen müssten? Kein Feind am Horizont! Und doch konnte kaum zwei Jahrzehnte später der germanische „Markomannensturm" nur mit Mühe in den Donauprovinzen und in Oberitalien gestoppt werden.[23]

Der Unterschied zu Deutschland heute: Rom besaß damals trotz dieser weit verbreiteten Selbstzufriedenheit noch genügend Streitkräfte, um die Invasion abzuwehren. Wenigstens hier sollten wir aus der Geschichte lernen. Denn der Reiz des unbewaffneten Reichen ist zeitlos, und wenn wir Machiavellis Mahnung nicht beherzigen, werden wir dereinst wirklich zur Belohnung armer Soldaten.

---

[22] Francis Fukuyama, Das Ende der Geschichte. Wo stehen wir? Aus dem Amerikanischen von Helmut Dierlamm, Ute Mihr und Karlheinz Dürr, München 1992.
[23] Vgl. dazu statt anderer Gerhard Langmann, Die Markomannenkriege 166/167 bis 180, Wien 1981.

Strategie und Sicherheitspolitik – Ausgewählte Aspekte theoretischer Begriffe, Strategieentwickung und die Antizipation aktueller Risiken und Bedrohungen
Dirk Freudenberg

Einleitung

Der Strategiebegriff ist ein Schlüsselbegriff der Politikwissenschaft. Zugleich ist er ein vielschichtiger und schillernder Terminus.[1] Dementsprechend ist seine Deutung wie auch sein Gebrauch uneinheitlich und oftmals – in Abhängigkeit vom Kontext und Fokussierung des Anwenders – geradezu widersprüchlich. Das betrifft ebenso die vielfältigen terminologischen Ableitungen aus dem Strategiebegriff, als auch Wortzusammensetzungen, welche das Wort Strategie enthalten. Allgemein wird Strategie heute als eine Methode zur Erreichung bestimmter Ziele verstanden;[2] als Plan für das Vorgehen,[3] wobei zwischen Zielen und Mitteln eine Übereinstimmung angestrebt wird. In seiner umfassendsten Bedeutung beinhaltet der Begriff der Strategie die Planung und den Einsatz aller Mittel zum Zwecke der Erreichung eines grundsätzlichen Zieles.[4] Allerdings bezieht sich der Begriff auf eine hohe Handlungs- oder Führungsebene, die hiermit die Verwirklichung eines Gesamtkonzepts versucht.[5] Gegenstand der Strategieplanung ist somit zum einen die Zielplanung, das heißt die Entwicklung und Überprüfung der sicherheitspolitischen Zielvorstellungen (Zieldefinition) und deren Umsetzung in operationale Kriterien und Handlungszie-

---

[1] Vgl. Dirk Freudenberg, Theorie des Irregulären. Erscheinungen und Abgrenzungen von Partisanen, Guerillas und Terroristen im Modernen Kleinkrieg sowie Entwicklungstendenzen der Reaktion, 1. Bd., Von der wissenschaftlichen Einordnung bis zur völkerrechtlichen Verortung der Erscheinungen, Berlin 2017, S. 146ff.

[2] Werner Kaltefleiter, Vorwort, in: Gerhard Fels, Rainer Huber, Werner Kaltefleiter, Rolf F. Pauls, Franz-Joseph Schulze (Hrsg.), Strategiehandbuch Bd. 1, Herford, Bonn 1990, S. 7ff.; 7.

[3] Kluge, Etymologisches Wörterbuch der deutschen Sprache, 23. Aufl., Berlin, New York 1999, S. 800; vgl. Duden, Das Fremdwörterbuch, 4. Aufl., Mannheim, Wien, Zürich 1982, S. 730.

[4] Gustav Däniker, Antiterror-Strategie. Fakten, Folgerungen, Forderungen. Neue Wege in der Terroristenbekämpfung, Frauenfeld 1978, S. 102.

[5] Vgl. Albert A. Stahel, Strategisch denken. Ziel – Mittel – Einsatz in Politik, Wirtschaft und Armee, Zürich 1997, S. 1.

le, und zum anderen die Aufstellung eines Handlungsplanes, der die Vorstellungen darüber enthält, wie bzw. mit welchen Mitteln diese Ziele unter Maßgabe der verfügbaren Ressourcen und denkbaren Eventualfällen verwirklicht werden sollen.[6]

Strategieentwicklung

Strategie geht also von einem aktiven, planmäßigen, zielorientierten Handeln aus und nicht von einem eher zufälligen bzw. durch Zufälle geprägten Lauf der Dinge. Mit dem wesentlichen Element der Planmäßigkeit steht der Begriff der Strategie also im Gegensatz zum Begriff des Zufalls. Das schließt nicht aus, dass auch auf die Umsetzung einer Strategie Unvorhergesehenes einwirken kann; sich im Laufe der Dinge die Lage ändert. Dieses kann ebenso bedeuten, dass eine Strategie sich auf Grund der geänderten Voraussetzungen für die Zukunft plötzlich als falsch erweist und sie deshalb geändert werden muss. Eine solche Entwicklung führt im Extremfall zu einem Paradigmenwechsel in der strategischen Ausrichtung, in der alle bisher gültigen Annahmen und Vorgaben in der Planung völlig neu bewertet und gegebenenfalls ausgetauscht und ersetzt werden müssen.[7] Diese Veränderlichkeit der Voraussetzungen und Parameter hat auch Clausewitz in seine Überlegungen einbezogen: „Da sich alle diese Dinge meistens nur nach Voraussetzungen bestimmen lassen, die nicht alle zutreffen, eine Menge anderer, mehr ins einzelne gehende Bestimmungen sich aber gar nicht vorher geben lassen, so folgt von selbst, daß die Strategie mit ins Feld ziehen muß, um das Einzelne an Ort und Stelle anzuordnen und für das Ganze die Modifikationen zu treffen, die unaufhörlich erforderlich werden. Sie kann also ihre Hand in keinem Augenblicke von dem Werke ab-

---

[6] Reiner K. Huber, Systematische Instrumente der sicherheitspolitischen Analyse und Strategieplanung, in: Gerhard Fels, Rainer Huber, Werner Kaltefleiter, Rolf F. Pauls, Franz-Joseph Schulze (Hrsg.), Strategiehandbuch Bd. 2, Herford, Bonn 1990, S. 481ff., 481; vgl. U.S. Department of Defense, Joint Chiefs of Staff, Dictionary of Military Terms, London, Mechanicsburg, 1999, S. 362f.; vgl. Department of Defence, Dictionary of Military and Associated Terms, Amsterdam, 2002, S. 414.
[7] Dirk Freudenberg, Auf Sicherheit setzen: Gedanken über die Zukunft von Streitkräften, in: Notfallvorsorge, Heft 4, 2002, S. 22ff., 22; vgl. Dirk Freudenberg, Theorie des Irregulären. Erscheinungen und Abgrenzungen von Partisanen, Guerillas und Terroristen im Modernen Kleinkrieg sowie Entwicklungstendenzen der Reaktion, 1. Bd., Von der wissenschaftlichen Einordnung bis zur völkerrechtlichen Verortung der Erscheinungen, Berlin 2017, S. 148.

ziehen."[8] Clausewitz fasste den Strategiebegriff weder nur militärisch oder nur politisch auf.[9] Er folgte einer übergreifenden Betrachtung und entwickelte demzufolge auch einen ganzheitlichen Ansatz.[10]

Strategie im Kontext der Politikwissenschaft

Der Strategiebegriff steht seinerseits im unmittelbaren Zusammenhang und in Wechselwirkungsbeziehung mit anderen Schlüsselbegriffen der Politikwissenschaft, wie beispielsweise: Macht, Herrschaft und Gewalt. Dabei liegt es in der jeweiligen wissenschaftlichen oder auch praktischen Betrachtung, ob Gebrauch des Strategiebegriffs und seine Umsetzung Ursache, Voraussetzung, Bedingung, Mittel oder gegebenenfalls Ausfluss und Ergebnis praktischer Politik sind. Gegebenenfalls sind die Interdependenzen der Schlüsselbegriffe gleichfalls wechselseitig. So ist es auch immer eine strategische Frage, wenn politische Akteure – entsprechend der Definition Max Webers – politisch im Sinne von Machterwerb, Machterhalt und Machtverschiebung agieren und auch dementsprechend strategisch denken, Strategien entwickeln und anwenden; gleichwohl, ob sie dieses tun, um an die Macht zu kommen und Herrschaft auszuüben, um politische Ideen und Interessen durchzusetzen oder auch nur, um ihre jeweiligen eigenen Positionen und Funktionen im System im eigenen Interesse möglichst lange gegen die Konkurrenz anderer politischer Akteure innerhalb oder außerhalb des politischen Systems zu verteidigen und zu erhalten. Im allgemeinen Sprachgebrauch ist unter dem Begriff „Politik" zunächst das auf die Durchsetzung bestimmter Ziele besonders im staatlichen Bereich und auf die Gestaltung des öffentlichen Lebens gerichtete Handeln von Regierungen, Parlamenten, Parteien, Organisationen oder ähnlichen sowie ein be-

---

[8] Carl von Clausewitz, Vom Kriege, in: Werner Hahlweg (Hrsg.), Hinterlassenes Werk des Generals von Clausewitz, 16. Aufl., Bonn 1952, S. 71ff.; 243.
[9] Dietmar Schössler, Der Strategiebegriff bei Clausewitz. Die Kategorien: Zweck-Ziel-Mittel als ‚Achse' des Strategisierungs-Theorems bei Clausewitz, in: Dietmar Schössler (Hrsg.), Clausewitz-Studien, Heft 1, 1996, S. 56ff.; 56; Schössler zeichnet in diesem Aufsatz auch die wissenschaftliche Entwicklung des Strategiebegriffes bei Clausewitz durch seine verschiedenen Abhandlungen und Werke nach.
[10] Dirk Freudenberg, Theorie des Irregulären. Erscheinungen und Abgrenzungen von Partisanen, Guerillas und Terroristen im Modernen Kleinkrieg sowie Entwicklungstendenzen der Reaktion, 1. Bd., Von der wissenschaftlichen Einordnung bis zur völkerrechtlichen Verortung der Erscheinungen, Berlin 2017, S. 149.

rechnendes, zielgerichtetes Verhalten bzw. Vorgehen zu verstehen.[11] Politik ist somit stets auf die fundamentale Ordnungsproblematik sozialer Verbände bezogen.[12] Das Politische ist ein Ordnungsmerkmal und die politische Ordnung ist jene Ordnung der Gesellschaft, die von der politischen Herrschaft bewirkt wird; das politische Verhalten ist das auf diese politische Ordnung bezogene Verhalten.[13]

Politik und Strategie

Der Begriff des Politischen bezieht die Elemente der Strategie und der Taktik mit ein.[14] Die Strategie eines Staates verbindet Vorgehensweisen, Mitteleinsatz, Verfahren und praktische Maßnahmen der Politik. Bei der Strategie geht es immer um die Bewältigung der Zukunft, da mit ihr nichts weniger als der Anspruch erhoben wird, Kontrolle über etwas ausüben zu können, was noch eintreten wird – nämlich Zukunft – und der Strategie damit der Glaube inhärent ist, durch zielgerichtetes, überlegtes Handeln erwünschte Wirkungen herbeiführen zu können, so dass ein in der Zukunft liegender Zielzustand eintritt, der sonst nicht eintreten würde, wobei die Crux dabei ist, dass es strategisch nicht um das Handeln selbst geht, sondern um die dadurch ausgelösten Wirkungen, die für die Zielerreichung zentral sind.[15] Strategie ist ebenso Element der Sicherheitspolitik und wird von ihr wiederum in ihrem Stellenwert sowie in ihren Funktionen determiniert: Strategie eines Staates ist Methode des Handelns zur Verwirklichung der Sicherheitspolitik.[16] Strategien zielen auf Entscheidungen. Entscheidungen sind ihrerseits eine besondere Form des Handelns.[17]

---

11 Vgl. Duden, Fremdwörterbuch, 4. Aufl. Mannheim, Wien, Zürich 1982, S. 605; vgl. Manfred Hättich, Grundbegriffe der Politikwissenschaft, Darmstadt 1969, S. 13.
12 Karl Rohe, Andreas Dörner, Politikbegriffe, in: Dieter Nohlen (Hrsg.), Lexikon der Politik, Bd. 1, Politische Theorien, S. 453 ff.; 457.
13 Manfred Hättich, Grundbegriffe der Politikwissenschaft, Darmstadt 1969, S. 25.
14 Manfred Hättich, Grundbegriffe der Politikwissenschaft, Darmstadt 1969, S. 14.
15 Elmar Wiesendahl, Rationalitätsgrenzen politischer Strategie, in: Joachim Raschke, Ralf Tils (Hrsg.), Strategie in der Politikwissenschaft. Konturen eines neuen Forschungsfeldes, Wiesbaden 2010, S. 21 ff.; 21.
16 Lennart Souchon, Strategie und Strukturen – Einige Bemerkungen zur Seminarkonzeption – in: Dieter Wellershoff (Hrsg.), Strategie und Strukturen deutscher Sicherheitspolitik. Arbeitsergebnisse des Seminars für Sicherheitspolitik 1994, Berlin, Bonn, Hamburg 1995, S. 11 ff.; 13.
17 Uwe Schimank, Die Entscheidungsgesellschaft. Komplexität und Rationalität der Moderne, Wiesbaden 2005, S. 41.

Sicherheitspolitische Lage und Herausforderungen

Mit der Wende 1989 und vor allem mit dem Zerfall der Sowjetunion und der bipolaren Ordnung nach 1991 wurde rasch deutlich, dass nicht der ewige Frieden ausgebrochen war. Mit den kriegerischen Auseinandersetzungen auf dem Balkan war ab Mitte der 1990er Jahre auch für Deutschland klar, dass es sich als europäische Mittelmacht nicht aus den aufbrechenden Auseinandersetzungen mit dem Hinweis auf die „Lasten der Vergangenheit" und der „Verantwortung vor der eigenen Geschichte" heraushalten konnte. Die neuen Sicherheitsprobleme waren nunmehr nicht das Vorhandensein militärischer Potentiale, sondern Kleine Kriege, funktionsgestörte und in ihren Institutionen gestörte Staaten mit inneren Konflikten und unzureichenden politischen, administrativen, wirtschaftlichen und zivilen Strukturen.[18] Weiterhin zeichnete sich bald ab und wurde spätestens mit dem 11. September 2001 offenbar, dass Bedrohungen für das eigene Staatsgebiet auch aus weiter entfernt gelegenen Regionen von nicht-staatlichen Akteuren ausgehen können, so dass sich der außen- und sicherheitspolitische Fokus in einen globalen Rundumblick ändern musste. Nunmehr gilt es festzustellen, dass mit der geänderten sicherheitspolitischen Lage sich auch die Fokussierung der deutschen Außen- und Sicherheitspolitik verändert hat. Von einer starren Orientierung auf den Ost-West-Konflikt und den damit verbundenen (Selbst-) Beschränkungen hat sich die Wahrnehmung inzwischen zu einer Rundumsicht geändert, welche auch für geographisch weiter entfernt liegende Herausforderungen sensibilisiert ist.[19] Die Auseinandersetzungen zwischen Russland und der Ukraine sowie die daraufhin einsetzende Konfrontation zwischen dem Westen und Russland im Frühjahr 2014 belegen, dass Kriege offenkundig nicht so fern und ausgeschlossen sind, wie sich das viele in Europa vorgestellt und gewünscht haben.[20] Hier zeigt sich also, dass langfristige Vorhersagen zur politischen Stabilität geopolitischer Räume durchaus kritisch zu hinterfragen sind: Zum einen ist zu fragen, wie die Parameter

---

[18] Heinz Gärtner, Die vielen Gesichter der Sicherheit, in: Forum Politische Bildung (Hrsg.), Sicherheitspolitik, Sicherheitsstrategien, Friedenssicherung, Datenschutz, Wien, 2006, S. 5ff.; 5f.
[19] Vgl. Dirk Freudenberg, Theorie des Irregulären. Erscheinungen und Abgrenzungen von Partisanen, Guerillas und Terroristen im Modernen Kleinkrieg sowie Entwicklungstendenzen der Reaktion, 1. Bd., Von der wissenschaftlichen Einordnung bis zur völkerrechtlichen Verortung der Erscheinungen, Berlin 2017, S. 175.
[20] Johannes Varwick, Einleitung, in: Johannes Varwick (Hrsg.), Krieg und Frieden, Schwalbach/Ts 2014, S. 7ff.; 7.

der Vorhersage begründet sind, und zum anderen, 0b die Annahmen berechtigt sind, qualitative Aussagen zu einer solch vorausgreifenden Entwicklung zu treffen. Das Eingeständnis der NATO, dass dieses Ereignis von der NATO so nicht erwartet wurde, die NATO also überrascht wurde[21], ist signifikant, da sie die Bedingtheit derartiger sicherheitspolitischer Prognosen unterstreicht. Inzwischen sieht sich jedenfalls die NATO gezwungen, sich auf ihren ureigenen Kern, die kollektive Verteidigung zurückzubesinnen.[22] Tim Marshall vertritt daher die Auffassung, dass „der Schock" der Krim-Annektion (neben dem des russisch-georgischen Krieges) wieder die Aufmerksamkeit auf das uralte Problem eines möglichen Krieges in Europa gelenkt habe.[23] Das Weißbuch von 2016 räumt nunmehr auch ein, dass die Renaissance klassischer Machtpolitik, die den Einsatz militärischer Macht zur Verfolgung nationaler Interessen vorsieht und mit erheblichen Rüstungsanstrengungen einhergeht, die Gefahr gewaltsamer zwischenstaatlicher Konflikte – auch in Europa und seiner Nachbarschaft – erhöht.[24] Die sicherheitspolitische Lage Deutschlands wie auch die politische Bedrohungsperzeption haben sich dementsprechend inzwischen insofern geändert, als dass auch kriegerische Ereignisse und deren direkte oder indirekte Auswirkungen auf Deutschland wieder stärker zu betrachten sind.

---

[21] NN., Nato erwägt Großmanöver an der Grenze zu Russland, in: FAZ vom 07.11.2014; http://www.faz.net/aktuell/politik/ausland/europa/osteuropa-nato-erwaegt-grossmanoever-an-der-grenze-zu-russland-13252924.html; Internet vom 07.11.2014; vgl. Christioph B. Schiltz, Nato plant Elitetruppe gegen Bedrohung aus dem Osten, in: DIE WELT vom 07.11.2014, http://www.welt.de/politik/ausland/article134072231/Nato-plant-Elitetruppe-gegen-Bedrohung-aus-dem-Osten.html; Internet vom 07.11.2014.

[22] Johannes Varwick, Aylin Matlé, Die NATO zwischen den Gipfeln von Wales und Warschau, in: Der Mittler-Brief. Informationsdienst zur Sicherheitspolitik, Nr. 4 / 4. Quartal 2014, S. 2; vgl. Johannes Varwick, Aylin Matlé, Die Nato und die hybride Kriegführung, in Sicherheit & Frieden 2016, Heft 2, S. 121 ff.; vgl. U.S. Army War College (Hrsg.), Project 1704. A U.S. Army War College Analysis of Russian Strategy in Eastern Europe, an Appropriate U.S. Response, and the Implications for U.S. Landpower; http://ssi.armywarcollege.edu/pdffiles/PUB1274.pdf; Internet vom 11.04.2017; vgl. U.S. Army War College (Hrsg.), Project 1721, U.S. War College Assessment on Russian Strategy in Eastern Europe and Recommendations on how to leverage Landpower to maintain the peace, http://ssi.armywarcollege.edu/PDFfiles/PCorner/Project1721.pdf; Internet vom 11.04.2017; vgl. Douglas Mastriano, Defeating Putin's Strategy of Ambiguity, in: War On The Rocks, November 6, 2014; Internet vom 11.04.2017.

[23] Tim Marshall, Die Macht der Geographie. Wie sich Weltpolitik anhand von 10 Karten erklären lässt, o.OA. 2017, S. 126.

[24] Bundesministerium der Verteidigung (Hrsg.), Weißbuch zur Sicherheitspolitik und zur Zukunft der Bundeswehr, Berlin 2016, S. 38.

Diese Erkenntnisse haben erhebliche Auswirkungen auf den seit den 1990er Jahren stark zurückgefahrenen und zu wesentlichen Teilen abgebauten Zivilschutz in der Bundesrepublik Deutschland.[25] Diese aktuellen Risiko- und Bedrohungsperzeptionen überlagern oder verdrängen nicht die Bedrohung durch den Transnationalen Terrorismus, sondern stehen daneben. Das nicht alle möglichen Gefährdungen eintreten, kann pragmatisch als Entlastung gewertet werden, politisch und strategisch jedoch nicht.[26] Daher muss sich Deutschland dementsprechend auf unterschiedliche und vielfältige Bedrohungen und Risiken einstellen.[27] Mithin ist die sicherheitspolitische Lage vielschichtiger, komplexer und insgesamt unübersichtlicher geworden. Demgemäß ist die Schwierigkeit gestiegen, die sicherheitspolitische Situation umfassend zu erfassen, einzuordnen und zu bewerten. In der Literatur ist häufig von einem „Weltordnungskonflikt" die Rede, in dem es vornehmlich darum gehe, in der Auflösung von alten Ordnungen nach dem Ende des weltumspannenden bipolaren Systems und dem Beginn einer intensivierten Globalisierung sowie dem Widerstreit unterschiedlicher Ordnungssysteme, diese miteinander kompatibel zu gestalten, bis hin zu gewaltsamen Konflikten um unterschiedliche Konzeptionen der „Ordnung der Welt".[28] Zugleich wird ebenso festgestellt, dass die Welt in Richtung Unregierbarkeit treibe[29] und sich „… unsere Werte in einer

---

[25] Vgl. Claus Peter Müller, Achten Sie auf weitere Durchsagen!, in: FAZ vom 22. April 2015, S. 3.
[26] Thomas Jäger, Anna Daun, Bevölkerungsschutz und Sicherheitspolitik, in: Christoph Unger, Thomas Mitschke, Dirk Freudenberg (Hrsg.), Krisenmanagement – Notfallplanung – Bevölkerungsschutz. Festschrift anlässlich 60 Jahre Ausbildung im Bevölkerungsschutz dargebracht von Partnern, Freunden und Mitarbeitern des Bundesamtes für Bevölkerungsschutz und Katastrophenhilfe Berlin 2013, S. 583ff.; 583.
[27] Vgl. Die Bundesregierung, Weißbuch 2016. Zur Sicherheitspolitik und zur Zukunft der Bundeswehr, Berlin 2016, S. 34ff.; vgl. Hans-Georg Ehrhart, Götz Neuneck (Hrsg.), Analyse sicherheitspolitischer Bedrohungen und Risiken unter Aspekten der Zivilen Verteidigung und des Zivilschutzes, Baden-Baden 2015; vgl. Hans-Georg Ehrhart, Götz Neuneck, Sicherheitspolitische Bedrohungen und Risiken. Zivile Verteidigung und Zivilschutz aus der Sicht der Friedens- und Konfliktforschung, in: Bevölkerungsschutz 2016, Heft 3, S. 2ff.
[28] Andreas Herberg-Rothe, Reflexionen über den Begriff des Weltordnungskonfliktes, in: Thomas Jäger (Hrsg.), Die Komplexität der Kriege, Wiesbaden 2010, S. 37ff.; 38; vgl. Carlo Masala, Weltunordnung. Die globalen Krisen und das Versagen des Westens, München 2016; vgl. Key-young Son, Andreas Herberg-Rothe, Miriam Förstle, Order wars – wie der Aufstieg der „Anderen" die Weltpolitik verändert, in: Hans-Georg Ehrhart (Hrsg.), Krieg im 21. Jahrhundert. Konzepte, Akteure, Herausforderungen, Berlin 2017, S. 114ff..
[29] Ulrich Menzel, Wohin treibt die Welt?; in: APuZ 43-45/2016, S. 4 ff.; 4.

Welt in Unruhe neu behaupten müssen."[30] Allerdings wurde bereits Mitte der 1990er Jahre vor dem Hintergrund des Umbruchs der Weltpolitik über die Entstehung einer „neuen Unübersichtlichkeit" und der Herausbildung einer „neuen Weltunordnung" geschrieben.[31] Die seinerzeit auftretenden Herausforderungen erreichten ihren Höhepunkt mit dem Auftreten des Transnationalen Terrorismus und den Anschlägen vom 11. September 2001 sowie einer hieraus folgenden Besinnung auf einen umfassenden Sicherheitsbegriff einschließlich des Erfordernisses eines Vernetzten Ansatzes. (Spätestens) mit den kriegerischen Ereignissen in Ostmitteleuropa und der Ukraine ist deutlich geworden, „… dass Russland [sich weigert], die Rolle des Verlierers fortzusetzen und mit dem Phantomschmerz durch den Verlust des Sowjetimperiums weiterzuleben und [deshalb ein Veto über alle Weltangelegenheiten verlangt]."[32] Die Sowjetunion war eine nukleare Supermacht mit einem ideologisch begründeten Weltherrschaftsanspruch. Ein solcher Weltherrschaftsanspruch kann dem heutigen Russland sicherlich nicht unterstellt werden. Gleichwohl haben insbesondere die ostmitteleuropäischen Staaten – insbesondere Polen und Ungarn – sowie die baltischen Staaten eine deutliche Bedrohungsperzeption. Es geht Russland gewiss zumindest darum, seinen Interessen- und Einflussbereich gegenüber dem Westen und insbesondere der NATO klar abzustecken und mit den USA weltpolitisch wieder auf Augenhöhe zu kommen sowie als gleichberechtigter, global-agierender sicherheitspolitischer Akteur wahr- und ernstgenommen zu werden. Diese Ambitionen Russlands sind nicht neu; verändert haben sich allerdings die außenpolitischen Instrumente sowie die Bereitschaft, zur Durchsetzung russischer Interessen hohe Risiken einzugehen[33] und zur Erreichung politischer Ziele auch militärische Macht einzusetzen.[34] Die Spannungen im russisch-westlichen Verhältnis stellen demgemäß auch eine ernste Gefahr für

---

[30] Géza Andreas von Geyr, Generationenverantwortung im Weißbuch von 2016, in: Florian Hahn (Hrsg.), Sicherheit für Generationen. Herausforderung in einer neuen Weltordnung, Berlin 2017, S. 85ff.; 86.
[31] Volker Matthies, Immer wieder Krieg? Wie Eindämmen? Beenden? Verhüten? Schutz und Hilfe für die Menschen?, Opladen 1994, S. 8.
[32] Michael Stürmer, Wendezeiten – Krisenzeiten – Vorkriegszeiten, in: Florian Hahn (Hrsg.), Sicherheit für Generationen. Herausforderung in einer neuen Weltordnung, Berlin 2017, S. 15ff.; 16.
[33] Margarete Klein, Russland – Rückkehr als Großmacht?, in: Florian Hahn (Hrsg.), Sicherheit für Generationen. Herausforderung in einer neuen Weltordnung, Berlin 2017, S. 37ff.; 37.
[34] Hans-Dieter Lucas, Die Rolle der NATO im veränderten Sicherheitsumfeld, in: Bevölkerungsschutz, 2017, Heft 4, S. 22ff.; 22.

die Sicherheit im euro-atlantischen Raum dar und zeigen, dass die Idee einer „strategischen Partnerschaft", wie sie auch von Deutschland ambitioniert verfolgt wurde[35], erst einmal eine Vision bleibt.[36] Die vorstehend beschriebenen internationalen Konfliktlagen werden nunmehr nicht (wieder) durch die Anspannungen im russisch-westlichen Verhältnis überlagert oder gar eingedämmt, sondern sie bestehen hiervon weithin unabhängig weiter fort. Somit ist nicht nur die globale sicherheitspolitische Lage durchweg komplexer geworden, sondern es hat sich auch das Akteursfeld mit seinen unterschiedlichsten Interessen und Machtansprüchen vervielfältigt. Staaten versuchen auch weiterhin, Regeln zu setzen, in deren Rahmen sich nichtstaatliche Akteure bewegen müssen, allerdings wird dies zunehmend schwieriger.[37] Demgemäß versuchen die großen institutionellen sicherheitspolitischen Akteure auf der internationalen Ebene – vor allem die VN und die NATO – wie auch auf der supranationalen Ebene – die EU – seit geraumer Zeit, ihre jeweilige Rolle, ihr Innenverhältnis sowie ihre Außenbeziehungen neu zu finden und zu definieren, als auch ihre jeweiligen Strukturen und Fähigkeiten umfassend anzupassen, Eben diese Strukturen sind heute nicht mehr in jedem Fall deutlich zu identifizieren. Der Zerfall der bipolaren Ordnung, das Hinzutreten zahlreicher Mittelmächte in das internationale Konzert politischer Macht und unzähliger nichtstaatlicher Akteure, welche transnational und zum Teil global agierend Einfluss auf das internationale Herrschaftsgefüge nehmen (wollen), sind die wesentlichen Ursachen hierfür. Desgleichen ist es inzwischen allgemein anerkannt, dass die Grenzen äußerer und innerer Sicherheit zunehmend verschwimmen oder gar verschmelzen. Demzufolge sind auch die Rechtfertigungen überkommener Zuständigkeiten und Kompetenzen von Innen- und Außenpolitik fragwürdig geworden. Die westliche Staatenwelt sieht sich nun vor der Situation, die Bezugspunkte politischer Strategie umfassend anzupassen und neu zu justieren.[38] Insbesondere die

---

[35] Vgl. Bundesakademie für Sicherheitspolitik (Hrsg), Europäische Sicherheit und Russland – Optionen aus deutscher Sicht. Sicherheit durch Annäherung, Seminar für Sicherheitspolitik 2010, Berlin 2010.
[36] Margarete Klein, Russland – Rückkehr als Großmacht?, in: Florian Hahn (Hrsg.), Sicherheit für Generationen. Herausforderung in einer neuen Weltordnung, Berlin 2017, S. 37ff.
[37] Carlo Masala, Herausforderungen in einer multipolaren Welt, in: Florian Hahn (Hrsg.), Sicherheit für Generationen. Herausforderungen für die neue Weltordnung, Berlin 2017, S. 21ff.; 25.
[38] Vgl. Dirk Freudenberg, Theorie des Irregulären. Erscheinungen und Abgrenzungen von Partisanen, Guerillas und Terroristen im Modernen Kleinkrieg sowie Entwicklungstendenzen der Reaktion, 3. Bd., Von der heutigen Bedeutung des Kleinkrieges bis zu den strategischen

EU ist von den Wirkungen zentrifugaler Kräfte auf finanzieller wirtschaftlicher Art, der Loslösung der Briten aus der EU wie auch von Bestrebungen von nationalen autochthonen Minderheiten nach Autonomie und Souveränität betroffen[39], was sich auch auf die politischen und strukturellen Handlungsmöglichkeiten und daraus abgeleiteten Fähigkeiten, insbesondere auf den gemeinsamen Interessen- und Willensbildungsprozess einer gemeinsamen Außen- und Sicherheitspolitik auswirken muss. Dementsprechend ist es ein wesentlicher Faktor, dass zu der Vielfalt an Gefährdungsursachen kommt, dass diese unter den Bedingungen allgemeiner Effektivitäts- und Beschleunigungseffekte immer weiterreichender Wirkungen zeigen, die sich jenseits von zuvor scheinbar festen Grenzen auf verschiedensten Wegen miteinander verbinden, und dass derartige Gefahrenkomplexe eine hohe politische, strategische Steuerung erforderlich machen.[40]

Sicherheitspolitik und die Antizipation von Risiken und Bedrohungen

Sicherheitspolitik beinhaltet zunächst zwei entscheidende Komponenten – die Analyse und die zukunftsbezogene Projektion der aus der Analyse herausgearbeiteten Erkenntnisse. In der Politikwissenschaft wird mittels Analyse untersucht, die unter der Oberfläche der Erscheinungsform eines Untersuchungsgegenstandes liegenden spezifischen Kausal-, Struktur-, Funktions- oder sonstigen Elemente und Relationen ausfindig zu machen.[41] Erst aus der Analyse lassen sich zutreffend richtungsweisende zielführende Ableitungen für das (denkbare) machtpolitische Handeln – sowohl für das anderer Akteure, als auch für das eigene – treffen. Eigene Perzeptionen, welche sich aus historischen Erfahrungen speisen, sind nicht zu ignorieren, aber doch kritisch dahingehend zu

---

Fällen, Berlin 2017, S. 162ff.; vgl. Dirk Freudenberg, Die zivile Sicherheitsarchitektur in Deutschland und ihre sicherheitspolitische Relevanz, in: Reader Sicherheitspolitik 2017, Heft 4
[39] So hatte Prof. Dr. Gerhard Ritter an der Universität Würzburg bereits in den 1980er Jahren zahlreiche Seminare zu „Autochthonen Minderheiten in Europa" abgehalten.
[40] Thomas Jäger, Anna Daun, Bevölkerungsschutz und Sicherheitspolitik, in: Christoph Unger, Thomas Mitschke, Dirk Freudenberg (Hrsg.), Krisenmanagement – Notfallplanung – Bevölkerungsschutz. Festschrift anlässlich 60 Jahre Ausbildung im Bevölkerungsschutz dargebracht von Partnern, Freunden und Mitarbeitern des Bundesamtes für Bevölkerungsschutz und Katastrophenhilfe Berlin 2013, S. 583ff.; 583.
[41] Dieter Nohlen, Analyse, in Dieter Nohlen (Hrsg.), Lexikon der Politik, Bd. 2, Politikwissenschaftliche Methoden, München 1994, S. 23ff.; 23.

hinterfragen, ob die ihnen zu Grunde liegenden Faktoren und Kontexte sowie ihre Kausalitäten noch für die Zukunft Bestand haben und dementsprechend Wirkung erzeugen können. Eine andere Form des Vorgehens läuft Gefahr, lediglich Parallelen zu erzeugen, welche wesentliche Faktoren unberücksichtigt lassen oder falsch einordnen oder auch unzutreffend gewichten und somit für die tatsächlich relevanten Schlüsse allenfalls Analogien darstellen, die die Wirklichkeit aber nicht (mehr) erfassen bzw. vollumfänglich abbilden. Folglich dürfen Analogieschlüsse kein Ersatz für eine umfangreiche Untersuchung sein, und auch die unreflektierte Betrachtung der Vergangenheit ohne Differenzierung des Kontextes ist für eine Übertragung auf eine aktuelle wie auch zukünftige Situation unzureichend und ungenügend. Die Vergangenheit ist – wie Max Boot es ausdrückt – wohl ein ungewisser Führer in die Zukunft; er ist aber der Einzige, den wir haben.[42] Folgerichtig sollte die Geschichte keineswegs ausgeblendet werden, jedoch muss sie sowohl für die Beurteilung der Gegenwart wie auch insbesondere für die Vorausschau in die Zukunft kritisch reflektiert betrachtet werden. Es mag also sehr wohl in der Geschichte Parallelen geben. Allerdings bedeutet „Parallele" nicht unbedingt „Wiederholung", eine Wiederkehr ohne Abweichungen. Demzufolge mag es in der Geschichte Entwicklungen geben, welche phasenweise oder auch nur punktuell gleich verlaufen bzw. Übereinstimmungen aufweisen. Allerdings dürfen Parallelen in der Geschichte auch nicht überstrapaziert werden. Der Rückgriff auf bekannte Verhaltensmuster schließt nicht aus, dass Anpassungen, Modifikationen und auch Innovationen vorgenommen werden, die auch zu neuen Modi Operandi führen. Insofern dürfen Analogieschlüsse nicht die Analyse ersetzen. Dementsprechend muss Sicherheitspolitik antizipatorisch sein; ansonsten bereiten sich Sicherheitsakteure lediglich auf das letzte Ereignis vor und werden von den Innovationen ihres Gegenübers überrascht.[43] Man kann hier also von einem „Maginotdenken"[44] als Synonym für ein erfahrungsgeprägtes, starres Festhalten an

---

[42] Max Boot, Small Wars and the Rise of American Power. The Savage Wars of Peace, New York 2003, S. 336.
[43] Dirk Freudenberg, Theorie des Irregulären. Erscheinungen und Abgrenzungen von Partisanen, Guerillas und Terroristen im Modernen Kleinkrieg sowie Entwicklungstendenzen der Reaktion, 1. Bd., Von der wissenschaftlichen Einordnung bis zur völkerrechtlichen Verortung der Erscheinungen, Berlin 2017, S. 43.
[44] *Als hervorragendes Beispiel kann hier der Ansatz der Franzosen nach dem 1. Weltkrieg herangezogen werden. Im Glauben an die Strategie des Krieges 14/18 vertrauten sie darauf, sie könnten die Deutschen mit dem Bau einer gewaltigen Festungsanlage, der Maginotlinie an ihrer Ostgrenze erfolgreich aufhalten. Dieses „Maginotdenken", also das sich Verlassen auf die Stellungskriegsführung führte dazu, dass die technischen und*

überkommenen und gleichsam überholten Konzepten sprechen, welches sich einer – vor dem Hintergrund wesentlicher Lageentwicklungen bzw.- -änderungen – angepassten vorurteilsfreien Beurteilung der Lage entzieht bzw. diese verweigert[45] Ein solches Verhalten begegnet uns immer wieder. Clausewitz hatte bereits einen entsprechenden Gedanken geäußert, als er in einem Brief an Gneisenau bezüglich auf die Feldzugsplanungen gegen Frankreich während der Freiheitskriege äußerte: „… [E]s gehört nichts anderes als der Takt des Urteils dazu, um in einem Augenblick das Falsche des ganzen Räsonnements zu erkennen, was man aus Zeiten und Verhältnissen entlehnt, die den jetzigen ganz unähnlich sind."[46] Dementsprechend war Clausewitz' Theorieansatz antizipatorisch und auch heutige Sicherheitspolitik muss den Anspruch haben, antizipatorisch zu sein, um bewusst mögliche Entwicklungen vorwegzunehmen und gegebenenfalls tunlichst steuernd hierauf einwirken zu können.

Schlussbetrachtungen

Während des Kalten Krieges hatten Streitkräfte den Zweck, in der Krise die Bundesregierung vor politischer und militärischer Erpressung von Außen zu schützen, sowie im Kriege die Unversehrtheit des Staatsgebietes der Bundesrepublik und seiner Verbündeten zu schützen und die Handlungsfähigkeit der Bundesregierung zu garantieren. Die Fähigkeiten der Streitkräfte und (potentielle) militärische Ziele waren auch hinsichtlich der (geplanten) Operationsführung auf eben diesen Zweck ausgerichtet. Inzwischen reift in der Bundesrepublik langsam wieder die Erkenntnis, dass umfassende Sicherheit – einschließlich der Erreichung und Durchsetzung von Interessen – nicht allein und ausschließlich durch wirtschaftliche Stärke erreicht werden kann. Schlussendlich gehört hierzu gegebenenfalls die Absicherung und Abstützung durch den Ein-

---

militärischen Innovationen der Zwischenkriegszeit in ihrer strategischen Bedeutung sowie die sich hieraus ergebenden Möglichkeiten operativer Führung nur unzureichend erkannt und ignoriert wurden, was 1940 zur Niederlage der Franzosen führte. Vergleiche auch zum Frankreichfeldzug 1940: Karl-Heinz Frieser, Blitzkriegslegende. Der Westfeldzug 1940, München 2012.
[45] Dirk Freudenberg, Theorie des Irregulären. Erscheinungen und Abgrenzungen von Partisanen, Guerillas und Terroristen im Modernen Kleinkrieg sowie Entwicklungstendenzen der Reaktion, 1. Bd., Von der wissenschaftlichen Einordnung bis zur völkerrechtlichen Verortung der Erscheinungen, Berlin 2017, S. 43f.; FN 28.
[46] Carl von Clausewitz, in einem Brief an Gneisenau vom 1. November 1813, in: Carl von Clausewitz, Ausgewählte Briefe an Marie von Clausewitz und Gneisenau, Berlin 1953, S 222ff.; 224.

satz militärischer Macht. Dieses bedingt eine funktions- und leistungsfähige Gesamtverteidigung, welche ihrerseits in diesem Sinne hinreichende und wirkmächtige militärische Fähigkeiten und entsprechende Maßnahmen zur Zivilen Verteidigung umfasst. Der Abbau der Blöcke, die Aufhebung von vorher fast unüberwindlichen Grenzschranken sowie erfolgreiche Rüstungskontroll- und Abrüstungsmaßnahmen haben allerdings in der Bevölkerung eine Stimmungslage bewirkt, die dahin tendiert, militärische Bedrohungen der eigenen Lebenswelt entweder mit einer gewissen Sorglosigkeit nicht mehr zu sehen oder sie aber in Teile der Welt zu verlagern, die das eigene Land geographisch nicht mehr tangieren. Unmittelbar im Zusammenhang damit steht die Notwendigkeit der Rechtfertigung der (finanziellen) Kosten, die für die Sicherheit aufzubringen sind. Gleichzeitig ist es den heutigen Wohlstandsgesellschaften schwierig zu vermitteln, dass der Gebrauch militärischer Macht – auch bei größter Überlegenheit – auch immer das Risiko eigener Verluste beinhaltet.[47] Der Konflikt mit den USA in der Frage um die Erreichung des Zweiprozentzieles bei den Verteidigungausgaben ist dort übrigens nicht auf die gegenwärtige Administration beschränkt; er zeichnete sich bereits bei der Vorgängerregierung ab und ist auch aktuell parteiübergreifend.[48] In den aktuellen Konflikten mit tatsächlichen Operationen sind die konkreten militärischen Ziele conditio sine qua non dafür, dass der politische Zweck, die Handlungs- und Bündnisfähigkeit der Bundesrepublik Deutschland glaubwürdig zu demonstrieren, erreicht werden kann. Es ist die Aufgabe der Politik, dieses nachvollziehbar zu leisten und die Risiken offenzulegen sowie dabei Opfer und Verluste zu vertreten. Nur wenn diese Voraussetzungen gegeben sind, machen militärische Einsätze Sinn, wird soldatisches Dienen nachvollzogen und können auch Rückschläge verkraftet werden. Die Strategie und die Fähigkeit zum strategischen Denken sowie vor allem die Vermittlung von Notwendigkeiten und Erfordernissen sind daher insbesondere in sicherheitspolitischen Kontexten eine weitere conditio sine qua non für verantwortungsbewusste politische Führung.

---

[47] Vgl. Dirk Freudenberg, Theorie des Irregulären. Erscheinungen und Abgrenzungen von Partisanen, Guerillas und Terroristen im Modernen Kleinkrieg sowie Entwicklungstendenzen der Reaktion, 1. Bd., Von der wissenschaftlichen Einordnung bis zur völkerrechtlichen Verortung der Erscheinungen, Berlin 2017, S. 180ff.
[48] Vgl. Rudolf G. Adam, Deutschlands Beitrag zu Europas Sicherheit Der Streit um das Zwei-Prozent-Ziel ist unfruchtbar, in: Bundesakademie für Sicherheitspolitik, Arbeitspapier Sicherheitspolitik, Nr. 20/2018,
https://www.baks.bund.de/sites/baks010/files/arbeitspapier_sicherheitspolitik_2018_20.pdf; Internet vom 29.07.2018.

Strategie-Lernen – aber wie?
Claus von Rosen

1. Vorbemerkung

Clausewitz ist als Kriegstheoretiker sowie als Strategietheoretiker weitgehend bekannt. Dass er zu diesen Dingen auch als Pädagoge in Theorie und Praxis auf der Höhe seiner Zeit war[1], bleibt dabei meist unerwähnt. Und wiewohl er begeistert von seinem „vortrefflichen Lehrer" Scharnhorst berichtete, wie dieser die kriegsgeschichtlichen Beispiele „umständlich" überzeugend so darstellen konnte, dass „in ihm und den Zuhörern zugleich die allgemeinen Grundsätze [sich] von selbst zu bilden" schienen[2], ist anzunehmen, dass Scharnhorsts Kunst im Unterricht doch (nur) dem empirischen Beweis[3] zur Entwicklung von kriegs- und strategietheoretischen Erkenntnissen galt und weniger dem, was wir hier mit der Frage nach dem Lernen von praktischer Strategie betrachten wollen. Denn Clausewitz fasste sein Urteil über seinen Lehrer zusammen: „...dass der Untersuchungsgeist Scharnhorsts das unbefangene Urteil des gesunden Menschenverstandes weckte und ermunterte und dessen einfache und natürliche Ansichten gegen die Anmaßung falscher Genialität und unfruchtbarer Gelehrsamkeit in Schutz nahm. Dadurch sind die Köpfe zum Selbstdenken ermutigt worden und diese wahre Geistesbelebung dauert in ihren heilsamen Wirkungen gewiss noch lange fort und wird dazu dienen, der Tendenz zu künstlichen und gelehrten Theorien einen gewissen Naturalismus entgegenzustellen, der das hohle Phrasenwesen niederkämpft und dem unnatürlichen Streite zwischen Theorie und Praxis ein Ende macht."[4]

Bis heute wird gerne vom „geborenen" Strategen oder vom „irrationalen letzten Zehntel" des nicht Lernbaren für Strategie gesprochen, wenn es um die Frage der Ausbildung von Fähigkeiten zur Strategie geht. Damit könnte die leitende Frage, ob Strategie lernbar ist, eigentlich ad acta gelegt werden. Aber!

---

[1] Rosen, Claus v.: Carl von Clausewitz; in: Detlef Bald u.a.: Klassiker der Pädagogik im Deutschen Militär. Baden-Baden (Nomos-Verlag) 1999, S. 77-106.
[2] Clausewitz, Carl von: Über das Leben und den Charakter von Scharnhorst; Berlin 1935, S. 37f.
[3] Clausewitz, Carl von: Hinterlassenes Werk. Vom Kriege. Bonn 19. Aufl. 1991 (Dümmler), II. Buch, Kap. 6, S. 335ff – s. hier besonders S. 338ff der nicht besonders benannte 4. Gebrauch von Beispielen.
[4] Clausewitz: Scharnhorst a.a.O. S. 38.

Strategie ist ein prominentes Lehrfach an den Militärakademien der Welt für hohe und höchste Militärränge. Was und wie wird denn da gelehrt und gelernt? Als die Stabsakademie der Bundeswehr vor 50 Jahren in Hamburg-Osdorf ihre Tore für die Weiterbildung von angehenden Stabsoffizieren öffnete, die nicht zum Generalstabsdienst ausersehen waren, bot sie in einem in mancher Hinsicht revolutionären Lehrplan unter anderem ein sogenanntes „Strategie-Seminar" an.[5] Dies erregte Aufsehen an der Führungsakademie der Bundeswehr, der benachbarten militärischen Bildungsstätte für die Ausbildung der Generalstabsoffiziere im Hamburger Westen. Deren Kommandeur erwirkte beim Generalinspekteur ein Verbot des Strategieseminars mit der Begründung, dass dieses Thema den Teilnehmern der Lehre an der Führungsakademie vorbehalten sei. Seitdem wurde das Thema Strategie dort vorrangig im Fach Wehrgeschichte behandelt. Es schien, dass „man" zum Strategen geboren wird und aus der Geschichte das mehr oder weniger erfolgreiche Wirken großer Strategen ablesen kann. Dass aber darüber hinaus Strategie lernbar und damit auch lehrbar sei, wurde erst im Laufe der Zeit deutlich. Inzwischen gibt es seit drei Jahren an der Führungsakademie der Bundeswehr ein Kurz-Seminar zum Thema „Strategisches Denken". Es wird außerhalb des Lehrplans für die Generalstabsoffizier-Ausbildung in einem speziellen Modul für „jedermann" angeboten. Die Dauer von 10 Tagen einschließlich An- und Abreise lässt nicht viel erwarten.

In denselben Tagen, als General de Maizière das Verbot des Strategie-Seminars für (einfache) Stabsoffiziere verhängte, betrat Generalleutnant a.D. Wolf Graf von Baudissin nach seiner militärischen Karriere das wissenschaftliche Katheder an der Hamburger Universität mit der Frage: „Warum ich über Strategie lese?"[6] Er hatte festgestellt, dass nicht nur im militärischen Bereich ein Defizit an Strategie-Denke herrsche und man „aus der Hand in den Mund" lebte, statt mit geeigneten Methoden nach den theoretisch sich bietenden Lösungen zu suchen.

Im November 2016 forderte nun Verteidigungsministerin v. der Leyen die Führungsakademie (FüAkBw) zum Umdenken auf: „… Ich möchte, dass sie

---

[5] Rosen, Claus von: Bildungsreform und Innere Führung. Reformansätze für schulische Stabsoffizierausbildung, dargestellt am Beispiel der Stabsakademie der Bundeswehr (1967-1973); Weinheim Basel (Beltz) 1981.
[6] Baudissin, Wolf Graf von: Warum ich über Strategie lese; in: Die ZEIT Jg. 23 Nr. 44 v. 1.11.1968.

[die FüAkBw] ihr Profil schärft und zu einem Ort des Wissens für die Bundeswehr der Zukunft wird. ... Ein Innovations- und Ideeninkubator für die gesamte Bundeswehr. Ein Think Tank, der das Wissen der Lehrenden, der Teilnehmenden und der der vielen externen Gäste nutzt, um einen wesentlichen Beitrag für die Strategiefähigkeit der Bundeswehr wie auch der Bundesregierung als Ganzes zu leisten."[7]

Über diesen Anstoß berichtete der Stellvertretende Kommandeur der FüAkBw Admiral Karsten Schneider ein halbes Jahr später auf der 2. Wiener Strategie-Konferenz 2017 in einem kurzen Diskussionsbeitrag: „Alle Offiziere müssen in diesen strategischen Grundkompetenzen geschult werden, um ihr Aufgabenfeld verantwortlich zu führen. Die Ebene „Gesamtstrategie werden jedoch nur die wenigsten beherrschen ... Neben Intelligenz sind Wissen und Erfahrungen erforderlich. ... Es gilt die besonderen Fähigkeiten zu identifizieren, um die Komplexität auf der Ebene des Gesamtstaates bewältigen zu können, um auf dieser klassisch als ‚strategisch' bezeichneten Ebene eingesetzt zu werden." (S. 241) Für diesen Auftrag soll die FüAkBw zur „Denkfabrik" neu strukturiert und deren Lehre auf die „Fähigkeit zur Strategischen Beratung" an zwei von drei Kernprozessen ausgerichtet werden: Die „Einsatzbereitschaft der Kräfte bereitstellen" und die „Kräfte einsetzen". Beides zusammen mache in der künftigen Ausbildung die „Militärstrategie" aus. Dabei bleibt jedoch der 1. (sic!) Kernprozess, die „Politischen Vorgaben", außerhalb der Betrachtung für die Akademie-Lehre. – Das könnte das klassische, aufs Militärische reduzierte Missverständnis der Qualifizierung von hohen und höchsten Führungskräften weiter fortschreiben. Denn wer zur strategischen Beratung beitragen soll, wird auch in deren Rahmen *und* auf der nächst höheren, der politisch-strategischen Ebene mit-denken müssen.

Seit 2016 hat sich durch die Wiener Strategie-Konferenz ein Impuls für „Strategie neu Denken" ergeben.[8] Im einleitenden Vortrag zur 2. Strategie-Konferenz bot Brigadier Peischel eine mind-map von Disziplinen und Ansätzen zu einem „umfassenden, organischen-systematischen Verständnis von Strategie" an.[9] Diese Übersicht macht deutlich, wie umfangreich inzwischen

---

[7] BM'in der Verteidigung am 3. 11. 2016 vor den Angehörigen der FüAkBw Hamburg.
[8] Die Ergebnisse der beiden ersten Strategie-Konferenzen sind veröffentlicht in Wolfgang Peischel (Hrsg.): Wiener Strategie-Konferenz 2017. Strategie neu denken; Berlin (MILES-Verlag) 2017 sowie ders. Herausgeber Titel und Ort: 2018.
[9] Peischel, in: Peischel 2018, hier S. 19-34; dazu gehört die Mind-Map Nr. 5 s. https://www.oemz-online.at/display/ZLIintranet/Abbildung+5. Der dort präsentierte netzar-

das Feld der Strategie geworden ist. Selbst im militärischen Bereich sind eine Mehrzahl von Denk- und Führungsebenen hinzugekommen, die mal mehr mal weniger „Strategie" für sich beanspruchen. Die eigentliche Herausforderung besteht jedoch darin, dass eine Unter-Theoretisierung des Themas Strategie u.z. in wissenschaftlicher Theorie, Forschung und Lehre festzustellen ist und dadurch das strategische Denken, Verstehen und Kommunizieren und schließlich auch die Lehre dafür unterentwickelt ist. Um Strategie als Kern oder Steuerungsfunktion in den gesellschaftlichen Wissenschaftsdisziplinen aufzunehmen und vielleicht als Leit- und Steuerungsinstanz in Praxis und Wissenschaft zu etablieren, wird es daher noch manches Schweißtropfens bedürfen. – In der BRD z.B. arbeitete der Hamburger Politologe Joachim Raschke in den letzten 15 Jahren als einer der wenigen zum Thema „Strategie im Bereich von Politik".[10] Sein Grundlagenwerk ist für alle, die sich um das Thema Strategie kümmern, zugleich Mahnung und Erkenntnis-Quelle.

Damit stellt sich nun die Frage nach generellen Aspekten, unter denen im interdisziplinären Diskurs Vergleichbarkeit und Austausch herzustellen ist. Diese Frage ist neu. Sie führt auf eine andere wissenschaftliche Abstraktionsebene, die für das Lernen von „Strategie selbst" neue Herausforderungen bedeutet. Die herkömmliche Schul-Pädagogik stößt insgesamt an ihre Grenzen. Das bedeutet wissenschaftliche Grundlagenarbeit und eine Revolution für praxisorientierte Lehre und Lernen in der Führerausbildung. Das Angebot der Österreichischen Militär-Zeitschrift und vom Verbund des EMPA[11], als wissensgenerierende Akteure und Plattformen für militärwissenschaftliche Forschung sowie mit ihren Konferenzen als internationaler Think-Tank zu dienen, zeigt dazu neue Wege auf.

Als strukturgebender Rahmen für die weiteren Betrachtungen zu Lehre und Lernen und deren didaktischen Reflexionen wird auf die seit 50 Jahren bewährte pädagogische Theorie der Taxonomie von Lernzielen von Benjamin S. Bloom und David R. Krathwohl zurückgegriffen.[12] Ausgangspunkt aller Über-

---

tige Überblick mag verwirren und auch zum Widerspruch reizen; er verdeutlicht aber, „was" alles zum Thema Strategie gehören kann oder sollte.
[10] Raschke, Joachim und Ralf Tils: Politische Strategie. Eine Grundlegung. Wiesbaden, 1. Auflage 2007; 2. Auflage 2013.
[11] Peischel, in seinem Eröffnungsvortrag, in: Peischel 2017 a.a.O, S. 12-30.
[12] Zur heute üblichen taxonomischen Einteilung und Auffächerung s. Bloom, Benjamin S. u.a. (Hrsg.): Taxonomie von Lernzielen im Kognitiven Bereich. Weinheim, Basel 1972 sowie

legungen ist das Lernen – und nicht das Lehren: Wie wird Lernen möglich? Was sind Lernziele? Und wie kann man deren Erreichen beobachten und sogar messen? Der Lehrer muss dieses Lernen „nur" ermöglichen.

Lernziele sind zu unterscheiden nach dem kognitiven Bereich von Kenntnissen und Wissen, dem psychomotorischen Bereich der Fertigkeiten und dem affektiven Bereich der wertbezogenen Verhaltensweisen. Lernziele in diesen drei Bereichen sind weiter nach Schwierigkeitsgrad und Lernfortschritten zu stufen. Je höher dieser Grad ist, desto mehr überlappen sich die anfänglich deutlich getrennten Bereiche; die Ziele verschmelzen zu Fähigkeiten für einen unmittelbaren Einzelfall bzw. zu allgemeineren Schlüsselqualifikationen anwendbar auf eine Vielzahl von scheinbar sehr verschiedenen Einzelfällen. In den Curricula für das formale Bildungswesen in Schulen und Ausbildungsberufen dominieren die kognitiven und psychomotorischen Lernziele. Affektive Lernziele finden schon immer schwer Eingang in Curricula, obwohl gerade diese z.B. im Bereich des Militärs unter den Begriffen Erziehung und Charakter herausragende Bedeutung hatten und auch weiter haben.

Dieses sehr gerafft dargestellte „Schema" zur Einteilung von Lernzielen ist dem Lern-Gebiet Strategie angemessen. Die Wiener Strategie-Konferenz verständigte sich auf ein „führungstheoretisches Triptychon …'Ends – Ways – Means' – Metapher" und ergänzte sie noch um „Risks". Die Betonung liegt dabei auf „Ends". „Ways" hingegen werden davon abgegrenzt, weil dies „lediglich die operative militärische Umsetzung umschreibt".[13] Die Strategie-Metapher ist zwar in das gängige pädagogisch-curriculare Lehr- und Lerngebäude und dessen Taxonomien als Wissen und Verhaltensweisen und bezüglich „Ways" auch als Fertigkeiten einzuordnen, es wird sich aber zeigen, dass der Lern-Gegenstand Strategie sich in Methodik und Didaktik deutlich von den üblichen schulischen Formen und Verfahren abheben muss und daher auch anderes pädagogisches Verständnis von den Lernzielen und Lerninhalten voraussetzt sowie andere Lern-Wege und Lern-Verfahren braucht, als sie im „normalen" Schulalltag üblich sind.

Das kann hier nur als ein erster Hinweis darauf sein, um wieviel schwieriger das Thema Strategie in Lehre und Lernen sein wird, ja warum dies eine päda-

---

Krathwohl, David R. u.a.: Taxonomie von Lernzielen im Affektiven Bereich. Weinheim, Basel 1975.
[13] Peischel, in: Peischel 2017, S. 20.

gogische Überforderung sei oder schier unmöglich zu sein scheint und Reste sogar als nicht lern- und lehrbar gelten, also „angeboren sein müssen".

2. Worum geht es bei Strategie? – Die Frage nach dem Lernziel „Strategie"

2.1 Der Umfang von Strategie

Wer seinen Clausewitz gelesen hat und auch andere Strategie-Denker sowie Memoiren von bekannten Strategen bzw. Abhandlungen über Kriegsverläufe – sprich: Kriegsgeschichtliche Beispiele –, wird vermutlich von sich sagen, im Großen und Ganzen „über" Strategie Bescheid zu wissen. Dennoch wird ihn die Frage bewegen, was denn konkret und im einzelnen Strategie ist und was das für dessen Lehren und Lernen bedeutet.

Zum Umfang von Strategie finden sich viele ausführliche und auch sehr unterschiedliche Auflistungen. Clausewitz z.B. hatte im Laufe seiner forschenden Arbeit mindestens 20 Kategorien von wesentlicher Bedeutung entwickelt und in seinem Hauptwerk Vom Kriege ausführlich behandelt. Er sprach von Fundamentalvorstellungen der Sache, Grundsätzen und Regeln.[14] Bei der Umsetzung dieser Kategorien in den Kriegsplan[15] als „die eigentlichste Strategie" war er jedoch „nicht ohne Scheu" und von der „Angst mit unwiderstehlicher Gewalt" befallen, „zu einem pedantischen Schulmeistertum hinabgerissen zu werden". Seine Befürchtungen galten einem eher statischen Umgang, wenn darin die Theorie und deren Grundsätze als „Formel zur Auflösung der Aufgaben" missverstanden werden. Darin liegt nun viel, was uns bei der Lehr-Frage und dem, was Strategie umfasst, beschäftigen muss. Denn heute werden aus derartigen Kategorien – Clausewitz' Befürchtungen missachtend – immer wieder Strategie-Denk-Systeme nach axiomatischer oder technisch-naturwissenschaftlich-deduktiver Art gemacht. Clausewitz ging es um die Grundsätze der Theorie, mit denen „die höheren Regionen des Handelns" wie in Lichtstrahlen die Masse der Gegenstände und ihre Verhältnisse sich des „Wahren und Rechten wie eines einzelnen klaren Gedanken bewusst werden".

---

[14] In anderen Handlungsfeldern werden denen entsprechend auch andere Kategorien eingeführt werden müssen, z.B. in der Wirtschaft: Gewinn und Verlust und im Gesundheitswesen: Leben in Gesundheit, bleibende Schäden und genetische Vererbung.

[15] Clausewitz: Hinterlassenes Werk, VIII. Buch, Kapitel 1, a.a.O. S. 949ff.

Wenn Pleiner in seinem Vortrage bei der 1. Wiener Konferenz sagte: „Diese Strategie oder auch Gesamtstrategie weist daher eine langfristige Dimension auf"[16] und dann weitere 13 Punkte nannte, die sich wie ein genereller Aufgabenkatalog für Strategisches Arbeiten lesen, werden zwei unterschiedliche Betrachtungsweisen deutlich. Der Aufgabenkatalog ließe sich auf dem beschriebenen taxonomischen top-down-Weg zu Lernzielen auf verschiedenen Abstraktionsebenen umschreiben und weiter ausdifferenzieren. Nur der Hinweis auf die „langfristige Dimension" passt nicht in dieses Denkschema: Welche Kenntnisse oder welches Wissen davon, dass es und was so etwas wie Langfristigkeit vom Wortsinn hergibt, hilft zur Strategie-Leistung? Welche Fertigkeit von und in großer Dauerhaftigkeit ist als strategisches Tuen gemeint? Und welche Verhaltensweisen von Standhaftigkeit bis Aushalten als strategische „Tugend" können und sollen wie erlernt werden? Langfristigkeit allein befähigt für Strategie zu nichts, da die Lernzieltaxonomien auf den Bereich der formalen und ggf. der non-formalen Bildung (per Sozialisation) und dabei hauptsächlich auf das Kognitive ausgerichtet sind. Das bedeutet, dass eine Dimension „Langfristigkeit" ihre pädagogischen Grenzen findet. Es sei denn, es geht um ein „Denken im langfristigen Zeitraum". Wenn diese und vergleichbare Dimensionen Bedeutung für Strategie haben, muss ein anderer Weg für das Lernen gesucht werden. Das stellt einen vor die Frage, was „Denken im langfristigen Zeitraum" bedeutet, und dann, wie es zu strategisch-praktischem Wissen, Fertigkeiten und/oder Verhaltensweisen durch Lehre und Lernen befördert werden kann.

Der bereits in der mind map angesprochene Umfang der Lerninhalte stößt zum anderen an zeitliche Grenzen der Lehrbarkeit von Strategie. Beispiel für die ständig weiterreichende Dimension von „Strategie" sind z.Z. das Thema Cyber- und Informationsraum[17] oder das Aufkommen des Themas Interkulturelle Kompetenz im Zusammenhang mit Strategie.[18] Möglicherweise könnte bis zu einem gewissen Grade eine Ausdifferenzierung einzelner Disziplinen und Themenbereiche o.ä. vom Umfang her eine gewisse Lösung bieten. Aber auch

---

[16] Pleiner, in: Peischel 2017, S. 31-39.
[17] S. Wulf-W. Lapins: Geopolitisiert Du noch – oder digitalisiert Du schon? Sowie Kurt Hermann: Lassen sich klassische Erkenntnisse der Kriegsführung auf Konflikte mit hybrider Bedrohung und Operationen im Cyber- und Informationsraum übertragen? In: Peischel 2017 a.a.O. S. 378ff sowie S. 362ff.
[18] S. Roman Schuh in: Peischel 2018 a.a.O. S. 301-329, wo er auch auf S. 323ff von Strategien zur Bewältigung von Problemen interkultureller Kommunikation spricht.

die Art der Systematisierung der Lerninhalte in der mind map stößt in anderer Weise an Grenzen der Lernbarkeit. Scheinbar klare und übersichtliche Verbindungslinien täuschen bezüglich der Lernziel- und Lerninhaltsfrage etwas vor, wo es möglicherweise gerade um offene, komplexe und kontingente Denkansätze gehen muss.

Ganz anders erlebt man weltweit, dass der Begriff Strategie derzeit eher von Wildwuchs als durch Klarheit bestimmt wird: Er ist in aller Munde und dabei meist weit von dem entfernt, was vor über 200 Jahren gemeint war, als der Begriff im Bereich von Kriegführung im Gegensatz, als Ergänzung oder als Abgrenzung zur Taktik Aufnahme fand. Pleiner hat daher auch ein gewisses Unbehagen, wenn es um das Thema Strategie geht.[19] Heute scheint es "in" zu sein, jeden „Plan" für irgendein kleines singuläres Vorhaben gleich als Strategie zu betiteln. Im merkwürdigen Kontrast dazu steht auch ein „wachsendes Strategiedefizit" in Gesellschaft, Politik und Wissenschaft bei gleichzeitiger „Strategiebedürftigkeit". Peischel hat den damals wie heute immer noch deutlichen Bedarf an langfristig-strategischem Denken, nicht nur im politisch-militärischen Bereich, festgestellt, wenn er sagt, dass Strategie als Forschungs- und Lehrfeld derzeit „untertheoretisiert" sei.[20] Das gilt für alle Lebensbereiche, wo es um Sichtweisen, Statements und Darstellungen mit Beratung sowie um praktisches Handeln in weitreichenden, langfristigen und (über-)lebenswichtigen Zukunftsfragen geht.

Im Verlauf der 2. Wiener Konferenz hat sich zudem das Spektrum dessen, was bei „Strategie" mitschwingt, unter der Hand zu einem Fünfklang entwickelt:

- als Gegenstand genereller Einordnung in die interdisziplinär agierende Wissenschaft – vielleicht mit dem von Peischel besonders betonten Anspruch einer speziellen Leitfunktion[21]
- als fachbezogene und ebenso multi- wie interdisziplinäre Forschung, wobei über die speziellen Disziplinen und deren Umfang noch nachzudenken ist[22]
- als darauf ausgerichtete wissenschaftliche Lehre

---

[19] Pleiner, Horst: Strategie neu denken. In: Peischel a.a.O. 2017, S. 31-41.
[20] Peischel in seinem Einführungsvortrag, in: Peischel a.a.O. 2017, S. 21.
[21] Peischel, in: Peischel a.a.O. 2018, S. 96-116.
[22] Pleiner spricht von sechs Anwendungsbereichen und damit auch Disziplinen: Kunst der Kriegführung, Staatskunst, Sicherheitspolitik, Wirtschaftspolitik, Betriebswirtschaft sowie Mathematik – s. ders. in Peischel a.a.O. 2017, S. 37f.

- als Führungspraxis im weiten Bereich der diversen Anwendungsfelder und dafür speziell
- als praxisorientierte Bildung und Lehre im tertiären und quartären Bereich für Führungskräfte.

Meist werden nur die beiden letzten Aspekte betrachtet – so auch im Militär. Die anderen drei Aspekte werden heute aber nicht mehr vernachlässigt werden können, seit das Thema Strategie in anderen gesellschaftlichen Handlungsfeldern und wissenschaftlichen Disziplinen auftaucht und zunehmend an Bedeutung gewinnt.

Strategie im Militärischen ist damit „nur noch" eine Besonderheit unter anderen, wenn auch mit einem Erfahrungsschatz des Be-Denkens und der Praxis über mehrere Jahrhunderte. Dies wird daher auf der Wiener Strategie-Konferenz in einer „militärisch-wissenschaftlichen" Disziplin „Polemologie"[23] gefasst. Darin soll das Besondere der militärisch-kriegerischen Zwecksetzung als Alleinstellungsmerkmal deutlich werden, auch wenn Krieg nicht mehr allein militärisch zu verstehen ist. Darin kommt zum Ausdruck, dass Strategie in den verschiedenen potentiellen Anwendungsfeldern von Feld zu Feld differenziert werden muss. Auch Kriegs-Strategie und politische Strategie sind sogar während eines Krieges und trotz mancher Übereinstimmungen im Denkakt deutlich voneinander zu unterscheiden.[24] Für deutsche Ohren ist der Begriff Polemologie ungewohnt; denn eine entsprechende militär-wissenschaftliche Disziplin und Lehrfach hat es bis heute nicht gegeben. Selbst militärfachliche Bereiche finden sich in den einzelnen Wissenschaftsdisziplinen eigentlich nicht. Damit sind interdisziplinäre Verbindungen und Zusammenarbeit auf wissenschaftlichem Niveau sowie mit den entsprechenden Anwendungsfeldern bisher nicht etabliert. Aber erst dadurch werden eine interdisziplinäre Zusammenschau sowie die Interaktion zwischen den verschiedenen Anwendungsfeldern mit je eigenen Handlungslogiken in der Praxis möglich.

---

[23] Peischel, in Peischel 2018, S. 96-116.
[24] Dies war deutlich bei der thematischen Gliederung der 1. Wiener Konferenz nach drei „Themenkörben"[24]:
1. Strategische Kommunikation; hierbei handelt es sich um eine hochschuldidaktische Ansage zur Bildung eines wissenschaftlichen Netzwerkes auf der Grundlage des Gedankenaustausches in speziellen Fachmedien, 2. der militärische Beitrag zum Strategischen Denken und 3. Grundprinzipien des politisch-strategischen Denkens. S. Peischel, in: Peischel 2017 a.a.O. S. 22ff.

Einen Versuch, die bisher separierten Wege von Wissenschaften und anderen Bereichen einerseits und Militär andererseits zu überwinden, gab es z.B. im Kosovo-Einsatz 1997, als Bärbel Boley beim Friedensprojekt „1000 Dächer" für Bosnien nahe der Brücke Sadba die Zusammenarbeit mit den Bundeswehrkräften suchte und erfolgreich für ihr Projekt nutzen konnte. Im Laufe der Afghanistaneinsätze in den letzten 10 Jahren wurde derartige Zusammenarbeit als neues strategisches Muster entwickelt, genannt: comprehensive approach. – Der Bedarf an interdisziplinär zusammengeführter Praxis auf Grundlage der offensichtlichen Übertragbarkeit von Strategie-Denke in andere gesellschaftliche Bereiche ist also groß, aber auch ungewohnt und für manchen immer noch fremd. Dies zeigt sich z.B. beim politisch-militärischen comprehensive approach, bei dem es um die Zusammenführung von Denk-Logiken sehr verschiedener Partner z.B. in der Außenpolitik, im Entwicklungsministerium, im Rechtsbereich wie auch im Militär geht. Viele praktische bis ideologische Missverständnisses tun sich da auf; sie aufzuarbeiten und Gegensätze dabei fruchtbar zu machen, ist das Gebot der Stunde. Dass dies nicht auf Anhieb gelang, liegt sicher nicht am generellen strategischen Ansatz des comprehensive approach, sondern eher daran, dass die Schnittstellen-Problematik nun erstmal gelernt und erprobt werden muss.[25] Aus Goethes Aphorismen wurde der alten Führungsvorschrift des Heeres, der TF von 1962, vorangestellt: „Wer klare Begriffe hat, kann befehlen." So einfach, so klar und dennoch so schwer ist es um den Strategie-Bereich bestellt.

Was bedeutet dies? Nach Peischel könnte die Themenstellung langfristiger Überlebenssicherheit auf der Grundlage von Strategie-Denken eine wissenschaftliche Leitfunktion für das 21. Jahrhundert einnehmen. Dabei stellt sich die Frage nach Verfahren/Verhalten, bei denen die Wahl der falschen Alternative sogar die eigene physische Vernichtung bedeuten könnte. Dass dies nicht von alleine so wird und auf größeren Widerstand anderer Disziplinen stößt und ob dazu die übliche militär-wissenschaftliche Logik ausreicht, wird nicht nur bei heutigen Einsätzen von Militär sichtbar. Aber bei Katastropheneinsätzen von Eschede bis an der Oder war die Nutzbarkeit von Groß-Führung mit Hilfe von entsprechender Infrastruktur und Gerätschaft sichtbar und wurde gerne angenommen. – Der Unterschied zwischen militärischen und zivilen Führungslehren und Logiken macht daher deutlich, dass militärstrategisches Den-

---

[25] Zur Schnittstellenproblematik in Afghanistan s. Hartmann, Uwe (Hrsg.): Lernen von Afghanistan. Innovative Mittel und Wege für Auslandseinsätze. Miles-Verlag (Berlin) 2015.

ken trotz und gerade bei langfristiger staatlicher Überlebenssicherheit immer auch eine moderierende Rolle haben muss. – Das wird wohl erst ein wesentliches Ergebnis neuer interdisziplinärer Strategie-Denke sein.

Ein anderer Weg zum Verständnis dessen, um was es sich bei ‚Strategie' handelt, wird über die Definition möglich. – Der Unterschied der Definitionsarten führt zu sehr verschiedenen inhaltlichen Aussagen. Real- und Nominaldefinitionen z.B. zeichnen – der Aufgabe und des Wortsinns von definiere entsprechend – deutliche und dabei auch häufig „zu enge" Grenzen des Definierten und bleiben eher formal bestimmt. Das muss nicht falsch sein; ob das dem zu definierenden Gegenstand angemessen ist, bleibt zu prüfen.

Prominent ist der Definitionsstreit zu Strategie zwischen Bülow und Clausewitz. Während Bülow sehr formal die Kanonenschuss-Weite als Kriterium für die Definition zur Unterscheidung von Strategie und Taktik wählte, entwickelte Clausewitz eine funktionale Definition von Strategie, in der er gleichzeitig Strategie von Taktik abgrenzte: *„Die Taktik [ist] die Lehre vom Gebrauch der Streitkräfte im Gefecht die Strategie die Lehre vom Gebrauch der Gefechte zum Zweck des Krieges."*[26] Nicht nur dass in dieser Definition expressis verbis auch ein pädagogischer Ansatz enthalten ist, entscheidend ist der funktionale Bezug (sowohl für Strategie wie für Taktik) auf den Zweck. Dies öffnet den Blick für ein potentiell unbegrenztes Handlungsspektrum bei gleichzeitigem Bezug und Orientierung auf Zukunft.

2.2 Der Lern-Gegenstand Strategie: In Strategie-Denken-Handeln

Im Glossar ihres Buches zur Politischen Strategie definieren Raschke und Tils: *„Strategien sind erfolgsorientierte Konstrukte, die auf situationsgreifenden Ziel-Mittel-Umwelt-Kalkulationen beruhen. Erfolgsorientierte Konstrukte werden hier als auf wirksame Zielverfolgung gerichtete, praxissteuernde Handlungsanleitungen verstanden. Ziel-Mittel-Umwelt-Kalkulationen bezeichnen auf gewünschte Zustände (Ziele) gerichtete, systematisierende und berechnende Denkoperationen (Kalkulationen) für zielführende Handlungsmöglichkeiten (Mittel), mit Blick auf den situationsübergreifend relevanten Kontext (Umwelt)."*[27] Diese allgemein-politische und nicht nur spezifisch-militärische Definition hat mehrere Besonderheiten: Sie spricht an entscheidenden Stellen in Pluralformulieren, das beginnt bereits mit dem defininendum „Strategien". Mehrere der

---

[26] Clausewitz: Hinterlassenes Werk, II. Buch, Kapi. 1 a.a.O. S. 271.
[27] Raschke u.a. a.a.O. S. 542.

benutzten Termini sind zukunftsoffen; selbst das zunächst eher geschlossen erscheinende zentrale Wort ‚Kalkulationen' wird dann deutlich offen erklärt als „auf gewünschte Zustände (Ziele) gerichtete, systematisierende und berechnende *Denkoperationen (Kalkulationen) für zielführende Handlungsmöglichkeiten (Mittel)*". Im Hinweis auf „Denkoperationen"[28] finden wir einen Ansatz für die weiteren pädagogischen Fragen, was zu lernen ist, nämlich das ‚Denken in Strategie'.

Von der 1. Wiener Konferenz stammt, wie bereits angesprochen, die gemeinsame Definition, die denselben Ansatz verfolgt: *Strategie soll „für eine Fähigkeitskategorie stehen, die einerseits eher dem ‚Denken' als dem ‚Handeln' zuzuordnen ist, andererseits eher der ‚Zielfindung' als der ‚Planung und Umsetzung', die ‚langfristig proaktiv/prophylaktisch' anstatt ‚reaktiv/symptomatisch' ausgerichtet ist, die durch Fokussierung auf Kreativität und visionäre Ansätze vom alternativlosen Zwang zur konfrontativen Zielerreichung befreit wird und die, bezogen auf die ‚Ends – Ways – Means'-Metapher [einschließlich Risks], klar als auf den Bereich der ‚Ends' abzielt."*[29] Diese Definition ist zugleich deutlich pädagogisch orientiert, wie aus dem Begriff „Fähigkeitskategorie" zu ersehen ist.

„In Strategie denken können" hat Clausewitz als ein „hervorbringendes Können" und Strategie als „*Lehre zum Gebrauch*" bezeichnet. Als Quintessenz seiner „Strategischen Kritik des Feldzugs von 1814 in Frankreich" sagte er daher auch: „Nicht was wir gedacht haben halten wir für einen Verdienst um die Theorie, sondern die Art, w*ie* wir es gedacht haben."[30] Und er führte den Gedanken weiter: „… daß hier wie in allen praktischen Dingen, die Theorie mehr da ist, den praktischen Mann zu bilden, sein Urtheil zu erziehen, als ihm in der Ausübung seines Geschäfts unmittelbar beizustehen." – Diese Sentenz – so bekannt sie auch ist – bleibt meist sibyllinisch: „Was wir gedacht haben" sind die sogenannten facts, die Clausewitz in der „Strategischen Kritik" und den historischen Darstellungen des Krieges herausgearbeitet hatte. Dies macht jedoch noch nicht „Strategie" aus; denn Strategie ist eine „*Lehre zum Gebrauch*".[31]

---

[28] Interessant ist, dass Raschke u.a. a.a.O. zur Entwicklung der Grundlagen unter dem Aspekt „Politische Praxis" mit dem Thema „Strategische Denkweise und Praxis" beginnt und dann im Glossar u.a. auch den Begriff „Strategische Denkweise" definiert sowie bei anderen Begriffen wiederholt von „Denkoperationen" spricht.
[29] Peischel, in: Peischel 2017, S. 143.
[30] Clausewitz, Carl von: Hinterlassene Werke [sic!] Band VII, Berlin 1835, S. 357-470; hier: S. 361 – Hervorhebung im Original.
[31] Ders.: Hinterlassenes Werk a.a.O., Buch II, Kapitel 1.

Dabei geht es um das „Wie des Denkens", mit dem Clausewitz tiefgründig-systematisch die facts und die Prinzipien der Betrachtungen verbunden hat und zu seinen kriegstheoretischen Bewertungen und Schlussfolgerungen gekommen ist. Dazu sagte er einleitend: „Diese Art die Sache in diejenigen Formen des Denkens zu bringen die in den strengen Wissenschaften herrschen, ist hauptsächlich der Art von Räsonnements entgegengesetzt die in der Theorie des Krieges allzugewöhnlich ist, daß der Autor, ohne sich um den Anfang der ganzen Vorstellungweise zu bekümmern, aus irgend einem ihm besonders angenehmen Standpunkte heraus rückwärts und vorwärts demonstriert, das Nächste für das Wichtigste hält und sie eine Art von Panorama von dem Gegenstand entwirft, das weder Anfang noch Ende hat und in welchem Pro und Contra, Wenn und Aber, wie Wirbelwinde ihre Strudel in der Luft kräuselnd ziehen."

Daraus ergibt sich, dass Strategie für Clausewitz ein „praktisches Handeln" ist, eine Methode für das Denken im Bereich von Strategie nach streng wissenschaftlicher Hermeneutik.[32] Kurz gesagt: Es geht im Wesentlichen um Strategie-Denk-Fertigkeiten und -fähigkeiten.

Darin steckt das Problem der Taxonomien: Wie ist Wissen in praktisches Denken-Verhalten umzusetzen? Es geht um eine eigene, sehr gehobene Art des Denkens, die taxonomisch gesprochen kognitives Wissen und psychomotorische Fertigkeiten sowie affektive Verhaltensweisen auf einer Ebene vereint. Sie liegt deutlich über dem normalen curricularen Niveau der Taxonomien. Ich spreche daher aus lerntheoretischer Sicht vom Lernziel Strategie-Denken-Handeln, oder kurz: von Denken-Handeln. Daran müssen sich die Fragen nach den konkreten Lerngegenständen von Strategie orientieren. Das bedeutet, dass die Fragen anders gestellt werden müssen, weil nach dem herkömmlichen taxonomischen Ansatz meist nur nach Wissensgegenständen und getrennt davon nach handwerklichen Fertigkeiten im weiten Sinne gefragt wird und die Verhaltensweisen weitgehend außer Acht gelassen werden.

Peischel spricht von einem prinzipiell neuen Bedarfsmoment, bestehend aus prinzipiell neuen Hindernissen, Planungshorizonten und logistischen Reichweiten.[33] Clausewitz sprach dies in der Metapher für Krieg als wahres Chamäleon an, das ständig veränderlich und zugleich eine wunderliche Dreifaltigkeit in

---

[32] S. Uwe Hartmann: Carl von Clausewitz. Erkenntnis, Bildung, Generalstabsausbildung; München 1998.
[33] Peischel, in: Peischel a.a.O. 2017, S. 140ff.

Bezug auf die in ihm herrschenden Tendenzen ist.[34] D.h. Krieg wird durch komplexe und kontingente Zusammenhänge unterschiedlichster Faktoren bestimmt und kann daher auch an keiner Stelle und zu keiner Zeit ein-eindeutig bzw. „gradlinig" erschlossen oder definiert werden. Anders gesagt: Strategie-Denken-Handeln wird von besonderen und ständig sich ausweitenden Herausforderungen bestimmt, besonders[35]:

- vom Umfang/Globalisierung des „*Feldes*", dessen hochgradiger Komplexität und jeder Art von Vernetzung sowie von Diversifizierung/Differenzierungen; zutreffender ausgedrückt: *als System* – im Sinne der Luhmannschen Theorie funktionaler autopoietischer Systeme – zu denken und zu begreifen;
- von den letztlich ungeordneten und nicht ableitbaren *Interessenlagen* sowie des „guten Willens" der Akteure, allgemein wie speziell in internationalen Organisationen und Staaten;
- vom politischen, ökonomischen, technologischen, rechtlichen und allgemein gesellschaftlichen *Zweck* und damit letztlich vom Frieden her, von beiderseitigem/gemeinsamen Sicherheitsbedürfnis und damit auch von Abschreckung sowie ggf. Friedenswiederherstellung selbst auf niedriger Gewalt-Schwelle (nicht aber nur von nationalen Interessen und Intensitäten: z.B. Gewinn – Verlust);
- von der *Permanenz*, dem – nicht nur „langfristigen", sondern – unbegrenzten Zeitraum, ohne Stillstand, d.h. als ständiges „Handeln", auch im „tiefsten Frieden" ((vor – während – und nach dem Akt/der Krise/Krieg /(Haupt-)Schlacht, aber auch jeder anderen Art politisch-„kriegerischen" Handelns)) und verlangt langfristiges, präventives und offenes (Voraus-) Denken;
- vom Konflikt von Kräften, die sich selbst überlassen sind und keinen anderen Gesetzen als ihren inneren und der Eigen-*Dynamik* folgen und damit zum „Äußersten"/ zur Entgrenzung/ zur Eskalation drängen; und damit zugleich von den sogenannten Friktionen: der Bewegung im erschwerenden Mittel, der Ungewissheit und der Wahrscheinlichkeit sowie von den

---

[34] Clausewitz, Hinterlassenes Werk I. Buch, Kap. 1 Ziffer 28, a.a.O. S. 212f.
[35] Weitere Herausforderungen wie z.B. Langfristigkeit, Ausweitung des Kriegsbildes global und in den Cybor-Raum sowie Interkulturelle Kompetenz haben wir bereits gestreift.

(Aus-)Wirkungen, die auch das Risiko von Misserfolgen und Rückschlägen ständig mit ins Kalkül aufnehmen;
- von den existenzbedrohenden *Gefahren* (Risks) und langfristiger Überlebenssicherheit, die selbst über „mittelfristige Konsequenzen"[36] hinausgehen; dabei stellt sich ständig die Frage nach falschen Alternativen, die bis hin zur eigenen physische Vernichtung führen können;
- vom prinzipiell *unbegrenzbaren* Einsatz von *Mitteln und Anstrengungen* im mitwirkenden Raum;
- vom ständigen *Wandel* von Politik und deren Mittel auch other than war und besonders auch des Gegenstandes Krieg /des Kriegs-Bildes und dessen Verständnisses, Anwendung und Nutzung;
- von der *Interaktion* als Akt des menschlichen Verkehrs, d.h. vom *dialogischen Rational im dialektischen und polaren Verhältnis;* es geht um wechselwirkendes Gegenhandeln, um den Stoß zweier lebendiger Kräfte gegeneinander.

Dies sind weder die Lern-Gegenstände, noch die Lernziele noch die Lern-Inhalte von Strategie, sondern deren Herausforderungen bzw. Bedingungen. In ihnen zu denken-handeln, ist die eigentliche Lern-Aufgabe.

Es geht also um politisch-psychologisch subtilere Formen des Denkens und Handelns mit stark eingeschränkter rationaler Steuerbarkeit. Monokausale Erklärungsmodelle und Aktionspläne sowie gradlinige Ableitungen und Planbarkeit sind mit Strategie-Denken-Handeln nicht vereinbar. Clausewitz führte deshalb den „Kriegerischen" Genius und den Takt des Urteils als wesentliche Kategorien in sein Bild vom Kriege ein. Damit wären wir scheinbar wieder beim Anfang der Überlegungen zum Lerngegenstand Strategie-Denken-Handeln; aber: taxonomisch gesprochen sind die Herausforderungen bzw. Bedingungen „nur" die Lernmittel. An ihnen muss das Denken-Handeln ansetzen, sich daran orientieren und ausrichten und sich dabei im Denken, Verstehen und Kommunizieren entsprechend offen halten. Genau diese offene Verhaltensweise für die unfassbaren Formen des strategischen Feldes muss gelernt werden. D.h. das Lernziel Strategie-Denken-Handeln hat taxonomisch gesehen eine andere/höhere Abstraktionsebene als übliche Lernziele[37]: Es geht

---

[36] Schueftan in: Peischel 2018 a.a.O. S. 191.
[37] Birk, in: Peischel 2018 a.a.O. S. 396ff spricht daher von einer Perspektivenverschiebung beim strategischen Lernen.

um Muster, abstrakte Zusammenhänge, Schemata, Schablonen, Geschichten bzw. Narrative. Maier spricht daher von der „verborgenen Grammatik der Strategie" und der „Logik des Irrationalen".[38] So zu denken-handeln, fasst Birk seine Ausführungen zusammen: „Wichtig hierfür erscheint die Einsicht, vergangene ‚richtige' und ‚falsche' strategische Theorien und Gewissheiten geistig durch eigene Anstrengungen mit den veränderten Rahmenbedingungen zu verknüpfen. Hierzu ist es notwendig, auf Basis des eigenen (gefestigten) Selbstbehauptungswillens, ein politisches und gesellschaftliches ‚Staatsziel' für die Zukunft des eigenen Staates resp. der eigenen Gesellschaft zu definieren – und gewissermaßen retrospektiv! – über die Wege nachzudenken, die der Zielerreichung dienen (können). Gleichzeitig gilt es sich (selbst) zu vergewissern, inwiefern die Bereitschaft – unter gegebenen Umständen – vorhanden ist, zum Einsatz sämtlichen strategischen Instrumentariums zu schreiten."[39]

2.3 Lerninhalte des strategischen Denken-Handelns taxonomisch differenzieren

Eine Besonderheit für Strategie-Lernen besteht nun darin, dass die Lerninhalte, wie auch die Lernziele von Strategie-Denken-Handeln, wie bereits gesagt, auf Grund des hohen taxonomischen Niveaus der vorher erworbenen Kenntnisse und Fertigkeiten nur als komplexe Einheit von integrierten Fähigkeiten bzw. Schlüsselqualifikationen zu „haben" sind. Das bedeutet: „Denken-Handeln" ist als eine geistige Fertigkeit (psychomotorischer Art), verknüpft mit dem kognitiven Bereich des Wissens und dem affektiven in Form der Verhaltensweisen der Erwartbarkeit für das Denken-Handeln als Lerninhalte zu begreifen. Sie so zu benennen und zu beschreiben und dann aber auch graduell im Sinne des Schwierigkeitsgrades und des Lernfortschrittes zu differenzieren, darin liegt die Aufgabe, die Herausforderung schlechthin für den Didaktiker bei der Lehre-Planung und Organisation an Akademien sowie in den Führungsstäben.

Pankratz, Rotheneder und Wimmer bieten einen dreistufigen Aufbau der Lehre für Strategie an:

1. Vermittlung von Kenntnissen/ Grundsätzen der Strategie sowie von zentralen Theorien bzw. Denkern. – Das ist sicher nicht sinnloses Wissen z.B. um einen Eindruck oder Überblick davon zu bekommen, was mit Strategie ge-

---

[38] Maier, Gunter: Ist Strategie Lehrbar? Praxistaugliche Lehrkonzepte jenseits der Hochschule, in: ÖMZ 3/2018.
[39] Birk a.a.O. S. 407.

meint ist; die Ausbildung im Fach „Strategie" befasst sich meist genau nur mit diesen Inhalten.

2. Vermittlung von Fertigkeiten (Interpretation der Denker, Dokumente und sozialen Phänomene mit Hilfe von Strategischen Kategorien). – Dabei geht es um ein Mehr: die Fähigkeit der Interpretation im Umgang mit Kategorien soll gelernt werden; hier kann ein Einstieg in das Strategie-Denken-Handeln möglich werden, wenn dabei der Denkprozess selber nach Denkkategorien geübt wird; die „strategischen Kategorien" sind dabei aber „nur" die Lern-Mittel.

3. Nutzen von Fähigkeiten, größtenteils selbständiger Kenntnisse u.ä. Fertigkeiten. – Ausgangspunkt ist demnach, dass die erforderlichen Kenntnisse, Fertigkeiten und Fähigkeiten bereits größtenteils vorhanden sind; wie das geschehen sein soll, wird nicht gesagt; aber genau um diese Fähigkeiten u.ä. sollte es ja gehen. Verständlich wird dieser Punkt jedoch, wenn dahinter sich ein Ansatz zu den Lern-Methoden als learning by doing verbirgt. An anderer Stelle sprechen die Autoren auch davon: „Kompetenz kann nicht über Wissensaneignung gelernt werden, sondern … (nur) durch unmittelbare Anwendung."[40] Damit betreten sie den Bereich der Lern-Methoden, über den noch zu sprechen sein wird.

Ein anderer Ansatz findet sich in Peischels Beitrag über „Grundsätze allgemein strategischen Denkens",[41] in dem er ein „Strategisches Entscheidungs- und Führungsmodell" der drei Trennschnitte[42] präsentiert: Zweckfindung versus Planung; operationale Kreativität versus kritisch analytisches Denkvermögen; Theorie versus Empirie. – An diesem Modell der drei Trennschnitte kann deutlich werden, warum Strategie-Lernen bisher immer wieder an Grenzen gestoßen ist: Es geht, wie es in einer Zwischenüberschrift heißt, um die „Erhöhung der strategischen Führungsleistung durch Teilung des Entscheidungsverfahrens nach ‚Denkqualitäten'." Dieses Modell lässt sich mit dem taxonomischen Ansatz einer hochgradigen und aus den drei Bereichen verbundenen Fähigkeit verbinden. Dabei können die von Clausewitz abstrahierten Kategorien des Genies und dessen coup d'oeil, des Zufalls und der Friktionen, dem

---

[40] Thomas Pankratz, Andreas Rotheneder und Jürgen Wimmer: Strategielehre und -forschung im Österreichischen Bundesheer; in: Peischel 2018 a.a.O. S. 157-171, hier: S. 158.
[41] Peischel, in: Peischel 2017, S. 138-170.
[42] Dass. S. 146-164.

gelegentlich immer noch so bezeichneten Rest des Nicht-Lernbaren[43] von Strategie, mit ins Lernbare einfließen.

Und Maier weist darauf hin, dass Denken-Handeln in Strategie in einem nicht mehr rationalen, sondern irrationalen Bereich geschieht, bei dem es um informelles Lernen oder informelle Bildung geht. Im menschlichen Geist ließe sich jedes Prinzip mit einer Unzulänglichkeit verbinden. In Krisen werde aber die rationale Logik in den Hintergrund gedrängt. Und das bedeutet, dass Strategie-Lehre aus zwei Hauptkomponenten besteht, dem entwicklungsgeschichtlich neueren „rational-theoretischen Wissen und dem ursprünglichen strategischen Praxiswissen, das sich mit Rationalität wie auch Irrationalität gleichermaßen beschäftigt."[44]

Margitay schließlich bietet einen Verbindungsansatz für die drei Taxonomie-Bereiche an: „Eine fundierte strategische Entscheidung ist jedenfalls ein sehr komplexes Verfahren, das immer explizites und implizites Wissen – im Sinne von ‚trainierter Intuition' – voraussetzt." Die Perzeption und Entscheidungsfindung läuft dann nach verschiedenen Modellen zum Erkennen von Schemata, Mustern und Schablonen ab, zwischen heuristisch/intuitiv/implizit bzw. rational/analytisch/explizit. „Man ist sich in diesem Fall des Resultats bewusst, nicht jedoch des Weges, wie dieses Ziel erreicht wurde."[45] Dieses „Resultat" mag den exakt Denkenden nicht befriedigen. Die Unterscheidung zwischen explizitem Wissen (kognitiv) und implizitem Wissen als „trainierte Intuition" ermöglicht nun aber den weiteren Schritt der Verknüpfung hin zu den dafür geeigneten Lernmethoden.

Die drei letzten Ansätze lassen sich im Rahmen der Taxonomien vereinen. Damit deutet sich an, wie und vor allem welche hochgradigen Fähigkeiten als Lerninhalte für das Denken-Handeln zu formulieren sind. Es geht um „Logik des Irrationalen" (kognitiv), um Denk- und Entscheidungsverfahren nach Denkqualitäten für einen (und im) irrationalen Bereich (psychomotorisch),

---

[43] Z.B. Robert Schmidle: Kann Strategie gelernt werden? In: Peischel a.a.O. 2018, S. 117-125. Schmidle spricht von einem „irrationalen Rest", der nicht lernbar sei. Die etwa 90% des Rationalen in Strategie wären demnach zwar lehr- und lernbar; aber die vermutlich entscheidenden letzten 10% blieben dem Genie vorbehalten, mehr oder weniger angeboren bzw. als glückhafte Gabe Gottes.

[44] Gunter Maier a.a.O. - Sein Ansatz der „Lehrbarkeit" greift dabei m.E. zu kurz. Entscheidend ist das Lernen – kurz gesagt: Das Lehren besteht dann „nur noch" aus der didaktischen Bereitstellung der Lern-Möglichkeiten sowie der Reflexion in Form der Evaluation.

[45] Tihamer Margitay, in: Peischel 2018 a.a.O. S. 345–346.

sowie um trainierte Intuition (affektiv). Dazu kommt, was bereits oben gesagt war, dass der Lerngegenstand eine „verborgene Grammatik der Strategie" in Form von Mustern, abstrakten Zusammenhängen, Schemata, Schablonen, Geschichten bzw. Narrativen sei. Was das für die Bestimmung der Lern-Inhalte im einzelnen und für die Differenzierung nach Schwierigkeitsgrad und Lernfortschritt besagt, dem wird auch unter dem Aspekt der Lernmethoden weiter nachzugehen sein.

3. Wie ist Strategie-Denken-Handeln zu lernen möglich? Die Frage nach den Lernmethoden

Damit stellt sich die Frage nach den Taxonomien und didaktischen Komponenten für das Lernen von Denken-Handeln in Strategie: Wie ist Lernen von Denken-Handeln in Strategie möglich? Damit verbunden sind viele weitere Fragen: z.B. Können Grundsätze und -prinzipien strategischen Denkens als Lernziele oder -inhalte aus der Militärischen Führungslehre abgeleitet werden? Ist das Methodenset für militärische Planungs-, Operations- und Entscheidungslehre auf Strategie-Lernen übertragbar? Kann der „Schüler" bei dieser Art Lernen sich überhaupt noch als „klassisch" Lernender verstehen? Wie steht es in diesem als Bildung bezeichneten Lern-Bereich um die Beschreibung und Einschätzung der Lernleistungen? Können die Lernleisten nach dem üblichen Muster der Taxonomien für kognitives, affektives und psychomotorisches Lernen evaluiert werden und wenn Ja, wie?

Denken-Handeln des Einzelnen findet in lernender Gemeinschaft statt.[46] Das war bereits 1956/57 pädagogisches Grundprinzip im Rahmen der Konzeption Innere Führung.[47] Peischel stellt dies nun auch für Strategie-Denken in seinem Vorwort und in der Einführung zur 1. Wiener Konferenz das Mehrfach-Verständnis von Kommunikation sowohl für Praxis und Theorie der Strategie wie auch für deren Lehre sehr treffend heraus: Es geht um Lernen – und ent-

---

[46] Wie bereits gesagt, besteht die Aufgabe der Lehre im Bereich des Denken-Handelns (nur) in einer reflexiven didaktischen Bereitstellung der Lernziele, Lerninhalte und Lernmittel, an denen der Strategie-Schüler zu denken sich übt, sowie der didaktischen Reflexion und Evaluation. Weil Lernen die entscheidende und bisher weitgehend verdrängte pädagogische Leistung in Strategie ist, soll das Lehren hier nur indirekt erörtert werden.
[47] Bundesministerium für Verteidigung, Führungsstab der Bundeswehr I 6 (Hrsg.): Handbuch Innere Führung. Hilfen zur Klärung der Begriffe. [Bonn] 1957, S. 125-140: Gruppenselbstarbeit [sic!]: Vertrauen schenken.

sprechend um Lehre – in reflexiver didaktischer Form. Sie stellt den Lernenden – und entsprechend auch den Lehrenden – vor eine vorher kaum erfahrene Art des „Selbst"-Lernens. Dies ist zwar im wissenschaftlichen Bereich nicht ungewöhnlich. Für den Bereich politisch-militärischen Strategie-Denken-Handelns tut sich damit aber eine Tür neu auf.

Denken-Handeln in Strategie ist an sich keine Geheimsache – nur in seinen Resultaten; sie ist nicht Sache des Einzel-Fachmanns, des Strategen oder „Feldherrn"; sie ist auch nicht dem Genie vorbehalten. Wenn in Strategie Denken-Handeln gelernt werden soll, geht es um eine lernende Community, die interdisziplinär, dem hermeneutisch-dialektischen Ansatz verpflichtet, kontrovers und mit perspektivischen Sichten dem Gegenüber wie dem Leser die Bewertung der dargelegten Argumentationslinien selbst überlässt und damit ihm ein tieferes Eindringen in die Problematik ermöglicht. Das Lernen ist eine wissenschaftsorientierte Arbeitsweise, die des Austausches in Konferenzen, durch Publikationsmittel auch im Internet, wie auch in kleineren interdisziplinär zusammengesetzten Zirkeln bedarf – um nicht gleich von *think tank* oder Denkfabrik zu sprechen.[48]

Damit geht es im Sinne der Lernmethoden um geistig wissenschaftlich-theoretisches miteinander Suchen und Ringen auf verschiedenen Ebenen der Praxis durch Kritik und Fragen zu Ableitungen für die Gegenwart und Zukunft. Es geht um ein bildungsorientiertes akademisches Lernen im tertiären und quartären Bereich.

Strategie wird damit praktisch zum Forschungsgegenstand. Und die Theoriebildung kann am erfahrenen historischen Objekt gelernt werden, an der präsenten Strategie-Legende sowie allgemein an der Entwicklung von sicherheitspolitisch und militärstrategisch relevanten Forschungsergebnissen wie auch Prognosen, mit denen laufende Entscheidungen in Politik, Militär und Unternehmen vorbereitet bzw. weiter geprüft werden.

---

[48] Wie notwendig dieses Grundverständnis aus der Wiener Konferenz ist, machen deren Referenten wie z.B. Hew Strachan in seinen Beiträgen „Strategie und Philosophie, Bildung als Strategische Ressource" und den „Lehren aus der ‚Goldenen Vergangenheit'" ebenso deutlich wie Thomas Pankratz in seiner Bestandsaufnahme und „Überlegungen zum Begriff ‚Strategische Kultur'" oder Dan Schuftan in seinen historisch unterlegten Ausführungen zur „Kunst des Strategischen Denkens". In Peischel 2018 a.a.O.

Dem Pädagogen fallen dazu schnell einige Methoden ein[49] wie:
- informelles Lernen als berufsbegleitende Sozialisation und training on the job
- Lernen per Workshop
- Planspielmethode, strategic gaming
- Austausch als wissensgenerierende Akteure auf Plattformen wie Konferenzen, Zeitschriften oder *think tanks*
- Selbststudium durch sich selbst Üben, selbst-kritisch sich Beobachten, sich selbst Evaluieren sowie sich Beratung Einholen.

Sie sind hier versuchsweise gestuft in eine taxonomische Reihung nach dem Erfolgs- und Schwierigkeitsgrad gebracht. Ich fasse sie zu drei generellen Lernmethoden zusammen. Sie basieren darauf, dass der Lernende vorrangig sich selbst auf dem hohen Niveau lernend bewegt und die Lehrorganisation didaktisch die dafür nötigen Voraussetzungen bereitstellt sowie die Evaluation begleitend ermöglicht:

3.1 Kreatives Selbst-Lernen/-Erziehung/-Studium

Beim Selbststudium geht es vorrangig um das „kreative Selbst-" – im Unterschied zur 1. Stufe des Vorschlags von Pankratz u.a. Denn darin steckt bereits ein wesentlicher Teil der Umsetzung des Wissens in eigene Denkpraxis. Das Selbststudium wird – und darauf ist viel Wert zu legen – durch eingesetzte „Studienbegleiter" z.B. durch Ziel- und inhaltliche Vorgaben, durch Lernzielvereinbarung und durch Beratung (mentoring) angeleitet. Es wird aber auch im Gedankenaustausch mit anderen Studierenden mit oder ohne „Studienbegleiter" in schriftlicher und mündlicher Form wirkmächtig. Gelegentlich können „schulische" Angebote (Seminare, Fernstudium u. ä.) dazu beitragen.
Die zu bearbeitenden Themen[50] sind hier rein kognitiv, können aber auch Affektives enthalten:

---

[49] S.a.o. die 3. Stufe im Ansatz für die Lehre von Pankratz u.a.
[50] Trotz Clausewitz' Verdikt gegen Vielwisserei eines Feldherren (Vom Kriege II. Buch, Kap. 2) sei hier der Hinweis auf den vorausgegangenen Erwerb von wohl notwendigem Wissen und Grundkenntnissen getan – weil das Feld des Politisch-Militärischen heute wesentlich weiter und umfangreicher ist. Eine Art verbindlicher Wissenskanon ist damit nicht gemeint.

- Mit der eigenen ursprünglichen Berufskompetenz weitere Erfahrungen sammeln und sich auf dem Laufenden halten,
- Grundkenntnisse neuer (Waffen-)Technik z.B. Drohnen, Cybor erwerben,
- neue Kriegsbilder (z.b. Neue Kriege, Hybrider Krieg) aufnehmen und durchdenken,
- neue politische Instrumente d.h. auch andere (Aufgaben-)Bereiche für Streitkräfte (*other than war*) aufnehmen und weiter durchdenken,
- im Sinne des „comprehensive approach": Kenntnisse in/von anderen strategischen Feldern und deren Fach-Logiken (z.B. andere Politik-Ressorts/ Gewerbe/ Lebensbereiche) erwerben,
- allgemein Methodenvielfalt (z.B. philologisch-hermeneutisch/dialektisch-analytisch) entdecken, verstehen und mit der eigenen (hier: Militär-) Strategie-Logik verbinden,
- Blicke über den Zaun tun: Weiterbildung allgemein auch über das Fachliche hinaus (z.B. Chaostheorie, Theorien des Gerüchts, Schwarm-Intelligenz oder *smart mobs*) und auf Strategie übertragen,
- Literatur der neueren Kriegsgeschichte und Strategien verarbeiten,
- Entwicklungstendenzen in den relevanten Lebensbereichen vorauszuspüren.

3.2 Berufliche/Berufsbegleitende Sozialisation nutzen

In der Sozialisation kann nur das gelernt werden, was der mehr oder weniger zufällige Alltag bietet. Das Berufs-Umfeld bietet vielfältige Lern-Feld-Chancen für Sozialisation zur Denk- und Handlungspraxis in Strategie-Denke. Sie zu erkennen und für die Weiterbildung gezielt zu nutzen, ist z.T. Aufgabe des „Studierenden" selbst. Hier können bereits alle drei taxonomischen Bereiche zusammenkommen.

Für dieses „Mehr" ist aber nicht nur der Lernende „selbst-verantwortlich". Solche Chancen bewusst zu bieten und dazu zu ermuntern, ist auch vorrangig Aufgabe der unmittelbaren Vorgesetzten bis hin zur Personalführung – ein weites Feld, das nur in begrenztem Maße Beachtung findet, nicht nur durch Versetzung auf einen geeigneten „Strategie-nahen" Dienstposten ggf. mit Teilnahme an entsprechenden Führungsübungen, sondern auch durch Zielverein-

barungen, Aufgabenbeschreibungen und -auswertung u.a. in Beurteilungsgesprächen, die z.B. darauf abzielen:
- Politische Verantwortung begreifen und tragen,
- Strategieerfahrungen sammeln: Teilnahme an Übungen und Szenarien mit Strategie-Anteilen,
- Interdependenz der Lebensgebiete erfahren und ins Strategie-Handeln übernehmen,
- Sich an den Umfang und an strategische Komplexität für eigenes Denken und Handeln gewöhnen, Komplexität etc. zuzulassen und ständig weiter mitzutragen (statt nach Vereinfachungen und verkürzenden Projekten und linearen Planungen zu suchen),
- Bündnispartner (Gesellschaft und Kultur) und deren Bündnis-Strategien kennen, verstehen und in die eigenen strategischen Gedanken einordnen können.

3.3 Strategie als „Akademische Forschung" (als Selbst-Erfahrung) betreiben

Die forschende Selbsterfahrung verbindet alle drei Taxonomiebereiche auf sehr hohem Realisations-Niveau. Das bedeutet aber nicht, dass dies nur hohen und höchsten Dienstgraden und Amtsträgern vorbehalten ist. Es verbindet alle drei Taxonomie-Bereiche auf der hohen Ebene von Fähigkeiten und Schlüsselqualifikationen.

Strategie-Denken-Handeln ist wie post-graduated akademisch-forschendes Handeln, das unter Leitung sowie Selbstbeobachtung und Austausch kontinuierlich abläuft. Dieser beobachtete Austausch auf den verschiedenen Plattformen auch im Internet ist seitens des „Lehrers" in Person, als Organisation, durch Forschungszentren sowie durch Foren des Informations- und Wissensmanagement zu ermöglichen und zu garantieren.

Dabei geht es zum einen um den „Gesamtüberblick aller Verhältnisse". Methodisch bedeutet das freie methodische Gedankenarbeit an strategischen Themen/Aufgaben; sie muss zugelassen, gefordert sowie in jeder Form des Feedback im dauernden und begleiteten akademischen Diskurs mit anderen in der Community der an Strategie-Entwicklung Beschäftigten/Studierenden praktisch interdisziplinär diskutiert und disputiert werden (nicht als einmalig endgültig festgeschriebener Standardablauf).

Zum anderen geht es um die Entwicklung von Denk-Behandlungs-Systematiken – um philosophische Theoreme/Grundsätze –, die dem konkreten komplexen Gegenstand in all seinen Ausprägungen angemessen sind. Das bedeutet, interdisziplinär (in sehr weitem Sinne) ständig kritisch zu beobachten, zu erfassen, zu (be)-denken, mögliche Verknüpfungen/Netze/Strukturen zu erkennen, offen zu halten, weiter zu entwickeln, sie praktisch zu handhaben und zu nutzen, auf Wirksamkeit, Funktion und Brauchbarkeit zu prüfen, Folgerungen zu ziehen, zu falsifizieren, ggf. nach-zu-justieren und, wenn falsifiziert, sie zu verwerfen.

Als Beispiel aus dem Strategie-Feld „Friedenspolitik" kann dafür die kontinuierliche, forschende und weiterentwickelnde Zusammenarbeit der drei, inzwischen fünf, Deutschen Friedensforschungsinstitute in ihrem gemeinsamen jährlichen Friedensgutachten genannt werden. Vergleichbares wird man auch mit anderen Forschungszentren bei diversen anderen Fragestellungen finden.

4. Schluss

Hier schließt sich der Kreis – von der Frühgeschichte der Strategie-Lehre in der Bundeswehr bis zum Festakt zur Eröffnung des GIDS (German Institute for Defence and Strategic Studies) als Strategie-Think Tank an der Führungsakademie der Bundeswehr im Juni 2018. Das GIDS soll einen vermittelnden Part zwischen Forschung, Lehre und Beratung für die Politik übernehmen. Im Internet wirbt es mit dem Slogan „Mut zum Diskurs" und bietet sich an für „exzellente Forschung, kritische Beratung und offenen Diskurs". Damit öffnet sich die Frage, ob die gefundenen Anstöße zum Lernen von Strategie bei dem Neuansatz zur Lehre und Forschung von Strategie an der Führungsakademie behilflich sein können. D.h. es wird nun auch die eher nur am Rande behandelte Frage nach der Lehre für Strategie in Form der Didaktik noch in den Blick zu nehmen sein, Lehre im tertiären wie im postgraduierten quartären Bereich akademischer Forschung. Beide Arten der Lehre sind an der FüAkBw pädagogisch-organisatorisch abbildbar. Beide werden nach der dritten Art der von mir zusammengefassten generellen Lernmethoden abgestuft nach dem Lernfortschritt einzurichten sein: einführend im tertiären Bereich in Strategie denken und handeln zu lernen und fortgeschritten im quartären Bereich praktisch Strategie zu denken-handeln.

Im tertiären Bereich, im Rahmen der Generalstabsausbildung, ist Strategie-Denken-Handeln als Pflichtfach aufzunehmen. Hierzu wird ein interdisziplinärer Verbund von verschiedenen Studienfächern gebildet und durch Details aus weiteren Disziplinen ergänzt werden müssen. Dadurch ist Strategie-Denken-Handeln im Team-Teaching in Form von offenen Denk-Übungen u.ä. zu lernen. Vorrangig sind dabei Politikwissenschaften, Zukunftsforschung, Sozialwissenschaften und Ethik sowie geisteswissenschaftliche Methoden des Denkens gefordert. Aus „polemologischer" Sicht werden auch Beiträge der Inneren Führung sowie des Staats- und Völkerrechts als ethische Komponenten des militärischen Selbstverständnisses zu vertreten sein wie auch Militärgeschichte als Ersatz für die fehlende Empirie, wie dies Scharnhorst bereits vorgemacht hatte. Und andere Strategiefelder z.B. für den Zusammenhang beim comprehensive approach werden je nach Herausforderungslage und Thema ebenfalls hinzugezogen werden müssen. Die wesentliche Aufgabe der „Lehre" wird in der Anlage von offenen Denkübungen liegen sowie in der Fähigkeit zur evaluierenden Beobachtung der Abläufe. Jede Art steuernden „Lehrens" ist aber auszuschließen.

Zum anderen sind im quartären Bereich des GIDS als Forschungszentrum Formen von freiwilligen, lehrgangsbegleitenden Workshops u.ä. einzurichten und als Plattform für postgradierte Studien in einer sich nun neu etablierenden Studien-Community, einem Alumni-Ansatz speziell für Strategie-Entwicklung vergleichbar, anzubieten, zu begleiten und vorzuhalten. Die Vertretung von wissenschaftlichen Disziplinen wird ähnlich sein können wie im tertiären Bereich. Deren Arbeitsweise wird sich jedoch von der im tertiären Bereich noch einmal deutlich unterscheiden müssen. Es sind nicht „offene Übungsanlagen", sondern Real-Situationen mit strategischen Herausforderungen, die z.B. in Formen von Studien für die militärische und politische Praxis aufgegriffen werden. Die „Lehrer" können hier als Fach-Berater-Experten „hinzugezogen" werden oder andere fachliche Konsultationsmöglichkeiten eröffnen. Eine Be-„Lehrung" nach „falsch und richtig" wird es nicht geben.

Zu dieser zweiten Form der forschenden „Lehre" im quartären Bereich hat inzwischen eine erste Konferenz am GIDS mit z.T. hochkarätigen Referenten in mehreren Panels stattgefunden. Das Auditorium zeigte sich wissbegierig und lernfähig. Dennoch schien die Veranstaltung mehr der Stillung des eigenen Bildungsbedürfnisses zu dienen als dem gemeinsamen strategischen Forschen und Entwickeln von Strategie-Ansätzen. Eine Umsetzung in Strategie-Fragen mit gedanklicher Vertiefung war kaum zu spüren. Und die angehenden Jung-Strategie-Berater aus den Generalstabslehrgängen fehlten. Sie aber werden das Potential für die militärische Strategie-Beratung, an der Nahtstelle zur Politik und im Netz des comprehensive approach, in den nächsten 25 Jahren abgeben. Waren an dem Tag gerade unvermeidbar andere Lehrgangsveranstaltungen wichtiger? Lag das Expertenwissen der Referenten zu weit ab für die lehrgangsrelevanten Aufgaben? Oder hatten sie vielleicht schlicht Angst, sich im Auditorium vor den vielen geladenen Gästen mit ihren Fragen und Überlegungen zu stellen? Das klingt nach Schüler-Schelte – weit gefehlt! Denn wenn die didaktischen Voraussetzungen zum Selbstlernen für Strategie-Denken-Handeln nicht gegeben sind, stellt sich auch kein Lernen ein.

Strategie und Denkfehler
Uwe Hartmann

Ein Blick in die Bestsellerlisten der letzten Jahre bringt Erstaunliches ans Tageslicht: Abhandlungen über Denkfehler gehören zu den meistverkauften Büchern. Besonders erfolgreich waren die beiden Veröffentlichungen des Schweizer Schriftstellers und ehemaligen Managers Rolf Dobelli. Seine Bücher „Die Kunst des klaren Denkens" und „Die Kunst des klugen Handelns" wurden in mehrere Sprachen übersetzt und verkauften sich auch im Ausland sehr erfolgreich.[1]

Grundlage für Dobellis Erfolg ist seine Gabe, Forschungsergebnisse vor allem aus der Psychologie so darzustellen, dass die Leser – beinahe ohne größere intellektuelle Anstrengungen – sofort deren Relevanz für ihr tägliches Leben erkennen. Viele werden selbstkritisch feststellen, dass sie nicht wenige der insgesamt 99 Denkfehler, die Dobelli beschreibt, begehen. Überhaupt scheint das ganze Leben eine Anhäufung von Irrtümern zu sein. Nicht klar zu denken oder klug zu handeln, ist offensichtlich ganz normal.

Nehmen wir als ein anschauliches Beispiel den „Rückschaufehler". Aus heutiger Sicht erscheinen Krisen und Kriege als geradezu logische Folge von bestimmten Ereignissen. Dank der Geistes- und Sozialwissenschaften können wir den Ausbruch des Ersten Weltkriegs vor einem Jahrhundert genauso gut erklären wie die Finanzkrise vor einem Jahrzehnt. Und dennoch hatten weder 1914 noch 2008 die Menschen – von wenigen Ausnahmen abgesehen – diese Katastrophen vorhergesehen. Dobelli bezeichnet diese nachträglichen Erklärungen als „Ich-hab's-immer-schon-gewusst-Phänomen". Im Nachhinein weiß man eben alles besser. Dies ist eine alte Volksweisheit. Dobelli erklärt uns jedoch, warum dieser Fehler so gefährlich ist: „Weil er uns glauben macht, wir seien bessere Vorhersager, als wir es tatsächlich sind."[2] Seine Empfehlung lautet daher: „Führen Sie ein Tagebuch. Schreiben Sie Ihre Vorhersagen – zu Politik, Karriere, Körpergewicht, Börse – nieder. Vergleichen sie Ihre Notizen von Zeit zu Zeit mit der tatsächlichen Entwicklung. Sie werden erstaunt sein,

---

[1] Rolf Dobelli, Die Kunst des klaren Denkens. 52 Denkfehler, die Sie besser anderen überlassen, München ⁶2014; ders., Die Kunst des klugen Handelns. 52 Irrwege, die Sie besser anderen überlassen, München 2014. Die englischsprachige Ausgabe ist 2016 unter dem Titel „The Art of Thinking" erschienen.
[2] Dobelli, Die Kunst des klaren Denkens, S. 59.

welch schlechter Prognostiker Sie sind."[3] Wir sollten also vorsichtiger mit unseren Prognosen umgehen. Diese Mahnung wirkt umso dringender, wenn wir den Einfluss anderer Denkfehler wie der systematischen Selbstüberschätzung eigenen Wissens und eigener Fähigkeiten (*Overconfidence-Effect*[4]) oder der selektiven Auswahl bestätigender Informationen (*Confirmation Bias*[5]) auf unsere Prognosefähigkeit erkennen. Die Erkenntnis, dass es unvorhersehbare Ereignisse geben kann, welche die Weltgeschichte auf den Kopf stellen (*Black Swan*s), oder dass langsames Denken vor allem im Umgang mit komplexen Problemstellungen größeren Erfolg verspricht, ist durch wissenschaftliche Forschung vielfach abgesichert.[6]

In den Politikwissenschaften haben Denkfehler bei der Erklärung und Vorhersage politischen Handelns bisher kaum eine Rolle gespielt. Im Mittelpunkt stehen vielmehr die Interessen von Staaten oder die Zusammenarbeit in Internationalen Organisationen. Es mehren sich indessen Analysen, die Denkfehler der verantwortlichen Akteure in den Mittelpunkt rücken. Ein Beispiel dafür ist die Studie des US-amerikanischen Historikers Martin J. Sherwin über die Kuba-Krise im Jahr 1962. Darin zeigt er die fehlerhaften Annahmen auf, welche die US-amerikanische Administration unter John F. Kennedy und die sowjetische Führung unter Nikita Chruschtschow damals ihren Analysen und Folgerungen zugrunde legten.[7] Dafür, dass politisches Handeln auf unbewussten, nicht weiter reflektierten und daher fehlerbehafteten Annahmen beruht, sind auch die Analysen des Journalisten Thomas E. Ricks über den Irakkrieg von 2003 ein anschauliches Beispiel. So beruhte die Planung für diesen Krieg auf sehr optimistischen Annahmen über die Möglichkeit, ein demokratisches Regime mit Hilfe von Exil-Irakern zu errichten, sowie auf falschen historischen Analogien.[8] Zudem zeigt gerade auch der Ausgang der Kuba-Krise, welch hohe Bedeutung den Elementen des Zufalls und des Glücks zukommt. Sie entlarven unsere Vorstellung von Kontrolle als bloße Illusion.

---

[3] Ebd.
[4] Ebd., S. 13-16.
[5] Ebd., S. 29-36.
[6] Nassim Nicholas Taleb, The Black Swan. The Impact of the Highly Improbable, New York 2010; Daniel Kahneman, Schnelles Denken, Langsames Denken, München 2012.
[7] Martin J. Sherwin, One Step from Nuclear War. The Cuban Missile Crisis at 50: In Search of Historical Perspective. In: Prologue Magazine, Fall 2012, Vol. 44, No.2. Online: https://www.archives.gov/publications/prologue/2012/fall/cuban-missiles.html
[8] Thomas E. Ricks, Fiasco. The American Military Adventure in Iraq, New York 2007, S. 56-57, 96, 160.

Im Folgenden werde ich der Frage nachgehen, welche Rolle Denkfehler sowie Glück und Zufall in der Erarbeitung, Umsetzung und Evaluierung von Strategien spielen. Technologische Machbarkeitsträume und die Dominanz betriebswirtschaftlicher Managementtheorien haben uns bisher daran gehindert, deren Rolle angemessen zu würdigen. Dabei hatte schon Clausewitz nachgewiesen, dass Zufall und Glück zur unveränderlichen Natur des Krieges gehören. Ich werde nun zeigen, warum strategisches Denken und Handeln für bestimmte Denkfehler anfällig ist. Abschließend werde ich pädagogische Folgerungen ziehen. Diejenigen, die an strategischen Entscheidungsprozessen beteiligt sind und/oder Entscheidungsträgern beratend zur Seite stehen, sollten sich und andere vor Denkfehlern schützen, die Grenzen menschlicher Erkenntnis kennen und die ihrem Gegenstand angemessenen Denkmethoden anwenden können.

Clausewitz' „Den Krieg denken"

Der preußische General Carl von Clausewitz (1780-1831) dachte intensiv über den Krieg, seine Natur und seine historisch wandelbaren Erscheinungsformen nach. Das Resultat ist sein Hauptwerk „Vom Kriege", das international als das wichtigste Buch über Krieg und Strategie gewürdigt wird. Aufgrund der naturbedingten Wandelbarkeit des Krieges wusste Clausewitz, dass viele Inhalte seines Hauptwerks im Laufe der Zeit obsolet werden würden. Daher schrieb er in der Endphase seines Nachdenkens über den Krieg einen Satz, der seitdem vielleicht zu wenig Beachtung gefunden hat: „Nicht was wir gedacht haben, halten wir für einen Verdienst um die Theorie, sondern die Art, *wie* wir es gedacht haben."[9] Seine Denkmethode sollte also das sein, was er der Nachwelt mit auf den Weg geben wollte.

Diese klare Bestimmung des Kerns seines geistigen Erbes ist für uns heute vielleicht ungewöhnlich. Für Clausewitz dagegen war es geradezu evident. Dies lag zunächst einmal an der Philosophie seiner Zeit. Deutsche Philosophen beschäftigten sich damals sehr intensiv mit den Möglichkeiten und Grenzen menschlicher Erkenntnis. Immanuel Kant beantwortete in seiner Kritik der reinen Vernunft die Kernfrage „Was kann ich wissen?"; der Theologe Friedrich Daniel Ernst Schleichermacher verfasste eine Theorie des Verstehens von

---

[9] Carl von Clausewitz, Der Feldzug 1812 in Russland und die Befreiungskriege von 1813-1815, Berlin o.J., S. 264.

schriftlichen Dokumenten wie beispielsweise der Bibel; und Hegel setzte sich mit dem Weltgeist und seinem unvorhersehbaren, insgesamt aber dialektisch verlaufenden Einfluss auf die Menschheitsgeschichte auseinander.[10] Erkenntnistheoretische Fragen waren damals sozusagen im Trend – so wie heute das Nachdenken über Denkfehler.

Ein weiterer Grund dürfte in der gerade auch von Clausewitz betonten Bedeutung psychologischer Faktoren im Krieg liegen. Sein Lehrer Gerhard von Scharnhorst führte ihn in die Psychologie des Feldherrn ein.[11] In seinen eigenen Schriften wies Clausewitz mit Nachdruck auf die Bedeutung von Charakterstärke, Mut zur Verantwortung bei den militärischen Führern sowie von Moral und kriegerischer Tugend bei den Streitkräften hin.[12] Damals gab es die Psychologie als eigene wissenschaftliche Disziplin noch nicht. Heute beschäftigt sich vor allem die Kognitionspsychologie mit dem Denken des Menschen.

Das Denken, seine Möglichkeiten und Grenzen sowie die der Natur des Krieges angemessenen Denkmethoden sind sozusagen die Basis, auf der Clausewitz seine Theorie des Krieges aufbaute. Aus gutem Grund gab der französische Philosoph Raymond Aaron seiner Clausewitz-Interpretation daher den Titel „Clausewitz – Den Krieg denken".[13]

Dieser Artikel im Jahrbuch Innere Führung 2018 bietet nicht genügend Platz, um Clausewitz' Erkenntnistheorie in Tiefe und Breite herauszuarbeiten.[14] Es kann an dieser Stelle nur darum gehen, einige Hinweise für deren Nützlichkeit für uns heute zu geben.

Nehmen wir dazu zunächst den Begriff der Charakterstärke. Clausewitz unterschied sich von den Strategiedenkern seiner Zeit darin, dass er den Faktoren des Zufalls und des Glücks einen hohen Stellenwert in seiner Kriegstheorie einräumte. Krieg sei ein Gebiet prinzipieller Ungewissheit und permanenter Friktion. Oder, um es mit einer sehr einprägsamen Redewendung Clausewitz' zu beschreiben, „Handeln im Kriege ist eine Bewegung im erschwerenden Mit-

---

[10] Siehe dazu Uwe Hartmann, Carl von Clausewitz. Erkenntnis, Bildung, Generalstabsausbildung, München 1998, S. 42-132.
[11] Peter Paret, Die Funktion der Geschichte in Clausewitz' Verständnis des Krieges. In: Hans Delbrück, Peter , Paret, Krieg, Geschichte, Theorie. Zwei Studien über Clausewitz, herausgeben von Peter Paret, Berlin 2018, S. 41-71.
[12] Carl von Clausewitz, Vom Kriege, Bonn 1991, S. 207f., 238, 245, 286, 356-372.
[13] Raymond Aron, Clausewitz – Den Krieg denken, Frankfurt/M. 1980.
[14] Siehe ausführlich Hartmann, Clausewitz.

tel"[15]. Verstandeskräfte seien unverzichtbar, reichten seiner Meinung nach jedoch nicht aus, um darin als militärischer Führer zu bestehen. Erforderlich sei vor allem auch Charakterstärke. Damit meint er nicht eine auf politische Überzeugungen oder moralische Maximen beruhende innere Kraft, sondern eine das Denken unterstützende Standfestigkeit. Diese beruhe auf einem das Denken beherrschenden Grundsatz, der durchaus die Qualität des Kantschen Kategorischen Imperativs hat, nämlich „… bei allen zweifelhaften Fällen bei seiner ersten Meinung zu beharren und nicht eher zu weichen, bis eine klare Überzeugung dazu zwingt"[16]: Das Denken muss sich also im Krieg selbst schützen – gegen den negativen Einfluss körperlicher Anstrengungen und persönlicher Gefahren auf die Denkkraft sowie gegen die Versuchungen, sich der persönlichen Verantwortung zu entledigen. Und schließlich hilft der Grundsatz auch vor den Gefahren einer durch die hohe Schlagzahl neuer Informationen entstehenden Entscheidungsmüdigkeit.[17]

Einen weiteren Beleg für die Angemessenheit und Nützlichkeit, Clausewitz' Hauptwerk und sein geistiges Erbe vor allem über seine Denkmethoden zu verstehen, liefert er in der Einleitung des Ersten Kapitels, das die Überschrift „Was ist der Krieg" trägt. Dort schreibt er gleich zu Beginn: „Wir denken die einzelnen Elemente unseres Gegenstandes, dann die einzelnen Teile oder Glieder desselben und zuletzt das Ganze in seinem inneren Zusammenhange zu betrachten, also vom Einfachen zum Zusammengesetzten fortzuschreiten. Aber es ist hier mehr als irgendwo nötig, mit einem Blick auf das Wesen des ganzen anzufangen, weil hier mehr als irgendwo mit dem Teile auch zugleich immer das Ganze gedacht werden muss."[18] Clausewitz stellt damit von Anfang an klar, dass das Verständnis von Krieg eine diesem angemessene Denkmethode erfordert. Denken müsse in einem ständigen Perspektivenwechsel von Allgemeinem und Besonderen, von Teil und Ganzem erfolgen. Er fordert also eine zirkelhafte und prinzipiell unabschließbare Denkbewegung, die Friedrich D.E. Schleiermacher, der Patenonkel von Clausewitz' Frau Marie, als Hermeneutik erkenntnistheoretisch ausgearbeitet hatte. Aus der Hermeneutik lassen

---

[15] Clausewitz, Vom Kriege, S. 263.
[16] Clausewitz, Vom Kriege, S. 245
[17] Zur *decision fatique* siehe auch Dobelli, Die Kunst des klugen Handelns, S. 9-12. Siehe auch Dietrich Ungerer, Der militärische Einsatz. Bedrohung – Führung – Ausbildung, Berlin 2003. Darin stellt er u.a. die Phänomene des „mentalen Fremdgehens" und des „Schrotschussverhaltens" bei geistiger Überforderung der verantwortlichen Führer in Stäben dar.
[18] Clausewitz, Vom Kriege, S 191.

sich nun mehrere Folgerungen für militärische Führer ableiten: Dazu gehört erneut die hohe Bedeutung von Charakterstärke, damit diese sich in den permanenten Reflexionsprozess nicht zu immer neuen Entscheidungen hinreißen lassen. Unverzichtbar ist auch eine möglichst breite allgemeine Bildung, um Krieg immer in seinem gesellschaftspolitischen Kontext zu verstehen. Aus der Denkmethode lassen sich auch Folgerungen für Institutionen ableiten: Sie reichen von einem Generalstab über Akademien für die Bildung des Führungsnachwuchses bis zu Führungsprinzipien wie der Auftragstaktik. Und auch die hohe Bedeutung der Geschichte für die Theorie und Praxis des Krieges resultiert aus dieser grundlegenden Methode. Denn Geschichte ist nicht nur ein Reservoir für praktische Hilfsmittel, sondern bietet auch die Möglichkeit, die allgemeinen Prinzipien der Natur des Krieges sowie des Führens in einem „erschwerenden Element" zu begründen.

Das Nachdenken über die dem Gegenstand des Krieges angemessenen Denkmethoden spielt heute kaum mehr eine Rolle. Weder in der Theorie des Krieges noch in der Ausbildung von Strategen bzw. Strategieberatern. Es ist daher sinnvoll, sich typische Fehler in strategischen Denkprozessen anzuschauen und daraus Schlussfolgerungen für die Verbesserung von Strategiefähigkeit zu ziehen.

Denkfehler in Militär und Strategie

Strategie wird heute weithin als das Ausbalancieren von Zielen, Mitteln und Wegen verstanden. Sie ist eine Art großer, in die Zukunft gerichteter Plan. Früher war Strategie vor allem eine Domäne des Militärs. Heute spricht man von Strategie in vielen Handlungsfeldern, vor allem in Politik und Wirtschaft. Im Zuge der Erarbeitung eines weiten Sicherheitsbegriffs wird sie heute auch als *Grand Strategy* verstanden, also als ein Plan, in dem alle verfügbaren Instrumente eines Staates einschließlich der gesellschaftlichen und privatwirtschaftlichen Ressourcen ganzheitlich zusammengefügt werden.

Damit sind wir schon bei einem ersten Denkfehler angelangt. Strategie ist kein Plan, der, wenn er aktiviert wird, wie der berühmte Schlieffen-Plan aus der Schublade geholt und eins zu eins umgesetzt wird. Auch die Arbeit an strategischen Plänen ist eine zirkelhafte, nicht abschließbare Denkbewegung. Sie endet nicht, wenn ein Plan fertig gestellt und auch nicht, wenn dieser umgesetzt ist. In seinem Buch „Obama's Wars" beschreibt der bekannte Journalist Bob Woodward den Strategiebildungsprozess der US-Administration für die Fortsetzung des Krieges in Afghanistan im Jahre 2009.[19] US-Präsident Obama selbst hat diesen mehrmonatigen Prozess nicht nur begleitet, sondern auch persönlich geleitet. Nach der Lektüre entsteht beim Leser jedoch der Eindruck, als wäre mit der Erstellung der strategischen Weisung vom 29. November 2009 dieser Prozess abgeschlossen, als ginge es danach nur noch um die Umsetzung. Das wäre jedoch ein großes Missverständnis. Strategische Weisungen müssen von allen beteiligten Akteuren weiter begleitet, notwendige Anpassungen unverzüglich vorgenommen werden, ohne dabei die von Clausewitz geforderte Charakterstärke zu verlieren. Strategie ist also ein permanentes Geschäft, in dem die zivilen und militärischen Akteure eng zusammenarbeiten müssen, auch wenn sie dabei heftig aneinander geraten.

In diesem nicht selten emotional aufgeladenen und von Misstrauen belasteten Prozess spielen auch Denkfehler eine Rolle. Das Militär mit seiner *can-do-mentality* muss sich vor dem *Overconfidence Effect* schützen und darauf achten, dass ihre zivilen Partner ihre Autorität als Experten nicht als gottgegeben hinnehmen und sich zurücklehnen (*Social Loafing*). Hektische Betriebsamkeit muss durch Charakterstärke reduziert werden. *Groupthink* (Herdentrieb) in der *strategic community* ist genauso gefährlich wie ein „*divided house*" innerhalb der Regierung oder im engen Beraterumfeld der verantwortlichen Staats- und Regierungschefs.[20] Auch das Phänomen der Regression zur Mitte, also der Rückkehr zur Normalität nach extremen Ausschlägen z.B. bei der Anzahl von Bombenanschlägen in einem Einsatzland rät zur Gelassenheit. Besonders problematisch ist das unkritische Übernehmen von erfolgreichen historischen Beispielen. Dies gilt insbesondere dann, wenn den mit ihnen einhergehenden Legenden zu leichtfertig Glauben geschenkt wird. Bei Beispiel dafür ist die unkritische und bisweilen falsche Rekonstruktion von Counterinsurgency Operationen der französischen und britischen Streitkräfte durch das US-Militär.[21] Wie wichtig die historische Forschung auch für Militärstrategen ist, darüber klärt uns der bekannte US-amerikanische Historiker und Clausewitz-Biograph Peter Paret auf. Clausewitz' Hauptwerk, so Paret, bestehe vor allem aus historischen Studien über Feldzüge. Erst nach einer umfänglichen historischen Analyse wagte dieser es, kriegstheoretische Grundsätze aufzustellen. Und auch diese hat er immer wieder der Überprüfung an der (historischen) Realität ausgesetzt.

---

[19] Bob Woodward, Obama's Wars, New York 2010.
[20] Robert M. Gates, Duty. A Memoir of a Secretary at War, New York 2014, S. 366.
[21] Douglas Porch, Counterinsurgency. Exposing the Myths of the New Way of War, Cambridge 2013.

Geschichte ist also nicht so sehr eine große Quelle für erfolgreiche Beispiele militärischen Handelns, sondern vor allem eine kritische Überprüfungsinstanz für Kriegsbilder und militärische Doktrinen. Geschichte im Clausewitz'schen Verständnis schützt so vor einem ganz heimtückischen Denkfehler: vor der *Confirmation Bias*, also der selektiven Auswahl bestätigender historischer Beispiele. Dieser Denkfehler wird noch gefährlicher, wenn die *Availability Bias*, also die Nutzung jüngster eigener Erfahrungen, unreflektiert hinzukommt. Dann versuchen Strategen, den nächsten Feldzug oder Krieg wie den letzten zu führen – insbesondere dann, wenn er erfolgreich war. Die Wehrmacht hatte im Frankreich-Feldzug 1940 sehr viel Glück gehabt. Im Russland-Feldzug von 1941 ist sie ihrer eigenen Legendenbildung aufgesessen.[22]

Kommen wir zum Schluss dieses Abschnitts zur Frage der Evaluierung von Kriegen oder militärischen Einsätzen. Diese gehört notwendigerweise zum Strategieprozess dazu. Hier treten die verschiedensten Denkfehler in äußerst konzentrierter und daher überaus gefährlicher Form auf. Da sind zum einen Narrative, die nicht selten von den damals handelnden Personen selbst gestrickt wurden. Generäle haben bisweilen bereits während der Schlachten und Feldzüge an ihren Legenden für die Nachwelt gearbeitet. Um das Phänomen des Glücks beiseite zu schieben, stellten sie glückliche und durch Zufall zustande gekommene Siege als planvolles Handeln dar.[23] Wer Kriege und Einsätze auswertet, sollte dies berücksichtigen.

Besonders heimtückisch ist das unkritische Klammern an das, was man selbst geleistet hat (*endowment effect*[24]). Es ist schwierig für unser Gehirn, eigene Leistungen kritisch zu bewerten, wenn diese mit viel Aufwand und Leiden verbunden waren. Hinzu kommt die sogenannte *Sunk Cost Fallacy*.[25] Wer viel investiert hat, will das Vorhaben unbedingt weiterführen. Aufgeben gilt nicht. Der Blick wird dadurch vernebelt; künftige Herausforderungen, die vielleicht bedrohlicher sind, werden nicht gesehen.

Wenn es um ganzheitliche Strategien (*national* oder *grand strategies*) geht, haben militärische Führungskräfte eine große Chance zur konstruktiven Mitarbeit.

---

[22] Zur Blitzkriegs-Legende siehe Karlheinz Frieser, Blitzkrieg-Legende. Der Westfeldzug 1940, München ⁴2012.

[23] Claus von Rosen, Fehlerkultur – Ein neues Thema in der Bundeswehr. In: Uwe Hartmann, Claus von Rosen (Hrsg.), Jahrbuch Innere Führung 2016. Innere Führung als kritische Instanz, Berlin 2016, S. 182-204

[24] Dobelli, Die Kunst des klaren Denkens, S. 93-96.

[25] Dobelli, Die Kunst des klaren Denkens, S. 21-24.

Weil sie umfasssend gebildet sind[26], können sie über den Zaun ihres militärischen Spezialgebietes grasen. Das heißt, sie können nicht nur militärische Handlungsmöglichkeiten (*Courses of Action*) für vorgegebene politische Ziele vorschlagen, sondern strategische Optionen (*strategic options*), in denen sie unterschiedliche politische Ziele mit allen verfügbaren Mitteln des Staates balancieren, ins Spiel bringen. Militärs haben damit die Möglichkeit, nicht nur politisch mitzudenken, sondern politisch voraus zu denken. Dies erfordert neben Erfahrung und Intellekt auch eine gehörige Portion Mut. Allerdings dürfen Militärs darauf vertrauen, dass die verantwortlichen Politiker ihre strategischen Vorschläge schätzen werden; denn strategische Optionen reduzieren die Komplexität und erleichtern ihnen den Entscheidungsprozess. Alternative Pfade verringern zudem ihr Gefühl, dass sie in eine bestimmte Richtung gedrängt werden (*boxed in*). Dem könnte allerdings die ausgeprägte *can-do-mentality* von militärischen Führungskräften im Wege stehen. Nicht zuletzt aufgrund ihrer Uniformen erwecken sie in den Gremien eine Sicherheit, die andere nur zu gerne annehmen und sich zurücklehnen. Selbst kritische Rückfragen bleiben dann manchmal aus.

Dies sind nur einige Beispiele, die veranschaulichen sollen, wie leicht Denkfehler im Strategiebildungsprozess entstehen und welche Auswirkungen sie haben können. Es gibt Gegenmaßnahmen, mit denen Denkfehler entgegengewirkt werden soll. Dazu gehören beispielsweise die Red Teams, die die Aufgabe haben, eine zweite Meinung zu begründen. Oder Führungsgespräche, zu denen gezielt Personen eingeladen werden, die eine Gegenmeinung präsentieren und verteidigen (*devil's advocate*) Hilfreich wäre sicherlich auch die Einrichtung einer speziellen *Strategic Advisory Group*. Deren handverlesene Mitglieder müssten über akademische Bildung, vielfältige Erfahrungen in zivilen und militärischen Verwendungen sowie in unterschiedlichsten Einsätzen verfügen. Sie sollten zudem ein umfangreiches Netzwerk mit vertrauensvollen Beziehungen aufgebaut haben. Im nächsten Abschnitt geht es darum, Folgerungen für die Ausbildung zu ziehen.

---

[26] In den USA stehen militärische Führer im Bildungsranking nach den Professoren und Ärzten an dritter Stelle.

Pädagogische Folgerungen

Clausewitz beschäftigte sich ausführlich mit der Frage, wie Lehre und Lernen auf der strategischen Ebene erfolgen sollte. Exemplarisch seien hier nur die Überprüfung von Führungsgrundsätzen an der (historischen) Wirklichkeit sowie Lehre und Lernen als Bildung statt Wissensvermittlung genannt.[27] Im Folgenden möchte ich den Blick auf drei Dinge lenken, die sich aus den bisherigen Ausführungen über Denkfehler ableiten lassen: auf das kritische Denken von Führungskräften, die Fehlerkultur in einer Organisation sowie die Vermittlung erkenntnistheoretischer Grundlagen in den militärischen Bildungseinrichtungen.

Die US-amerikanischen Streitkräfte zogen aus ihren Erfahrungen in Afghanistan und Irak radikale Konsequenzen für die Ausbildung ihres Führungspersonals. Seither stellen sie das kritische Denken in den Mittelpunkt – sei es in konzeptionellen Papieren wie dem *US Army Operating Concept*[28] oder in den Curricula von Kriegsakademien. Begleitet wurde diese Initiative durch eine intensive Debatte über die Didaktik kritischen Denkens. Der am *US Army War College* tätige US-amerikanische ehemalige Oberst und promovierte Psychologe Stephen Gerras entwickelte dazu ein Modell, das erkenntnistheoretische Elemente mit klassischen Denkfehlern kombiniert (siehe Abbildung).[29] Am Anfang kritischen Denkens steht die bewusste Entscheidung einer Führungskraft, bei einem bestimmten Problem nicht seiner Intuition zu folgen, sondern den aufwändigen und methodisch geleiteten Denkprozess abzuarbeiten. Um dieses Denkmodell einzuüben, bieten sich Fallstudien an. Wer diese jedoch als Beispiele für erfolgreiche Führung nutzt, fördert den Denkfehler des *Outcome Bias*. Dieser bezeichnet „unsere Tendenz, Entscheidungen anhand des Ergebnisses zu bewerten".[30] Eine erfolgreiche Schlacht bedeutet nicht automatisch, dass richtige Entscheidungen getroffen wurden. Schon gar nicht sollte man daraus irgendein Erfolgsrezept für künftiges Handeln ableiten. Wichtiger wäre es zu rekonstruieren, warum bestimmte Entscheidungen so und nicht anders getroffen wurden.

---

[27] Hartmann, Clausewitz, S. 145
[28] TRADOC Pamphlet 525-3-1, The US Army Operating Concept. Win in a Complex World 2020-2040, 31 October 2014.
[29] Stephen J. Gerras, Thinking Critically about Critical Thinking: A Fundamental Guide for Strategic Leaders, US Army War College, Carlisle, November 2008.
[30] Dobelli, Die Kunst des klaren Denkens, S. 82.

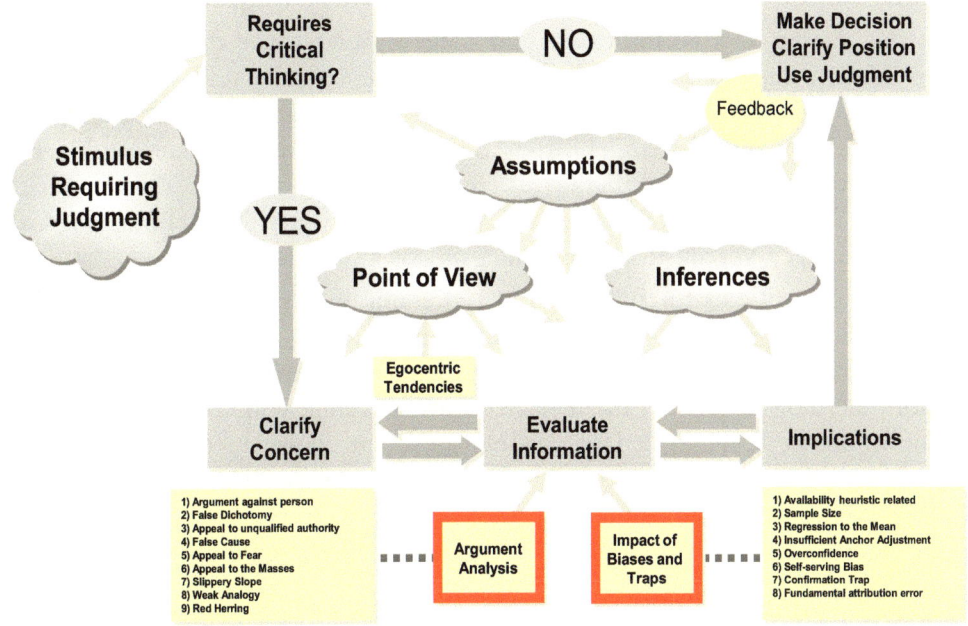

Abbildung: Stephen Gerras' critical thinking model

Kritisches Denken richtet sich jedoch nicht nur an den Einzelnen mit seinen mehr oder weniger reflektierten Annahmen, Sichtweisen und Denkfehlern. Es setzt auch eine Fehlerkultur innerhalb eines Teams oder einer Organisation voraus. Auf betriebswirtschaftliche Effizienz oder technologische Perfektion getrimmte bürokratische Prozesse führen dagegen zu einer *zero-defect-mentality*. Fehlervermeidung als oberstes Gebot verhindert kritisches Denken bereits im Ansatz. Militärische Führer sollten also eine Kultur schaffen, in der sie selbst und ihre Mitarbeiter Fehler begehen können — um daraus zu lernen, aber auch, um den Umgang mit Fehlern und ihren unvorhergesehenen, manchmal auch positiven Wirkungen zu üben. Auf diese Weise entstehen nicht nur vertrauensvolle Beziehungen, sondern auch eine Resilience, die es einer militärischen Einheit und ihren Angehörigen erlaubt, mit Komplexität und Ungewissheit konstruktiv umzugehen. Daher ist es nur folgerichtig, dass die US-amerikanischen Streitkräfte auch die „Auftragstaktik" (Mission Command oder Führen mit Auftrag) als verbindliches Führungsprinzip eingeführt haben

Um das Wesen von Komplexität und Ungewissheit sowie die Ursachen von Denkfehlern zu erkennen, sollten erkenntnistheoretische und kognitionswissenschaftliche Erkenntnisse in die Ausbildung militärischer Führungskräfte einfließen. Wie die hier angeführten Bestseller über das Denken und deren Tücken zeigen, kann dies überaus interessant gestaltet werden. Zudem haben derartige Seminare und Übungen den Vorteil, dass deren Teilnehmer das Gelernte sozusagen verzugslos in der Alltagspraxis anwenden können.

Was bedeutet all dies für Bildung und Erziehung in der Bundeswehr? Wir benötigen eine umgreifende Bildungsphilosophie, die vor allem Führungskräften dabei hilft, Krieg und Konflikte mit dem Verstande ganz zu durchdringen. Es gehört allerdings noch viel mehr dazu. Ganz im Sinne von Clausewitz müssen Führungskräfte lernen, mit Ungewissheit und dem darin lauernden Duett von Glück und Zufall umzugehen. Bildung ist daher immer Verstandes- _und_ Charakterbildung. Denn im Dunkeln der Ungewissheit kommt es auch darauf an, mutig Entscheidungen zu treffen und sich von diesen nicht abbringen zu lassen, bevor eine klare Überzeugung dazu zwingt. Um Führungskräfte darauf vorzubereiten, müssen Rahmenbedingungen geschaffen werden, in denen sie lernen, mit Ungewissheit umzugehen; in denen sie in ihrer Persönlichkeit wachsen können; und in denen Erziehungs- und Selbsterziehungsprozesse angeregt werden. Sie müssen auch in ihrer Ausbildung eine Fehlerkultur erleben, die sie später dann selbst in ihren Verantwortungsbereichen vorleben. Künftige Entscheidungsträger und Berater sollten sich in ihrer Ausbildung neben aktuellen Problemstellungen auch mit grundlegenden Fragen beschäftigen. Dazu gehören auch die Grenzen der Erkenntnis des Menschen, insbesondere seine Denkfehler und deren Auswirkungen auf Strategiebildungsprozesse.

V Zur Diskussion gestellt

Uwe Hartmanns guter Soldat. Eine Kritik
Jochen Bohn

Die Soldaten der Bundeswehr sind in unruhiges Fahrwasser geraten. Auch ideologisch und moralisch. Wie sie sich verstehen, was und wie sie sein sollen ist umstritten. Normative Zuschreibungen haben Konjunktur, wobei in der jüngeren Vergangenheit kurioserweise vor allem Historiker als normative Instanzen gefragt sind. So haben im Kontext der Neufassung des Traditionserlasses überwiegend Historiker Auskunft geben müssen (oder von sich angenommen, Auskunft geben zu können), was und wie ein Soldat sein soll. Abseits ihrer eigentlichen Profession betreten sie damit das dogmatische und ethische Feld. Und einige von ihnen wären wohl gut beraten, um ihrer selbst, vor allem aber um der Sache willen bei ihrem Leisten zu bleiben.[1]

Auch Uwe Hartmann stellt mit seinem aktuellen Buch[2] die normative Frage nach dem Soldaten, die Frage also nach dem guten Soldaten nicht im handwerklichen, sondern im ideologischen und moralischen Sinne. Er stellt die richtige Frage zur rechten Zeit, und er stellt sie wohltuend richtig – eben als Fachmensch, weil er im Unterschied zu manchem Experten dieser Tage vom Fach ist. Mit seiner Auskunft lohnt die Auseinandersetzung, vor allem deshalb, weil sie breit angelegt ist, weil sie die Frage nach dem guten Soldaten einspannt in die größere Frage nach der politischen Kultur, nach Bestimmung und Verhältnis von Staat, Gesellschaft und Individuum. Dabei versteht sich Hartmanns guter Soldat als leidenschaftliches Plädoyer für Innere Führung und Staatsbürger in Uniform. Nicht für sie, wie sie geworden sind, sondern für sie, wie sie gedacht, wie sie von ihren Vätern konzeptualisiert sind.

---

[1] In den jüngsten Traditionsdebatten legen sich bei den beteiligten Historikern noch einmal ganz unterschiedliche professionelle Selbstverständnisse offen. So zeigt sich etwa Michael Wolffsohn (Universität der Bundeswehr München) als ideologisch und moralisch eindeutig geklärt. Er scheint genau zu wissen, was und wie der deutsche Soldat sein soll und fordert die Formulierung entsprechender Kodizes. Ganz anders dagegen Sönke Neitzel (Universität Potsdam). Er bietet das und nur das, was ein Historiker mit seinen Mitteln bieten kann: historische Aufklärung. Damit leistet er einen unverzichtbaren Beitrag zur Entideologisierung und Entmoralisierung des Diskurses, gleichzeitig zur kontextsensiblen Wahrnehmung des Soldaten als Diskursgegenstand. Politisch opportun ist Neitzels Angebot allerdings kaum.

[2] Alle Seitenangaben im Text verweisen auf Hartmann, Uwe: Der gute Soldat. Politische Kultur und soldatisches Selbstverständnis heute (= Standpunkte und Orientierungen, Bd. 11), Berlin 2018.

Hartmann setzt, erstaunlich aber überzeugend, systematisch ein mit Clausewitz, mit dessen Begriff des Krieges und dem daran sich anschließenden Begriff des Soldaten (S. 11–36). Krieg ist bei Clausewitz ein unberechenbarer, immer wieder überraschender, letztlich unbeherrschbarer Strom. Er entzieht sich Plan und Form. Krieg fordert daher Soldaten, die das Chaos der Gegebenheiten, Ereignisse und Kausalitäten geschickt und kreativ zu handhaben fähig sind. Soldaten brauchen das, was Clausewitz „Takt des Urteils" (S. 16) nennt. Sie brauchen eine umfassend informierte, flexible, mutige und durchhaltefähige Vernünftigkeit, die den Strom des Krieges im Wechsel von Handeln und Gegenhandeln dem soldatischen Willen gemäß auf den gesetzten Zweck hin zu lenken ermöglicht. Dabei ist der Zweck zuletzt immer ein politischer. Krieg ist ein politischer Akt, ist ein möglicher Ausdruck von Politik. Soldaten müssen ihre militärische Praxis immer auch als politische Praxis begreifen und sie als solche rational durchdringen. Soldaten können nichts anderes sein als politische Soldaten, als aufgeklärte und engagierte Mitakteure der Politik.

Angesichts dieser Annahmen benennt Hartmann Symbole, die das vorgestellte Verhältnis von Soldat und Politik erhellen sollen (S. 37–52). Dabei steht Platon (S. 37–39) für den professionellen Wächtersoldaten, der sich schlicht und bequem der Weisheit seiner politischen Führung anvertraut. Machiavelli (S. 41–44) symbolisiert den Soldaten als Funktionär politischer Macht, der sich bedingungslos loyal zeigt und schweigend gehorcht. Gegen Platon und Machiavelli verweist Hartman zunächst auf Cicero (S. 39–41), der den Soldaten vor politischem Missbrauch zu schützen sucht und ihm daher ein staatsbürgerliches Bewusstsein abverlangt. Hinzu tritt Luther (S. 44–46) als Symbol für den reflektierten, gewissensgeleiteten und am politischen Frieden orientierten Soldaten. Mit Cicero und Luther sieht Hartmann gerade jenen Typus des politischen Soldaten angezeigt, den Clausewitz einfordert. Und gerade jener Typus ist es, so Hartmann, den die Väter der Inneren Führung im Staatsbürger in Uniform als guten Soldaten zu entwerfen und zu realisieren suchen (S. 47–52).

In einem Streifzug durch die gegenwärtige Bundeswehr müht sich Hartmann nun darum, diesen Staatsbürger in Uniform (noch) zu entdecken. Er fragt, wo er heute vorkommt, wo er gefördert und wo er gehindert wird (S. 57–152). Hartmann findet den Staatsbürger in Uniform nicht in der einschlägigen Vorschrift (S. 57–71). Diese löst sich vom theoretischen Fundament, ihr Soldatenbild trägt platonisch-machiavellische Züge und ist allenfalls noch Karikatur. Der Bürgersoldat ist auch nicht zu finden im neuen Traditionserlass (S. 71–105). Der Soldat wird hier in seinen politisch-reflexiven Möglichkeiten massiv

271

beschnitten. Es drängt sich der Verdacht auf, die Politik wolle sich mit dem Erlass vor allem selbst in Schutz bringen.³ Hoffen lassen dagegen die Vorschriften zur Truppenführung (S. 105–116), die empirischen Studien zum Selbstverständnis des deutschen Soldaten (S. 116–128) sowie die soldatischen Selbstzeugnisse, die in den vergangenen Jahren vor allem im Umfeld des Afghanistan-Einsatzes publiziert wurden (S. 128–152). Hier wird der Staatsbürger in Uniform erwartet, hier leuchtet er gelegentlich sogar als Wirklichkeit auf.

Hartmanns guter Soldat ist geradezu reformatorisch motiviert. Aushöhlung und Missbrauch des Staatsbürgers in Uniform sollen überwunden, er soll in seiner ersten Reinheit wiedergewonnen, soll ideologisch wie moralisch neu zur Geltung gebracht werden. Ob die erste Reinheit möglicherweise trügt und ob sie tatsächlich bereithält, was heute notwendig ist, sei zunächst einmal dahin gestellt. Entscheidend ist die von Hartmann einleitend mit Clausewitz vorgestellte Bestimmung des Krieges: Krieg, gerade auch der hybride (Welt-) Krieg unserer kommenden Gegenwart,⁴ lässt sich weder systematisieren noch systematisiert führen. Der Glaube, sich im Krieg in universale Prinzipien oder Schemata zurücklehnen zu können, ist nicht nur naiv, sondern sogar gefährlich. Krieg ist komplex und kontingent, und er bedarf einer entsprechenden Handhabung. Was sich allerdings schon mit Clausewitz, im 20. Jahrhundert vor allem auch mit Max Weber sagen lässt: Das gilt nicht allein für den Krieg, sondern für die Wirklichkeit überhaupt. Jede (politische) Wirklichkeitshandhabung erfasst immer bloß verschwindend kleine Ausschnitte eines „ungeheuren chaotischen Stromes von Geschehnissen, der sich durch die Zeit dahinwälzt"⁵. An sich kann niemand sagen, woher dieser Strom kommt und wohin er führt. Gerade die Moderne müht sich um seine systematische Kultivierung. Und doch entzieht er sich zuletzt jeder Stabilisierung oder gar Stilllegung.

Diese Einsicht hat Konsequenzen, gerade auch für den Begriff der Politik als Praxis, als gute Politik im normativen Sinne. Und spätestens hier, beim Begriff

---

³ Hartmann kritisiert hier den ersten Entwurf des neuen Erlasses. Die letztlich beschlossene, zur Reflexion hin geöffnete Fassung scheint dem Bürgersoldaten in Hartmanns Sinne entgegen zu kommen.
⁴ Siehe dazu Hartmann, Uwe: Hybrider Krieg als neue Bedrohung von Freiheit und Frieden. Zur Relevanz der Inneren Führung in Politik, Gesellschaft und Streitkräften (= Standpunkte und Orientierungen, Bd. 6), Berlin 2015.
⁵ Weber, Max: Die „Objektivität" sozialwissenschaftlicher und sozialpolitischer Erkenntnis [1904], in: Weber, Max: Gesammelte Aufsätze zur Wissenschaftslehre (= UTB Uni-Taschenbücher, Nr. 1492), hrsg. v. Johannes Winckelmann, Tübingen ⁷1988, S. 214.

von guter Politik und gutem Politiker, muss einsetzen, wer nach dem guten Soldaten fragt. Nicht erst beim Soldaten selbst. Der gute Soldat bedarf des guten Politikers. Max Weber denkt den guten Politiker[6] im Kontext seiner Wirklichkeitsinterpretation. Für den Politiker gilt: Er muss in einer komplexen und kontingenten Wirklichkeit aus der Fülle möglicher Zwecke wählen. Er muss wählen, worauf er politisch hinaus will. Dabei hilft ihm die Empirie, vor allem auch die Empirie als Wissenschaft. Sie kann ihm zwar keine Zwecke vorgeben, schon gar keine guten Zwecke im ideologischen oder moralischen Sinne. Sie kann ihn aber über die Komplexität und Kontingenz der Wirklichkeit aufklären. Und das hat Folgen für das Verständnis von Zwecken an sich, für die Setzung konkreter Zwecke und für deren Realisierung. Empirie kann aufklären, wie sich ein Zweck durch geeignete Handhabung von Kausalitäten realisieren lässt. Sie kann aufklären, dass es keinen ideologisch oder moralisch reinen Weg zur Zweckrealisierung gibt, dass ideologische oder moralische Reinheit ungewollte Realitäten zur Folge haben kann, dass die Realisierung eines als absolut vorgestellten Zweckes unvermeidlich scheitern muss, dass Absolutheiten in der Politik, wie in der Wirklichkeitshandhabung überhaupt, eher schädlich als förderlich sind. So empirisch aufgeklärt, kann der Politiker seinen Beruf kaum noch *gesinnungstreu* ausüben. Gut ist nicht der Politiker, der absolute Zwecke verfolgt und bei der Zweckrealisierung höchsten Wert legt auf weiße Westen und saubere Hände. Gut ist der *verantwortliche* Politiker, der politischen *Takt des Urteils* beweist: Webers verantwortlicher Politiker unterwirft sich keinen absoluten Zwecken. Er unterwirft die Wirklichkeit nicht immer und überall gültigen Prinzipien und Schemata. Er hält bewusst, dass „für sein Handeln es *nicht* wahr ist: daß aus Gutem nur Gutes, aus Bösem nur Böses kommen könne, sondern oft das Gegenteil."[7] Und er stellt sich der Einsicht, dass von ihm „ein starkes langsames Bohren von harten Brettern mit Leidenschaft und Augenmaß zugleich"[8] gefordert ist, ein Bohren, das stets vom Scheitern bedroht ist und dessen Ergebnisse stets flüchtig sind.

Mittel in der Hand des Politikers sind „Macht und Gewaltsamkeit"[9]. Gewalt in ihren schillernden Facetten, auch in der Facette militärischer Gewalt, ist nicht

---

[6] Siehe Weber, Max: Politik als Beruf [1919], in: Weber, Max: Gesammelte politische Schriften (= UTB Uni-Taschenbücher, Bd. 1491), hrsg. v. Johannes Winckelmann, unveränderter Nachdruck der 5. Aufl. 1988, Tübingen 1999, S. 505–560.
[7] Weber: Politik als Beruf, S. 554.
[8] Weber: Politik als Beruf, S. 560.
[9] Weber: Politik als Beruf, S. 554.

nur *ein* Mittel der Politik, schon gar nicht nur ihr letztes, ihr äußerstes Mittel. Webers Politik ist vielmehr immer auch Gewaltgebrauch. Politik kann und darf sich der Gewaltsamkeit, auch der militärischen Gewaltsamkeit als Mittel nicht berauben wollen. Sonst wäre sie nicht mehr Politik, könnte schon gar nicht mehr verantwortliche Politik sein.[10] Fast enger noch als Clausewitz rückt Weber Politik und Gewalt zueinander. Und fast schärfer noch als bei Clausewitz lässt sich daraus die Forderung des politischen Soldaten ableiten, des Soldaten, der sich zugleich als Politiker begreift. Soldaten sind gewissermaßen lebendige politische Bohrer. Es reicht nicht aus, wenn sie über *Takt des Urteils* in der Handhabung des Gefechts verfügen. Sie brauchen *Takt des Urteils* auch in der Politik – unter den komplexen und kontingenten Bedingungen global sich vernetzender Abhängigkeiten mehr denn je. Verantwortliche Politik, die mittlerweile nicht anders kann, als Weltpolitik zu sein, bedarf des politisch mitverantwortlichen Soldaten.[11]

Uwe Hartmann glaubt nun, im Staatsbürger in Uniform gerade jenen Soldaten zur Hand zu haben, der sich heute als politisch mitverantwortlich erweisen kann. Ihm will er neues Leben einhauchen – als Antwort auf die globale Hybridisierung von Politik und Krieg. Hartmanns Annahmen und Absichten lassen sich jedoch kritisch befragen, vor allem auch ihre unausgesprochenen Voraussetzungen. Zunächst eine Erinnerung: Innere Führung und Staatsbürger in Uniform, wie sie ihre Väter vor Augen hatten, wie Hartmann sie revitalisieren will, für die er Cicero und Luther als Symbole anbietet, stützen sich auf eine spezifische Vorstellung von Staat, Gesellschaft und Individuum, zugleich auf eine spezifische Vorstellung ihres Verhältnisses. Die Vorstellung, die hier vorausgesetzt wird, ist die Idee einer sittlich und liberal zugleich bestimmten Bürgerlichkeit. Diese eigentümlich nachkriegsdeutsche Idee ist kontextuell

---

[10] In moderner Politik als rechtsstaatlichem Verfahren, auch in postmoderner Politik als Governance ist die Gewaltsamkeit allenfalls verdeckt. Überwunden ist sie nicht. Mit Max Weber legt sich sogar der Verdacht nahe, Politik als Verfahren oder Governance seien letztlich vergebliche Versuche, der Gewaltsamkeit von Politik, damit der Politik überhaupt, vor allem aber der Verantwortung zu entkommen.
[11] Max Weber folgend lässt sich sagen, dass die Frage nach dem guten Soldaten nicht zwischen Traditionalisten und Reformern entschieden wird. Die Antwort darauf, was ein guter Soldat ist, hängt ab von der vorausgesetzten Wirklichkeitsinterpretation und der damit zugleich sich aufdrängenden (politischen) Wirklichkeitshandhabung. Hartmann deutet hier mit Cicero und Luther gegen Platon und Machiavelli durchaus in die richtige Richtung. Er dringt systematisch jedoch nicht zum Kern der Sache vor und springt daher mit seinen Folgerungen für den guten Soldaten deutlich zu kurz.

erklärbar und durchaus sympathisch, weil sie unter dem frischen Eindruck erschütternder Entgleisungen ein stabiles Gleichgewicht herzustellen versucht zwischen Ansprüchen des Kollektivs und Ansprüchen des Individuums, weil sie ein umfassend förderliches Ineinander und Füreinander von Staat, Gesellschaft und Individuum einzurichten beabsichtigt.

Zweifelhaft ist allerdings, ob die nachkriegsdeutsche Idee sittlich-liberaler Bürgerlichkeit und das unter ihrer Anleitung erzeugte System politischer Wirklichkeitshandhabung tatsächlich ausreichend Raum schafft für das, was politischer *Takt des Urteils*, was verantwortliche Politik genannt werden kann. Mit dieser Idee sind zunächst Prinzipien und Schemata vorgegeben, die Politik im Tun und Lassen erheblich einschränken, sie massiv kanalisieren. Überdies sind in das System sittlich-liberaler Bürgerlichkeit universale Rationalitäten eingewoben, die jeweils mit reizvollen Realitätsverheißungen aufwarten, denen in ihrem Mit-, In- und Gegeneinander zuletzt jedoch auch ungewollte und sogar verantwortungswidrige Realitäten entwachsen. Das ist nicht ungewöhnlich. Max Webers Kulturdiagnose, wie er sie etwa in seiner *Protestantischen Ethik* vorlegt,[12] liefert eine mögliche Erklärung: Allgemeine Ideen, die eine allgemeine Interpretation und eine allgemeine Praxis einfordern, treffen immer auf besonders bedingte Menschen in besonders bedingten Kontexten. Im Prozess der Aufnahme des Allgemeinen in das Bedingte werden beide immer unberechenbar umgeformt. Menschen, Gesellschaften, ganze Kulturen reagieren auf Verheißungen und Zumutungen von Ideen immer anders, als die Ideen es erwarten lassen. In der Spannung zwischen Idee und Wirklichkeit, zwischen Lehre und Leben entwickeln sich Interpretationen und Praktiken, die von der ersten Idee abweichen, ihr sogar auch zuwider sein können.

In Deutschland lassen sich heute einige durchaus verwunderliche Realitäten beobachten, die in der Dialektik von bürgerlicher Idee und besonderer deutscher Wirklichkeit paradox gewachsen sind, die zunehmend auch Politik und Streitkräfte, auch Politiker und Soldaten bestimmen. Beobachten lässt sich etwa die allmähliche Verflüchtigung einer verbindenden Sittlichkeit, die einhergeht mit der Vervielfältigung und Verkürzung individualisierter Lebensexperimente. Realität ist heute nicht die bürgerlich intendierte, dauerhafte Lebensform sittlicher Freiheit, sondern zunehmend die Freiheit beliebiger und kurz-

---

[12] Siehe Weber, Max: Die protestantische Ethik und der Geist des Kapitalismus [1904/05, ²1920], in: Weber, Max: Gesammelte Aufsätze zur Religionssoziologie I (= UTB Uni-Taschenbücher, Nr. 1488), Tübingen ⁹1988, S. 17–206.

fristiger Lebensformen.[13] Zugleich realisiert sich kein bürgerliches Ineinander und Füreinander. Zwischen Staat, Gesellschaft und Individuen ereignen sich schleichend eher folgenschwere Differenzierungs-, Verselbständigungs-, Entfernungs- und Entfremdungsdynamiken.[14] Und schließlich lassen sich Forderungen und Verheißungen der bürgerlichen Idee offenbar nicht ein- und abgrenzen. Sie begnügen sich nicht mit der Realisierung innerhalb einer halbwegs stabil geschlossenen Bürgergemeinschaft. Sie treiben vielmehr an zu globaler Mission und Expansion, dabei zugleich zu Öffnung und Entgrenzung vormals geschlossener Bürgergemeinschaften.

Die Kausalketten, denen sich diese verwunderlichen Realitäten verdanken, sind verschlungen und diagnostisch kaum zu entwirren. Entscheidenden Anteil haben aber wohl vier Rationalitäten, die gemeinsam mit der bürgerlichen Idee die Weltbühne betreten haben und die heute unauflöslich mit ihr verbunden sind: die Rationalität wissenschaftlich verfolgter Erkenntnis, die Rationalität technisch verfolgten Fortschritts, die Rationalität ökonomisch verfolgten Nutzens und die Rationalität menschenrechtlich verfolgter Würde. Diese Rationalitäten greifen förderlich ineinander und produzieren höchst angenehme Realitäten. Und vieles spricht dafür, diese Realitäten nicht aufgeben oder verlieren zu wollen. Die vier Rationalitäten liegen jedoch auch im Streit, entziehen sich wechselseitig subversiv die jeweiligen Realisierungsbedingungen.[15] Widrig gerade auch für gute, verantwortliche Politik sind sie aber vor allem deshalb, weil jede von ihnen unausgesetzt danach strebt, in den Stand einer immanenten

---

[13] Im Anschluss an Carlo Strenger nimmt Hartmann diese Realität kurz wahr (S. 67–68), geht ihr diagnostisch und systematisch jedoch nicht weiter nach.

[14] Der Beruf des bürgerlichen Politikers und der Beruf des bürgerlichen Soldaten sind insofern einander ähnliche Berufe *sui generis*, als dass sie das Ineinander und Füreinander von Staat, Gesellschaft und Individuen in besonderer Weise repräsentieren, auf das Ineinander und Füreinander geradezu angewiesen sind. Bei Soldaten (ganz ähnlich auch bei Polizisten) kommt erschwerend hinzu, dass sie tatsächlich gewaltsam Hand anlegen müssen. Sie müssen damit rechnen, dass an sie gewaltsam Hand angelegt wird. Sie sind also in Repräsentation und Angewiesenheit existenziell betroffen. Jede Entfremdungsdynamik muss sie daher in erhebliche Loyalitäts- und Rollenkonflikte bringen. Ausbrüche aus diesen Konflikten durch Komplexitätsreduzierung, durch Radikalisierung oder Vergleichgültigung, liegen durchaus nahe.

[15] Seit den 1980er Jahren schärft sich das öffentliche Bewusstsein für die unerwünschten Wechselwirkungen, für die Risiken bürgerlicher Rationalitäten. Lenkungs- und Eindämmungsversuche wie der Entwurf einer Theorie der *reflexiven Modernisierung* (Giddens, Beck) können dagegen jedoch nichts ausrichten. Die bürgerlichen Rationalitäten suchen sich lediglich neue, freundlichere Bezeichnungen und neue, weniger bedohlich erscheinende Weisen ihrer Durchsetzung.

Absolutheit erhoben zu werden. Als immanente Absolutheiten, als weltwirkliche Götter erwarten die vier Rationalitäten – manchmal kooperierend, manchmal streitend – von ihren bürgerlichen Gläubigen die Setzung zunehmend absoluter Zwecke, deren Materialisierungen Bürgergemeinschaften auseinander und über ihre Grenzen hinaus treiben. Dabei wird die bürgerliche Politik zunehmend unter rationale Diktate gestellt, die den politischen *Takt des Urteils* unterdrücken, gar unterbinden. Die zur Tat zwingen, wo Warten das Bessere wäre. Die warten lassen, wo allein die Tat die Not wenden würde. Unter bürgerlichen Bedingungen, unter dem Diktat bürgerlicher Rationalitäten wird der Raum für verantwortliche Politik, für den guten Politiker immer enger.[16]

Zugleich wird auch der Raum enger für den guten, für den verantwortlichen Soldaten. Vor allem dann, wenn er als Staatsbürger in Uniform begriffen und damit weitgehend einfunktionalisiert wird in das bürgerliche System, in dessen Rationalitäten und paradox zwingende Dynamiken.[17] Bei seinem Streifzug durch die gegenwärtige Bundeswehr nimmt Uwe Hartmann durchaus wahr, dass etwas nicht stimmt mit dem Staatsbürger in Uniform. Er nimmt wahr, dass der *Takt des Urteils* selten geworden ist, gerade auch der politische *Takt des Urteils*. Hartmann sieht die Ursache dafür jedoch nicht im bürgerlichen System selbst, sondern vor allem im Verlust staatsbürgerlicher Tugenden. Und er fordert ihre Wiederbelebung (S. 53–56): die Wiederbelebung von Sekundärtugenden, die Wiederbelebung ethischer Tugenden des Charakters, vor allem aber

---

[16] Die deutsche Politik der Ära Merkel ist symptomatisch für diesen Befund. Merkels Politik will den Rationalitäten des bürgerlichen Systems einerseits folgen, sieht sich aber andererseits immer wieder dazu gezwungen, die bürgerlichen Rationalitäten in ihren Widerstrebigkeiten und Gegenläufigkeiten zu moderieren. Verantwortlich in Max Webers Sinne kann diese Politik kaum noch sein. Sie neigt eher zum ohnmächtigen Wirklichkeitsmanagement. Um Missverständnissen vorzubeugen: Die verantwortliche Alternative zu Merkels Politik ist sicher nicht Trumps Affektpolitik, die *America first* als Absolutheit proklamiert, tatsächlich aber *Trump first* als Absolutheit praktiziert.

[17] Siehe Bohn, Jochen: Staatsdiener in Uniform. „Wir. Dienen. Deutschland.": Abgesang auf den Bürgersoldaten, in: zur sache bw Nr. 24 (2013) S. 25–27. – Die Innere Führung erweckt vordergründig den Eindruck, sie fordere kritische Geister. Hinter dem Schleier der Offenheit zeigt sich jedoch, dass alle Kritik allein der Systemperfektionierung zu dienen hat. Für das auch mögliche politische und militärische Andere ist die Innere Führung alles andere als offen. Sie kann daher nur ein militärisches Funktionssystem erzeugen, das langfristig auch noch den letzten General zum Schweigen bringt, das zugleich aber zunehmend Symptome der Verdrängung aufweist. Einige dieser Symptome drängen mittlerweile verstärkt an die Öffentlichkeit. Und das System reagiert ganz folgerichtig: Es diagnostiziert ein „Haltungsproblem".

die Wiederbelebung der Klugheit, der leitenden dianoetischen Tugend des Verstandes. Tugenden des Verstandes werden erworben durch Bildung, Tugenden des Charakters werden erworben durch Erziehung. Entsprechend mahnt Hartmann wiederholt und nachdrücklich an, die Bildung des Staatsbürgers in Uniform zu reformieren und zum Erziehungsgedanken innerhalb der Streitkräfte zurückzufinden. Nun, abgesehen davon, dass eine Wiederbelebung der Tugenden dem Problem des Staatsbürgers in Uniform nicht an die bürgerliche Wurzel greift und möglicherweise bloß die sorgenvoll beobachtete Verflüchtigung einer einigenden Sittlichkeit zu korrigieren versucht:[18] Tugenden sind dem *Takt des Urteils* nicht immer und nicht aus sich heraus zuträglich, Tugenden sind immer abhängig von kontextuellen Voraussetzungen und Tugenden können auch unerwünschte Wirklichkeiten erzeugen.

Wie jedes andere ethische System, so ist auch das System der Tugenden ein ideologisch voraussetzungsreicher Versuch, Prinzipien oder Schemata zur Verfügung zu stellen, die eine als gut angenommene Handhabung der Wirklichkeit ermöglichen und deren Beachtung zumindest hoffen lässt, dass sich der Wirklichkeitslauf auf einen als gut angenommenen Zweck zubewegt. Und alle ethischen Systeme haben zweifellos ihre Stärken und Vorzüge. Alle ethischen Systeme haben jedoch auch Engstellen und blinde Flecken. Ihre normativen Rationalitäten sperren sich gegen zurückhaltende oder alternative Ideen des Guten und führen in der Auseinandersetzung mit der Wirklichkeit regelmäßig in Aporien oder Radikalitäten. Vor allem aber treffen alle ethischen Systeme immer auf Bedingungen, werden hier unvermeidlich absorbiert und dienstbar gemacht. Pflicht, Nutzen oder Tugend sind an sich weitgehend offene Begriffe. Material befüllt werden sie immer auch durch bedingte Menschen und bedingte Kontexte. Das bedeutet: Es kann auch eine Pflicht, einen Nutzen, eine Tugend geben, die dem Bösen dient. Es ist durchaus möglich, dass der Wehrmachssoldat es als pflichtgemäß, als nützlich, als tugendhaft begreift, den Befehl des Führers widerspruchslos auszuführen. Es ist möglich, das Böse zu stützen und zugleich einem ethischen System treu zu bleiben. Ethische Systeme sind gleichsam anfällig dafür, das Böse zu verschleiern. Weil sie in einer komplexen und kontingenten Wirklichkeit vermeintliche Sicherheiten bieten, die Zuflucht sein

---

[18] Hartmanns Verlustanzeige lässt sich in gewissem Sinne einreihen in die Bemühungen der vergangenen Jahrzehnte, die vorpolitischen, auch die sittlichen Voraussetzungen des modernen Rechtsstaates zu klären und zu sichern. Siehe dazu etwa Kühnlein, Michael (Hg.): Das Politische und das Vorpolitische. Über die Wertgrundlagen der Demokratie, Baden-Baden 2014.

können vor dem, was im jeweiligen Hier und Jetzt notwendig ist: *Takt des Urteils*, verantwortliches Warten oder verantwortliche Tat.[19]

Nun ist gerade das System staatsbürgerlicher Tugenden ausgesprochen kontextabhängig. Traditionell stützt es sich auf eine geschlossene, abgrenzbare Bürgergemeinschaft. Hier werden bürgerliche Tugenden entwickelt, hier werden sie im Wechselspiel von Erziehung und Selbsterziehung, von Vorbildlichkeit und Nachahmung vermittelt und tradiert. Den modernen bürgerlichen Rationalitäten ist es allerdings eigentümlich, dass sie Schließungen, dass sie Ab- und Ausgrenzungen zu durchbrechen und zu überwinden versuchen. Die bürgerliche Bewegung ist eine global gerichtete Öffnungsbewegung. Absehbar wird sie als solche spätestens in Kants philosophischem Entwurf *Zum ewigen Frieden*.[20] Im bürgerlich angestoßenen und vorangetriebenen Prozess globaler Öffnung verliert sich vieles, auch die herkömmliche Materie staatsbürgerlicher Tugend. Tugendsystematisch streng genommen ist das jedoch kein Verlust, sondern bloß eine Substitution. Der Begriff bürgerlicher Tugend wird material lediglich neu gefüllt. Der kluge, gerechte, disziplinierte Bürger von heute ist ein anderer, als der kluge, gerechte, disziplinierte Bürger, den die Väter des Staatsbürgers in Uniform noch vor Augen hatten. Ob die neue Tugend besser oder schlechter ist als die alte, darüber kann die Tugend selbst keine Auskunft geben. Wer nun allerdings die neue Tugend als Verlust wahrnimmt, wer – und diesen Eindruck erweckt Hartmann mit seinem guten Soldaten – eine Wiederbelebung alter staatsbürgerlicher Tugenden in den Streitkräften einfordert, der

---

[19] Kaum ein zweiter Text legt den Finger so rücksichtslos in diese offene Wunde ethischer Systeme, wie die kleine Schrift *Nach zehn Jahren*, ein drängendes Votum für das Wagnis der Verantwortung, formuliert von Dietrich Bonhoeffer an der Jahreswende 1942/43, wenige Monate vor seiner Verhaftung. Siehe Bonhoeffer, Dietrich: Nach zehn Jahren, in: Bonhoeffer, Dietrich: Widerstand und Ergebung. Briefe und Aufzeichnungen aus der Haft (= Dietrich Bonhoeffer Werke, Bd. 8), hrsg. v. Christian Gremmels u. a., Gütersloh 1998, S. 19–39. Bonhoeffers Kritik der ethischen Systeme lässt sich erweitern zur Kritik normativ auftretender Systeme überhaupt. Es ist weniger der böse Mensch, der das Gute dadurch hindert, dass er sich gegenüber dem systemspezifischen normativen Code als unzureichend folgsam erweist. Es ist vielmehr jedes normative System selbst, das dem Bösen förderlich ist: weil es den Eindruck vermittelt, Wirklichkeit lasse sich systematisch fassen, die systematische Fassung sei das Gute und der Mensch müsse lediglich die Fassung wahren – dann werde das Gute Wirklichkeit und die Wirklichkeit werde gut.

[20] Angesichts ihrer tatsächlichen Wirkungen muss die mit Kant vorgezeichnete Globalisierungsbewegung heute noch einmal fundamental befragt werden. Siehe dazu Bohn, Jochen: Ewiger Krieg der Ansprüche. Kritik der freiheitsrechtlichen Friedensphilosophie Kants, in: Archiv für Rechts- und Sozialphilosophie 99 (2013) 4, S. 462–474.

muss sich nicht alleine fragen lassen, ob diese Wiederbelebung im veränderten Kontext überhaupt möglich ist. Der muss sich auch fragen lassen, ob er diese Wiederbelebung tatsächlich wollen kann. Weil er damit möglicherweise Menschen in die Streitkräfte lockt, die zu realisieren wünschen, was sie selbst gar nicht mehr realisieren können, was sie im Lichte neuer Tugenden auch gar nicht mehr realisieren sollen. Und weil er damit möglicherweise Streitkräfte befördert, die dem Geist seiner alten Tugend regelrecht zuwider sind und die er gerade verhindern will (S. 88–90): isolierte, desintegrierte Streitkräfte als alttugendhafte Sondergemeinschaft.

Aber wie dem auch sei: Richtig und wesentlich sind die stillen Ahnungen, die sich hinter Hartmanns Bemühungen um den guten Soldaten verbergen. Im Sog bürgerlicher Rationalitäten und Verheißungen schwindet das Bewusstsein für die letzte Ohnmacht jeder Kultur, für die letzte Vergeblichkeit auch aller politischen und militärischen Bemühungen um Steuerung, Stabilisierung und Stillung von Wirklichkeit. Mit der bürgerlichen Bewusstlosigkeit wächst der bürgerliche Glaube an immanente Absolutheiten, an die künftige Realität der durch Wissenschaft, Technik, Ökonomie und Menschenrecht verfolgten absoluten Zwecke, gar an die Herstellbarkeit eines global endgültigen Zustandes bürgerlicher Vollkommenheit. Dieser Glaube öffnet nun keinen Raum für politischen und militärischen *Takt des Urteils*. Er zwingt vielmehr in eine rationale, gleichermaßen bequeme wie verbissene Mechanik, die den politischen und militärischen *Takt des Urteils* lähmt, die Politiker wie Soldaten geradezu hilflos macht gegenüber den unberechenbaren und unbeherrschbaren Wendungen der Wirklichkeit. Abhilfe bietet in dieser Lage nicht die Wiederbelebung staatsbürgerlicher Tugenden. Abhilfe kann bieten, worauf Hartmann mit seiner Tugendempfehlung wohl unbewusst hinaus will: eine kritisch-distanzierende Selbst- und Wirklichkeitsreflexion, die zu ungeteilter Wirklichkeitspräsenz und zu verantwortlicher Wirklichkeitshandhabung befähigt. Die es Politikern wie Soldaten ermöglicht, sich den bedingungslosen Befehlen immanenter Absolutheiten zu entziehen, um im jeweils absehbaren Hier und Jetzt das Verantwortliche treffen, um praktisch treffend Antwort geben zu können auf das Hier und Jetzt.

Mit seinem Verweis auf Luther folgt Hartmann an dieser Stelle einer richtigen Intuition. Allerdings hilft nicht der durch das 20. Jahrhundert transformierte Luther, der gewissensindividualistisch verengte und dann in die bürgerliche Rationalität eingepflegte Luther, der nicht zuletzt für den Staatsbürger in Uniform Pate stand.²¹ Helfen kann Luther allenfalls dann, wenn er als Denker, auch als politischer Denker ernst genommen wird. Nun ist hier nicht der Ort für eine ausführliche Rekonstruktion reformatorischer Theologie (der Politik).²² Grundsätzliches lässt sich aber doch andeuten: Luthers Reformation ist Symptom und Katalysator dessen, was Max Weber „Entzauberung der Welt"²³ nennt, einer grundstürzenden und folgenreichen Ernüchterung darüber, was Wirklichkeit ist, vor allem aber darüber, was Wirklichkeit nicht ist. Wirklichkeit ist nicht göttlich, sie ist noch nicht einmal gottähnlich. Wirklichkeit ist weder heil noch heilbar. Wirklichkeit ist das, was Luther Sünde nennt – nicht im moralischen, sondern im ontologischen Sinne. Sünde bezeichnet Struktur und Wirkweise der Wirklichkeit, beschreibt die Wirklichkeit als komplexe und kontingente Eigenmacht, die sich nicht stabilisieren und schon gar nicht stillen lässt. In diese Macht ist der Mensch existenziell hineingerissen. Er ist Sünder – wiederum nicht im moralischen, sondern im existenzialen Sinne. Auch der Mensch lässt sich nicht stabilisieren, auch er lässt sich nicht stillen.²⁴

Sünde und Sünder sind einer Transformation nicht fähig, einer Vergöttlichung ohnehin nicht. Das ist Luthers kritische Distanzierung von Wirklichkeit und Menschen, gerade auch von allen Erscheinungsweisen ihrer Verabsolutierung. Was angesichts dessen im menschlichen Beieinandersein, was im Sinne der Möglichkeit menschlichen Beieinanderseins überhaupt bleibt, ist eine nüchterne und ausdauernde Handhabung von Wirklichkeit und Menschen. Medium dieser Handhabung ist bei Luther aber gerade nicht die Tugend, sondern zunächst und vor allem der Glaube, die reformatorische Deutung von Wirklich-

---

21 Siehe Dörfler-Dierken, Angelika: Die Konzeption der Inneren Führung und das Luthertum im Nachkriegsdeutschland, in: Schweitzer, Friedrich (Hg.): Religion, Politik und Gewalt. Kongressband des XII. Europäischen Kongresses für Theologie, 18.–22. September 2005 in Berlin (= Veröffentlichungen der Wissenschaftlichen Gesellschaft für Theologie, Bd. 29), Gütersloh 2006, 587–625.
22 Siehe dazu Bohn, Jochen: Herrschaft ohne Naturrecht. Der Protestantismus zwischen Weltflucht und christlicher Despotie (= Erfahrung und Denken, Bd. 93), Berlin 2004.
23 Weber, Max: Wissenschaft als Beruf [1919], in: Weber, Max: Gesammelte Aufsätze zur Wissenschaftslehre (= UTB Uni-Taschenbücher, Nr. 1492), hrsg. v. Johannes Winckelmann, Tübingen ⁷1988, S. 594.
24 Luthers Entzauberung der Welt läuft noch auf eine Ontologisierung und Existenzialisierung des Sündenbegriffs hinaus, damit zugleich auf eine Anerkennung der weitgehenden Unbeherrschbarkeit von Wirklichkeit. Die moderne Entzauberung dagegen verfällt wieder dem quasi-magischen Glauben, „alle Dinge – im Prinzip – durch *Berechnung beherrschen*" zu können. Weber: Wissenschaft als Beruf, S. 594.

keit und Menschen durch die Annahme ihrer Begnadigung hindurch, durch eine Annahme nicht begriffen als praktisches Ideal, sondern als Ermöglichung des praktisch Notwendigen im Hier und Jetzt. Luthers Annahme liefert keine allgemeinen praktischen Prinzipien oder Schemata, mit deren Hilfe Wirklichkeit und Menschen zu ergreifen und auf einen spezifischen, gar als absolut begriffenen Zweck hin zu transformieren wären. Sie ermöglicht und fordert vielmehr eine unausgesetzt bewegliche, nie irgendwo ankommende Handhabung des jeweils Gegebenen und sich Ereignenden. Sie ermöglicht und fordert in jeder sich stellenden Gegenwart den Entwurf neuer Dekaloge,[25] die Formulierung eines je neuen, verantwortlichen Gebotes. Wirkung reformatorischer Handhabung von Wirklichkeit und Menschen ist das, was durchaus als Frieden und auch als Gerechtigkeit bezeichnet werden kann. Dies aber nicht im Sinne eines herstellbaren und herzustellenden Idealzustandes, sondern im Sinne einer sensiblen und hoch elastischen Bewegung ohne Fortschritt, einer immer wieder neuen Antwort auf die Unberechenbarkeit und Unbeherrschbarkeit von Sünde und Sünder.[26]

Zu Frieden und Gerechtigkeit in diesem Sinne nötigt und begabt allerdings nicht erst der Glaube, sondern schon das, was Luther *natürliche Vernunft* nennt, also jene Vernünftigkeit, die Wirklichkeit und Menschen nicht als begnadigt annimmt. Auch der natürlichen Vernunft gesteht Luther zu, Komplexität und Kontingenz von Wirklichkeit und Menschen vernehmen zu können. Auch die natürliche Vernunft ist zu der Einsicht fähig, dass die Handhabung von Wirklichkeit und Menschen beweglich bleiben muss. Und auch die natürliche Ver-

---

[25] Siehe Luther, Martin: Disputation über den Glauben [1535] in: Luther, Martin: Der Kampf um die reine Lehre (= Luther deutsch, Bd. 4 / UTB Uni-Taschenbücher, Nr. 1656), Göttingen ⁴1991, S. 284.

[26] Die (deutsche) evangelische Friedensethik der vergangenen Jahrzehnte folgt, anders als Luther, eher der modernen Vorstellung einer Beherrschbarkeit und Transformierbarkeit von Wirklichkeit und Menschen. Ihr *gerechter Friede* meint daher einen kommenden Zustand, keine fortschrittslose Bewegung. Siehe v.a. Rat der EKD (Hg.): Aus Gottes Frieden leben – für gerechten Frieden sorgen. Eine Denkschrift des Rates der Evangelischen Kirche in Deutschland, Gütersloh 2007. Die jüngsten Versuche einer Weiterentwicklung des *gerechten Friedens* betonen zwar dessen Prozesscharakter, bleiben aber nach wie vor einem Fortschrittsparadigma verhaftet. Siehe etwa Werkner, Ines-J./Ebeling, Klaus (Hg.): Handbuch Friedensethik, Wiesbaden 2017, dazu auch die bei Springer VS publizierten Ergebnisbände des vom Rat der EKD unterstützen und von der Evangelischen Seelsorge in der Bundeswehr geförderten Konsultationsprozesses „Orientierungswissen zum gerechten Frieden". Die bislang erschienenen Bände finden sich unter: http://www.konsultationsprozess-gerechter-frieden.de.

nunft verfügt über eine Intuition für das, was im absehbaren Hier und Jetzt das politisch Verantwortliche sein, was Frieden und Gerechtigkeit wahren kann. Luther veranschaulicht die politische Begabung und Aufgabe der natürlichen Vernunft gerne am Verhältnis von Recht und Politik. Zunächst hält er es für selbstverständlich, dass jede politische Vereinigung von Menschen des Rechts bedarf, dass Recht zu setzen, zu achten und durchzusetzen ist. Recht ist jedoch bloß ein Hilfsmittel, muss schlicht, schlank und zurückhaltend sein, darf keinesfalls absolut gesetzt werden. Weil ausreichend Raum bleiben muss für Politik, für gute, verantwortliche Politik.[27] In seiner Schrift an die Kriegsleute stellt Luther in Anlehnung an den römischen Dichter Terenz fest: „Das strengste Recht ist das allergrößte Unrecht"[28]. Das meint zunächst: Politik darf nicht durch das Recht, sondern umgekehrt muss das Recht durch die Politik gehandhabt werden. Das meint zugleich: Leitende Instanz guter, verantwortlicher Politik ist letztlich nicht das Recht, sondern eben jene Intuition der natürlichen Vernunft, die im Hier und Jetzt das Notwendige zu treffen weiß. Diese Intuition nennt Luther *Billigkeit*. Ihr „müssen und sollen alle Rechte [...] als der Meisterin unterworfen sein". Um der Komplexität und Kontingenz von Wirklichkeit und Menschen, um der Sünde und der Sünder, „um der mannigfaltigen, unzähligen, ungewissen Zufälle willen, die sich begeben können und die niemand zuvor beschreiben oder einbeziehen kann."[29]

Die rechtshandhabende Intuition des guten Politikers bezeichnet Luther an andere Stelle auch als *natürliches Recht*, gelegentlich sogar als *Liebe*. Und jeder Politiker, will er Frieden und Gerechtigkeit erhalten, muss aufmerksam darauf achten, dass in aller Politik nicht das positive Recht und dessen Interpretation, sondern „immer die Liebe und das natürliche Recht oben schwebe. Denn wo

---

[27] Luther hat seine Bibel gut gelesen: Das Recht ist um des Menschen willen gemacht, nicht der Mensch um des Rechts willen (Mk 2,27). Recht gewährleistet im Beieinandersein von Menschen ein gewisses Maß an allgemein verlässlicher Funktionalität. Der Mensch darf aber nicht zur Funktion des Rechts werden. Recht muss immer Instrument in der Hand des Menschen bleiben. Und es muss Raum bleiben für andere Instrumente neben dem Recht, auch für die (politische) Entscheidung, das Recht beiseite zu legen und andere Instrumente zu ergreifen.
[28] Luther, Martin: Ob Kriegsleute auch in seligem Stande sein können [1526], in: Luther, Martin: Der Christ in der Welt (= Luther deutsch, Bd. 7 / UTB Uni-Taschenbücher, Nr. 1656), Göttingen ⁴1991, S. 59.
[29] Luther: Kriegsleute, S. 59. Luther beschreibt hier die Billigkeit durchaus als „Tugend oder Weisheit", allerdings nicht mehr im traditionellen und schon gar nicht im staatsbürgerlichen Sinne. Luthers welt- und menschenanschauliche Voraussetzungen geben diese Sinne nicht (mehr) her.

283

du der Liebe nach urteilst, wirst du gar leicht alle Sachen ohne alle Rechtsbücher entscheiden und richten. Wo du aber der Liebe und Natur Recht aus den Augen tust, wirst du es nimmermehr so treffen, daß es Gott gefalle, wenn du auch alle Rechtsbücher und Juristen gefressen hättest. Sondern sie werden dich nur um so mehr irremachen, je mehr du ihnen nachdenkst. Ein rechtes gutes Urteil, das muß und kann nicht aus Büchern gesprochen werden, sondern aus freiem Sinn heraus, als gäbe es kein Buch. Aber solch freies Urteil gibt die Liebe und das natürliche Recht, wovon alle Vernunft voll ist."[30] Was das freie Urteil der natürlichen Vernunft als billig, als dem natürlichem Recht, als der Liebe gemäß ausfindig machen kann, zeigt Luther an einem der modernen Wahrnehmung eher unbequemen Beispiel: „Man sagt von Herzog Karl von Burgund eine Geschichte, daß ein Edelmann seinen Feind fing. Da kam die Frau des Gefangenen, ihren Mann zu befreien; aber der Edelmann versprach ihr, den Mann freizugeben, sofern sie bei ihm schlafen wollte. Das Weib war fromm, hätte aber doch ihren Mann gern befreit; geht hin und fragt ihren Mann, ob sie es tun solle, daß sie ihn befreite. Der Mann wäre gern los gewesen und wollte sein Leben behalten und erlaubte es der Frau. Da nun der Edelmann die Frau beschlafen hatte, ließ er am andern Tag ihrem Mann den Kopf abschlagen und gab ihn der Frau tot. Das klagte sie alles dem Herzog Karl. Der forderte den Edelmann und gebot ihm, daß er die Frau müßte zur Ehe nehmen. Da nun der Brauttag aus war, ließ er dem Mann den Kopf abschlagen und setzte die Frau in sein Gut und brachte sie wieder zu Ehren und strafte so die Untugend recht fürstlich. Siehe, ein solches Urteil hätte ihm kein Papst, kein Jurist, auch kein Buch geben mögen, sondern es ist aus freier Vernunft über aller Bücher Recht gesprungen, so fein, daß es jedermann billigen muß und bei sich selbst findet im Herzen geschrieben, daß es so recht sei."[31]

Ob dieses Urteil auch in modernen Herzen noch als ein billiges zu finden wäre, lässt sich mit guten Gründen bezweifeln. Und mit guten Gründen lässt sich dieses Urteil zweifellos auch zurückweisen. Dessen ungeachtet macht Luthers

---

[30] Luther, Martin: Von weltlicher Obrigkeit, wie weit man ihr Gehorsam schuldig sei [1523], in: Luther, Martin: Christsein und weltliches Regiment (= Martin Luther. Ausgewählte Schriften, Bd. 4), Frankfurt a.M. ²1983, S. 83/84. – Die von der EKD entwickelte „Ethik rechtserhaltender Gewalt" stellt Politik unter den Primat des Rechts. Ganz modern eignet sich die evangelische Kirche die „Perspektive der Friedensordnung als Rechtsordnung" an. Rat der EKD (Hg.): Aus Gottes Frieden leben, S. 12. Damit verwirft sie zugleich Billigkeit, natürliches Recht und Liebe in der Politik. Politik wird zur schlichten Funktion der Rechtsordnung.
[31] Luther: Obrigkeit, S. 84.

Beispiel eines überdeutlich: Mit dem, was Luther Billigkeit, natürliches Recht oder auch Liebe nennt, meint er weder ein traditionelles theologisches Naturrecht noch ein modernes säkulares Vernunftrecht. Hinter Luthers Billigkeit stehen keine absoluten universalen Forderungen, keine absoluten universalen Zwecksetzungen, die sich im positiven Recht widerspiegeln müssten und die dann politisch im Sinne einer Ausübung von absolutem Recht zu exekutieren wären. Billigkeit meint bei Luther eine über Sünde und Sünder, über Struktur und Wirkweise von Wirklichkeit und Menschen umfassend aufgeklärte politische Intuition, eine ganz diesseitige und insofern natürliche, flexible, mutige und ausdauernde Vernünftigkeit, die im chaotischen Strom weltwirklicher Gegebenheiten, Ereignisse und Kausalitäten Frieden und Gerechtigkeit zu wahren bemüht ist. Billigkeit meint also nichts anderes als politischen *Takt des Urteils*. Billigkeit ist die unverzichtbare Gabe eines guten, verantwortlichen Politikers. In seiner Bewegung durch die Wirklichkeit trifft Luthers guter Politiker billige Entscheidungen – manchmal mit dem Recht, manchmal ohne das Recht, manchmal auch gegen das Recht.[32] Er wahrt Frieden und Gerechtigkeit, indem er sich elastisch bewegt zwischen dulden und durchsetzen, zwischen zurückweichen und zurückweisen. Er weiß zu warten, bei ihm gehen „viel Worte in einen Sack"[33]. Er weiß aber auch zu handeln, er kennt auch Zeit und Ort der robusten Tat. Und dann zieht er kräftig „vom Leder", schlägt zu „in Gottes Namen"[34].

---

[32] Angela Merkel hat sich in zwei Momenten ihrer Amtszeit als Kanzlerin sehr deutlich dem üblichen politischen Management entzogen und das bürgerliche System der Billigkeit als Meisterin unterworfen: 2011 mit ihrer Entscheidung zur Energiepolitik („Fukushima hat meine Haltung zur Atomenergie verändert!") und 2015 mit ihrer Entscheidung zur Flüchtlingspolitik („Wir haben so vieles geschafft. Wir schaffen das!"). In beiden Fällen hat Merkel auch gegen wissenschaftliche, technische, ökonomische und rechtliche Rationalitäten entschieden. Und beide Entscheidungen haben das bürgerliche System sichtlich irritiert. Es ist schlechtweg nicht mehr auf verantwortliche Politik vorbereitet. Billigkeit ist für dieses System kaum noch eine Option.
[33] Luther: Kriegsleute, S. 73.
[34] Luther: Kriegsleute, S. 85. – Die nachkriegsdeutschen Vorbehalte gegenüber einer Politik, die Recht gebraucht und nicht durch Recht gebraucht wird, haben ihre Wurzeln vor allem auch in der nationalsozialistischen Vergewaltigung des Rechts. Dieser Vergewaltigung jedoch eine Verabsolutierung von Menschenrecht und menschenrechtlich bestimmtem Rechtsstaat entgegen zu setzen, ist naiv und gefährlich. Zum einen, weil gerade die Verabsolutierung des Menschenrechts schutzlos macht gegen dessen Vergewaltigung. Deutsche Soldaten, die sich am Krieg gegen den internationalen Terrorismus beteiligen müssen, wissen davon ein Klagelied zu singen. Zum anderen, weil die Verabsolutierung des Menschenrechts selbst auf eine Vergewal-

Was tragen nun diese kurzen Verweise auf Luther aus für die Frage nach dem guten Politiker, auch nach dem guten Soldaten unter bürgerlichen Bedingungen? Zunächst nicht die Forderung nach Zerschlagung des bürgerlichen Systems. Es ist vielleicht noch einmal Zeit, daran zu erinnern, dass Luther und andere Reformatoren grundsätzlich gleichermaßen Abstand halten zu allen politischen Systemen. Kein politisches System ist ideal oder gar göttlich. Damit gilt: Jedes politische System darf sein, jedes politische System hat zur Wahrung von Frieden und Gerechtigkeit seinen Raum und seine Zeit – auch das bürgerliche. Damit gilt aber auch: Kein politisches System darf sich selbst, die ihm eigentümlichen Rationalitäten und Zwecke idealisieren oder gar verabsolutieren – auch nicht das bürgerliche. Skepsis und Kritik sind vor allem dann gefordert, wenn sich ein politisches System in seinen überdehnten Rationalitäten und Zwecken selbst so gefangen setzt, dass es verantwortliche Politik erstickt, wenn die Dynamiken dieses Systems Frieden und Gerechtigkeit im politischen Bei- und Nebeneinandersein von Menschen nicht wahren, sondern verhindern. Gerade dahin aber scheint das bürgerliche System gegenwärtig zu tendieren: In der Selbstidealisierung und Selbstverabsolutierung seiner Rationalitäten und Zwecke hält dieses System Staat, Gesellschaft und Individuen nicht beieinander. Es treibt sie eher auseinander. Dabei neigt es zugleich zu friedens- und gerechtigkeitswidriger Expansion. Und in allem unterbindet es die notwendige Beweglichkeit verantwortlicher Politik. Gute Politiker und gute (politische) Soldaten sind zunehmend gehemmt in ihrer verantwortlichen Bewegung zwischen Tun und Lassen.

Wer Wege öffnen will, Politiker und Soldaten diesen Dynamiken des bürgerlichen Systems zu entziehen, wer neu Raum schaffen will für politische Verantwortung und Mitverantwortung, der muss nicht auf eine nächste Reformation warten.[35] Mit Luther bedarf es lediglich einer Erinnerung der natürlichen Ver-

---

tigung des Menschenrechts hinauslaufen kann, vielleicht sogar unvermeidlich darauf hinauslaufen muss. Es ist derzeit vor allem Giorgio Agamben, der dies unter Rückgriff auf die Figur des *homo sacer* zu entschlüsseln und zu demonstrieren versucht.

[35] Wenngleich das Ereignis einer Erneuerung reformatorischen Glaubens unter spätmodernen Denk- und Lebensvoraussetzungen für die Realisierung von Frieden und Gerechtigkeit zweifellos hilfreich wäre. Alles andere als hilfreich sind dagegen Versuche, Reformation zu machen, Frieden und Gerechtigkeit als Zustände herzustellen. So will etwa die radikalpazifistische Initiative der Badischen Landeskirche eine expansive *Kirche des gerechten Friedens* errichten und so das Übel des Krieges global ausrotten. Siehe http://www.kirche-des-friedens.de. Derartige Vorhaben gehen immer auch einher mit quasi-totalitärer Indoktrination. Gerade von deutschen,

nunft, einer Resensibilisierung und Stärkung der natürlichen politischen Intuitionen. Und tatsächlich sind hier Bildung und Erziehung die geeigneten Mittel der Wahl. Allerdings nicht begriffen als Instrumente zur Wiederbelebung staatsbürgerlicher Tugenden. Bildung der natürlichen Vernunft meint nicht Staatsbürgerkunde, sondern breite theoretische und empirische Aufklärung über Sünde und Sünder, über Komplexität und Kontingenz von Wirklichkeit und Menschen, über die Unmöglichkeit ihrer Stabilisierung und Stillung. Dazu gehört auch die breite Aufklärung über Eigentümlichkeit und Wirkweisen des bürgerlichen Systems, über die Gefahren für Frieden und Gerechtigkeit, die mit der Idealisierung und Absolutsetzung seiner Rationalitäten und Zwecke einhergehen. Unter bürgerlichen Bedingungen erinnert Bildung die natürliche Vernunft insbesondere daran, dass die Erkenntnis der Wissenschaft Torheit, dass der Fortschritt der Technik Dekadenz, dass der Nutzen der Ökonomie Schaden und dass die Würde des Menschenrechts Unmenschlichkeit sein kann. Der so erinnerten Vernunft ist die begleitende Übung durch Erziehung förderlich, vielleicht sogar unverzichtbar – allerdings nicht begriffen als staatsbürgerliche Ertüchtigung, sondern als Einübung in praktischer Selbst- und Wirklichkeitsreflexion, als Anleitung gerade auch zu konkreter politischer Verantwortung. Unter bürgerlichen Bedingungen meint das vor allem die Befähigung zu einer Frieden und Gerechtigkeit wahrenden Handhabung von Wissenschaft, Technik, Ökonomie und Menschenrecht.

Verantwortliche politische und militärische Praxis kommt zu Atem in einer durch Bildung und Erziehung geschaffenen Atmosphäre der Entmythologisierung und Entsakralisierung von Wirklichkeit und Menschen.[36] An dieser At-

---

historisch halbwegs orientierten Christen könnte eigentlich erwartet werden, dass sie davor zurückschrecken.

[36] Auf diesen Satz lässt sich vielleicht bringen, worauf jede reformatorisch imprägnierte Theologie der Politik hinausläuft. – Im Aufgang der Moderne lassen sich kultursoziologisch einige politisch höchst folgenreiche Sakralisierungsprozesse identifizieren. Siehe Joas, Hans: Die Sakralität der Person. Eine neue Genealogie der Menschenrechte. Mit einem neuen Vorwort (= suhrkamp taschenbuch wissenschaft, Bd. 2070), Berlin 2015. Gegen eine bestimmte, säkularistische Interpretation von Max Webers Entzauberungsthese lässt sich sogar die These einer Permanenz des Sakralen stark machen. Siehe Joas, Hans: Die Macht des Heiligen. Eine Alternative zur Geschichte von der Entzauberung, Berlin 2017. Politisch problematisch werden derartige kultursoziologische Diagnosen allerdings dann, wenn sie, wie es bei Joas kaum übersehbar der Fall ist, normativ motiviert sind, wenn die ewige Wiederkehr der Sakralisierung von Wirklichkeit und Menschen als *gut* im normativen Sinne begriffen werden soll. Dann ist Kul-

mosphäre lässt sich mitwirken, die Arbeit scheint jedoch unter dem Diktat bürgerlicher Rationalitäten zunehmend beschwerlich und hoffnungslos. Zu Bildung und Erziehung müssen daher gerade heute strukturelle Hilfen hinzutreten, vor allem im Blick auf die global gerichtete Frage nach politischem Tun oder Lassen, im Blick auf eine Frage, die ohne die globale militärische Option kaum noch auskommen kann. Notwendig sind strukturelle Eingriffe in das politische Systems selbst, nicht zuletzt in das Verhältnis von Politik und Streitkräften, von Politikern und Soldaten.[37] An dieser Stelle ist Hartmann auffallend schweigsam, hier erweist er sich wohl zu deutlich als Staatsbürger in Uniform. Er hält am herkömmlichen Primat der Politik fest und fordert lediglich die Erneuerung eines partnerschaftlichen Dialogs zwischen Ungleichen (S. 29). Schon unter bürgerlichen Voraussetzungen ist der Primat der Politik ein fragwürdiges Konstrukt, heute droht er – nach seiner Absolutsetzung im nationalsozialistischen Führerstaat – unter bürgerlichen Bedingungen erneut zur Gefahr für Frieden und Gerechtigkeit zu werden: Weil er den Soldaten dazu verleitet, der systemkonformen Funktion bürgerlicher Politik nichts entgegen zu setzen, sich dieser Politik vielmehr funktional zu überlassen und sich so seiner politischen Mitverantwortung zu entziehen. Der Primat der Politik bedarf heute wenigstens einer Öffnung. Strukturell möglich werden muss zumindest eine wirksame Einflussnahme der Streitkräfte auf Einsatzentscheidungen der Politik.

Aufklärende Bildung, selbst- und wirklichkeitsdistanzierende Erziehung, strukturelle Reformen des politischen Systems – das sind wesentliche Ermöglichungsbedingungen verantwortlicher Politik und politischer Mitverantwortung. Und vielleicht ist es gerade heute sinnvoll, diese Ermöglichungsbedingungen zunächst in den Streitkräften neu zu fördern. Vielleicht ist es sinnvoll, dem politisch mitverantwortlichen Soldaten Vorrang einzuräumen, dem besonders gefährlichen Subjekt und dem besonders gefährdeten Objekt der Politik. Sicher: Das würde Streitkräfte vorläufig heimatlos machen.[38] Aber wenn dies der politischen Sache, wenn es der Wahrung von Frieden und Gerechtigkeit dien-

---

tursoziologie gerade kein Beitrag zur Förderung verantwortlicher Politik. Dann stellt sie sich verantwortlicher Politik vielmehr in den Weg.
[37] Erste Vorschläge dazu in Bohn, Jochen: Der Nachfolger des Staatsbürgers in Uniform. Annäherung an einen Soldaten jenseits bürgerlicher Funktionalität. In: Hartmann, Uwe/Rosen, Claus v. (Hg.): Jahrbuch Innere Führung 2014: Drohnen, Roboter und Cyborgs – Der Soldat im Angesicht neuer Militärtechnologien, Berlin 2014, S. 266–284.
[38] Siehe Bohn: Nachfolger, 276–280.

lich ist? Wie der vorläufig heimatlose Soldat sich selbst künftig begreifen, wie er sich selbst bezeichnen würde, ist nicht absehbar. Absehbar aber scheint, dass er kein Staatsbürger in Uniform im Sinne der Inneren Führung mehr sein kann. Weder im Sinne der gedachten, noch im Sinne der gewordenen Inneren Führung.

Literatur

Bohn, Jochen: Herrschaft ohne Naturrecht. Der Protestantismus zwischen Weltflucht und christlicher Despotie (= Erfahrung und Denken, Bd. 93), Berlin 2004.

Bohn, Jochen: Staatsdiener in Uniform. „Wir. Dienen. Deutschland.": Abgesang auf den Bürgersoldaten, in: zur sache bw Nr. 24 (2013) S. 25–27.

Bohn, Jochen: Ewiger Krieg der Ansprüche. Kritik der freiheitsrechtlichen Friedensphilosophie Kants, in: Archiv für Rechts- und Sozialphilosophie 99 (2013) 4, S. 462–474.

Bohn, Jochen: Der Nachfolger des Staatsbürgers in Uniform. Annäherung an einen Soldaten jenseits bürgerlicher Funktionalität. In: Hartmann, Uwe/Rosen, Claus v. (Hg.): Jahrbuch Innere Führung 2014: Drohnen, Roboter und Cyborgs – Der Soldat im Angesicht neuer Militärtechnologien, Berlin 2014, S. 266–284.

Bonhoeffer, Dietrich: Nach zehn Jahren, in: Bonhoeffer, Dietrich: Widerstand und Ergebung. Briefe und Aufzeichnungen aus der Haft (= Dietrich Bonhoeffer Werke, Bd. 8), hrsg. v. Christian Gremmels u. a., Gütersloh 1998, S. 19–39.

Dörfler-Dierken, Angelika: Die Konzeption der Inneren Führung und das Luthertum im Nachkriegsdeutschland, in: Schweitzer, Friedrich (Hg.): Religion, Politik und Gewalt. Kongressband des XII. Europäischen Kongresses für Theologie, 18.–22. September 2005 in Berlin (= Veröffentlichungen der Wissenschaftlichen Gesellschaft für Theologie, Bd. 29), Gütersloh 2006, 587–625.

Hartmann, Uwe: Hybrider Krieg als neue Bedrohung von Freiheit und Frieden. Zur Relevanz der Inneren Führung in Politik, Gesellschaft und Streitkräften (= Standpunkte und Orientierungen, Bd. 6), Berlin 2015.

Hartmann, Uwe: Der gute Soldat. Politische Kultur und soldatisches Selbstverständnis heute (= Standpunkte und Orientierungen, Bd. 11), Berlin 2018.

Joas, Hans: Die Sakralität der Person. Eine neue Genealogie der Menschenrechte. Mit einem neuen Vorwort (= suhrkamp taschenbuch wissenschaft, Bd. 2070), Berlin 2015.

Joas, Hans: Die Macht des Heiligen. Eine Alternative zur Geschichte von der Entzauberung, Berlin 2017.

Kühnlein, Michael (Hg.): Das Politische und das Vorpolitische. Über die Wertgrundlagen der Demokratie, Baden-Baden 2014.

Luther, Martin: Von weltlicher Obrigkeit, wie weit man ihr Gehorsam schuldig sei [1523], in: Luther, Martin: Christsein und weltliches Regiment (= Martin Luther. Ausgewählte Schriften, Bd. 4), Frankfurt a.M. ²1983, S. 36–84.

Luther, Martin: Ob Kriegsleute auch in seligem Stande sein können [1526], in: Luther, Martin: Der Christ in der Welt (= Luther deutsch, Bd. 7 / UTB Uni-Taschenbücher, Nr. 1656), Göttingen ⁴1991, S. 52–86.

Luther, Martin: Disputation über den Glauben [1535], in: Luther, Martin: Der Kampf um die reine Lehre (= Luther deutsch, Bd. 4 / UTB Uni-Taschenbücher, Nr. 1656), Göttingen ⁴1991, S. 280–286.

Rat der EKD (Hg.): Aus Gottes Frieden leben – für gerechten Frieden sorgen. Eine Denkschrift des Rates der Evangelischen Kirche in Deutschland, Gütersloh 2007.

Weber, Max: Die „Objektivität" sozialwissenschaftlicher und sozialpolitischer Erkenntnis [1904], in: Weber, Max: Gesammelte Aufsätze zur Wissenschaftslehre (= UTB Uni-Taschenbücher, Nr. 1492), hrsg. v. Johannes Winckelmann, Tübingen ⁷1988, S. 146–214.

Weber, Max: Die protestantische Ethik und der Geist des Kapitalismus [1904/05, ²1920], in: Weber, Max: Gesammelte Aufsätze zur Religionssoziologie I (= UTB Uni-Taschenbücher, Nr. 1488), Tübingen ⁹1988, S. 17–206.

Weber, Max: Wissenschaft als Beruf [1919], in: Weber, Max: Gesammelte Aufsätze zur Wissenschaftslehre (= UTB Uni-Taschenbücher, Nr. 1492), hrsg. v. Johannes Winckelmann, Tübingen ⁷1988, S. 582–613.

Weber, Max: Politik als Beruf [1919], in: Weber, Max: Gesammelte politische Schriften (= UTB Uni-Taschenbücher, Bd. 1491), hrsg. v. Johannes Winckelmann, unveränderter Nachdruck der 5. Aufl. 1988, Tübingen 1999, S. 505–560.

Werkner, Ines-J./Ebeling, Klaus (Hg.): Handbuch Friedensethik, Wiesbaden 2017.

Der künftige Bundeswehrsoldat – „heimatlos" im „Schutzraum"?
Eine Antikritik zur Debatte um den guten Soldaten
Klaus Naumann

> *„Parmesan und Partisan, wo sind sie geblieben,*
> *Parmesan und Partisan, beide sind zerrieben."*
> Michael Beltz (1945-2002),
> Frankfurter Kabarettist

Im Frühjahr 2018 hat Uwe Hartmann seine Streitschrift „Der gute Soldat"[1] vorgelegt, und erfreulicherweise hat sie eine ausführliche Kritik von Jochen Bohn provoziert, die in diesem Jahrbuch abgedruckt ist.[2] Die Einlassungen des Kritikers fordern nun selbst zu einer Stellungnahme heraus, und das ist ja auch der Sinn der Sache: Im argumentativen Austausch der Positionen eine Klärung, Präzisierung, aber auch eine Abgrenzung der Perspektiven anzustreben. Dabei sind alle – bisher – Beteiligten der übereinstimmenden Auffassung, dass dieses Vorhaben ein anspruchsvolles Geschäft ist, denn mit der Frage nach dem Soldatenbild steht nicht mehr und nicht weniger als ein Eckstein der Wehrordnung und zugleich eine Prüfung ihrer tragenden (oder nicht mehr tragenden) politischen, gesellschaftlichen und geistigen Prämissen zur Debatte. Zudem ist die Symptomatik der zwischen Hartmann und seinem Kritiker begonnenen Kontroverse nicht zu unterschätzen. Sie findet zu einem Zeitpunkt statt, an dem vielerorts die Trag- und Zukunftsfähigkeit unserer Normenordnung, Institutionen, Verfahren und Orientierungen in Zweifel gezogen wird.[3] Dafür gibt es genügend Anlass. Umdenken ist angesagt, aber der Boden scheint zu schwanken. Diese Irritation teilt sich in den beiden hier verhandelten Positionen mit. Nicht allein Argumente werden ausgetauscht, zugleich stoßen unter-

---

[1] Hartmann, Uwe, Der gute Soldat. Politische Kultur und soldatisches Selbstverständnis heute. Berlin 2018. – Seitenverweise auf dieses Buch werden im Folgenden in Klammern angezeigt.
[2] Seitenverweise auf die Kritik von Jochen Bohn in diesem Jahrbuch werden in Klammern angezeigt.
[3] Dazu kürzlich Bundespräsident Frank-Walter Steinmeier, Rede zur Eröffnung des 27. Politologenkongresses 2018 in Frankfurt am Main.

schiedliche Einfärbungen der Realitätswahrnehmung aufeinander, in denen sich geradezu gegensätzliche Stimmungslagen dokumentieren.

Zweierlei Kritik

Dieser Gegensatz der Intonationen ist kein Zufall, denn mit Hartmanns Buch und Bohns Replik treffen zweierlei Typen der Kritik aufeinander. Das macht die Auseinandersetzung fordernd und spannend. Hartmann wählt den Weg der konkreten immanenten Kritik, die Anspruch und Wirklichkeit der Inneren Führung, der soldatischen Staatsbürgerlichkeit und der militärischen Professionalität miteinander konfrontiert, um auf gravierende Defizite hinzuweisen und konkrete Veränderungen anzumahnen. Sein Buch ist von dem normativen Impetus getragen, jenes „Mehr" zu erschließen und in zeitgemäßer Gestalt praktisch-politisch auf den Weg zu bringen, das über den „handwerklich meisterlich ausgebildeten, seine Waffen perfekt beherrschenden Kämpfer" (S. 7) hinausgeht und erst den „guten Soldaten" ausmacht. Normativität wird hier als Aufforderung verstanden, mit dem faktischen „Absolutismus der Wirklichkeit" zu brechen, um jene Handlungsspielräume und Gestaltungschancen auszuloten und stark zu machen, die uns mit guten und plausiblen Gründen in die Lage versetzen können, es künftig anders und womöglich besser zu machen.[4]

Diesem Ansinnen stimmt Bohn erst einmal zu, fordert Hartmann aber mit einer zugespitzten Fundamentalkritik heraus, die an den Prämissen der bestehenden Geltungsansprüche (der repräsentativen Demokratie, des Primats der Politik oder des Leitbilds des Staatsbürgers in Uniform) ansetzt, diese als nicht mehr tragfähig verwirft und den Ruf nach ihrer Vitalisierung als illusionäres Kurieren am Symptom zurückweist. Aus seiner Sicht ist die normative Kraft der von Hartmann ins Feld geführten Leitbegriffe, Konzepte und Institutionen aufgebraucht. Für sich und seine Krisendiagnose reklamiert Bohn einen nüchternen und unideologischen Wirklichkeitssinn, den er Hartmann freilich nicht in gleichem Maße zubilligt.[5] Ganz neu ist dieses polemische Konfrontationsmuster nicht. In der Zwischenkriegszeit hätte man die Gegenpositionen als liberaler und heroischer Realismus charakterisiert, zu Zeiten der großen welt-

---

[4] Ich folge hier Möllers, Christoph, Die Möglichkeit der Normen. Jenseits von Moralität und Kausalität. Frankfurt am Main 2015; dazu vgl. die Rezension von Martin Bauer, Süddeutsche Zeitung, 13. Oktober 2015.
[5] Zum Problemfeld „Wirklichkeitssinn" als Überblick vgl. Hacke, Jens, Wirklichkeitswissenschaft? Realistisches Denken in analytischen Kontexten, in: Merkur 704, 2008, S. 80-85.

anschaulichen Debatten in den 60er Jahren vielleicht vom Gegensatz zwischen „Reform" und „Revolution" gesprochen. Für die heutige Geistesverfassung ist indessen symptomatisch, dass eine bisweilen merkwürdige changierende „Systemkritik" auf einen unverdrossen normenbewußten und pragmatischen Gestaltungsoptimismus trifft. Im vorliegenden Fall hat die Sache freilich eine spezielle Pointe, die im Weiteren noch illustriert werden wird: Während die immanente Kritik auf Öffnung, Diskurs und Beteiligung zielt, votiert die Fundamentalkritik für Abschließung und Rückzug. Diese Differenz erinnert an Michael Walzers Unterscheidung zwischen dem „verbundenen" und dem „einsamen Kritiker"; der eine verortet sich „drinnen", der andere „draußen".[6] Diese gegensätzlichen Haltungen besitzen eine seismographische Aussagekraft – und man darf gespannt sein, ob in der Bundeswehr die Zeichen mehr auf Teilhabe oder mehr auf Einigeln stehen.

Politik unter Systemzwang

Für seine Kritik hat Bohn einen langen Anlauf genommen; etliche seiner Aufsätze haben die vorliegende Intervention vorbereitet. Um die Position des Autors zu würdigen, ist es daher notwendig, auf diese Vorarbeiten Bezug zu nehmen.[7] Schon vor Jahren war Bohn der Auffassung entgegengetreten, der „Kernbestand" der Inneren Führung sei „unveränderbar" (so ZDv 10/1, Ziffer 104). Mit der Erosion der tragenden Normen und Institutionen der freiheitlich-demokratischen Grundordnung, so sein Argument, würden auch die Geltungsbedingungen der Inneren Führung untergraben werden. Um das zu belegen, unternimmt er eine knappe Tour d'horizon durch die zeitgenössische politische Philosophie (referiert wird über Habermas, Rorty, Derrida, Agamben), deren Krisendiagnosen in der Tat ernste Nachfragen an die Nachkriegsord-

---

[6] Walzer, Michael, Zweifel und Einmischung. Gesellschaftskritik im 20. Jahrhundert. Frankfurt am Main 1991.
[7] Vgl. Bohn, Jochen, Soldatentum im Rechtsstaat, in: Böcker, Martin/Kempf, Larsen/Springer, Felix (Hrsg.), Soldatentum. Auf der Suche nach Identität und Berufung der Bundeswehr heute. München 2013, S. 13-26; Ders., „Kernbestand unveränderbar"? Die Ewigkeitsklausel der Inneren Führung im Spiegel der jüngeren politischen Philosophie, in: Jahrbuch Innere Führung 2012. Berlin 2012, S. 222-239; Ders., Staatsdiener in Uniform. „Wir.Dienen.Deutschland": Abgesang auf den Bürgersoldaten, in: zur Sache BW, 24, 2013, S. 25-27; Ders., Der Nachfolger des Staatsbürgers in Uniform. Annäherung an einen Soldaten jenseits der bürgerlichen Funktionalität, in: Jahrbuch Innere Führung 2014. Berlin 2014, S. 266-284. – Verweise auf diese Beiträge erfolgen im Text mit Jahres- und Seitenzahl.

nung der westlichen Demokratien enthalten. In den Rezepturen, die die vier genannten Philosophen entwerfen, zeigen sich indessen weitreichende Differenzen, die der von Bohn gezogenen Schlussfolgerung, „die Überwindung von Demokratie und Rechtsstaat" sei nunmehr „nicht zu verhindern" (2012, S. 237), keine einvernehmliche Stütze gewähren. Um das nur kurz anzudeuten – während Habermas die kommunikative Vernunft und die demokratischen Verfahren ins Feld führt und obendrein den „aktiven Staatsbürger" aufruft,[8] um der Systemzwänge immer aufs Neue politisch Herr zu werden, votiert Rorty für eine gemeinsinnige Demokratie des Mitgefühls, der Solidarität und der Tradition, deren Unterpfand eine nationalstolze „Bürgerreligion" ist;[9] Derrida hingegen begibt sich in den Sog unendlicher Dekonstruktionen, die am Ende keinen Stein mehr auf dem anderen lassen; seine Attitüde des Vorläufigen verweist auf die immer erst noch „kommende Demokratie", deren Umrisse nebulös bleiben; Agamben schließlich bietet das massivste Vokabular auf, wenn er den Rechtsstaat einer „versklavenden Maschine" gleichsetzt, die das Bürgerrecht zur „totalitären Gewalt" entwickele. Die Befunde der vier präsentierten Autoren weisen weit auseinander. Bohn müsste Position beziehen, aber diese wird dem Leser nur indirekt präsentiert.

Die Aufreihung der politischen Denker darf man im Sinne des Kritikers als Skala steigender Wertschätzung begreifen, denn in den Folgebeiträgen bedient sich Bohn mit Vorliebe des Agamben-Sounds, wenn er von „Versklavung", „bürokratischer Maschine" oder „Zerstückung" der Ordnung schreibt. Die Gründe für diese Präferenz bleiben freilich im Dunklen. Gleichwohl bietet sie den entscheidenden Bezugspunkt einer radikalen Systemkritik, die in ihrer Reichweite unscharf bleibt. Ist „gute Politik" und sind „gute Politiker" von heute vollends von dem „Diktat" der wissenschaftlichen, technischen, ökonomischen und menschenrechtlichen Rationalitäten überwältigt und zum „ohnmächtigen Wirklichkeitsmanagement" (S. 277) verurteilt, so dass es aus dem „bürgerlichen System" kein Entrinnen gibt (vgl. S. 286)? Jenseits der revolutionären Tat wäre dann alles vergebens. Doch bei Bohn verfällt selbst der radikaldemokratische Impetus (etwa eines Derrida), das Postulat der Mündigkeit oder die Orientierungsnorm der Menschenwürde dem strengen Verdikt einer Systemkritik, für die sich nicht allein das Normen- und Institutionengefüge aufge-

---

[8] Vgl. Habermas, Jürgen, Faktizität und Geltung. Frankfurt am Main 1992, S. 632ff., bes. S. 640-643.
[9] Vgl. Rorty, Richard, Stolz auf unser Land. Die amerikanische Linke und der Patriotismus. Frankfurt am Main 1999, hier S. 98.

löst hat, sondern auch die Subjektivität der Handelnden keine verlässliche Instanz mehr darstellt. Was bleibt dann noch übrig?

Ob mit oder ohne Revolution, unter den genannten restriktiven Voraussetzungen sind Politik, Partizipation oder gesellschaftliche Integration nur noch als defensive Schrumpfgrößen erfahrbar oder verlangen ein Ausnahmehandeln – die entschlossene Tat. In dieser als „nüchtern" apostrophierten Wirklichkeitswahrnehmung, auf die sich Bohn viel zugutehält, ist freilich überraschend, wie sehr sein fundamentalkritischer Denkansatz dem intellektuellen Mainstream eines „Age of Fracture" (Daniel T. Rodgers) verhaftet ist, in dem Grundbegriffe, Normen und Orientierungsgrößen theoretischer wie politisch-praktischer Verständigung gleichsam zerrieben werden.[10] Die Konsequenzen zeigen sich bei Bohn, der den Begriff der Politik und sein Pendant, den Handlungsbegriff des Politischen[11] gleichsam entkernt, indem er seiner institutionellen Kontexte und seiner gemeinsinnigen Bindungen beraubt wird. Souveränität, Repräsentation, Primat der Politik, Staatsbürgerlichkeit, Tugenden, Dienen usw. – das alles steht ihm nicht mehr zu Gebote. Die „Zerstückung" und „Entbindung", die Bohn in seiner Systemkritik vehement beklagt und die Rodgers als ein allgemeines ideengeschichtliches Symptom konstatiert, findet sich in der Krisentherapie des Kritikers wieder. – Worauf sollen sich da Urteilsakt und Widerspruch seitens des Militärs gründen?

Der „einfunktionalisierte Staatsbürger" und der „politische Soldat"

Wie steht es also um das Soldatenbild bei Hartmann und seinem Kritiker? Beide stimmen zunächst einmal darin überein, die Bedeutung des Politischen im soldatischen Berufsbild hervorzuheben. Hier ist das „Mehr" zu suchen, das den guten Soldaten ausmacht. Hartmann betont mit Clausewitz die Relevanz der Politik als „leitende Intelligenz" des Krieges und folgert daraus, die Tugenden des Soldaten „aus dem Primat der Politik und der permanenten Präsenz des Politischen zu begründen." (S. 8) Ausgefüllt wird dieses Desiderat, das über das elementare Waffenhandwerk hinausweist, in der Figur des Staatsbür-

---

[10] Der amerikanische Ideenhistoriker Daniel T. Rodgers zeigt das in seinem Buch „Age of Fracture", Cambridge – London 2012, anhand der Entwicklungen des Denkens über Ökonomie, Macht, Rassen, Geschlechter, Politik, Gesellschaft und Geschichte.
[11] Vgl. Palonen, Kari, Politik als Handlungsbegriff. Horizontwandel des Politikbegriffs in Deutschland, 1890–1933. Helsinki 1985.

gers in Uniform. Die enge Verbindung zwischen Soldatentum und Politik, die hier gezogen wird, ist insofern interessant, als sie sich nicht allein auf das institutionelle Subordinationsverhältnis in den politisch-militärischen Beziehungen (Primat der Politik) bezieht. Zugleich geht es dabei um die militärische Professionalität im engeren Sinne und den Umgang zwischen Politik, Gesellschaft und Militär im weiteren Sinne. Für Bohn sind das zwar weithin verdächtige Konzepte, gleichwohl betont auch er die „Forderung des politischen Soldaten", der über „Urteilstakt in Gefecht und Politik verfügt" und als „politisch mitverantwortlicher Soldat" agiert (S. 273-274). Welche künftige Gestalt diese Zielvorstellung trägt, bleibt jedoch einstweilen offen.

Soweit besteht Einvernehmen zwischen den beiden Autoren. Der tiefer liegende Streit zwischen ihren Positionen entzündet sich an den Antworten auf zwei Hintergrundfragen, einer grundsätzlichen und einer funktionalen. *Erstens:* Beide Autoren gehen von einer interessanten Strukturähnlichkeit zwischen politischem Handeln und Kriegführung aus. Beide Handlungsformen werden nämlich grundlegend von Kontingenz- und Komplexitätsbedingungen geprägt und beide sind – wenn der Bezug auf das Politische einen Sinn haben soll – letztlich einem gesamtstaatlichen Geltungs- oder auch Gestaltungsanspruch verpflichtet.[12] *Zweitens:* Unter den gegenwärtigen Bedingungen der Freiwilligen- und Berufsarmee und einer global ausgreifenden „Sicherheitsvorsorge" zeichnet sich ein neues Spannungsverhältnis zwischen Politik, Militär und Gesellschaft ab. Als „Instrument der Sicherheitspolitik" (und nicht allein der Landesverteidigung) rückt das Militär enger an die Politik heran, der Abstand zur Gesellschaft vergrößert sich hingegen. Bohn kritisiert die enger gewordene staatspolitische Klammer zwischen Sicherheitspolitik und Militär als eine „Instrumentalisierung" und „Funktionalisierung" des Soldaten und zieht deren Legitimation in Zweifel. Mit dieser Beobachtung steht er übrigens nicht allein, denn auch ein Kritiker wie Elmar Wiesendahl, dem Bohn ansonsten fern steht, weist auf das Problem einer „Verstaatlichung" der Streitkräfte hin.[13] Hartmann for-

---

[12] Vgl. auch Naumann, Klaus, Das politische Gefechtsfeld. Militärische Berufsbilder in den Neuen Kriegen, in: Mittelweg 36, 23, 6/2015, S. 28-48 ; Daase, Christopher/Schindler, Sebastian, Clausewitz, Guerillakrieg und Terrorismus. Zur Aktualität einer missverstandenen Kriegstheorie, in: Politische Vierteljahresschrift, 50, 4/2009, S. 701-731.
[13] Wiesendahl, Elmar, Athen oder Sparta? – Bundeswehr quo vadis? Bremen 2010; anschließend vgl. auch Naumann, Klaus, Monopolisierung der Gewalt und Praxen des Vertrauens. Zum stillen Wandel der bundesdeutschen Sicherheitsinstitutionen, in: Ulrich Bielefeld u.a.

muliert etwas zurückhaltender und spricht mit dem amerikanischen Militärforscher Eliot A. Cohen von einem „unequal dialogue" zwischen Politikern und Militärs, der allerdings „Widerspruch und Widerstand" nicht ausschließe (S. 29f.). – Welche Konsequenzen ziehen beide Autoren aus diesen Befunden?

Für beide Autoren ist das Politische keine wesensfremde oder aufgenötigte Zutat zum Soldatenberuf; im Gegenteil, sie erst gewährt Selbstbestimmung, Verantwortlichkeit und Handlungsfähigkeit. In dieser Hinsicht kann sie sowohl als professionelles Desiderat, aber auch als funktionales Gegengewicht gegen eine mögliche Instrumentalisierung der Streitkräfte verstanden werden. Soweit, so gut. An diese Einsicht knüpfen beide Autoren jedoch unterschiedliche Erzählungen, die zu gegensätzlichen Perspektiven führen. Hartmann folgt einem Narrativ der Rekonstruktion, Bohn einem Narrativ der Krise. Das eine zielt auf Erneuerung, das andere auf Rückzug. Das könnte man noch als Ausdruck unterschiedlicher Lageeinschätzungen auffassen, wenn nicht eine gravierende Differenz in der Sache in diese beiden Argumentationsstränge eingelagert wäre. Ihre Bedeutung reicht bis in die Wehrreformen und die Militärpolitik des frühen 20. Jahrhunderts zurückreicht. Dabei ging und geht es um das Verhältnis von Autonomie und Heteronomie: Wie selbstbestimmt und eigensinnig ist der Soldatenberuf, und wie strukturabhängig ist er von Politik, Gesellschaft und Kriegsbild?

Militärhistoriker wie Manfred Messerschmidt oder Michael Geyer haben darauf aufmerksam gemacht, dass sich mit dem Zerfall der monarchischen Loyalitätsbindung, der Pluralisierung der Gesellschaft, der Differenzierung der Ordnungsvorstellungen (etwa durch Liberalismus und Sozialismus) und der Vergesellschaftung der Gewaltorganisation auch die Bedingungen der militärischen Sozialisation veränderten: Das Militär, die „indirekte" oder „immanente Erziehung" der Truppe und die militärische Professionalität, wurde „aus der Immanenz in den gesellschaftlich-politischen Kosmos" katapultiert.[14] Die Zeichen

---

(Hrsg.), Gesellschaft – Gewalt – Vertrauen. Festschrift für Jan Philipp Reemtsma. Hamburg 2012, S. 610-631.

[14] Vgl. Messerschmidt, Manfred, Wehrmacht im NS-Staat Zeit der Indoktrination. Hamburg 1969, bes. S. 200ff.; Geyer, Michael, The Crisis of Military Leadership in the 1930s, in: Journal of Strategic Studies, 14, 4/1991, S. 448-462; Ders., The Dynamics of Military Revisionism in the Interwar Years. Military Politics between Rearmament and Diplomacy, in: Deist, Wilhelm (Hrsg.), The German Military in the age of Total War. Leamington-Spa 1985, S. 100-151; als Überblick vgl. Naumann, Klaus, Militär – Politik – Professionalismus, in: Militärgeschichtliche Zeitschrift, Bd.76, 2017, Sonderbeilage 50 Jahre MGM/MGZ, S. 91-98.

standen fortan auf Öffnung zu Politik und Gesellschaft. Dieser Prozess begann in Deutschland während der Weimarer Republik (war also nicht etwa der Wehrpflicht oder Massenarmee geschuldet!), der Durchbruch kam indessen erst – und das macht das spezielle Problem der deutschen Entwicklung aus – nach 1933 und zwar im Wechselspiel von Indoktrinierung, Fremdbestimmung und Selbstgleichschaltung. In diesem Klima wurde die Formel vom „politischen Soldaten" geboren, die viel Zustimmung fand, aber auch Zweifel und Vorbehalte weckte.[15] Diese Verwicklungen sind hier nicht weiter zu verfolgen; in dem gegebenen Diskussionszusammenhang ist jedoch auf die regimeunabhängigen Aspekte dieser Entwicklungen hinzuweisen, denn diese führten – in einer entschiedenen Revision der normativen und institutionellen Prämissen – letztlich auch zur Konzeption des Staatsbürgers in Uniform als eines politisch mitdenkenden und verantwortlichen Soldaten.[16] Hier nun scheiden sich die Geister zwischen Hartmann und Bohn.

Hartmann gründet sein Votum für die Neubegründung des Staatsbürgers in Uniform auf dreierlei Voraussetzungen – die Normenordnung des demokratischen Rechtsstaats, den Wandel von Kriegsbild und Sicherheitspolitik und den „Innungsgeist" (Clausewitz) einer Armee in der Demokratie. Diese Rahmenbedingungen sind nicht überholt, aber sie unterliegen einem beschleunigten Wandel, der erkennen lässt, wieviel in den letzten Jahrzehnten versäumt und vernachlässigt wurde (S. 91ff, 104f, 161f). Im Mittelpunkt seiner Ausführungen stehen die Wiederherstellung bzw. Stärkung der militärischen Schlagkraft, der Demokratieverträglichkeit des Militärs und der Resilienz von Politik und Gesellschaft (S. 50). Dafür bedarf es eines selbstbewussten „politischen Soldaten (S. 34), der nicht allein loyal und motiviert ist (so der geltende Kanon der Inneren Führung), sondern der auch in seinem „konkreten militärischen Handeln" (S. 152) die politisch-strategischen Dimensionen wahrnehmen kann: „Dabei geht es nicht allein um politische Ziele (und die Ziele des Gegners), sondern

---

[15] Vgl. zeitgenössische Autoren wie etwa Erich Weniger, Reinhard Höhn oder Hermann Foertsch. – Ideengeschichtliche Aspekte zu Genese und Wandlungen des „politischen Soldaten" werde ich im nächsten Jahrbuch Innere Führung vorstellen.
[16] Frank Nägler hat das pointiert nachgezeichnet. Vgl. Nägler, Frank, Wolf Graf Baudissin – ein Reformer?, in: Mühlhausen, Walter u.a. (Hrsg.), Militärische Reformer in Deutschland im 19. und 20. Jahrhundert. Potsdam 2007, S. 53-61; vgl. auch Echternkamp, Jörg, Der politische Offizier als normativer Typus. Zum Verhältnis von Politik und Militär im „Dritten Reich", der DDR und der Bundesrepublik, in: Tel Aviver Jahrbuch für deutsche Geschichte 44, 2016, S. 221-250.

auch um innenpolitische Auseinandersetzungen und bürokratische Machtverteilungskämpfe, die im Hintergrund wirken und sich auf die Einsätze auswirken." (ebd.) Die hieraus erwachsenden Anforderungen zielen vor allem in zwei Richtungen. Der Soldat muss als kompetenter Dialogpartner der Politik wirken, und er muss die ihm zustehende Denk- und Redefreiheit im Sinne einer verantwortungsbewussten Beteiligung an öffentlichen Debatten nutzen dürfen und können. Das sind anspruchsvolle Erwartungen, aber ohne ihre schrittweise Realisierung, so darf man Hartmann verstehen, wird sich der Graben zwischen Militär, Politik und Gesellschaft vertiefen. Hier liegt der eigentlich dramatische Fokus seiner kritischen Intervention.

Auf diesen umfangreichen Fächer von Beobachtungen, Anregungen und Forderungen antwortet Bohn mit einer ätzenden Grundsatzkritik, die dazu verführen kann, es sich mit der Ablehnung allzu leicht zu machen. Der Autor verwirft die Eckwerte und Kernkonzepte der demokratischen Ordnung ebenso wie der Wehrverfassung schlichtweg als unzeitgemäß. Damit sind für ihn die Voraussetzungen der Konzeption des Staatsbürgers in Uniform entfallen. Fortan gehe es vor allem darum, den Soldaten aus der „gefährlichen bürgerlichen Umklammerung herauszulösen" (2014, S. 272) und die „bürgerliche Maschine" innerhalb der Streitkräfte zu „überwinden" (ebd., S. 277). Um eine innere Haltung „duldsamer Standfestigkeit" zu gewinnen, müssten die „ideologischen Götter" wie Freiheit, Gleichheit, Frieden und Gerechtigkeit zugunsten der „menschlichen Bindungen" (ebd.) gestürzt werden. Angesichts der übermächtigen Systemzwänge könne der Soldat nur auf diesem Wege seine Identität bewahren und das „ideelle Vakuum" (2013, S. 27) füllen, das mit den Abschied vom Bürger und vom Bürgersoldaten über ihn hereingebrochen sei. Das Ganze hat freilich einen riskanten Preis, den Bohn nicht verheimlicht: Der potentielle Gewinn an Selbstbehauptung wird bezahlt mit „Heimatlosigkeit" (2014, S. 276). Für die soldatische Gemeinschaft sei das jedoch die notwendige Voraussetzung, um den neuen Geist „aus sich selbst heraus zu erzeugen." (2013, S. 27) Dazu bedürfe der Soldat eines „Schutzraums", in dem der „Nachfolger des Staatsbürgers in Uniform" geboren werden könne (2014, S. 282, 276). – Mit diesem Argument vollbringt Bohn eine beachtliche dialektische Volte. Während er in seiner Kritik an Hartmann das Festhalten am Leitbild des Staatsbürgers in Uniform als Weg in eine „alttugendhafte Sondergemeinschaft" (S. 10) zurückweist, propagiert er hier den Aufbruch in eine „abgesonderte Gemeinschaft" (2014, S. 276), um geistige Unabhängigkeit zu gewinnen. Das Motiv mag ehrenwert sein, Diagnose und Rezeptur bleiben freilich diffus und unplausibel.

Exkurs: Werner Picht Redivivus?

Die Spuren des Gedankengebäudes, das Bohn auftürmt, führen unübersehbar und eingestandenermaßen zurück in die Wehrdebatte der frühen fünfziger Jahre. Bohns Kronzeuge ist der damalige Kritiker der Wehrreform und insbesondere Graf Baudissins Werner Picht (1887–1965); ihm fühlt er sich in Krisen- und Endzeitdenken verbunden und ihm eifert er im polemischen Duktus nach (vgl. bes. 2013, 2014). Pichts Vorstellungen vom „Nachfolger des Soldaten" kristallisierten sich an den Zäsuren des totalen Kriegs, der NS-„Volksarmee" und der atomaren Konstellation, für Bohns Arbeit der Zuspitzung bilden das bürgerliche Systemversagen der Bundesrepublik und das Ansinnen globaler Sicherheitsvorsorge den Ausgangspunkt, nach den Grundlagen eines zeitgemäßen Soldatentums zu fragen. Der Dreh- und Angelpunkt beider Kritiker ist der Gleiche: Zur Disposition steht das Soldatische am Soldaten – und das in Kontexten, die dieser Gestalt ablehnend, wenn nicht feindlich gegenüberstehen. Der Glutkern des Soldatischen, erfahren wir bei Picht, ist die Bereitschaft zur „Selbstaufgabe", zum Opfer des eigenen Lebens; hierin wurzelt seine „sittliche Freiheit" und hierauf gründet auch die soldatische Gemeinschaft.[17]

Dem Nationalsozialismus machte Picht zum Vorwurf, diese Freiheit der Opfers durch die politisch verordnete (Wehr-)Pflicht aufgekündigt zu haben.[18] Dieser Einwand schwingt auch in Bohns Invektive gegen die „Einfunktionalisierung" des Staatsbürgers in Uniform zum „Lakaien" von Systemzwängen und Staatspolitik mit. In der Tat lässt sich dieser Generalvorbehalt in wechselnden Zusammenhängen erneuern; er stellt eine nicht zu unterschätzende Reservatio mentalis gegen Vereinnahmungen, Überwältigungen und Miss-

---

[17] Dieses Bekenntnis geht zurück bis in die Nachkriegsschriften Pichts in den 20er Jahren. Vgl. Picht, Werner, Jenseits von Pazifismus und Nationalismus. München 1932.
[18] Vgl. Picht, Werner, Der soldatische Mensch. Berlin 1940; ders., Die Wandlungen des Kämpfers, Berlin 1938; als Motiv schon in Picht, Werner, Jenseits von Pazifismus und Nationalismus. München 1932.

brauch der soldatischen Opferbereitschaft dar.[19] Gleichwohl galt Picht der „politische Soldat" und die „Einordnung des Soldaten in die Totalität des Politischen"[20] bis in die frühen 40er Jahre als ein vielversprechendes Modell, um den Gegensatz von zivilem und soldatischen Dasein zu beseitigen. Wie andere Militärautoren seiner Zeit sah er darin einen Integrationshebel zur Überwindung der „Eigenständigkeit der bürgerlichen Sphäre wie (des) Standescharakters des Soldatentums."[21] In der kämpferisch gesinnten Volksgemeinschaft seien beide Lebensbereiche nur noch „zwei Seiten der gleichen Existenz", die unter dem Vorzeichen des „soldatischen Menschen" – „der gültigen Gestalt der gesamten Nation"[22] – stehen. Der zuvor erhobene Vorbehalt gegen die Preisgabe der sittlichen Freiheit wurde mit diesem Einverständnis relativiert. Zwar gäbe es keine Freiwilligkeit mehr, argumentierte Picht, da der „Staat das Opfer des Ich als sittlichen Individualakt vorweggenommen" habe.[23] Damit werde das „ewige Spannungsverhältnis zwischen Gesetz und Freiheit ... aus dem Einzelnen hinausverlegt." Doch was hier zunächst als Verlust erschien, konnte auch als Zugewinn verstanden werden. Begreife man nämlich die kollektive Wehr*pflicht* als individuelles Wehr*recht*, schloss Picht, habe sich mit dem „Volk in Waffen" die „Idealform der Wehrverfassung verwirklicht."[24]

Nicht gerechnet hatten Picht wie viele andere mit der Tücke des Referenzrahmens „Staat", der seit der Weimarer Zeit als quasi überhistorische und vor allem verfassungsunabhängige Appellationsinstanz[25] benutzt wurde. Wie sich

---

[19] Diesen Anspruch erhebt Picht in der überarbeiteten und umgearbeiteten Fassung der „Wandlungen" (1938) unter dem Titel: Vom Wesen des Krieges und vom Kriegswesen der Deutschen. Stuttgart 1952, Einleitung.
[20] Picht, Werner, Die Wandlungen des Kämpfers, Berlin 1938, S. 165; in der Neubearbeitung von 1952 ist diese Formulierung gestrichen. Jetzt wird Erich Weniger angekreidet, dass er von der „politischen Integration" des Soldaten spricht. Vgl. die Weniger-Picht-Kontroverse in: Die Sammlung, 8, 2/1953, 57ff., 6/1953, S. 392ff., 396ff.
[21] Ebenda.
[22] Picht, Werner, Der soldatische Mensch. Berlin 1940, S. 49. Interessant sind hier die Parallelen und Unterschiede zu Hesse, Kurt, Wandlung des Soldaten. Versuch einer Begründung des deutschen Berufssoldatentums. Berlin 1931.
[23] Picht, Werner, Die Wandlungen des Kämpfers. Berlin 1938, S. 168.
[24] Ebenda, S. 169. Der Zusatz „Idealform" findet sich in der Neubearbeitung von 1952 nicht mehr: Picht, Werner, Vom Wesen des Krieges und vom Kriegswesen der Deutschen. Stuttgart 1952, S. 222.
[25] In der Bilanzschrift seiner Völkerbunderfahrung und der Weimarer Zeit sieht Picht den „Prozeß der politischen Gesundung ... durch den Zerfall der Formal-Demokratie eingeleitet." Picht, Jenseits von Pazifismus und Nationalismus. München 1932, S. 66.

herausstellte, folgte der nationalsozialistische *Bewegungs*staat jedoch ganz anderen Gesichtspunkten als jenen der Staatsräson. Die nationalsozialistische Absage an die bürgerlichen Normen, Institutionen und Prozeduren bereitete einer Zerstörung der Politik den Boden, obwohl man deren schicksalhafte Bedeutung ständig im Munde führte. Der „Tod des Soldaten", den Picht und andere nach 1945 beklagten, hatte mehrere Facetten. Er bezog sich nicht allein auf den Verlust der sittlichen Freiheit des Opfers, sondern auch auf die totalitäre Implikation der Totalpolitisierung und schließlich auch darauf, dass in einer Volksgemeinschaft, die unter der Prämisse von Kampf und Kämpfertum stand, der Soldat letztlich nur noch eine Gestalt unter anderen war und seine Exklusivität verloren hatte.

Um Antwort auf diese Erfahrungen wurde nach Ende des Krieges heftig gerungen. Picht befand sich dabei in schroffer Gegenposition zu den Wehrreformern um Wolf Graf Baudissin, Heinz Karst oder Erich Weniger.[26] Für die hier geführte Diskussion sind die Differenzen beim Autonomie- bzw. Integrationsproblem interessant. Die Reformer schlossen an den Erfahrungsraum von Wehrmacht und Weltkrieg an, stülpen jedoch die normativen Prämissen um: An die Stelle der europäischen Großraumvisionen trat die freie Welt, die Maxime der Kriegsbewährung wurde zugunsten der Kriegsverhinderung verworfen und das militärische Gefechtsfeld wurde begriffen als militärisch-politisches Kontinuum. Am Ende des Gedankengangs stand der integrierte, der politische und der selbständig handelnde Soldat als vollwertiger Staatsbürger.[27] Auf dieser Basis konnte Baudissin den Irrtum zurückweisen, „daß es eine Autonomie des Soldatischen gäbe, dass der Soldat ein Leben für sich führen könne. ... Es ist unbestreitbar, daß eine Antinomie zwischen den Bürgersein und dem Soldatsein in ihren letzten Konsequenzen besteht. Aber es kommt darauf an, diesen Dualismus zu überbrücken und als Polarität sinnvoll zu machen, d.h. dem Soldaten von seiner staatsbürgerlichen Verpflichtung her die Ziele seiner Aufgabe zu stellen. ... Vielleicht können wir sagen: Soldat und Nichtsoldat sind zwei Aggregatzustände desselben Staatsbürgers."[28]

---

[26] Vgl. die Weniger-Picht-Kontroverse in der Zeitschrift „Die Sammlung".
[27] Vgl. Nägler, Frank, Wolf Graf Baudissin – ein Reformer?, in: Mühlhausen, Walter u.a. (Hrsg.), Militärische Reformer in Deutschland im 19. und 20. Jahrhundert. Potsdam 2007, S. 53-61.
[28] Baudissin, Wolf Graf von, Vom Bild des künftigen Soldaten (1953), in: Rosen, Claus von (Hrsg.), Wolf Graf von Baudissin. Grundwert: Frieden in Politik – Strategie – Führung von streitkräften. Berlin 2014, S. 87-96, hier S. 92.

Für Picht hingegen gab es kein Zurück mehr zur Integration der bürgerlichen und der soldatischen Sphäre, die er 1938 begrüßt hatte. Jetzt hieß es, „der politische Soldat wie der kämpfende Bürger sind Requisiten totalitärer Ordnung."[29] Wer versuche, soldatisches und politisches Handeln gleichzusetzen (wie Baudissin), verfehle „den apriorischen Inhalt des Soldaten. Der Soldat ist ein Mensch, dem sein Leben nicht mehr gehört. Er hat sich des obersten Menschen- und Bürgerrechts entäußert."[30] Übrig bleibt bei Picht nichts anderes, darauf hat der spätere Brigadegeneral Heinz Karst in einer Buchkritik hingewiesen, als eine „idealtypische Darstellung des ‚zeitlosen Soldaten' und ein „verklärtes Selbstverständnis des soldatischen Auftrages", das darauf hinauslaufe, einem „Soldatenorden"[31] oder einer „Legion" das Wort zu reden: „Dann lebt der Soldat nur aus sich selbst, aus seinem eigenen Ethos, in seiner eigenen Sinngebung, gleich, in welcher Friedensordnung er beheimatet ist."[32]

In diese Denktradition hat sich Bohn begeben. In einem entscheidenden Punkt verweigert er Picht jedoch die Gefolgschaft: Er besteht auf der Forderung nach dem „politisch verantwortlichen Soldaten" (S. 273). Aber wie soll der aussehen und wo ist sein Handlungsfeld? Bohn nennt zweierlei Bedingungen, zum einen die Ausbildung von Urteilstakt, zum anderen „strukturelle Hilfen". Aber der Reihe nach!

„Natürliche Vernunft" und Common sense

Der Ruf nach Urteilstakt, natürlicher Vernunft und lutherischer Gewissensbildung, den Bohn an den künftigen Soldaten adressiert, ist nicht gering zu achten. Man möchte darin eine innere Verwandtschaft zu Hartmanns Appell erkennen, die „ethisch-politische Klugheit" zum Maßstab des guten Soldaten zu machen (S. 53-56, 72f.). Aber das hat Grenzen, denn Bohn erteilt jeglicher Tugendethik eine grundsätzliche Absage. Stattdessen bietet er mit Rückgriff auf Martin Luther die Orientierung auf die „natürliche Vernunft" (S. 282) und die moralische Intuition der „Billigkeit" (S. 284). Dieser Ansatz ist aller Mühe

---

[29] Picht, Werner, Wiederbewaffnung. Pfullingen 1954, S. 131; anschließend Bohn 2014, S. 272f.
[30] Ebenda, S. 130.
[31] Gelegentlich sprach Picht von der soldatischen Gemeinschaft als einer „Zuflucht vor der Bindungslosigkeit". Picht, Werner, Demokratische Armee?, in: Merkur, 57, 11/1952, S. 1006-1023, hier S. 1023.
[32] Karst, Heinz, Werner Pichts „Wiederbewaffnung", in: Wehrkunde, 3, 12/1954, S. 427-430, hier S. 430.

wert, und ich möchte dem nichts entgegensetzen. Das umso weniger, wenn daraus das Haltungsideal der Skepsis, Kritik, Aufklärung, Reflexion und Urteilskraft entwickelt wird, das nach vermehrter und verbesserter Bildung und Erziehung verlangt (S. 286f.). Doch eine Nachfrage sei erlaubt: Lässt sich das alles nicht auch auf dem Wege der Kräftigung des Common sense erreichen, der gemeinhin als Inbegriff des Bürgersinns gilt?

Mir scheint, dass Bohn sich nicht nur aus kategorialen Gründen diesen Zugriff verbietet, sondern auch deshalb, weil er sich als Krisendenker und Systemkritiker in einer permanenten Ausnahmesituation (Agamben lässt grüßen) wähnt. Das erhellt sich aus den Zuschreibungen, mit denen er sein Vorhaben garniert. Dabei geht es weniger um ein alltagspraktisches und pragmatisches Vermögen als vielmehr um „duldsame Standfestigkeit" und „defensive Selbstbehauptung" (2014, S. 278; hier lässt Picht grüßen), also um Haltungen, die in einer belagerten Festung am Platz wären. Unter diesen Vorzeichen erhält die Bonhoeffer-Exegese, mit der Bohn (2014, S. 278f.) zu einem unkonventionellen und kritischen Verhalten ermutigen möchte, einen merkwürdigen Zungenschlag. Das soll nicht heißen, dass Bonhoeffers Aufforderung zur „freien, verantwortlichen Tat auch gegen Beruf und Auftrag" irrelevant wäre, aber der Springpunkt ist nicht die Extremsituation, in der sie formuliert wurde, sondern die Einsicht, dass Handeln in Extremsituationen letztlich auf die Maximen der Alltagsmoral zurückführt und keineswegs eine Sondermoral begründet.[33] Diese Einsicht wird bei Bohn überdeckt mit einer heroischen Attitüde (die auch Max Weber nicht fremd war) der „Widerständigkeit" gegenüber der „nihilistischen Offenheit der gegenwärtigen Übergangsepoche." (2014, S. 279; generell vgl. 2013) Wäre denn ein Rückgriff auf die Urteilsinstanz des Common sense diesen Herausforderungen nicht gewachsen? Sollte Common sense nur eine Schönwetter-Haltung der Angelsachsen sein?

An diesem Punkt liegt es nahe, auf die deutsche Tradition des Unbedingten und die Eigenarten der deutschen politischen Kultur zu verweisen, die lange Zeit dem Common sense abträglich war und ihn entpolitisierte. Gerade deshalb sollte man sich fragen, ob die Rhetorik des Dezisionismus und der Ausnahmesituation, die jetzt wieder (und auch bei Bohn) Platz greift, die Entwicklung des Urteilsvermögens nicht eher behindert als kräftigt, zumal die Maßstäbe der Billigkeit, der Verhältnismäßigkeit und der Angemessenheit dabei verschwimmen. Der „Handlungsraum der Institutionen" (Jens Hacke) wird sys-

---

[33] Vgl. dazu Todorov, Tzvetan, Angesichts der Äußersten. München 1993.

temkritisch ausgeräumt; in ihm gibt es nur noch Stehplätze. Das sind schlechte Voraussetzungen für eine mitverantwortliche politische Teilhabe. Gerade wenn man davon ausgeht, dass sich mit den veränderten Parametern der Sicherheitspolitik, der Wehrform und der politisch-militärischen Auftragslagen auch die Balance zwischen Politik, Militär und Gesellschaft verschiebt, und wenn diese Veränderungen auch den Staatsbürger in Uniform als Sozialfigur wie als Berufsbild tangieren, dann ist eine Klärung seiner Haltung und Rolle in diesem institutionell verfassten Balanceverhältnis unumgänglich.[34]

Hier kommt die Kräftigung des Urteilsvermögens ins Spiel. Niemand hat bislang schlagender auf die Relevanz des Common sense verwiesen als die amerikanische Historikerin Barbara Tuchman in ihren Ausführungen in der Militärakademie West Point im Jahre 1972. Als ob sie bereits Bohns Kritik vor Augen hatte, sprach Tuchman über „politische Kriege", die über die elementare Landesverteidigung hinausgehen. Sie verhehlte nicht, dass diese Überschreitung ein anspruchsvolles und riskantes Vorhaben beinhalte, denn solche Kriege zu führen bedeute, dass er (der Soldat) mehr für politische und ideologische Zwecke eingesetzt werden wird als in der Vergangenheit."[35] Daraus ergäben sich zwei Herausforderungen – eine veränderte Haltung des Militärs zum Staat sowie ein verändertes Verhältnis zur Zivilgesellschaft. Dem Soldaten drängten diese Einsätze, Tuchman bezog sich hier auf Vietnam, die simple, aber folgenreiche Frage auf: „Where is the common sense?" Diese Frage sei die Quittung dafür, das Grundprinzip der Selbstverteidigung als exklusiven Kriegsgrund aufgegeben zu haben. Sie führe dazu, eine zivile Perspektive des Urteilens einzunehmen. Dann aber entfalle eine wesentliche Bedingung für die – jedenfalls in den Vereinigten Staaten gepriesene und von Bohn nun angemahnte – Distanz des Militärs von der Zivilgesellschaft. Denn wenn „das Militär jetzt beginnen muss, sich die gleichen Fragen zu stellen und die gleichen moralischen Entscheidungen zu riskieren wie der Zivilist, kann er seine Distanz dann noch aufrechterhalten?"[36] Kurzum, folgerte Tuchman, „es war immer eine Herausforderung, General (bzw. Offizier; KN) zu sein; seine Rolle wird nicht einfacher, aber diejenige des Bürgers auch nicht."[37]

---

[34] Anschließend an Naumann, Klaus, „Where is the common sense?" Zur Inneren Führung der „Neuausrichtung" der Bundeswehr, in: Jahrbuch Innere Führung 2013. Berlin 2013, S. 318-333, hier S. 331f.
[35] Tuchman, Barbara, Generalship, in: Parameters, 4/2010, S. 18.
[36] Ebenda, S. 22.
[37] Ebenda, S. 22.

Die Argumentation der amerikanischen Historikerin ist in unserem Zusammenhang interessant; sie steht quer zu den Ausführungen des Kritikers, jedoch nicht zu denen Hartmanns. Ohne das Konzept des Common sense hier weiter zu entfalten, sei nur auf einige Implikationen hingewiesen.[38] Unterstellt ist ein Bürgergesellschaft, Politiker und Soldaten übergreifendes Urteilsvermögen, das im Wirklichkeits-, Gemein- und Bürgersinn wurzelt und letztlich Erfahrungsraum, Sittlichkeit und Handlung in Beziehung setzt. Common sense verlangt Öffentlichkeit, Kommunikation und Partizipation; das macht sein Potential, aber auch seine Gefährdung aus. Wo diese Bedingungen versagen, verwehrt oder ausgeschlagen werden, greifen regressive Strategien Platz. Common sense (und damit das Urteilsvermögen) wird dann gern auf das Postulat des Vertrauens verdünnt und damit zerrieben. Ähnlich verhält es sich bei der Vernachlässigung der Sinnfrage, wie Hartmann in aller Drastik ausgeführt hat: Wenn die Sinnsuche beispielsweise im Einsatz nicht fündig werde, schreibt er, „treten Ersatztugenden in den Vordergrund wie zum Beispiel die Kameradschaft. Sein Leben für Kameraden einzusetzen als höchste Motivation ist dann eigentlich das Ergebnis von partieller Sinn-Resignation." (S. 142) Um keinen Zweifel aufkommen zu lassen, Common sense ist nicht mit dem landläufigen „gesunden Menschenverstand" zu verwechseln, den man hat oder nicht hat; und er ist ohne seine politische Dimension und einen erfahrungsgestützten Institutionenverstand nicht zu haben. Das bedeutet jedoch, dass Bildung und Erziehung, Erfahrung und Reflexion, Beteiligung und Teilhabe zu seiner Entwicklung und Festigung notwendig sind.

Ob man nun an die natürliche Vernunft appelliert, die ethisch-politische Klugheit fördern will oder nach der Ausbildung von Common sense verlangt, in allen drei Fällen besteht das gemeinsame Anliegen darin, die Urteilsfähigkeit des Soldaten zu fördern, um ihm Halt und Selbstbewusstsein zu verleihen, um in Zeiten oder Situationen, wenn der Boden schwankt, nicht aus dem Tritt zu geraten. Hier liegt nicht die eigentliche Differenz zwischen den Autoren; sie beginnt mit der Lageeinschätzung, ob der Soldat verraten und verkauft ist oder nicht, und sie mündet in den Gegensatz zwischen Autonomiepostulat und Integrationsanspruch.

---

[38] Vgl. dazu Hacke, Jens, Philosophie der Bürgerlichkeit. Die liberalkonservative Begründung der Bundesrepublik. Göttingen 2006, bes. S. 215-255; auch Kleger, Heinz, Common Sense als Argument, in: Archiv für Begriffsgeschichte, 30 und 33, 1986 und 1990, S. 192-223 und S.22-59.

Schutzraum oder Öffnung?

Bei Bohn ist die Antwort eindeutig. Die erdrückende Übermacht der Systemzwänge, die de facto-Entmündigung des Soldaten und seine Instrumentalisierung für nicht „existenzbedrohende Ansprüche" (2014, S. 278) zwingen dazu, das Militär aus der „staatsbürgerlichen Umklammerung" (ebd., S. 280) zu lösen. Wie soll das geschehen? Die Antworten, die Bohn in seinen „strukturellen Hilfen" (v.a. in 2014) formuliert, sind interessant – vielleicht weniger im Hinblick auf ihre Realisierbarkeit, vor allem aber als Selbstauskunft über das Soldatenbild des Autors. Der Soldat im „Schutzraum" (ebd.) ist offensichtlich eine andere Gestalt als jene, die Hartmann vorschwebt. Auch wenn Bohn (wie Picht zuvor) sich darauf zurückzieht, die Umrisse des „kommenden Soldaten" seien noch unscharf und nur vorläufig zu fassen, so wird die Richtung doch klar skizziert.

Mit dem Staatsbürger soll dieser Soldat nichts mehr gemein haben; vielmehr verweilt er in „professionsgemäßer ‚Heimatlosigkeit'" (2014, S. 281), hält aber am Anspruch fest, ein „politisch mitverantwortlicher Soldat" (S. 275) zu sein, der sich „zugleich als Politiker begreift" (S. 274). Dennoch (oder deswegen?) soll die Innere Führung in den Bereichen politische Bildung und Recht abgespeckt werden; Offizierschulen sowie Forschungs- und Bildungseinrichtungen der Bundeswehr, die „in ihrer Ausrichtung wesentlich der staatsbürgerlichen Idee geschuldet sind", werden aufgelöst; das Militär erhält eine eigene Militärgerichtsbarkeit; die militärische Führerbildung beschränkt sich künftig auf „Militärhochschulen". Alle diese Maßnahmen („so oder ähnlich"; S. 282) dienen dem Ziel, im spärlich möblierten „Schutzraum" der „Auflösung der staatsbürgerlichen Erfahrungswelt" (2014, S. 281) zuzuarbeiten, damit – so darf man unterstellen – der Soldat dereinst zu sich selber kommt.

Das Leben in diesem Sanktuarium geht gleichwohl nicht mit „professionsgemäßer" politischer Zurückhaltung einher. Im Gegenteil, für das Militär beansprucht Bohn eine institutionelle Stärkung des politischen Gewichts. Parlamentsrecht und Primat der Politik sollen „geöffnet", d.h. relativiert werden durch ein zum „Vetorecht" (bindend? aufschiebend?) gesteigertes „Kontrollrecht" des noch einzurichtenden Generalstabs bei Einsatzentscheidungen (ebd., S. 282). Für die künftige deutsche Sicherheitspolitik ist eine Generalrevision vorgesehen. Ihre multilaterale Einbindung („Bündnisverpflichtungen", „übernationale Mandatierungen") wird ebenso gelockert, wie der Auftrag der Streitkräfte auf die „gewaltsame Abwehr existenzbedrohender Ansprüche im

In- und Ausland" (ebd., S. 280) konzentriert und die Kompetenzen der Exekutive gegenüber dem Parlament (BVerfG-Entscheid von 1994 hin oder her) gestärkt wird.

Das ist nicht eben unbescheiden und geht, nebenbei bemerkt, über die der Reichswehr der Weimarer Zeit eingeräumten Befugnisse erheblich hinaus. Bohns Militär soll auf sein Kerngeschäft zurückgeführt werden, die intervenierenden und zivilisierenden Praktiken (wie die Innere Führung) werden beschnitten, die Autonomie der soldatischen Selbstbestimmung wird gekräftigt, die Legitimation tragender Institutionen wird bestritten – und zugleich soll dem Militär mit dem politischen Vetorecht die Schlüsselposition in der deutschen Einsatz- und Sicherheitspolitik eingeräumt werden. Die Gesamtargumentation ist kurios. Wenn diese Forderungen ernst gemeint sind, erscheinen sie angesichts der zuvor aufgetürmten Systemzwänge illusionär; werden sie aber wider bessere Intuition erhoben, spielen sie (nach dem Motto „Das wird man ja noch denken dürfen!") mit jenem Ernst der Lage, auf deren nüchterne Erkenntnis der Autor sich so viel zugutehält. Wie auch immer, der Weg in den Schutzraum führt in eine Sackgasse.

Literatur

Baudissin, Wolf Graf von, Vom Bild des künftigen Soldaten (1953), in: Rosen, Claus von (Hrsg.), Wolf Graf von Baudissin. Grundwert: Frieden in Politik – Strategie – Führung von Streitkräften. Berlin 2014, S. 87-96, hier S. 92.

Bohn, Jochen, Soldatentum im Rechtsstaat, in: Böcker, Martin/Kempf, Larsen/Springer, Felix (Hrsg.), Soldatentum. Auf der Suche nach Identität und Berufung der Bundeswehr heute. München 2013, S. 13-26.

Ders., „Kernbestand unveränderbar"? Die Ewigkeitsklausel der Inneren Führung im Spiegel der jüngeren politischen Philosophie, in: Jahrbuch Innere Führung 2012. Berlin 2012, S. 222-239.

Ders., Staatsdiener in Uniform. „Wir.Dienen.Deutschland": Abgesang auf den Bürgersoldaten, in: zur Sache BW, 24, 2013, S. 25-27.

Ders., Der Nachfolger des Staatsbürgers in Uniform. Annäherung an einen Soldaten jenseits der bürgerlichen Funktionalität, in: Jahrbuch Innere Führung 2014. Berlin 2014, S. 266-284.

Daase, Christopher/Schindler, Sebastian, Clausewitz, Guerillakrieg und Terrorismus. Zur Aktualität einer missverstandenen Kriegstheorie, in: Politische Vierteljahresschrift, 50, 4/2009, S. 701-731.

Echternkamp, Jörg, Der politische Offizier als normativer Typus. Zum Verhältnis von Politik und Militär im „Dritten Reich", der DDR und der Bundesrepublik, in: Tel Aviver Jahrbuch für deutsche Geschichte 44, 2016, S. 221-250.

Geyer, Michael, The Crisis of Military Leadership in the 1930s, in. Journal of Strategic Studies, 14, 4/1991, S. 448-462.

Ders., The Dynamics of Military Revisionism in the Interwar Years. Military Politics between Rearmament and Diplomacy, in: Deist, Wilhelm (Hrsg.), The German Military in the age of Total War. Leamington-Spa 1985, S. 100-151.

Habermas, Jürgen, Faktizität und Geltung. Frankfurt am Main 1992.

Hacke, Jens, Philosophie der Bürgerlichkeit. Die liberalkonservative Begründung der Bundesrepublik. Göttingen 2006.

Ders., Wirklichkeitswissenschaft? Realistisches Denken in analytischen Kontexten, in: Merkur 704, 2008, S. 80-85.

Hartmann, Uwe, Der gute Soldat. Politische Kultur und soldatisches Selbstverständnis heute. Berlin 2018.

Hesse, Kurt, Wandlung des Soldaten. Versuch einer Begründung des deutschen Berufssoldatentums. Berlin 1931.

Karst, Heinz, Werner Pichts „Wiederbewaffnung", in: Wehrkunde, 3, 12/1954, S. 427-430.

Kleger, Heinz, Common Sense als Argument, in: Archiv für Begriffsgeschichte, 30 und 33, 1986 und 1990, S. 192-223 und S. 22-59.

Messerschmidt, Manfred, Wehrmacht im NS-Staat. Zeit der Indoktrination. Hamburg 1969.

Möllers, Christoph, Die Möglichkeit der Normen. Jenseits von Moralität und Kausalität. Frankfurt am Main 2015.

Nägler, Frank, Wolf Graf Baudissin – ein Reformer?, in: Mühlhausen, Walter u.a. (Hrsg.), Militärische Reformer in Deutschland im 19. und 20. Jahrhundert. Potsdam 2007, S. 53-61.

Naumann, Klaus, Militär – Politik – Professionalismus, in: Militärgeschichtliche Zeitschrift, Bd.76, 2017, Sonderbeilage 50 Jahre MGM/MGZ, S. 91-98.

Ders., Das politische Gefechtsfeld. Militärische Berufsbilder in den Neuen Kriegen, in: Mittelweg 36, 23, 6/2015, S. 28-48.

Ders., „Where is the Common sense?" Zur Inneren Führung der „Neuausrichtung" der Bundeswehr, in: Jahrbuch Innere Führung 2013. Berlin 2013, S. 318-333.

Ders., Monopolisierung der Gewalt und Praxen des Vertrauens. Zum stillen Wandel der bundesdeutschen Sicherheitsinstitutionen, in: Ulrich Bielefeld u.a. (Hrsg.), Gesellschaft – Gewalt – Vertrauen. Festschrift für Jan Philipp Reemtsma. Hamburg 2012, S. 610-631.

Palonen, Kari, Politik als Handlungsbegriff. Horizontwandel des Politikbegriffs in Deutschland, 1890–1933. Helsinki 1985.

Picht, Werner, Wiederbewaffnung. Pfullingen 1954.

Ders., Bürger in Uniform?, in: Die Sammlung, 8, 2/1953, S. 392-396.

Ders., Demokratische Armee?, in: Merkur, 57, 11/1952, S. 1006-1023.

Ders., Der soldatische Mensch. Berlin 1940.

Ders., Die Wandlungen des Kämpfers, Berlin 1938; veränderte und erweiterte Neuausgabe unter dem Titel: Vom Wesen des Krieges und vom Kriegswesen der Deutschen. Stuttgart 1952.

Ders., Jenseits von Pazifismus und Nationalismus. München 1932.

Rodgers, Daniel T., Age of Fracture". Cambridge – London 2012.

Rorty, Richard, Stolz auf unser Land. Die amerikanische Linke und der Patriotismus. Frankfurt am Main 1999.

Steinmeier, Frank-Walter, Rede des Bundespräsidenten am 26. September 2018 zur Eröffnung des 27. Politologenkongresses in Frankfurt am Main. http://www.bundespraesident.de/SharedDocs/Reden/DE/Frank-Walter-Steinmeier/Reden/2018/09/180926-DPVW-Kongress-Frankfurt.html;jsessionid=9A3C83B419C9E383F6A3AAB923DAEA94.1_cid371?nn=9042446#Start (aufgesucht: 22.10.2018)

Todorov, Tzvetan, Angesichts der Äußersten. München 1993.

Tuchman, Barbara, Generalship, in: Parameters, 4/2010, S. 13-22.

Walzer, Michael, Zweifel und Einmischung. Gesellschaftskritik im 20. Jahrhundert. Frankfurt am Main 1991.

Weniger, Erich, Bürger in Uniform, in: Die Sammlung, 8, 2/1953, S. 57-65.

Ders., Bürger in Waffen (ein Nachwort), in: ebd., S. 396-399.

Wiesendahl, Elmar, Athen oder Sparta? – Bundeswehr quo vadis? Bremen 2010.

VI Rezensionen

Peischel Wolfgang (Hrsg.): Wiener Strategie-Konferenz 2017. Strategie neu denken. Miles-Verlag (Berlin) 2018, 472 Seiten
Claus von Rosen

In diesem Jahr 2018 fand inzwischen die dritte Strategiekonferenz in Wien statt. Sie hält an ihrem Gründungsgedanken fest: Plattformen für den internationalen Strategie-Diskurs zu schaffen und zu pflegen. Ein Mittel dazu ist auch dieser zweite Band mit Veröffentlichungen der Vorträge und ausführlichen Panal-Diskussionsbeiträge des internationalen Teilnehmerkreises von der 2. Wiener Strategie-Konferenz 2017. Dadurch wird der Gedanken-Austausch in einen weiten Leserkreis getragen. Auffällig sind die Vielfalt der Themen und deren Ansätze, die Offenheit des Gedankenaustausches sowie die Zusammenschau in der Conclusio, dank der gekonnt ausgezeichneten Konferenzleitung durch Brigadier Dr. Wolfgang Peischel vom Österreichischen Bundesheer und von der Österreichischen Militärischen Zeitschrift. Er zielt darauf ab, in einem Dreischritt „Strategie denken – lehren – forschen" das Thema Strategie als eigenständige Disziplin im Bereich der Wissenschaft zu etablieren. Dabei bedient er sich der Erfahrungen von mehr als 200 Jahren Strategie-Denken im Bereich von Militär und bietet dies als Grundbestandteil für vergleichbare Entwicklungen in anderen Arbeits- und Forschungsfeldern an, in denen in den letzten Jahrzehnten zunehmend strategisches Denken gefragt ist. Sei es in der politischen und administrativen Staatslenkung, sei es in der Juristik, die sich im deutschsprachigen Raum und im Gegensatz zum Angelsächsischen als eine axiomatische Wissenschaft versteht, sei es in der Wirtschaft und im Bereich der Technik, in denen rein strukturiertes und deduktiv ableitbares Abrufwissen nach Plänen aus höchsten Führungsetagen vorherrscht, sei es in den Medien oder z.B. auch in der Medizin. Dabei musste zunächst vom Wildwuchs um den Begriff Strategie derzeit und weltweit ausgegangen werden, bevor die Fragen von Strategie als wissenschaftliches Kernfach, als Leitdisziplin und mit Steuerungsfunktion für Strategie-Denke mit entsprechenden Ansätzen und Fragestellungen in anderen Wissenschaftsbereichen an Klarheit gewinnen konnten.

Peischels Vorhaben hat inzwischen klare und deutlich belastbare Konturen gewonnen. Eine hochrangig international besetzte Strategieentwicklungs- und Diskussionsplattform hat sich als interdisziplinäre und internationale Strategie-Community um das Projekt „Strategie neu denken" etabliert. Dabei kann es sowohl um Strategie als eine wissenschaftliche Leitfunktion für das 21. Jahrhundert gehen, wie um das Herausfinden von Schnittstellen zu anderen wissenschaftlichen Disziplinen, Führungsfeldern und im Denkrahmen vernetzter Strategien, wie auch um die Frage nach Lernen und Lehren von Strategie, dem zentralen Thema der Konferenz von 2017.

Im Verlauf der zweiten Konferenz haben sich fünf Ansätze für Strategie herausgebildet: „Strategie" als Gegenstand genereller Einordnung in die interdisziplinär agierende Wissenschaft – vielleicht mit dem von Peischel besonders betonten Anspruch einer speziellen Leitfunktion –, als fachbezogene und ebenso interdisziplinäre Forschung, als wissenschaftliche Lehre, als Führungspraxis im weiten Bereich der diversen Anwendungsfelder und dafür speziell als praxisorientierte Bildung und Lehre im tertiären und quartären Bereich für Führungskräfte.

Dieser Umfang des neuen Ansatzes zu „Strategie" mit dem besonderen Epitheton „Denken" wurde bereits in der Konferenz von 2016 sehr deutlich, als es darum ging, eine gesamtheitliche und den Politikbereich übergreifende Arbeitsdefinition für Strategie zu entwickeln. Strategie kann nicht länger als Geheimsache oder als dem Genie vorbehaltene Sondereinsicht verstanden werden, sondern wird als wissenschaftsorientierte Arbeitsweise in interdisziplinär zusammengesetzten Zirkeln praktiziert werden müssen – um nicht gleich von *think tanks* oder Denkfabriken zu sprechen. Das bedarf der Kommunikation und des Austausches in Konferenzen, durch Publikationsmittel wie die ÖMZ oder dem nun vorliegenden zweiten Sammelband der Konferenzergebnisse. Damit leistet die Wiener Strategie-Konferenz einen notwendigen Beitrag zum Grundverständnis von Strategie, das verdeutlichen die Beiträge z.B. von Hew Strachan zu „Strategie und Philosophie, Bildung als Strategische Ressource" und den „Lehren aus der ‚Goldenen Vergangenheit'" ebenso wie von Thomas Pankratz in seiner Bestandsaufnahme und „Überlegungen zum Begriff ‚Strategische Kultur'" oder von Dan Schuftan in seinen historisch unterlegten Ausführungen zur „Kunst des Strategischen Denkens".

Dieser Denkansatz wird auf Widerstand in anderen Disziplinen stoßen, insbesondere wenn es darum geht, so Peischel, dass Militärstrategie historisch begründet eine Leitfunktion übernehmen müsste. Dafür wird von Österreichischen Konferenzteilnehmern der für deutsche Ohren ungewohnte Begriff Polemologie eingeführt. Das soll eine spezielle militärische Dimension mit eigener Logik neben anderen Logiken verdeutlichen, selbst wenn Krieg nicht mehr allein militärisch zu verstehen ist. In den verschiedenen potentiellen Anwendungsfeldern ist Strategie von Feld zu Feld deutlich zu differenzieren. Militär-

Strategie und politische Strategie z.B. sind selbst während eines Krieges trotz mancher Übereinstimmungen in ihrer Logik deutlich voneinander zu unterscheiden. Ob als Ausgangspunkt die übliche Militär-Logik ausreicht, ist bei heutigen Einsätzen von Militär z.b. in Afghanistan nicht mehr eindeutig. Andererseits ist aber auch nicht zu verkennen, dass z.B. bei Katastropheneinsätzen wie in Eschede oder an der Oder der Nutzen von Militärlogik in Verbindung mit entsprechender Führungsinfrastruktur, Gerätschaft und Logistik sichtbar und gerne angenommen wurde.

Der Unterschied zwischen militärischen und zivilen Führungslehren und Logiken wird dadurch erst deutlich: Militärstrategisches Denken orientiert sich an Herausforderungen und Fragen nach Verfahren/Verhalten, bei denen die Wahl der falschen Alternative sogar die eigene physische Vernichtung bedeuten kann. Daher wird in der Konferenz auch und gerade das Ziel langfristiger staatlicher Überlebenssicherheit als Grundlage für Strategie-Denken betont. Kann dies auch im wirtschaftlichen Strategie-Denken wesentliche Bedeutung haben? Umweltprobleme wie Diesel-Skandal und Erderwärmung können da zum Nachdenken über die eigene Strategie-Fähigkeit von Wirtschaft beitragen. – Das kann ein wesentliches Ergebnis der neuen interdisziplinären Strategie-Denke sein.

Der Schwerpunkt für die Konferenz 2017 zur Lern- und Lehrbarkeit Strategischen Denkens wird in der Einführung (S. 96ff) sowie in der Conclusio (S. 353ff) als Rahmen vorgestellt, nicht als abschließendes Statement oder gar gefügtes Denkgerüst. Vielmehr sei es Aufgabe der Konferenz, die Aussagen und Diskussionsergebnisse im Sinne einer dialektischen Synthese zusammenzuführen. Es besteht weitgehende Übereinstimmung darüber, dass es beim Lernen und Lehren von Strategie um eine Fähigkeit des „Strategie-Handelns" geht, die mehr Denken als Handeln, mehr Zweckfindung als Planung und Umsetzung sowie mehr langfristig proaktives als reaktives-symptomatisches Denken ist.

Hier öffnen sich mancherlei pädagogische Fragen – und wenn man die Beiträge dazu liest, ist schnell zu erkennen: ganz neu. Die üblichen Didaktischen Komponenten im Rahmen von Lernzieltaxonomien für schulisches Lernen und Lehren scheinen nicht zum Strategie-Denken zu passen. Daher wird von mehreren Teilnehmern auch verstärkt deutlich gemacht, dass zumindest Reste des Wissens und Könnens eines Strategen nicht lernbar seien. Können z.B. Grundsätze und -prinzipien strategischen Denkens als Lernziele oder -inhalte aus der Militärischen Führungslehre abgeleitet werden? Ist das Methodenset für militärische Planungs-, Operations- und Entscheidungslehre auf Strategie-

Lernen übertragbar? Können Lehrer und Schüler bei dieser Art Lernen und Lehren überhaupt noch in der „klassischen" Rollenverteilung und -zuschreibung wirken? Und wie steht es in diesem gern etwas schwammig als Bildung bezeichneten Lern-Bereich, wenn es um die Evaluierung von Lernleistungen geht?

Pleiner (S. 131f) ist der Auffassung, dass es auf strategischer Ebene kein wirkliches Rezept für erfolgreiche Strategien gäbe, dass es „nicht um den meist unwahrscheinlichen worst case, sondern, abgestuft nach Wahrscheinlichkeit, um die denkbaren Fälle" gehe. Daraus schließt er: „Strategie ist an sich nicht wirklich erlernbar. Wohl sind es aber die Systematik der Bearbeitung und das darauf ausgerichtete Denken." Lernen zum Strategen gelinge nur in Einzelfällen. (S. 249)

Und für Schmidle (S. 117) geht es bei Strategie-Denken wesentlich um Charakter, Empathie und sich dabei Wohlfühlen. Das sei aber eher „angeboren" oder komme aus einem Rest eines „irrationalen Zehntels", was nicht durch Lernen und Studium zu entwickeln sei, sondern allein aus ‚Erfahrung' entstehe.

Andere Teilnehmer wie Pankratz, Rotheneder und Wimmer bieten einen dreistufigen Aufbau der Lehre zur Strategie an: 1. Vermittlung von Kenntnissen/ Grundsätzen der Strategie sowie zentralen Theorien bzw. Denkern, 2. Vermittlung von Fertigkeiten (Interpretation der Denker, Dokumente und soziale Phänomene mit Hilfe von Strategischen Kategorien), 3. Nutzen von Fähigkeiten, größtenteils selbständigen Kenntnissen u.ä. Fertigkeiten: „Kompetenz kann nicht über Wissensaneignung gelernt werden, sondern … (nur) durch unmittelbare Anwendung." (S. 158)

Diese Positionen sind als Klärung des Problems der Lernbarkeit nachdenkenswert, sie umgehen aber dessen Kern, d.h. die Frage nach dem Wie des Lernbaren von Strategie. Sie überlassen das Thema Lernen weiterhin dem Genie, einer genetischen Grundposition, dem Zufall oder einer nicht näher zu beschreibenden Erfahrung.

In deutlichem Gegensatz dazu stehen Birks „Gedanken zur Perspektivenverschiebung beim Strategischen Lernen". (S. 396ff) Sie könnten als Motto dieser 2. Wiener Strategie-Konferenz 2017 gelten. Er stellt pointiert fest: „Natürlich kann man Denken lernen und lehren"; denn „wozu gibt es sonst eine Didaktik, die Inhalte und Methoden umfasst und sinnvoll synchronisiert?" (S. 406) Sein Grundgedanke lautet: „… alles zu betrachten. Also auch das Erfolglose." Und er fasst zusammen: „Wichtig hierfür erscheint die Einsicht, vergangene ‚richtige' und ‚falsche' strategische Theorien und Gewissheiten geistig durch eigene Anstrengungen mit den veränderten Rahmenbedingungen zu verknüpfen." Es könne daher auch hilfreich sein, „strategisches Schrifttum zu betrachten, das in alten Zeiten nicht erfolgreich war, weshalb es eben zunächst kein ‚Klassiker' wurde – sondern erst auf die passende Zeit zu warten hatte." (S. 407)

Und Margitay (S. 345ff) bietet schließlich einen wissenstheoretischen Ansatz an, die Lerninhalte/Objectives des Strategischen Denkens aus dem verengten pädagogischen Schul-Konstrukt herauszureißen, ihnen das Verdikt des Nicht-Lernbaren zu nehmen und dem heutigen Verständnis der Pädagogik zuzuführen. Das „Irrationale" von Strategie, das bis dato für das Nicht-Lernbare stand, macht Margitay nun selber zum Thema des Lernens: „Eine fundierte strategische Entscheidung ist jedenfalls ein sehr komplexes Verfahren, das immer explizites und implizites Wissen – im Sinne von ‚trainierter Intuition' – voraussetzt": Implizites Wissen ist – im Gegensatz zu schulischem positiven Wissen – nicht festgeschriebenes, nicht reglementiertes intuitives Wissen und Handeln. Es ist anhand von verschiedenen Modellen zur Perzeption und Entscheidungsfindung – heuristisch, intuitiv, implizit – lernbar. Dabei geht es um das Erkennen von Schemata, Mustern und Schablonen. D.h. man ist sich nicht des Denkweges, aber des Resultats bewusst. Die Vermittlung von implizitem Wissen für strategische Entscheidungsträger – vielleicht in einer Art Training on the Job, zumindest deutlich abgehoben vom bisher üblichen Lehrgangsstil – wird daher die Ausbildung und deren Organisation für strategie-nahe Tätigkeiten vor neue ungeahnte Herausforderungen stellen.

Das Thema Strategie-Denken wird demnach die Wiener Strategie-Konferenz weiter beschäftigen (müssen). Der zweite Konferenz-Band bietet hinreichend Ansätze, die überkommenen „Lehren" zu überdenken und neue Ansätze für eine wissenschaftlich orientiere akademische Lehre im tertiären und quartären Bereich zu entwickeln.

Donald Abenheim und Uwe Hartmann (Hrsg.): Tradition in der Bundeswehr. Zum Erbe des deutschen Soldaten und zur Umsetzung des neuen Traditionserlasses, Miles-Verlag, Berlin 2018, 312 Seiten.

Dagmar Bussiek

„Die Tradition der Bundeswehr ist der Kern ihrer Erinnerungskultur. Sie ist die bewusste Auseinandersetzung mit der Vergangenheit in gewachsenen Ausdrucksformen. Tradition ist damit Bestandteil des werteorientierten Selbstverständnisses der Bundeswehr mit ihren militärischen und zivilen Anteilen. Sie festigt deren Verankerung in der Gesellschaft. Als geistige Brücke zwischen Vergangenheit und Zukunft verbindet Tradition die Generationen und gibt Orientierung für das Führen und Handeln." – Mit diesen Sätzen beginnen die neuen „Richtlinien zum Traditionsverständnis und zur Traditionspflege" der Bundeswehr, unterzeichnet am 28. März 2018 in Hannover von der Bundesministerin der Verteidigung. Der vorliegende Sammelband hat sich zur Aufgabe gemacht, den für die Umsetzung der Richtlinien Verantwortlichen zur Seite zu stehen. Zu diesem Zweck wollen die Herausgeber Donald Abenheim und Uwe Hartmann theoretische Anstöße liefern, Funktionen von Tradition erläutern, Begriffe definieren, Zusammenhänge aufzeigen, auf Brüche und Defizite hinweisen und Vorschläge für die Praxis unterbreiten.

Die Auseinandersetzung mit den geistigen Grundlagen des Soldatenberufs ist in der Bundeswehr seit langer Zeit immer wieder ein Thema. Der neue „Traditionserlass" – wie das ministerielle Dachdokument meist bezeichnet wird – hat den Anspruch auf Umsetzung innerhalb der Organisationsbereiche der Bundeswehr, soll Gestaltungsspielräume gewährleisten und Handlungssicherheit vermitteln. Die Zeichnung erfolgte anlässlich der Umbenennung der bisherigen „Emmrich-Cambrai-Kaserne" in „Hauptfeldwebel-Lagenstein-Kaserne". Die bisher nach dem preußischen General der Infanterie Otto von Emmrich (1848-1915) und der Schlacht von Cambrai (1917) benannte Liegenschaft erinnert seitdem an den Bundeswehrsoldaten Tobias Lagenstein, der 2011 mit 31 Jahren bei einem Anschlag in Afghanistan getötet wurde. Mit dem feierlichen Akt in der niedersächsischen Landeshauptstadt sollte symbolhaft zum Ausdruck gebracht werden, dass die so genannte bundeswehreigene Geschichte künftig stärker als bisher im Mittelpunkt von Traditionsbildung und Traditionspflege stehen wird.

Der Band „Tradition in der Bundeswehr" beleuchtet das Thema aus ganz unterschiedlichen Perspektiven. Die Autoren sind militärischer oder ziviler Herkunft, vertreten diverse wissenschaftliche Disziplinen und bearbeiten Aspekte wie z.B. „Tradition aus politischer Sicht" (Winfried Nachtwei) „Tradition und Resilienz in Gesellschaft und Militär" (Dirk Freudenberg), „Tradition und Europa" (Eberhard Birk), „Tradition und Innere Führung" (Claus von Rosen), „Tradition und Ethik" (Reinhold Janke) oder „Tradition und strategische Kommunikation" (Stefan Klein). Unter der Überschrift „Der Wald und die Bäume" diskutiert Klaus Naumann verschiedene Spannungsfelder in der Traditionsdebatte der Bundeswehr, die er aus den Vorträgen und Gesprächsrunden der Workshops zur Erarbeitung des neuen Erlasses destilliert hat. Uwe Hartmann plädiert für eine Renaissance des Begriffs der Erziehung, denn: „Traditionspflege ohne Pädagogik ist nicht möglich." (S. 215) Helmut R. Hammerich bietet eine systematische Übersicht über mögliche Bezugspunkte der Traditionspflege unter dem Motto „Mit Stolz Tradition stiften". Einen anspruchsvollen Themenkatalog für die historische Bildung in der Bundeswehr legt Peter Andreas Popp in seinem den Band abschließenden Beitrag „Tradition als Gegenwartsproblem und Zukunftsaufgabe" vor. Apropos Reihenfolge: Wer sich in dem Thema des Buches spontan nicht ganz sattelfest fühlt, dem seien als Einstieg die Ausführungen von Reiner Pommerin „Weder Geschichte noch Brauchtum: Tradition" empfohlen, denn hier werden in vorzüglicher Weise die Schlüsselbegriffe definiert und dadurch nutzbar gemacht.

Den Auslöser für die unter den veränderten sicherheitspolitischen Bedingungen längst überfällige Überarbeitung des „Traditionserlasses" – der Vorgänger stammte von 1982 – stellten eine Reihe von Affären innerhalb der Bundeswehr dar, die in der Öffentlichkeit Aufsehen erregten. Zu nennen sind hier die vermeintlichen Rituale in Pfullendorf und der Skandal um Oberleutnant Franco A., der sich als syrischer Flüchtling anerkennen ließ und möglicherweise rechtsterroristische Aktionen plante. Diese Vorfälle, die im Jahre 2017 eine Durchsuchung sämtlicher Kasernen nach Wehrmachtsdevotionalien zur Folge hatten, kommentiert Donald Abenheim, Associate Professor im Department of National Security Affairs an der Naval Postgraduate School in Monterey/CA, mit den Worten, wie in einem Fritz Lang-Film sei „die Geschichte des Franco A. von einer bizarren Wendung zu einer noch absurderen" gelangt: „Aussortierte Gegenstände des militärischen Alltags, Waffen und Helme waren plötzlich allgegenwärtig. Es wurde behauptet, diese Objekte besäßen die Macht, Soldaten zu den Klängen von ‚Schwarzbraun ist die Haselnuss' in Feinde der freiheitlich-demokratischen Grundordnung zu verwandeln." (S. 117/118) Abenheims Betrachtungen der zivil-militärischen Beziehungen in Deutschland entbehren nicht der Polemik – und sind zugleich besonders lesenswert, denn der scharfe Blick „von außen", der Blick des US-Amerikaners auf Deutschland, wirkt ebenso provozierend wie erhellend. Jenen Lesern, die einen empirischen Ansatz bevorzugen, sei die datengesättigte Studie der Historikerin Sarah Katharina Kayß zu „Tradition und Identität" empfohlen, die auf Interviews mit jungen Offizieren und Offiziersanwärtern beruht. Kayß arbeitet heraus, dass eine zu starke Betonung der NS-Vergangenheit und ein vorgegebenes Geschichtsbild erdrückend empfunden würden, zugleich jedoch die deutsche Geschichte als positiver Motivationsimpuls wirke – „wenn auch nur in der Abgrenzung zu ihr. (...) Ziel der angehenden Offiziere war es, ihr Wissen um die Vergangenheit aktiv einzusetzen, um Menschenrechtsverletzungen in der Gegenwart entgegenwirken zu können." (S. 240/241)

Mit der allgemeinen Vernachlässigung der Inneren Führung, die mehrere Autoren konstatieren, ist ein Kernthema des Sammelbandes angesprochen. Doch auch die Tatsache, dass der neue Erlass „Verlierer" (S. 9) hervorbringt, wird berücksichtigt. Hier ist an die Bewertung der Nationalen Volksarmee der DDR zu denken und damit an einen Aspekt, den ich aus meiner Lehrerfahrung an der Führungsakademie der Bundeswehr in Hamburg bestätigen kann: Sobald das Thema „Tradition" im Rahmen historischer Bildungsveranstaltungen zur Diskussion gestellt wird, melden sich junge Menschen aus den neuen Bundesländern zu Wort, häufig Söhne und Töchter von NVA-Angehörigen, die den Umgang mit der Armee ihrer Väter kritisieren. Enttäuschungen dürfte es auch aus anderen Gründen geben: Dass der bewaffnete Kampf im neuen Erlass zu wenig Berücksichtigung finde, ist eine weit verbreitete Klage. Einen entsprechenden Standpunkt vertritt in dem vorliegenden Band v.a. Marc-André Walther: Unter dem Titel „Tradition und Kampf" problematisiert er die fehlende gesellschaftliche Anerkennung militärischer Eigentümlichkeiten im Allgemeinen und der Leistungen der „Generation Einsatz" im Besonderen. Wie die Herausgeber in ihrer Einleitung zu bedenken geben, hätte die stärkere Betonung des Kampfes jedoch vermutlich kontroverse politische Debatten ausgelöst und den bestehenden Konsens rund um die Neufassung des Traditionserlasses gefährdet.

„Bis zum nächsten Mal?" – so lautet die Frage, die Heiko Biehl und Nina Leonhard ihrer soziologischen Betrachtung voran stellen. Sie vermuten, dass die im neuen Erlass angeordnete Fokussierung auf die bundeswehreigene Geschichte dazu führe, dass die Aufbaugeneration zukünftig kritischer unter die Lupe genommen werde und dass die Debatte deshalb weiterhin im Schatten der Wehrmacht stattfinden werde. Diese Prognose wirkt überzeugend. Umso mehr Sinn macht es, in der Zwischenzeit einmal dieses Buch zur Hand zu nehmen, um „kritische Würdigungen in Impulse für die praktische Umsetzung des Erlasses umzumünzen" (S. 9), wie die Herausgeber schreiben. Die Autoren argumentieren z.T. kontrovers und dabei immer gut verständlich, die Einleitung bietet knappe Zusammenfassungen aller Artikel und ist sauber strukturiert, die „Richtlinien zum Traditionsverständnis und zur Traditionspflege" befinden sich im Wortlaut im Anhang. Gewünscht hätte man sich eventuell noch eine Abhandlung von psychologischer Seite sowie eine stärkere Vertiefung des nur sehr knapp angerissenen Diversity-Komplexes. Insgesamt jedoch liegt eine Publikation vor, die wärmstens zur Lektüre empfohlen werden kann. Die Frage, was das gültige Erbe des deutschen Soldaten ist, bleibt. Sie sollte in einer gemeinsamen Anstrengung von Militär und Zivilgesellschaft weiter durchdacht werden. Die hier versammelten Analysen bieten dafür zahlreiche Anregungen.

Autoren

Beck, Klaus, Diplom-Pädagoge und Poesietherapeut, seit 1998 im Beirat für Fragen der Inneren Führung, Bundesvorstandssekretär des DGB bis Juli 2018.

Birk, Eberhard, Oberregierungsrat und Oberstleutnant d.R., seit 2000 Dozent für Militärgeschichte und Politische Bildung an der Offizierschule der Luftwaffe (OSLw) in Fürstenfeldbruck.

Bohn, Jochen, PD Dr., Oberstleutnant d.R., Privatdozent für Politische Philosophie an der Fakultät für Staats- und Sozialwissenschaften der Universität der Bundeswehr München.

Bohnert, Marcel, Major i.G., Dipl.-Päd., M.A., Leiter des Bereichs Neue Medien im Bundesamt für Personalmanagement.

Bormann, Kai Uwe, Oberstleutnant, Dr. phil., Referent u.a. für den Themenbereich Tradition im Kommando Heer III 1 (1) in Strausberg.

Brugmann, Gerhard, Generalmajor a.D., in letzter Verwendung Befehlshaber Territorialkommando Süd; im Ruhestand vor allem tätig für den Deutschen Städtetag im Aufbau Ost sowie im humanitären und OSZE-Einsatz auf dem Balkan.

Buchner, Peter, Fregattenkapitän, Dozent Politische Bildung am Zentrum Innere Führung, Koblenz.

Bussiek, Dagmar, Prof. Dr., Außerplanmäßige Professorin an der Leuphana Universität Lüneburg, Gastdozentin für Geschichte an der Führungsakademie der Bundeswehr in Hamburg, Fakultät Politik, Strategie und Gesellschaftswissenschaften.

Freudenberg, Dirk, Dr., Oberst d.R., Bundesamt für Bevölkerungsschutz und Katastrophenhilfe. Akademie für Krisenmanagement, Notfallplanung und Zivilschutz.

Glatz, Rainer L, Generalleutnant a.D., Senior Distinguished Fellow, Forschungsgruppe Sicherheitspolitik, Stiftung Wissenschaft und Politik (SWP), ehemaliger Befehlshaber des Einsatzführungskommandos der Bundeswehr (2009 bis 2013).

Hartmann, Uwe, Dr. phil, Oberst i.G., Visiting Lecturer an der Naval Postgraduate School in Monterey/CA.

Janke, Reinhold, Oberst i.G., Abteilungsleiter Weiterentwicklung Innere Führung am Zentrum Innere Führung, Koblenz.

Kümmel, Gerhard, Dr. phil., Projektleiter im Forschungsbereich Militärsoziologie am Zentrum für Militärgeschichte und Sozialwissenschaften der Bundeswehr in Potsdam.

Lawall, Bernd, Hauptmann der Reserve, Historiker und Politologe, Reservedienstleistender im Kommando Heer III 1 (1) in Strausberg.

Lünenborg, Gustav, Oberstleutnant a.D.

Prätorius, Rainer, Prof. Dr., lehrte bis 2017 Verwaltungswissenschaft an der HSU/Universität der Bundeswehr Hamburg.

Pütz, Lena, Angestellte, B.A., Social Media Channel Managerin und Community Betreuerin im Sachgebiet Neue Medien im Bundesamt für Personalmanagement.

Robbe, Reinhold, 1994 bis 2005 Mitglied des Deutschen Bundestages für die SPD, ab 2002 Vorsitz im Verteidigungsausschuss, 2005 bis 2010 Wehrbeauftragter des Deutschen Bundestages. Nach dem Ausscheiden aus dem Parlament als freier Berater insbesondere im Sicherheits-Sektor-Bereich in verschiedenen Ländern tätig.

Rosen, Claus von, Prof. Dr., Oberstleutnant a.D., Leiter des Baudissin Dokumentation Zentrum bei der Führungsakademie der Bundeswehr, Lehrbeauftragter für Wehr-Pädagogik am Estonian National Defence College in Tartu.

Sebaldt, Martin, Prof. Dr., Oberst d.R., Inhaber des Lehrstuhls für Vergleichende Politikwissenschaft (Schwerpunkt Westeuropa) der Universität Regensburg.

Spreen, Dierk, PD Dr., Büroleiter des Wirtschaftspolitischen Sprechers der SPD-Fraktion im Abgeordnetenhaus Berlin, Frank Jahnke, sowie Lehrbeauftragter im FB Wirtschaftswissenschaften der HWR Berlin.

Wanner, Meike, Dr. rer. pol., Projektleiterin im Forschungsbereich Sicherheitspolitik und Streitkräfte am Zentrum für Militärgeschichte und Sozialwissenschaften der Bundeswehr in Potsdam.

Personenregister

Achill(eus)	94, 99-100	Greiner, H.	9
Agamben, G.	34, 294-295, 305	Habermas, J.	294-295
Antigone	97, 102	Hagemann, F.	133
Bartels, H.P.	16	Hartmann, U.	11-14, 32-35, 79, 149, 151, 270-272, 274, 277-280, 288, 292-293, 296-300, 304, 306-308, 319-320
Baudissin, W. Graf v.	10, 96, 107, 109, 126, 152-153, 171-173, 232, 301, 303-304		
Benn, G.	97-98		
Bertele, B.	67	Henmann, Gr.	65
Biehl, H.	10, 13, 321	Hesse, K.	34
Birk, E.	29, 246, 317, 320	Hindenburg, P. v.	161
Birkhoff, J.-P.	110		
Bohn, Th.	64	Ho Chi Minh	95
Bohn, J.	11, 13, 26, 31, 33, 35, 292-301, 304-306, 308-309	Höhn, R.	34
		Homer	94, 99
		Huntington, S.P.	184
Bohnert, M.	12, 14, 23, 157		
Bonhoeffer, D.	97, 305	Janowitz, M.	30-31, 184-198
Brecht, B.	97	Kant, I.	259, 261, 279
Buchner, P.	10, 28-29	Karst, H.	303-304
Cicero, M.T.	33, 99, 271, 274	Klein, G.	63-64, 71
Clausewitz, C. v.	17, 105, 107, 130, 219-220, 229, 231, 236, 241245, 247, 259-261, 263-264, 266, 268, 271-272, 274, 296, 299	Köhler, U.	55
		Kümmel, G.	11, 24, 59
		Lenin, W.I.	95-96, 101
		Ley, R.	62
		Leyen, U. v. d.	198, 201
		Loon, T. van	98
Cohen, E.A.	298	Ludendorff, E. v.	161
Derrida, J.	34, 294-295		
Dörfler-Dierken, A.	10, 12-13, 79, 82, 89	Luther, M.	33, 97, 271, 274, 280-286, 304
		Machiavelli, N.	33, 216, 271
Eppelmann, R.	117-118	Meier-Welcker, H.	139
Eschmann, M.	65		
Foertsch, H.	34	Merkel, A.	200
Freudenberg, D.	14, 31, 320	Messerschmidt, M.	298
Freydank, J.A.	68	Moskos, C.C.	191-193, 197
Geyer, M.	298	Münkler, H.	105-106, 131
Gneisenau, N. v.	130, 229	Nachtwei, W.	132-133, 140, 320

325

Naumann, K.	10, 13, 26, 31, 33-35, 55, 320	F.D.E. Schönbohm, J.	121-122, 126-127
Naumann, K. (General)	200	Schmidt, H.	16, 63, 173
		Schmitz, O.	65
Neher, K.	59	Schultze-Rhonhof, G.	108, 111
Nerger, U.	133		
Neitzel, S.	132, 134, 140	Schweiger, R.	66
Nietzsche, F.	99	Schweiger, T.	63, 71
Obama, B.	262-263	Senn, A.	70
Odysseus	94	Spreen, D.	14, 26, 126
Picht, W..	34, 301-305, 308	Stark, Chr.	70
Pieper, J.	101	Thersites	94
Platon	33, 271	Tönnies, F.	105
Regener, S.	65	Tuchman, B.	306
Robbe, R.	16, 26	Ungerer, D.	20
Rodgers, D.T.	296	Vollmer, J.	131, 134, 136, 139
Rosen, Cl. v.	10-11, 13-14, 32, 79, 320	Wagner, St.	68
		Walther, Chr.	14, 19
Scharnhorst, G. v.	130, 231, 255, 260	Walther, M.A.	321
		Wendroth, H.	10
Scharping, R.	198	Weniger, E.	303
Scheven, W. v.	121	Wichert, P.	65, 67
Schleiermacher,	261	Wolf, U.	14

Sachregister

Abschreckung	115, 159, 244	Deutscher Bundeswehrverband (DBwV)	123-125
Afghanistan	10-11, 18, 57, 61, 63, 66-69, 71, 73, 104, 145, 147-148, 151, 201, 240, 263, 316, 319	Dienstpflicht, allg.	197-198
		Diskurs	24, 35, 54, 57, 123, 135, 156-157, 167, 234, 253-254, 294, 314
Armee der Einheit	26, 121-122		
Armee im Aufbruch	12, 156		
Auftragstaktik	126, 140, 166, 262, 268	**E**mpathie	317
		Erziehung	12, 117, 171-172, 178, 235, 251, 268, 278-279, 287-288, 304, 320
Ausrüstung	147, 201, 210-211		
Berufsethos	111, 131		
Bevölkerung	32, 51, 54-55, 57, 59, 66, 110, 117, 138, 154, 161, 163, 183, 197, 209, 230	Ethik	11, 29, 33, 83, 141, 152, 154, 164, 188, 255, 275, 320
Bildung	10, 16-17, 27, 29,- 30, 32, 39, 117, 149, 166, 176, 179, 181, 206, 208, 237, 239, 248, 262, 265-266, 268, 278, 287, 304, 307, 315, 317	EU	11, 138, 167-168, 175-176, 182-183, 202, 211, 226-227
		Fake News	107
		Fehlerkultur	266-268
		Frieden	14, 37, 39, 51, 61, 66, 71, 73, 107, 117, 126-127, 144-145, 147, 163, 244, 254, 271, 274, 282-283, 285-288, 300, 304
- ethische B.	11		
- historische B.	27, 133, 139-141, 164, 174, 180-181, 320-321		
- politische B.	27, 29-30, 116, 135, 139, 146, 159, 164, 171, 173-174, 178, 181, 193, 308	Führen mit Auftrag	27, 126, 268
		Führungskultur	14, 16-17, 22, 28- 29, 79, 82, 89, 102, 109, 145-146, 167
Bündnisverteidigung	9, 138, 178, 202, 204	Fürsorge	209
		Gefecht	9, 11, 18-19, 137, 145, 158, 164, 241, 274, 297, 303
Bürgerlichkeit	29, 159, 274-275		
Common Sense	34, 304-307		
Counterinsurgency	263	Gelassenheit	263
Desinformation	49	Gemeinschaft	100, 102-105, 113, 195-196, 249, 300-301

327

- heroische G.	25-26, 94, 102-103, 105, 107		40-42, 56-57, 103, 106, 108, 110, 115, 118, 121, 123-124, 126-127, 137, 168, 182, 184, 187, 190, 192, 202, 209, 296, 302-303
Gesamtverteidigung	230		
Gerechtigkeit	125, 170, 282-283, 285-288, 300		
Geschichtsbild	170, 181		
Gesellschaft	10-14, 17, 19-30, 33-41, 45, 48, 54-58, 71-73, 94, 97, 101-110, 116-118, 125-126, 132-133, 138, 141, 144-150, 158, 161, 163, 166, 169, 173-174, 181, 185, 187-188, 191, 195, 208-209, 221, 238, 246, 253, 270, 274-276, 286, 297-300, 306, 319-320	Islam	102
		Kampf	12, 17, 99, 102, 106, 126, 149, 190, 194, 303, 321
		Kampfgemeinschaft	140
		Kampfeinsatz	9, 36, 51
		Kampfkraft	111, 126
		Kampftruppe	111, 140
		Kommunikation	23, 52, 58, 125, 145, 162-163, 207, 209, 249, 307, 315, 320
- postheroische G.	102-105, 108, 110	Komplexität	32, 193, 233, 253, 265, 268, 273, 282-283, 287, 297
GIDS	32, 215, 254-255		
Heimat	26, 63, 68, 70-71, 73, 102, 105-107, 113, 138, 140, 161	Kontingenz	273, 282-283, 287, 297
Heimatlosigkeit	300, 308	Konzeption der Bundeswehr	12, 31, 200-201
Heimatschutz	202, 204		
Held	25-26, 58, 62, 94-105, 110, 112-113, 131, 140	Kooperation	124, 190, 202
		Krieg	9, 14, 17, 19, 37, 66, 72, 96, 104, 107, 126, 138, 145-146, 148, 153, 163, 193, 222-223, 239, 241-245, 252, 257-263, 268, 271-274, 296, 301, 305-306, 315-316
Heldentum	26, 94, 97-98, 112		
Himmeroder Denkschrift	169-170, 328		
Identifikation	27, 60, 107, 130, 132-133, 139, 142		
Identität	46, 55, 90, 102, 106, 108, 112, 135, 139-140, 176, 187, 300, 321		
		Krieger	99, 109
		Kriegsbild	10-11, 165, 245, 252, 264, 298-299
Ideologie	45, 104, 173, 197		
Information	25, 47, 49, 59, 83, 89-90, 172, 205, 215, 253, 258, 261	Kriegsführung	46, 104, 194, 238, 297
		Kriegsgesellschaft	37, 116
Integration	10, 23-24, 26-27, 29-30, 32, 36-38,	Kriegstheorie	260
		Kriegsverhinderung	303

Kultur	14, 58, 95, 98, 110-111, 190, 253, 267, 275, 280	Reserve	125, 203-205, 207, 209
- politische K.	33, 182, 270, 305	Reservisten	37, 204
- strategische K.	315	Resilienz	9-10, 25, 91, 202, 213, 299, 320
Kunduz	19, 63-64. 68	Selbstbild	79, 116
Leitbild	10, 13-14, 27-28, 30, 33, 35-36, 57, 63, 89, 103, 107-108, 111, 116-117, 122, 125, 146, 159, 292, 300	Selbstverständnis	17, 22 26, 33, 55, 82, 90, 106, 108, 110, 127, 129, 146, 165-166, 169-170, 174, 177-178, 181-182, 200, 202, 255, 272, 304
Leitkultur	102		
Liebe	69, 99, 113, 283-285		
Medien	11-12, 24, 44, 58-59, 110, 319	Staatsbürger in Uniform	13, 27-28, 33-34, 77, 103, 111, 117, 125-126, 130, 141, 144, 147, 149, 153-154, 166, 168, 171, 174, 271-272, 274, 277, 288-289, 306
Meinungsklima	85		
Menschenbild	29, 159, 168, 174, 178-179		
Menschenrecht	280, 287		
Menschenwürde	295-		
Militärethik	28, 151, 154-155		
Militärischer Abschirmdienst (MAD)	120	Staatsbürgerlichkeit	23, 293
		Strategie	10-12, 31-32, 153, 214, 218-268, 307, 314-317.
Nationale Volksarmee (NVA)	26-27, 115-127, 321		
NATO	95, 115, 170, 179, 202, 211, 213, 223, 225-226	Strategiefähigkeit	9, 12, 31, 233, 262
		Strategie der Reserve	205
		Takt des Urteils	229, 245, 271, 273-278, 280, 285
Patriotismus	30, 53, 113, 188, 195		
Primat der Politik	35, 165, 288, 296, 308	Tapferkeit	55, 101, 108, 113, 140
Persönlichkeitsentwicklung	25, 83	Toxic leaders	11
		Tradition	10, 15, 19, 21, 27, 30, 95, 98, 108, 112, 122, 130-139, 172, 179, 295, 305, 319-321
Personalführung	252		
Pflichten	30-31, 144, 154, 171, 196		
Postraumatische Belastungsstörung (PTBS)	68	Traditionserlass	9, 15, 17, 21, 29, 33, 106, 132, 134, 138, 166, 179, 270-271, 319
Qualifikation	190-191		
Reformation	151-152, 281, 286		

Traditionspflege	21, 27, 131, 133, 135, 142, 173, 319-321		174, 189, 191, 208, 216, 299, 302
		Weißbuch	9, 12-13, 15, 17,
Traditionsverständnis	9-10		23, 31, 36-37, 39,
Tugend	101, 108, 113, 140, 159, 171, 237, 260, 277-278, 281, 284, 287, 296, 304, 307		173, 201-203, 207, 209-210, 212, 214, 216, 223
		Wissenschaft	15, 27, 30, 151, 154, 162, 185-186, 191, 234, 238, 273, 280, 287, 314-315
Vernunft	34, 181, 259, 272, 283-287, 295, 304, 307		
Wehrpflicht	9-11, 23, 36-37, 56, 144, 147, 169,	Zivilgesellschaft	20, 111, 123, 147, 306, 322, 329

Carola Hartmann Miles-Verlag

Militär und Gesellschaft

Uwe Hartmann, *Innere Führung. Erfolge und Defizite der Führungsphilosophie für die Bundeswehr,* Berlin 2007.

Hans-Christian Beck, Christian Singer (Hrsg.), *Entscheiden – Führen – Verantworten. Soldatsein im 21. Jahrhundert,* Berlin 2011.

Eberhard Birk, Winfried Heinemann, Sven Lange (Hrsg.), *Tradition für die Bundeswehr. Neue Aspekte einer alten Debatte,* Berlin 2012.

Angelika Dörfler-Dierken, *Führung in der Bundeswehr,* Berlin 2013.

Wolf Graf von Baudissin, *Grundwert Frieden in Politik – Strategie – Führung von Streitkräften,* hrsg. von Claus von Rosen, Berlin 2014.

Marcel Bohnert, Lukas J. Reitstetter (Hrsg.), *Armee im Aufbruch. Zur Gedankenwelt junger Offiziere in den Kampftruppen der Bundeswehr,* Berlin 2014.

Arjan Kozica, Kai Prüter, Hannes Wendroth (Hrsg.), *Unternehmen Bundeswehr? Theorie und Praxis (militärischer) Führung,* Berlin 2014.

Angelika Dörfler-Dierken, Robert Kramer, *Innere Führung in Zahlen. Streitkräftebefragung 2013,* Berlin 2014.

Phil C. Langer, Gerhard Kümmel (Hrsg.), *„Wir sind Bundeswehr." Wie viel Vielfalt benötigen/vertragen die Streitkräfte?,* Berlin 2015.

Alois Bach, Walter Sauer (Hrsg.), *Schützen.Retten.Kämpfen. Dienen für Deutschland,* Berlin 2016.

Marcel Bohnert, Björn Schreiber (Hrsg.), *Die unsichtbaren Veteranen. Kriegsheimkehrer in der deutschen Gesellschaft,* Berlin 2016.

Donald Abenheim and Carolyn Halladay, *Soldiers, War, Knowledge and Citizenship: German-American Essays on Civil-Military Relations,* Berlin 2017.

Dirk Freudenberg, *Theorie des Irregulären. Erscheinungen und Abgrenzungen von Partisanen, Guerillas und Terroristen im Modernen Kleinkrieg sowie Entwicklungstendenzen der Reaktion,* 3 Bde., Berlin 2018.

Markus Reisner, *Robotic Wars – Legitimatorische Grundlagen und Grenzen des Einsatzes von Military Unmanned Systems in modernen Konfliktszenarien,* Berlin 2018.

Angelika Dörfler-Dierken (Hrsg.), *Hinschauen! Geschlecht, Rechtspopulismus, Rituale: Systemische Probleme oder individuelles Fehlverhalten?,* Berlin 2019.

Erinnerungen und Tradition

Blue Braun, *Erinnerungen an die Marine 1956–1996,* Berlin 2012.

Harald Volkmar Schlieder, *Kommando zurück!,* Berlin 2012.

Klaus Grot, *So war's, damals. Dienstchronik eines Pionieroffiziers im Kalten Krieg 1954–1991,* Berlin 2014.

Gustav Lünenborg, *Bürger und Soldat. Innere Führung hautnah 1956–1993, 1993–2015,* Berlin 2015.

Adolf Brüggemann, *Als Offizier der Bundeswehr im Auswärtigen Dienst. Meine Erinnerungen als Militärattaché in Seoul (Republik Korea) 1978–83 und in Prag (Tschechoslowakei/Tschechien) 1988–1993,* Berlin 2015.

Rainer Buske, *Eine Reise ins Innere der Bundeswehr. Wundersame Geschichten aus einer anderen Welt,* Berlin 2016.

Heinz Laube, *Duell am Himmel,* Berlin 2016.

Viktor Toyka, *Dienst in Zeiten des Wandels. Erinnerungen aus 40 Jahren Dienst als Marineoffizier 1966-2000,* Berlin 2017.

Dieter Hanel, *Military Link. Sicherheitspolitische Zeitreise eines Offiziers und Rüstungsmanagers,* Berlin 2018.

Joachim Welz, *Vom Kontingentsheer zum Reichsheer: Militärkonventionen als Motor der Wehrverfassung,* Berlin 2018.

Donald Abenheim, Uwe Hartmann (Hrsg.), *Tradition in der Bundeswehr. Zum Erbe des deutschen Soldaten und zur Umsetzung des neuen Traditionserlasses,* Berlin 2018.

Jahrbuch Innere Führung

Uwe Hartmann, Claus von Rosen, Christian Walther (Hrsg.), *Jahrbuch Innere Führung 2009. Die Rückkehr des Soldatischen,* Eschede 2009.

Helmut R. Hammerich, Uwe Hartmann, Claus von Rosen (Hrsg.), *Jahrbuch Innere Führung 2010. Die Grenzen des Militärischen,* Berlin 2010.

Uwe Hartmann, Claus von Rosen, Christian Walther (Hrsg.), *Jahrbuch Innere Führung 2011. Ethik als geistige Rüstung für Soldaten,* Berlin 2011.

Uwe Hartmann, Claus von Rosen, Christian Walther (Hrsg.), *Jahrbuch Innere Führung 2012. Der Soldatenberuf zwischen gesellschaftlicher Integration und suis generis-Ansprüchen,* Berlin 2012.

Uwe Hartmann, Claus von Rosen (Hrsg.), *Jahrbuch Innere Führung 2013. Wissenschaften und ihre Relevanz für die Bundeswehr als Armee im Einsatz,* Berlin 2013.

Uwe Hartmann, Claus von Rosen (Hrsg.), *Jahrbuch Innere Führung 2014. Drohnen, Roboter und Cyborgs – Der Soldat im Angesicht neuer Militärtechnologien*, Berlin 2014.
Uwe Hartmann, Claus von Rosen (Hrsg.), *Jahrbuch Innere Führung 2015. Neue Denkwege angesichts der Gleichzeitigkeit unterschiedlicher Krisen, Konflikte und Kriege*, Berlin 2015.
Uwe Hartmann, Claus von Rosen (Hrsg.), *Jahrbuch Innere Führung 2016. Innere Führung als kritische Instanz*, Berlin 2016.
Uwe Hartmann, Claus von Rosen (Hrsg.), *Jahrbuch Innere Führung 2017. Die Wiederkehr der Verteidigung in Europa und die Zukunft der Bundeswehr*, Berlin 2017.

Standpunkte und Orientierungen

Daniel Giese, *Militärische Führung im Internetzeitalter – Die Bedeutung von Strategischer Kommunikation und Social Media für Entscheidungsprozesse, Organisationsstrukturen und Führerausbildung in der Bundeswehr*, Berlin 2014.
Dirk Freudenberg, *Auftragstaktik und Innere Führung. Feststellungen und Anmerkungen zur Frage nach Bedeutung und Verhältnis des inneren Gefüges und der Auftragstaktik unter den Bedingungen des Einsatzes der Deutschen Bundeswehr*, Berlin 2014.
Uwe Hartmann (Hrsg.), *Lernen von Afghanistan. Innovative Mittel und Wege für Auslandseinsätze*, Berlin 2015.
Fouzieh Melanie Alamir, *Vernetzte Sicherheit – Quo Vadis?*, Berlin 2015.
Hartwig von Schubert, *Integrative Militärethik. Ethische Urteilsbildung in der militärischen Führung*, Berlin 2015.
Uwe Hartmann, *Hybrider Krieg als neue Bedrohung von Freiheit und Frieden. Zur Relevanz der Inneren Führung in Politik, Gesellschaft und Streitkräften*, Berlin 2015.
Klaus Beckmann, *Treue.Bürgermut.Ungehorsam. Anstöße zur Führungskultur und zum beruflichen Selbstverständnis in der Bundeswehr*, Berlin 2015.
Florian Beerenkämper, Marcel Bohnert, Anja Buresch, Sandra Matuszewski, *Der innerafghanische Friedens- und Aussöhnungsprozess*, Berlin 2016.
Martin Sebaldt, *Nicht abwehrbereit. Die Kardinalprobleme der deutschen Streitkräfte, der Offenbarungseid des Weißbuchs und die Wege aus der Gefahr*, Berlin 2017.
Christian J. Grothaus, *Der „hybride Krieg" vor dem Hintergrund der kollektiven Gedächtnisse Estlands, Lettlands und Litauens*, Berlin 2017.
Uwe Hartmann, *Der gute Soldat. Politische Kultur und soldatisches Selbstverständnis heute*, Berlin 2018.

Christian Bauer, Marcel Bohnert, Jan Pahl, *Vitalis Innere Führung! Zum Status Quo der Führungskultur in den deutschen Streitkräften,* Berlin 2018.

Militärgeschichte

Eberhard Kliem, Kathrin Orth, *"Wir wurden wie blödsinnig vom Feind beschossen". Menschen und Schiffe in der Skagerrakschlacht 1916,* Berlin 2016.

Eberhard Birk, *"Auf Euch ruht das Heil meines theuern Württemberg!". Das Gefecht bei Tauberbischofsheim am 24. Juli 1866 im Spiegel der württembergischen Heeresgeschichte des 19. Jahrhunderts,* Berlin 2016.

Eckhard Lisec, *Der Unabhängigkeitskrieg und die Gründung der Türkei 1919–1923,* Berlin 2016.

Hans Frank, Norbert Rath, *Kommodore Rudolf Petersen. Führer der Schnellboote 1942–1945. Ein Leben in Licht und Schatten unteilbarer Verantwortung,* Berlin 2016.

Eckhard Lisec, *Der Völkermord an den Armeniern im 1. Weltkrieg – Deutsche Offiziere beteiligt?,* Berlin 2017.

Ingo Pfeiffer, *Heinz Neukirchen. Marinekarriere an wechselnden Fronten,* Berlin 2017.

Siegfried Lautsch, *Grundzüge des operativen Denkens in der NATO. Ein zeitgeschichtlicher Rückblick auf die 1980er Jahre,* Berlin ^{2}2018.

Eckhard Lisec, *Die Türkische Armee – Von Mete Han (209 v. Chr.) über Atatürk zur Gegenwart,* Berlin 2018.

Joachim Welz, *Erfolgsstory oder Trauma – die Übernahme von Armeen. Lehren aus der Übernahme des österreichischen Bundesheeres in die Wehrmacht 1938 und der Reste der NVA in die Bundeswehr 1990,* Berlin 2018.

Joachim Welz, *Vom Kontingentsheer zum Reichsheer. Militärkonventionen als Motor der Wehrverfassung,* Berlin 2018.

Georg Neuhaus, *Am Anfang war ein Speer. Eine Chronographie der Kriegs- und Militärtechnologien,* Berlin 2018.

Hans Delbrück / Peter Paret, *Krieg, Geschichte, Theorie. Zwei Studien über Clausewitz, herausgegeben von Peter Paret,* Berlin 2018.

Einsatzerfahrungen

Kay Kuhlen, *Um des lieben Friedens willen. Als Peacekeeper im Kosovo,* Eschede 2009.

Sascha Brinkmann, Joachim Hoppe (Hrsg.), *Generation Einsatz, Fallschirmjäger berichten ihre Erfahrungen aus Afghanistan,* Berlin 2010.

Artur Schwitalla, *Afghanistan, jetzt weiß ich erst… Gedanken aus meiner Zeit als Kommandeur des Provincial Reconstruction Team FEYZABAD,* Berlin 2010.

Uwe Hartmann, *War without Fighting? The Reintegration of Former Combatants in Afghanistan seen through the Lens of Strategic Thought,* Berlin 2014.

Rainer Buske, *KUNDUZ. Ein Erlebnisbericht über einen militärischen Einsatz der Bundeswehr in AFGHANISTAN im Jahre 2008,* Berlin ^{2}2016.

Marcel Bohnert, Andy Neumann, *German Mechanized Infantry on Combat Operations in Afghanistan,* Berlin 2017.

www.miles-verlag.jimdo.com